Jörg Scheller
Metalmorphosen

Die unwahrscheinlichen Wandlungen des Heavy Metal

Franz Steiner Verlag

Bibliografische Information der Deutschen Nationalbibliothek
Die Deutsche Nationalbibliothek verzeichnet diese
Publikation in der Deutschen Nationalbibliografie;
detaillierte bibliografische Daten sind im Internet über
<http://dnb.d-nb.de> abrufbar.

Dieses Werk einschließlich aller seiner Teile ist urheberrechtlich geschützt.
Jede Verwertung außerhalb der engen Grenzen des Urheberrechtsgesetzes
ist unzulässig und strafbar.
© Franz Steiner Verlag, Stuttgart 2020

Coverillustration und Einbandgestaltung: Stefanie Ernst
Layout und Herstellung durch den Verlag
Gedruckt auf säurefreiem, alterungsbeständigem Papier
Druck: Beltz Grafische Betriebe, Bad Langensalza
Printed in Germany

ISBN 978-3-515-12638-0 (Print)
ISBN 978-3-515-12639-7 (E-Book)

„Vom Erhabenen zum Lächerlichen ist es nur ein Schritt."
Napoleon

„What doesn't bend breaks."
Ani DiFranco

„Schaut man genauer hin, sind da immer Schlamm, Lächerlichkeit und Tod."
Catherine Nixey

„Let us drink to the power, drink to the sound."
Manowar

„Mein Gott, wir sind ein Massenphänomen!"
Lemmy Kilmister

Inhaltsverzeichnis

1. Intro. Happy Metal? Heavy Metal und seine
   unwahrscheinlichen Wandlungen ... 9
   Musiktheoretische Analyse 1:
   Rhapsody Of Fire – Emerald Sword ... 30

2. Arise. Metal und die Geschichte seiner Ästhetik ... 34
   2.1 Megatrends in Brutality. Was ist Metal? ... 34
   2.2 Point of Entry. Die Entstehung des Begriffs ... 39
   2.3 Back to the Primitive. Die Archaik des Metal, der Blues
       und der Atomkrieg ... 42
   2.4 Black Death. Metal, Hautfarbe und Hip-Hop ... 61
   Interview mit Sabina Classen (Holy Moses) ... 76
   2.5 Desecrators of the New Age. Punk, Pluralismus und
       bleierne Moderne im klassischen Metal ... 83
   Interview mit Conrad Thomas „Cronos" Lant (Venom) ... 100
   Musiktheoretische Analyse 2: Megadeth –
   Symphony of Destruction ... 106
   2.6 Into the Pandemonium. Über den Mainstream
       zum Extrem ... 109
   Interview mit Ben Weinman (The Dillinger Escape Plan) ... 155
   2.7 Mental Floss for the Globe. Crossover und Renaissance
       des klassischen Metal ... 160
   Interview mit Mille Petrozza (Kreator) ... 176

Musiktheoretische Analyse 3: Behemoth –
O Father O Satan O Sun! 183

3. The God That Failed. Metal und Religion 186
Interview mit Freddy Lim (Chthonic) 206

Musiktheoretische Analyse 4: Metallica –
Master Of Puppets 212

4. Heavy Metal is the Law. Metal und Politik 215
Interview mit Prika Amaral (Nervosa) 232

Musiktheoretische Analyse 5: Amon Amarth –
Twilight of the Thundergod 237

5. I'll Be Your Sister. Metal und Gender 240

6. Nachwort und Dank 267

Anmerkungen zu Zitaten und Quellen 271

Anmerkungen 272

Bildnachweise & Copyright 286

1. Intro. Happy Metal? Heavy Metal und seine unwahrscheinlichen Wandlungen

Ein Viersternehotel in der Schweiz, kurz vor Weihnachten im Jahr 2014. Behaglich prasselt das Kaminfeuer in der Lobby. Lounge-Musik schmeichelt dem Ohr, warme Lichtfarben dem Auge. Geschäftsleute eilen mit wehenden Mänteln durch die Drehtür, zwei Väter gönnen sich ein Bier an der Bar. Ihre Kinder starren auf einen Fernsehbildschirm mit abgedrehtem Ton, Limonadenflaschen in den Händen. Das Jahr sinkt müde dem Ende entgegen. Die Zeit verrinnt langsamer, selbst die bläuliche Dunkelheit über Basel scheint ermattet.

Eine Aufzugstür öffnet sich, und heraus tritt ein Mann, der in dieser Umgebung vor gar nicht allzu langer Zeit misstrauische Blicke auf sich gezogen hätte. Langes dunkles Haar, Tattoos, Piercing, T-Shirt mit martialischem Aufdruck. Doch als Mille Petrozza, Sänger und Gitarrist der 1982 als Tyrant gegründeten deutschen Thrash-Metal-Band Kreator, den Raum durchquert, erregt er keinerlei Aufmerksamkeit. Die Empfangsdame blättert gelangweilt in ihren Unterlagen. Die Biertrinker schauen kurz auf und dann wieder in ihre Gläser. Die Kinder lösen die Blicke nicht vom Bildschirm und die Lippen nicht von den Strohhalmen.

Wie selbstverständlich sie da aufeinandertreffen, die bürgerliche Welt der Geschäftsreisenden, Touristen, Familien und die ehedem suspekte, ja bedrohliche Welt des Heavy Metal, ist vielsagend. So einiges hat sich verändert. In den 1950er-Jahren galt sogar der aus heutiger Sicht vollkommen harmlose Boogie Woogie einem deutschen Autor als „ebenso gefährlich wie ein militärischer Giftgasangriff".[1] Hätte es damals schon Heavy Metal gegeben, wäre wohl der Vergleich mit einer Atombombe bemüht worden. Nicht nur die laute, körperbetonte Musik, sondern auch die Texte und Symbole der Rockszene standen unter Verdacht. Noch 1984 warnte der christliche Autor Ulrich Bäumer in seinem Buch *Wir wollen nur deine Seele* vor den fatalen Folgen von Rock, Hardrock und Heavy Metal. Dabei nahm er keinerlei Differenzierungen vor und verrührte so ziemlich alles, was verzerrte Gitarren und ein düsteres Image aufwies, zu einem Brei des Bösen: „Rockgruppen, die mit dem Okkulten spielen, öffnen sich damit automatisch satanischen Mächten und laufen Gefahr, dass sich der ursprüngliche ‚Spaß' schneller mit teuflischem Ernst verbindet, als ihnen lieb sein kann. Satan nimmt okkulte ‚Spielereien' ernst: Mit Schrecken muss man immer wieder feststellen, dass er jede Hand, die sich ihm entgegenstreckt, früher oder später in seinen stählernen Griff nimmt und nicht wieder loslässt."[2]

Ähnlich alarmistische Töne schlug Bob Larson in seinem 1980 publizierten Buch *Rock* an. Fünfzehn Jahre später machte das US-amerikanische Parents Resource Music Center die Rockmusik unter anderem für Suizide von Jugendlichen verantwortlich. Bereits 1990 war es zu einem aufsehenerregenden Gerichtsprozess gegen die britische Heavy-Metal-Band Judas Priest gekommen. Die Eltern zweier Teenager aus Nevada hatten die Band verklagt, weil unterschwellige Botschaften in Judas-Priest-Songs ihre Söhne zu Suizidversuchen veranlasst hätten – ein Versuch gelang, der andere führte zu bleibenden gesundheitlichen Schäden und schweren Entstellungen. Die Frage danach, was Ursache und was Effekt ist und ob sich junge Menschen vielleicht aufgrund dysfunktionaler Familienbeziehungen oder gesellschaftlichen Anpassungsdrucks dem Heavy Metal zuwenden, wurde von der Anklage ausgeklammert. Im Laufe des Prozesses stellte sich heraus, dass die beiden Jungen aus Problemfamilien stammten und Drogen konsumiert hatten – Freispruch für Judas Priest.

Die 1985 vom Parents Resource Music Center veröffentlichte Liste *Filthy Fifteen*, deren Name zu einer Metal-Band passen könnte, war eine Hitparade der aus Sicht der Organisation „verdorbensten" Pop- und Rockbands, darunter Black Sabbath' „Thrashed" und Madonnas „Dress You Up". In der Praxis diente sie dem Publikum natürlich nicht als Abschreckung, sondern als Kaufempfehlung. Wer wissen wollte, was dem Establishment als anstößig und damit der Gegenkultur als cool galt, hatte hier einen praktischen Einkaufszettel vorliegen.

Damals waren Metal-Fans Bürgerschrecks, ob in den Arbeitersiedlungen des Ruhrgebiets oder auf Kuba, wo man die als dekadent geltenden „Frikis" (Freaks) zwangsrasierte und sie zum Arbeitsdienst verdonnerte. Auch in der DDR rückte die Haarpolizei aus. Heavy Metal, Hardrock, Punk, das war für Fidel & Co. der Soundtrack des westlichen Imperialismus. Im Westen selbst boomte das in den späten 1960er-Jahren von Bands wie Black Sabbath und Led Zeppelin mitbegründete Metal-Genre zwar, doch galt es weiterhin als Underground, als Hort des Abseitigen, Gewaltverherrlichenden. Heavy Metal, das war – nun ja: Heavy Metal. Eine martialische, eiserne Geschlossenheit demonstrierende Szene mit Insignien wie Kutten und Patronengürteln, umgedrehten Kreuzen, Monstern und eisernen Jungfrauen.

Und heute? Mille Petrozza in der Lobby des Viersternehotels oder Metallica als Models für den Edelausstatter Brioni (2016) sprechen eine deutliche Sprache: Heavy Metal hat seinen Ruf als Untergangsbeschleuniger des Abendlandes verloren. *The Decline of Western Civilization, Part II: The Metal Years* lautet der Titel eines Dokumentarfilms aus dem Jahr 1988. Für den Zeitraum zwischen 2015 und 2019, als das vorliegende Buch entstand, müsste eher von einer Stabilisierung der Western Civilization durch Heavy Metal die Rede sein.

Selbst das Christentum nimmt den Metal nicht mehr per se als Bedrohung wahr, wie unter anderem die Predigten des schweizerischen Metal-Pfarrers Samuel Hug zeigen (siehe Kapitel „The God That Failed"). Im Jahr 2018 diskutierte ich mit einem jungen Pfarrer der Evangelisch-Lutherischen Kirche in Bayern auf Twitter über Metal. Für eine Auseinandersetzung mit der Frage nach der Gerechtigkeit Gottes, der sogenannten Theodizee-Frage, empfahl ich ihm Motörhead-Alben. In ketzerischer Absicht schickte ich ihm einen Link zu Motörheads religionskritischem Song „God Was Never on Your Side" (2006). Während Ulrich Bäumer Zetermordio geschrien hätte, reagierte mein theologischer Diskussionspartner ganz anders: „Stark. Er [Lemmy Kilmister, der Gründer, Bassist und Sänger von Motörhead] bewegt sich einfach enorm sicher in der biblischen Bildwelt, was ihm erlaubt, sich Gestus und Motivik des Propheten anzueignen, aber dem dann einen eigenen (,Paradise lost'-ähnlichen) Dreh zum nüchternen Humanismus zu geben […] Schrei nach der Verwendung in Unterricht und Verkündigung!" Motörheads Häresie als Teil der „Verkündigung"? Das war wohl nicht im Sinne des Priestersohns Lemmy, dessen Groll gegen Religion auch biografische Gründe hatte: Sein Vater hatte die Familie sitzen lassen.[3]

In den liberalen westlichen Konsumkulturen ist Heavy Metal zu einem beliebten Gütesiegel geworden. Heavy Metal soll Halt geben in Zeiten des Umbruchs. Wie Edelmetall, das in Krisenzeiten als sicheres Zahlungsmittel gilt, bildet Heavy Metal einen Goldstandard der Popkultur. So wurde 2017 in einer Anzeige der 1862 gegründeten Österreichischen Gold- und Silber-Scheideanstalt (ÖGUSSA) mit dem Slogan „Heavy Metal Forever" geworben. Das abgebildete Foto zeigte einen bärtigen und sonnenbebrillten Metalhead mit Choppers-Beanie, der die Hand zum international gültigen Metal-Gruß hebt: zur Mano Cornuta, der „gehörnten Hand", auch bekannt als „Pommesgabel". Mit dem kleinen Unterschied, dass er zwischen Daumen und Zeigefinger einen Goldbarren präsentierte.[4] Auch der Soziologe und Berater Rainer Sontheimer preist „Metal als Erfolgsrezept". Das Genre stecke voller „Marketing- und Handlungsstrategien", die man „einfach so kopieren kann – dafür müssen Sie selbst aber noch nicht Rocker oder Metaller werden".[5] Den mageren Klickzahlen nach zu urteilen, ist seine Kundschaft noch nicht wirklich überzeugt. Erfolgreicher war eine Werbekampagne in Dänemark. Dort bewarb die Telefongesellschaft Tele Danmark Communications im Jahr 2014 ein Smartphone von Samsung mit Musik der deutschen Melodic-Death-Metal-Band Craving. In der Schweiz unterlegte ein öffentlich-rechtliches Versorgungsunternehmen einen Werbeclip für sein Glasfasernetz mit Speed Metal (2017, Slogan: „Bern wird schneller"),[6] der schweizerische Mobilfunkanbieter Salt warb mit dem Foto einer alten Dame, die den Teufelsgruß zeigt (2019),[7] die schweizerische Uhrenmarke Swatch, eine Bastion des Mainstreamgeschmacks, pries ihre „Irony"-Modellreihe als „The Swiss Heavy Metal" (2019).[8] Von „Iron" zu „Irony" ist es manchmal nur ein kleiner Schritt.

Lebte Metal einst von der Abgrenzung vom Mainstream, so leben Teile des Mainstreams heute von der – symbolischen – Annäherung an Metal. Metal verleiht Mainstream-Produkten eine Aura des Gefährlichen, ohne eine echte Gefahr darzustellen. Zugleich zeugt er von Langlebigkeit und Stabilität. Hätte man einem Metal-Fan in den 1980er-Jahren erzählt, seine Musik werde einmal in der Finanzindustrie als Inbegriff von Seriosität dienen, von Unternehmensberatern als Inspirationsgeheimtipp verbreitet und von schweizerischen Unternehmen in der Werbung eingesetzt werden, er hätte einen wohl für verrückt erklärt.

Nicht nur die ÖGUSSA, Unternehmensberater und Swatch, auch der Tourismus hat den Heavy Metal entdeckt. In Finnland gehört Heavy Metal wie in anderen skandinavischen Ländern auch längst zum Standortmarketing, ja zur Nationalfolklore.[9] Insgesamt kommen in Finnland

Abb. 1: Giga Body Metal bei den Heavy Metal Knitting Championships, Finnland, 2019

etwa 50 Metal-Bands auf 100.000 Einwohner. Im Jahr 2018 suchte Finnland sein „Capital of Metal" und führte minutiöse „Metal Density"-Berechnungen durch. Eine 3000-Seelen-Gemeinde im Südosten des Landes machte mit der theoretischen Dichte von 422,6 Bands pro 100.000 Bewohnern das Rennen – ihr Name erinnert amüsanterweise an den oben erwähnten Sänger und Bassisten von Motörhead: Lemi. Kurz vor seinem Tod zeichnete Lemmy Kilmister einen Werbespot für einen finnischen Milchhersteller auf. Darin bekannte er freimütig: „Ich trinke keine Milch. Und ich werde es nie tun – du Arschloch!"[10]

Vom hohen Stellenwert des Metal in Finnland zeugen auch die 2019 erstmals dort ausgetragenen Heavy Metal Knitting Championships (Heavy-Metal-Strickmeisterschaften). Mitmachen konnten alle, die zum Song „Fight or Die" der finnischen Thrash-Metal-Band Maniac Abductor ein einminütiges Video aufnahmen, das die jeweiligen Bewerber beim Stricken zeigt. Im Juli 2019 trat eine Auswahl in der finnischen Kleinstadt Joensuu gegeneinander an. In bizarren Kostümierungen wurde live gestrickt, sogar mit Schlagzeugstöcken. Den Titel gewann die fünfköpfige Truppe Giga Body Metal aus Japan (Abb. 1). Mit aufeinanderprallenden Sumoringern sowie einem meditativ im traditionellen Kimono und weißer Gesichtsbemalung vor sich hin strickenden Mann legte sie nicht nur nahe, dass Corpsepaint einen Vorläufer im japanischen Theater hat, sondern brachte auch die zwei Seiten des Metal zur Geltung: zum einen Bedachtheit, Konzentration, Sorgfalt, zum anderen Körperlichkeit, Macht, Exzess, Karneval. Sichtlich ergriffen, kommentierte Frontstricker Manabu Kaneko den Preisgewinn: „Für Stricken in Kombination mit Heavy Metal gibt es keine Worte. Es ist eine tiefe, tiefe Emotion."[11]

Was vordergründig pure Albernheit ist, hat einen ernsten Kern. Metal ist im Begriff, sich zu einem traditionellen, vom Staat unterstützten und von der Gesellschaft getragenen Kunsthandwerk zu entwickeln – im 21. Jahrhundert verläuft die Traditionsbildung eben ein bisschen schneller als in den behäbigen Jahrhunderten zuvor, gewissermaßen im Tempo des Speed Metal. Suggestiv fragen die Ausrichter der Metal-Strickmeisterschaften auf ihrer Internetseite, ob es im Metal nicht wie beim Stricken vornehmlich darum gehe, etwas „Cooles" mit den Händen anzufertigen. In der Tat wird im Metal das Handwerksethos großgeschrieben. Die Betonung liegt auf der „Hand" und darauf, dass die Arbeit live und ohne fremde Hilfe ausgeführt wird. Der zentrale Gedanke der industrialisierungskritischen Arts-and-Crafts-Bewegung des 19. Jahrhunderts, dem zufolge man nur dann auf ein Produkt stolz sein kann, wenn man für alle wichtigen Arbeitsschritte selbst verantwortlich ist, ist im Metal nicht in Vergessenheit geraten. Auch aus pophistorischer Sicht ist die Verbindung von Metal und Stricken nicht abwegig. Die Heavy Metal Knitting Championships knüpfen an das berühmte Webereigleichnis Keith Richards' an. Über sein Zusammenspiel mit Ronnie Wood sagte der Rolling-Stones-Gitarrist: „Wir nennen es auch gerne ‚die historische Form des Webens.' [...] Es ist eben genau wie beim Weben, mit den verschiedenen Fäden – und wir sind die dienstälteste Manufaktur auf Erden. Alt und rostig. Aber hey – es funktioniert."[12] Wenn sich schon der Co-Autor des Songs „Sympathy for the Devil" (1968) in die Tradition der Weberei stellt, spricht nichts dagegen, dass sich der Heavy Metal, mithin *das* popkulturelle Zuhause des Teufels, auf die Tradition des Strickens bezieht – immerhin bestehen die verwendeten Nadeln oft aus Metall.

Apropos „alt und rostig". Im Kampf gegen den postindustriellen Abschwung knüpft die deutsche Stadt Duisburg an die Folklorisierung des Metal an und lockt Reisende mit den Worten: „Duisburg ist Stadt gewordener Heavy Metal. Und der wird immer noch auf gigantischen Bühnen gespielt: Allein das Stahlwerk von ThyssenKrupp zu Ihren Füßen ist fast fünfmal größer als Monaco."[13] Heavy Metal goes Baedecker – wer hätte das gedacht. Ähnlich wie romantisch vor sich hinrostende, einst als Dreckschleudern verschriene Stahlwerke die Herzen heutiger Touristen erwärmen, hat Heavy Metal seinen Schrecken eingebüßt: „Die großen Skandale im Metal liegen lange zurück. […] Insgesamt gilt der Metaljünger heute als entspannte Spezies, [das norddeutsche Metal-Festival] Wacken ist das neue Woodstock", stellte Jens Uthoff 2018 in der ZEIT fest.[14]

Die bürgerliche Annäherung an den Metal geht so weit, dass Ulf Poschardt, Chefredakteur der Mitte-rechtskonservativen Tageszeitung *Die Welt*, Black Metal im Jahr 2016 zur „Musik der Stunde" ausrief. In einem Kurzessay schwang er sich zu einer gegenwartsdiagnostischen Abhandlung über die „Mathematik des Aggressiven" auf. Wie im Feuilleton üblich, legte er im Umgang mit der (vermeintlichen) Unterhaltungskultur einen niedrigeren Kompetenzmaßstab an als im Umgang mit der (vermeintlich) ernsten Kultur. Kurz gesagt, nahm es Poschardt mit Sach- und Fachkenntnissen nicht so genau und erklärte etwa die New Yorker Hardcorepunk-Band Agnostic Front zur Metal-Band. Nach einem väterlichen Lob für das Debütalbum der amerikanischen Black Metaller Uada – „[hebt sich] wohltuend von der Kindergarten-Archaik des Okkulten [ab]" – erläuterte Poschardt, dass die Realität den Black Metal längst überholt habe: „[Der Islamische Staat] kann auch als ein satanistisches Extremkollektiv verstanden werden, das mit seinen nihilistischen Grausamkeitsexzessen alle Leichenberge des Black Metal überbietet." In einer Volte demonstrierte Poschardt sodann, wie sehr sich die bürgerliche Sicht auf den Metal verändert hat. Nicht der Metal, schrieb Poschardt, bringe Hass und Gewalt: „Solange es Hass und Gewalt gibt, gibt es Black Metal." Die Welt ist also laut *Welt* schuld daran, dass es diese abgründige Musik gibt. Das klingt doch ganz anders als bei den christlichen Kommentatoren, die ich anfangs erwähnt habe. Für sie stand fest, dass Metal Hass und Gewalt erzeuge und nicht etwa eine Reflexion derselben sei.

Eine Episode aus dem Musikerleben des Autors, der bereits als Teenager mit der Metal-Band Pigster auftrat und seit 2003 mit dem Heavy-Me(n)tal-Duo Malmzeit als Tee trinkender Heavy-Metal-Lieferservice an den Rändern der Metal-Szene aktiv ist, ist ebenfalls vielsagend. Im September 2016 begegnete Malmzeit-Gitarrist Jochen Neuffer aka Sumatra Bop auf der Anreise zu einem Auftritt einem älteren, gediegen gekleideten Ehepaar. Ob der Verspätung des durchs Neckartal zuckelnden Fernzugs, in welchem sie einander gegenübersaßen, kamen sie ins Gespräch. Sie seien, so berichtete die Frau, auf dem Weg zu einem Klassikkonzert in Zürich, das sie nun vermutlich verpassen würden. Ärgerlich, sehr ärgerlich. Neuffer erwiderte, dass er ein Metal-Konzert in der dortigen Dammbar zu absolvieren habe und ebenfalls in zeitliche Bedrängnis geraten werde. Ach, Heavy Metal, sagte die Frau. Soso. Nun, wenn sie es nicht mehr zum Klassikkonzert schafften, dann kämen sie eben in die Dammbar. Mit Metal habe sie kein Problem. Dann formte sie die Finger zur gehörnten Hand.

Ein paar Jahre später spielte Malmzeit in der Berliner Vertretung des Landes Baden-Württemberg vor Staatssekretärinnen, Ministerialdirigenten und Bundesministerinnen. Unsere Künstlergarderobe im Raum „Schwarzwald" mit Vintage-Kuckucksuhr grenzte direkt an das Amtszimmer des ebenfalls anwesenden Ministerpräsidenten Winfried Kretschmann. Im Garten verspeisten wir Spießchen vom schwäbisch-hällischen Landschwein mit Kartoffelsalat und parlierten mit Vertretern diverser bürgerlicher Parteien sowie den unvermeidlichen Lobbyisten über die Segnungen der Stromgitarre. Dudeljazz blubberte aus den Boxen, und es war Sommer. Heavy Metal war, wenngleich in seiner kammermetallischen Variante, im Herzen der Macht angekommen.

Auch die internationalen Medien haben seit einigen Jahren sichtliche Freude an Berichten über mal mehr, mal weniger seriöse Studien zu Heavy Metal. Die Resultate fallen meist positiv aus: „Heavy Metal macht den Menschen gut und glücklich", titelte *Die Welt* 2015 und verwies auf eine Untersuchung der University of California. Mehr noch, auch „netter, ruhiger, friedlicher" seien die Metal-Adepten, behaupteten Forscher der University of Queensland im selben Jahr.[15] Metal-Fans zeichneten sich durch besondere Treue in Paarbeziehungen aus, kolportierte die *Süddeutsche Zeitung* unter Berufung auf ein Seitensprungportal. Während 19 Prozent aller Jazzer fremdgingen, seien es unter den Schwermetallern gerade einmal zwei Prozent.[16] Wie um die frohen Botschaften des Happy-Metal-Jahres 2015 auf den Gipfel zu treiben, veröffentlichte die Heriot-Watt-Universität eine Studie, der zufolge Heavy-Metal- und Klassikliebhaber identische psychologische Profile aufweisen.[17] Schon im Jahr 2007 hatte eine viel zitierte Untersuchung der University of Warwick ergeben, dass begabte Studenten überdurchschnittlich häufig Heavy Metal hören.[18]

Es darf also vermutet werden, dass es nicht mehr lange dauern wird, bis konservative Eltern ihre Kinder ermahnen: „Hast du schon wieder vergessen, dein Cannibal-Corpse-Riff zu üben? Du gehst mir nicht aus dem Haus, bevor das Slayer-Intro sitzt! Spiel das doch mal etwas brutaler, das ist Thrash!" Strafarbeiten an humanistischen Gymnasien könnten dereinst im Auswendiglernen von Motörhead-Lyrik bestehen, bei Einbürgerungstests würde sich das Abfragen landesspezifischer Metal-Kenntnisse anbieten (Stichwort „Lemi").

Was auf den ersten Blick absurd erscheint – Heavy Metal beerbt Bildungsbürgerhelden wie Schubert und Schiller!? –, ist auf den zweiten Blick gar nicht so abwegig. Zum einen sind Metal und Klassik mit Blick auf die angestrebte virtuose Beherrschung der Instrumente verwandt. Viele Autoren haben die Parallelen zwischen Heavy Metal und klassischer Musik untersucht – nicht nur mit Blick auf die oben erwähnten psychologischen Aspekte, sondern auch mit Blick auf kompositorische. Vor allem im Gitarrenspiel nähere sich Heavy Metal der Klassik an, stellt der Musikwissenschaftler Dietmar Elflein fest: „Elemente aus der abendländischen Kunstmusik [Klassik], insbesondere des Barock … finden … Eingang in das Gitarrenspiel jenseits des individuellen solistischen Ausdrucks."[19] Manche Metal-Gitarristen wie Yngwie Malmsteen stehen ihren Kollegen aus der Klassik mit Blick auf Virtuosität in nichts nach. Schon 1975 arbeitete Black Sabbath mit dem English Chamber Choir zusammen.

Zum anderen wurde Schillers Sturm-und-Drang-Schauspiel *Die Räuber* (1781) wegen der für damalige Verhältnisse drastischen Gewaltdarstellungen, folglich der Gefährdung von Sitte und Anstand, kritisiert. Dessen ungeachtet wurde es später in den bildungsbürgerlichen Kanon aufgenommen. Lassen die Schilderungen von Zeitzeugen der *Räuber*-Uraufführung 1782 in Mannheim nicht an kommende Heavy-Metal-Spektakel denken? So berichtete ein Besucher: „Das Theater glich einem Irrenhause, rollende Augen, geballte Fäuste, stampfende Füße, heisere Aufschreie im Zuschauerraum! Fremde Menschen fielen einander schluchzend in die Arme, Frauen wankten, einer Ohnmacht nahe, zur Thüre. Es war eine allgemeine Auflösung wie im Chaos, aus deßen Nebeln eine neue Schöpfung hervorbricht."[20] Ein Schelm, wer hier eine Linie von Schiller zu Slayer zieht. Vielsagend ist auch, dass der Musikjournalist Alex Ross in seinem Bestseller *The Rest is Noise. Das 20. Jahrhundert hören* neuere klassische Musik mit Worten charakterisiert, die auf Heavy Metal gemünzt sein könnten: „Klassische Komposition des 20. Jahrhunderts … klingt für viele wie Lärm. Sie ist eine weitgehend ungezähmte Kunst, eine noch nicht assimilierte Untergrundszene."[21] Mit den Begriffen „Lärm" und „Untergrund" wurde auch der Heavy Metal immer wieder beschrieben.

Die Kritik am Sturm und Drang um 1780 und die am Heavy Metal um 1980 weisen starke Parallelen auf, aber auch die beiden Genres an sich. Inhaltlich handeln beide von Freiheit, Ausbruch, Aufbruch, Aufbegehren. Es ist kein Zufall, dass in Eduard von Keyserlings Erzählung *Fürstinnen* (1917) die junge, gegen die strikte Etikette am Hofe aufbegehrende Prinzessin Marie ausgerechnet eine Aufführung von Schillers *Räubern* besucht. Dort fiebert sie nicht nur mit dem idealistischen Verbrecher Karl Moor mit, sondern entwickelt auch Gefühle für ein junges, schönes Mädchen in der Loge gegenüber. Deren Mutter hat sich in einem abgelegenen Waldhaus eingemietet und wird von der gehobenen preußischen Gesellschaft geächtet. Man munkelt, sie sei geschieden – unerhört! Das Mädchen, eine klassische Outsiderfigur mit krausem schwarzen Haar, wird als „wild" beschrieben, ja als „brutal": „Das wächst auf wie ein Pilz", bemerkt eine Dame pikiert. Für Marie hingegen ist Britta in ihrer persönlichen Sturm-und-Drang-Phase eine Inspiration.

Heavy Metal entstand wie Schillers Frühwerk aus der gefühlten oder faktischen Erfahrung von Bevormundung durch Autoritäten und aus der Suche nach einer alternativen Identität wie auch Intensität. Gemein ist ihnen nicht zuletzt ein anfänglich militanter Idealismus, der später ein versöhnlicheres Gesicht aufsetzen sollte. Als Herzog Carl Eugen starb, schloss Schiller seinen Frieden mit dem früheren Despoten und späteren Reformer, der ihn einst für seine Militärschule zwangsverpflichtet hatte. Der Heavy Metal wiederum schloss im 21. Jahrhundert seinen Frieden mit der westlichen Mehrheitsgesellschaft, die ihn lange Zeit verachtet hatte und nun als Querdenker umwirbt. Allein, es ist ein wackeliger Frieden. An den alten Frontlinien stehen noch immer Geschütze, und mitunter kommt es zu Scharmützeln – von Weltgegenden, in denen Heavy Metal weiterhin stigmatisiert wird, ganz zu schweigen.

Die schwierige Versöhnung zwischen Heavy Metal und jener Welt, der er anfänglich einen Zerrspiegel vorhielt, lässt sich nicht nur in Hotellobbys und Werbeanzeigen erfahren. Selbst auf Kuba hat sich, den einstigen Zwangsrasuren zum Trotz, eine kleine, stabile Heavy-Metal-Szene etabliert. Mit dem Konzert der Rolling Stones 2016 in Havanna hat der Beelzebub des Rock'n'Roll seine Fahne auch im real existierenden Sozialismus gehisst und damit dem Teufel des Metal den Teppich ausgerollt. In Botswana räumen weibliche Metal-Fans derweil nicht nur mit patriarchalen Klischees auf, sondern gleich noch den Müll von der Straße, um zu demonstrieren, dass Metal einen konstruktiven Beitrag zur Gesellschaft leistet.[22] Wie der Regisseur Scot McFadyen und der Sozialanthropologe Sam Dunn in ihrem Dokumentarfilm *Global Metal* (2008) zeigen, erstreckt sich die „Global Brotherhood" (Jörg Brüggemann) mittlerweile über alle Kontinente – von der Globalisierung des Heavy Metal wird im für das Jahr 2023 oder 2024 geplanten zweiten Band dieses Buches die Rede sein. Darin werde ich unter anderem die Ausbreitung des Metal in nichtwestlichen Breitengraden thematisieren (der Schwerpunkt dieses Buches liegt auf Metal im Westen), seinen jüngeren Verbindungen zur Gegenwartskunst nachspüren, den Einfluss von Metal auf die Modeindustrie beleuchten, die Bedeutung von Mythologien für den Metal untersuchen und natürlich der Todesfaszination des Metal auf den Grund, besser gesagt: den Abgrund gehen.

Auf einem der weltweit größten Metal-Festivals, dem Wacken Open Air in der schleswig-holsteinischen Provinz, treffen verschiedene Generationen, soziale Schichten und Weltanschauungen aufeinander, von christlichen Anwälten, Versicherungsvertretern, Wissenschaftlern und konservativen Altrockern über Satanisten und Neuheiden bis hin zu veganen Linksalternativen. Im Jahr 2019 ließ sich das einstige Techno-Sternchen Jasmin Wagner aka Blümchen auf dem Wacken Open Air in einem T-Shirt mit der Aufschrift „Girls Can Do Anything" fotografieren. Auf Instagram kommentierte der User wernerblum2017: „Blümchen auf dem ‚Wacken Open Air', das hätte auch niemand für möglich gehalten!!"[23] Wacken zeigt auch, dass Heavy Metal nicht nur ein Ventil für Angry Young Men und Angry Young Women ist, sondern auch für ältere Mut- und Wutbürger. So stahlen sich im Jahr 2018 Polizeiberichten zufolge zwei Bewohner eines schleswig-holsteinischen Altenheims aus ebenjenem davon, um das Wacken Open Air zu besuchen. Da sie einen verwirrten Eindruck machten, wurden sie per Taxi zurückgeschickt. Die Anekdote wurde von den Massenmedien genüsslich aufgegriffen und schaffte es sogar in die *Washington Post*. Während andere in die Jahre gekommene Jugendkulturen mit ihrem Übertritt in die geriatrische Phase hadern, stellt letztere für Heavy Metal kein wirkliches Problem dar. Mit seiner Todesfixiertheit und morbiden Grundstimmung war er ohnehin nie wirklich jung. „When I was young I was already old", bekannte Lemmy Kilmister im Song „Capricorn" (1979). Schwarzhumorige Zeitgenossen könnten unken, in all den kranken, gequälten, verrottenden Figuren auf den Covern von Metal-Alben zeichne sich bereits der körperliche Zustand der Metal-Bands und ihres Publikums im 21. Jahrhundert ab. Die Technical-Death-Metal-Band Revocation aus Boston, Massachusetts hat diesen Zustand im Musikvideo zu „The Grip Tightens" (2012) selbstironisch in Szene gesetzt. Auf alt geschminkt und im Rentnerlook begeben sich die Musiker ächzend und hinkend auf eine letzte Tournee – durch Seniorenheime.

Geografische, generationsmäßige und stilistische Öffnungen gehen im Heavy Metal Hand in Hand. Wie die postmodernen Gesellschaften unter den Bedingungen der Globalisierung aus Myriaden von Szenen, Communitys und Konsumentengruppen bestehen, gliedert sich Heavy Metal heute in unzählige miteinander kommunizierende, kooperierende und konkurrierende Subgenres auf, von Thrash Metal über Folk Metal und Sludge Metal bis hin zu Doom Metal. Heavy Metal folgt hier nicht nur einem sozialen Trend, sondern in drastischer Weise einer generellen Tendenz in der jüngeren Musikgeschichte: „Im 20. Jahrhundert ist das musikalische Leben in eine brodelnde Masse verschiedenster Kulturen und Subkulturen zerfallen, die alle ihren eigenen Kanon, ihre eigene Sprache entwickelt haben."[24]

Was Ross in dieser treffenden Beschreibung nicht erwähnt, ist die Tatsache, dass mit der Anzahl von Einzelphänomenen die Menge der Verbindungen zwischen ihnen exponentiell wächst – nicht nur die möglichen, sondern auch die faktischen. Die „verschiedensten Kulturen und Subkulturen" existieren nicht isoliert voneinander wie Monaden. Vielmehr begegnen sie einander, gehen Verbindungen ein, erzeugen Hybride, lösen sich wieder voneinander, gehen neue Verbindungen ein. Was Kulturpessimisten als unheilvolle Zersplitterung erscheinen mag, stellt sich bei genauerer Betrachtung als dynamisches Netzwerk heraus. In diesem Sinne haben die zwischen Bedrohlichkeit und Peinlichkeit, Ernst und Ironie, Kontrolle und Ekstase schwankenden Symbolwelten und Pathosformeln des Metal ein vielfaches Echo in der Popkultur gefunden.

Die Berliner Indierockband Surrogat (1994–2003) zum Beispiel bediente sich ausgiebig des visuellen Arsenals des Metal. Für ihren inszenierten Größenwahn bot das Genre den passenden Anlehnungskontext. Das Artwork des Albums *Hell in Hell* (2003) ist auf groteske Weise mit Metal-Symbolen zugepflastert: eiserne Kreuze, ein Adler-Wappen, ein Totenschädel, ein blitzförmiges S wie im Schriftzug von KISS, ein Tyrannosaurus Rex, ein Militärflugzeug und immer so weiter. Im Video zu „Seid ihr mit mir?" fährt die Band wie einst Judas Priest im Video zu „Breaking the Law" im offenen Cabrio headbangend durch die Stadt (siehe Kapitel „Desecrators of the New Age"). Am Straßenrand grüßen Menschen mit der gehörnten Hand. Das Video zu „Gib mir alles" zeigt die Band bangend und posend vor einem Flammenmeer. Unlängst hat sich auch die texanische Indiepunkband A Giant Dog für das Video zu „Bendover" (2017) in Metal-Montur geworfen: stachelbewehrte Lederbänder, eine schwarze Gibson-SG-Gitarre, Lederjacken, im Wind wehende Haare, Tänzerinnen mit überklebten Brustwarzen in Reizwäsche. Lady Gaga wurde sogar schon mit corpsepaintartiger Gesichtsbemalung gesehen (2009). Auf dem Cover ihres Albums *Born this Way* (2011) posiert sie als Mensch-Motorrad-Mischwesen mit deutlichen Reminiszenzen an Judas Priest – auf der

Tracklist findet sich denn auch ein Song namens „Heavy Metal Lover". Im Jahr 2017 gab sie mit Metallica bei der Verleihung der Grammy Awards deren Song „Moth Into Flame" zum Besten. Wird die Popkultur traditionell mit Plastik assoziiert, so hat sie sich de facto längst dem Metallischen geöffnet. Ob bei Surrogat, A Giant Dog oder Lady Gaga – die ohnehin meist ambivalenten Gesten und Symbole des Heavy Metal erfahren durch subkulturelle und massenkulturelle Vereinnahmungen eine weitere Ambivalenzsteigerung.

Vor diesem Hintergrund wäre es irreführend, Metal nur von seiner musikalischen Seite erschließen zu wollen – trotz der Tatsache, dass Metal eine Strömung der Popkultur ist, in der die Musik und ein kennerschaftlicher Zugang zu ihr von hoher Bedeutung sind. Erst durch das mal unisone, mal kontrapunktische Zusammenspiel von Musik und visuellen sowie verbalen Elementen wird Metal zu einem eigenständigen Genre. Klang, Bild und Text bilden im Metal gewissermaßen selbst eine Band. Bei Black Sabbath etwa trafen religiöse und okkulte Symbole auf von Horrorgeschichten, Weltzweifel und Sozialkritik inspirierte Texte (siehe Kapitel „Back to the Primitive"). Man stelle sich vor, die Band hätte ihre Musik mit einer heiteren Bildwelt kombiniert, ein possierliches Nagetier als Maskottchen gewählt und sich in Hawaiihemden gekleidet – das Phänomen Black Sabbath wäre heute etwas gänzlich anderes. Spätere Metal-Bands prägten die Metal-Ästhetik mit Wimmelbildern, in denen Mythos, Gewalt, Horror, Zeitkritik und mitunter auch Erotik in bildnerischen Blastbeats durcheinanderwirbelten. Andere Bands setzten auf knallige, aus dem gepeinigten Geist von Pop-Art und Werbung geborene Logos, die Kraft, Macht, Energie evozieren (etwa Raven auf *Wiped Out*, 1982). Ins kollektive Gedächtnis haben sich vor allem Grabkreuze, Skelette, Monster, Mutanten, Zombies, Ruinen, Krieger, Fabelwesen, mythologische Versatzstücke, Fantasyszenerien, archaische Symboliken und kryptische Schriftzüge eingebrannt. Sie bilden die visuelle *differentia specifica* des Metal. Würde ein Sturm in einem Plattenladen wüten und das Sortiment durcheinanderwirbeln, sorgte sie für hohe Treffsicherheit bei der Genreauswahl nach Covern. Mit einem Begriff von Yuri Lotman sollte deshalb nicht die Rede von Metal als bloßem Musikstil sein, sondern von Metal als einer „Semiosphäre", in der Musik die maßgebliche Rolle spielt.

In der Semiosphäre des Metal findet sich nur wenig Eindeutiges. Metal muss stets decodiert, interpretiert, diskutiert werden. Verallgemeinerungen und Kollektivsingulare, deren Verlockungen auch das vorliegende Buch immer wieder erliegt, sind deshalb noch weniger angebracht, als es im Allgemeinen der Fall ist. Metal ist kein Missionsseminar, keine Zuchtanstalt, keine Kaderschmiede (siehe Kapitel „Heavy Metal Is the Law"). Vor allem in seinen klassischen Formen lädt er dazu ein, der Imagination freien Lauf zu lassen. Er ermutigt seine Anhänger, wenigstens auf symbolische Weise noch einmal den großen Wurf zu wagen, die Wonnen pubertärer Faszination nicht zu unterdrücken und von Dämonen, der Apokalypse und dem Paradies, legendärem Sex auf brennenden Motorrädern, den grausamsten und heroischsten Schlachten, sämtlichen Mythen der Menschheitsgeschichte sowie der Verderbtheit aller Politiker, Päpste, Eltern, Lehrer und Spießer zu singen. „Run to the Hills! Screaming For Vengeance! Power & The Glory! We're Not Gonna Take It! Kill 'Em All! Don't Break the Oath! All for One! Welcome to Hell! Surrender or Die! Ride the Lightning! Speak English or Die! Blessed Are the Sick! All Hell Breaks Loose!" Als Alternative bietet er in seinen Subgenres die totale Reduktion, das radikale Rauschen, etwa im Black Metal oder Drone Metal. Das mag nicht vollendet seriös sein. Doch wer will eine Gesellschaft, in der es nicht möglich ist, dem ewig Pubertierenden im Erwachsenen von Zeit zu Zeit die Bühne zu überlassen? Vollumfänglich erwachsene Gesellschaften sind grausame Gesellschaften.

Metal gibt den nie gänzlich überwundenen, nie gänzlich überwindbaren Tagträumen, die sich Kinder und Jugendliche erlauben dürfen, ja zu denen sie, zumindest in liberalen Gesellschaften, sogar ermuntert werden, einen Resonanzraum. In einem ihrer schönsten Songs, dem funkelnd-melancholischen „Heavy Metal Drummer" (2002) hat die Alternative-Rock-Band Wilco der hinter Mauern aus Lärm verborgenen kindlichen Tagträumerei des Metal ein Denkmal gesetzt: „I sincerely miss those heavy metal bands / We used to go see on the landing in the summer ... / Shiny shiny pants and bleached blonde hair / A double kick drum by the river in the summer / She fell in love with the drummer, another then another, she fell in love / I miss the innocence I've known / Playing Kiss covers beautiful and stoned."

Das Lied scheint von der drogenvernebelten Zeit des Glam Metal in den 1980er-Jahren zu handeln, als dieser eine Jugend-, Adoleszenz- und Berufsjugendlichenkultur mit hohem Celebrity-Faktor war. Hier treffen Liebe, Hasch und Unschuld auf Heavy Metal. Es ist, als sei Woodstock mit dem With-Full-Force-Festival fusioniert worden – Jens Uthoffs oben erwähnte These, das Wacken Open Air sei das neue Woodstock, erhält so eine historische Tiefendimension. Aber natürlich ist Metal niemals so „unschuldig", wie es bei Wilco heißt. Selbstbewusstsein und Selbstreflexion, ob kritischer, apologetischer oder ironischer Art, sind wesentliche Merkmale der Szene. In Magazinen, Fanzines und Online-Communitys werden geradezu exzessiv die Fragen danach verhandelt, was Metal ist, was er sein sollte, sein kann, sein darf, was noch Metal ist, Metal bleiben wird, bleiben muss, welche Äußerungen legitim und welche es nicht sind. Die akademische Metal-Forschung kommt als Unschuldsbremse hinzu (siehe unten). Viele Metal-Bands machen überdies ihr Genre zum Thema von Songtexten wie auch visueller Ästhetik. Davon zeugen selbstreferenzielle Titel wie „Metal on Metal" (Anvil), „Metal Health" (Quiet Riot), „Heavy Metal Thunder" (Saxon), „Metal Discharge" (Destruction), „Fistful of Metal" (Anthrax), „Metal Militia" (Metallica), „Metal Command" (Exodus), „Metal Gods" (Judas Priest) usf. (Siehe Kapitel „The God That Failed").

Wenn Heavy Metal heute beharrlich vom Nebenstrom auf den Hauptstrom zusteuert, ist eine Präzisierung angebracht. Nicht zwingend sind es das Musikgenre und die Szene selbst, die diesen Weg einschlagen, sondern oft nur der Diskurs über Heavy Metal. Während beispielsweise im Jahr 2015 die westlichen Massenmedien ausführlich über den Tod von Lemmy Kilmister berichteten, hat dies nicht zu einer anhaltend erhöhten Frequenz von Motörhead-Songs im Programm geführt. Man spricht zwar immer häufiger *über* Heavy Metal, aber Metal-Songs laufen weiterhin nicht im Mainstreamradio, ja nicht einmal der harte Rock 'n' Roll von Motörhead. Von den Eigenheiten der Musik als solcher haben die wenigsten Kommentatoren wirklich eine Ahnung, wovon unter anderem die notorische Ineinssetzung von Hardrock und Metal oder von Black Metal und Death Metal zeugt.

Schlampige Recherchen und Interpretationen verschleiern mehr, als sie erhellen, allerlei Projektionen treten an die Stelle von Kennerschaft. Im März 2019 beklagte sich ein Freund und Metal-Liebhaber per E-Mail bei mir über die spekulative Überfrachtung des Metal. Seine Nachricht ist es wert, in voller Länge zitiert zu werden: „Leider wird ja, wenn über Musik gesprochen wird, oft nicht über Musik gesprochen, sondern über diese Metaebene, d. h. Gewalt, Aggression, Verderben, Fantasysujets und dergleichen. Ist für mich völlig uninteressant – bisweilen auch lästig oder lachhaft. Auch damals schon. Ich war ja auch nie Videospiel- bzw. Fantasyfilm-sozialisiert. Nein, ich war ein fröhliches Kind. Was mich aber wirklich geflasht hat, war, als ich zum ersten Mal eine verzerrte Gitarre gehört habe – im Alter von vier oder fünf Jahren. Mit diesem Klang Gewalt oder Aggression in Verbindung zu bringen, war mir nicht möglich, da ich noch gar nicht wusste, was das ist. Außerdem konnte ich noch kein Englisch, und die Texte versteht man sowieso nicht. Es ist also die Klangästhetik und später bei Thrash/Death Metal die Harmonik. Keine Tonika-Subdominante-Dominante-Struktur wie in 90 % aller westlichen ‚Gebrauchsmusik', sondern völlig frei. Am besten noch mit vertrackter, d. h. überraschungsreicher Rhythmik. [...] Für mich hat Metal eher was Frisches oder Energetisierendes an sich."

Mein Freund hat recht. Nicht nur, was die Kompositionen betrifft. Diedrich Diederichsen attestiert Metal „eine physische Erfahrungsqualität, die den Körper – jenseits jeglicher Semantik – nicht nur auditiv, sondern auch viszeral [d. h. über die Eingeweide] erfasst".[25] Wer sich dieser Erfahrung nicht über einen längeren Zeitraum aussetzt, schreibt über Metal, als schreibe er über Kammermusik. So klafft zwischen dem öffentlichen Diskurs über Heavy Metal einerseits, der lebendigen Erfahrung des Heavy Metal und vertieften Kenntnissen der Musik wie auch ihrer Szene andererseits eine Kluft. Mehr und mehr Zeitgenossen bilden sich eine Meinung über Heavy Metal, ohne ihn erlebt zu haben. Sie setzen sich – auf oberflächliche Weise – mit Heavy Metal auseinander, ohne sich ihm auszusetzen. Dieser Zugang zum Heavy Metal erinnert an die Praxis von Geisteswissenschaftlern vergangener Jahrhunderte. In ihren Studierkammern sitzend, fühlten sich manche von ihnen bemüßigt, Kulturen, denen sie nie direkt begegnet waren, anhand diffuser Berichte zu beurteilen. Selbst der später peinlich genau auf die Grenzen der Erkenntnis bedachte Philosoph Immanuel Kant schrieb 1775 in seiner *Physischen Geographie*: „Die Menschheit ist in ihrer größten Vollkommenheit in der Race [sic] der Weißen. Die gelben Indianer haben schon ein geringes Talent. Die Neger sind weit tiefer und am tiefsten steht ein Theil der amerikanischen Völkerschaften."[26]

Einen solchen rassistischen Unsinn konnte nur formulieren, wer den „Indianern" oder „Negern" nie begegnet war, für wen sie nur als Abstraktionen existierten. Distanz ist zwar unabdingbar für Reflexion. Ein Spiegel, der dem zu spiegelnden Objekt zu nahe steht, spiegelt nicht. Doch genauso wichtig sind Erfahrung, Nähe, Empathie, kritische Selbstbeobachtung und Reflexion der eigenen Position. Mit Henry Rollins gesprochen, gilt: „Knowledge without mileage means shit to me."[27] Wer nicht dort gewesen ist, hat nichts wirklich verstanden.

Ein Korrektiv zu jener spitzfingrigen Rezeption, die sich primär mit medialen Repräsentationen des Heavy Metal beschäftigt, stellt die wachsende Zahl der Szeneangehörigen dar, die Heavy Metal wissenschaftlich erforschen. Erste Heavy-Metal-Monografien erschienen in den 1980er- und 90er-Jahren, doch im 21. Jahrhundert hat die Anzahl von Konferenzen und Abhandlungen sprunghaft zugenommen.

Die in Entstehung begriffenen Metal Studies erscheinen faszinierend heterogen, sind die meisten Forschenden doch einerseits biografisch mit ihrem Gegenstand verbunden und andererseits durch ihre jeweilige Disziplin – Soziologie, Ethnologie, Anthropologie, Musikwissenschaft, Kunstwissenschaft, Religionswissenschaft usf. – zu kritischem Abstand und präzisem methodischen Vorgehen verpflichtet. Dieses Spannungsfeld zwischen Involviertheit und Distanziertheit erweist sich als äußerst fruchtbar, durchkreuzt es doch überkommene Forschungs- und Wissenschaftsklischees.

Die Metal Studies sind weit entfernt vom Mythos des kühlen und normierten Wissenschaftsbetriebs, den die Wissenschaftsforschung in den letzten Jahrzehnten einer berechtigten Kritik unterzogen hat. Doch ebenso weit entfernt sind sie von bloßer Apologetik aus Fanperspektive. Verbundenheit und Distanznahme, teilnehmende Beobachtung und abstrakte Theoretisierung, grundsätzliches Wohlwollen gegenüber der Szene und Kritik an ihren spezifischen Ausprägungen bilden derzeit eine produktive Allianz.

In den 1980er-Jahren wären Bücher mit Titeln wie *Methoden der Metal-Forschung. Interdisziplinäre Zugänge* (2014) oder *Heavy Metal Studies 01. Lyrics und Intertextualität* (2011) schwer vorstellbar gewesen. Damals dominierte die Jugendkulturforschung. Heute erscheinen solche Bücher in schneller Folge. Von Metal-Musikern wird diese Forschung ambivalent aufgenommen, wie das Beispiel von Kreators Mille Petrozza zeigt: „Man fühlt sich durch das Interesse der Wissenschaft an Heavy Metal sowohl irritiert als auch geehrt. Zunächst mal ist es gut, dass sich die Leute der Sache überhaupt annähern. Egal, ob sie sie überanalysieren und Dinge hineininterpretieren, die vielleicht gar nicht da sind. Wenn Leute Heavy Metal nicht mehr nur als Neandertaler-Krach abtun, sondern sehen, dass er eine Kunstform ist, dann finde ich das gut. Und wenn man die wissenschaftlichen Thesen erst mal sacken lässt – dann erkennt man schon, dass viele richtigliegen, auch wenn man es selbst nicht so empfindet, da man ja drinsteckt. Wenn also jemand mit einer wissenschaftlichen Herangehensweise von außen kommt, erfährt man sogar Neues über sich selbst."[28]

Dass aktive Musiker und Fans in der Metal-Forschung aktiv sind, stellt an sich kein Problem dar. Auch in der Kunstgeschichte, so munkelt man, sind viele Kunstliebhaber unterwegs, und es soll Ärzte geben, die Feuer und Flamme für ihre Disziplin sind, Patienten operieren und trotzdem gute wissenschaftliche Forschung betreiben. Es ist sogar von Vorteil, wenn Forscher und Wissenschaftlerinnen nicht vorgeben, eine völlig neutrale Position einzunehmen. Dem Wissenschaftsforscher Bruno Latour zufolge hat die moderne Wissenschaft das fragwürdige Ideal entwickelt, dass man, um wahre Erkenntnis zu erlangen, auf den jeweiligen Gegenstand wie vom Weltall aus blicken müsse: „Erkennen heißt, von außen erkennen. Alles muss von [dem Planeten] Sirius betrachtet werden – einem bloß eingebildeten Sirius, zu dem keine Person je gelangte."[29] Beim entrückten, letztlich nur imaginierten Blick von Sirius aus „riskiert man … zwangsläufig, dass einem eine Fülle von Ereignissen entgeht!"[30] Die Metal-Forschung reist derzeit, um im Bild zu bleiben, munter zwischen dem Planeten Erde und dem Planeten Sirius hin und her, man könnte auch sagen: Sie ist im Wesentlichen terrestrischer Natur, nämlich reflektierter und reflektierender Teil des Systems, auf das sie sich bezieht. Das schützt vor Anmaßung, Selbstüberschätzung, Arroganz und Flucht in irreführende binäre Konstrukte wie „objektiv vs. subjektiv".

Auf Tagungen ist denn auch zu erleben, wie metalkonform gekleidete Vortragende allein durch ihr Auftreten ihr Eingebundensein unterstreichen (Planet Erde), dann aber den Grindcore in Begrifflichkeiten des französischen Soziologen Pierre Bourdieu kleiden oder Clifford Geertz' Methode der „dichten Beschreibung" auf die Klangdichte des Heavy Metal übertragen (Planet Sirius). Nach der Abschlussdiskussion besuchen sie ein Konzert und streiten über die Qualität des Dargebotenen. Unter anderem mit Begriffen von Bourdieu.

Der einst – vermeintlich – machomäßige Heavy Metal überschreitet neben geografischen, sozialen, politischen und ideologischen Grenzen mittlerweile auch Geschlechtergrenzen. Neben die „global brotherhood" ist eine „global sisterhood" getreten. Immer häufiger gibt die Heavy-Metal-Minderheit der Frauen den Ton an, etwa die Kanadierin Alissa White-Gluz, Sängerin der Melodic-Death-Metal-Band Arch Enemy (Abb. 2, siehe Kapitel „I'll Be Your Sister"). Mit ihrem extremen Gesangsstil bricht die zierliche Frau in die Männerdomäne des Heavy Metal ein und entwendet Männern ein Distinktionsmerkmal: das tiefe Growlen. Die Vorreiterrolle spielte hier die deutsche Sängerin Sabina Classen. Mit Holy Moses entwickelte sie bereits in den frühen 1980er-Jahren einen rauen, rotzigen Gesangsstil (siehe Interview mit Sabina Classen). Den auch bei Metal-Frauen beliebten Lederlook hatte Suzie Quatro schon in den 1970er-Jahren auf die Bühne gebracht. Waren Frauen früher dazu verdammt, im

Abb. 2: Alissa White-Gluz (vorne) von Arch Enemy

verführerischen Sirenengesang zu glänzen oder mit elegischem Tremolo die Herzen zu rühren, so stehen ihnen im Heavy Metal heute alle Ausdrucksformen offen, von gefälliger Romantik à la Nightwish bis hin zu Röcheln, Würgen, Keifen im Lederkostüm. Auch in den Publikationslisten der Heavy-Metal-Forschung, vor allem im Bereich des Extreme Metal, stehen viele weibliche Namen, etwa Sarah Chaker (Österreich), Amber R. Clifford-Napoleone (USA), Anna-Katharina Höpflinger (Schweiz), Natalie Purcell (USA) und die Metal-Forschungs-Pionierin Deena Weinstein (USA). Clifford-Napoleone verweist in ihrer Forschung auf die Bedeutung von Queerness in der Szene (siehe Kapitel „I'll Be Your Sister").

Vergleichbar mit Trends in der jüngeren westlichen Fitnessszene, in der Pärchen gemeinsam trainieren und ihre verschwitzte Innigkeit online verbreiten, schließt sich im Heavy Metal der Graben zwischen den Geschlechtern – langsam und unter Wahrung so mancher Klischees (Female Fronted Metal), aber bislang unaufhaltsam. Sogar ausschließlich weiblich besetzte Black-Metal-Gruppen wie Asagraum aus den Niederlanden machen heute die Konzertbühnen unsicher. Nur äußere – etwa kulturelle, politische, religiöse oder ökonomische –, nicht aber Heavy-Metal-interne Faktoren könnten an dieser Entwicklung etwas ändern. Heavy Metal ist im Kern liberal und steht prinzipiell allen Menschen offen (siehe Kapitel „Heavy Metal Is the Law"). Die Szene kennt und akzeptiert seit den 1990er-Jahren auch offen homosexuelle Metal-Musiker, man denke nur an Rob Halford von Judas Priest oder Gaahl, Ex-Gorgoroth und heute God Seed (siehe Kapitel „I'll Be Your Sister").

Heavy Metal ist auch eine globale Wirtschaftsmacht. Im Konzertsektor läuft es im Vergleich mit anderen Sparten der Popmusik immer noch rund. Altgediente Bands wie Metallica oder Iron Maiden füllen weiterhin die Stadien. Und während andere Musikbranchen mit drastischen Rückgängen der Plattenverkäufe zu kämpfen haben, erwerben Heavy-Metal-Fans nach wie vor Silberlinge, Schallplatten, T-Shirts und Accessoires – wer Schwermetall liebt, ist eben Haptiker und möchte sich ein physisches Produkt ins Regal stellen.

Last, but not least ist Heavy Metal in der Politik angekommen (siehe Kapitel „Heavy Metal Is the Law"). Mit Joko Widodo wurde 2014 ein bekennender Metal-Fan zum Präsidenten von Indonesien gewählt und 2019 wiedergewählt. Die Metal-Band Burgerkill gewährte 2014 lautstarke Unterstützung im Wahlkampf des erklärten Korruptionsbekämpfers und moderaten Muslims. In Taiwan wechselte Freddy Lim, Sänger der Extreme-Metal-Band Chthonic, in die Politik und saß von 2016 bis 2019 für die von ihm mitbegründete New Power Party im Parlament (siehe Interview mit Freddy Lim). Gylve Nagell aka Fenriz, Frontmann von Darkthrone, wurde 2016 über die Liste einer liberalen Partei in den Stadtrat von Kolbotn, Norwegen gewählt. In Deutschland wurde der von 2009 bis 2011 amtierende Verteidigungsminister Karl-Theodor zu Guttenberg immerhin auf einem AC/DC-Konzert gesichtet. Mit Teufelshörnchen. So hat sich im 21. Jahrhundert ein Songtitel der Heavy-Metal-Band Helloween wenigstens teilweise bewahrheitet: „Heavy Metal Is the Law."

Heavy Metal tritt heute in so vielen Erscheinungsformen und an so vielen Orten gleichzeitig auf, dass der einstige Jugendkult zu einem allgemeinen Kulturgut jenseits der zunehmend redundant wirkenden Unterscheidungen „high and low" oder „Unterhaltung und Ernst" avanciert ist. Er ist nicht deshalb erfolgreich, weil er ehern und starr ist. Im Gegenteil.

Mit Heavy Metal verhält es sich wie mit nichtmetaphorischen Metallen: In kaltem Zustand sind sie hart. In erhitztem Zustand hingegen werden sie weich, biegsam, mischbar. Wie Arnold Schwarzenegger, der vom Barbaren über den Killer-Cyborg bis hin zum schwangeren Mann alle möglichen Rollen spielte, aber stets als Schwarzenegger erkennbar blieb, ist Heavy Metal offen für Einflüsse von außen, ohne dabei an Kontur zu verlieren. So vergeblich es auch sein mag, eine Definition für Heavy Metal zu suchen, so könnte man es doch mit folgender Formel probieren: Im Heavy Metal kannst du tun, was immer du willst. Solange es heavy ist.

Versuchen traditionalistische Gesellschaften ihre jeweiligen Gegenkulturen zu eliminieren wie ein Immunsystem Eindringlinge, so hat sich in den liberaldemokratischen Gesellschaften ein anderer Umgang mit Abweichlern durchgesetzt. Trotz Skepsis und Ablehnung werden die Renegaten früher oder später, solange sie nicht gerade zum bewaffneten Umsturz aufrufen, eingemeindet – die Künstler des Dadaismus ahnten nicht, dass sie dereinst als Erfüllungsgehilfen des Zürcher Stadtmarketings enden würden, die Generation der 68er bekleidete bald schon hohe Ämter, und das von Bildungsbürgern als infantil belächelte Comicgenre zählt mittlerweile zu den etablierten und subventionierten Kulturgütern. Heute kann man sich sicher sein, dass die anfängliche Ablehnung einer verruchten Kultursparte ein heimliches Initiationsritual für die Aufnahme in den Kreis des Gangbaren ist. Wie Novizen in Stammeskulturen symbolisch von einem Ungeheuer verschlungen werden, um danach eine Reinkarnation als vollwertige Stammesmitglieder zu erleben, muss ein junges Element der liberalen Konsumkultur zunächst von der Kritik verschlungen werden und einen symbolischen Tod sterben, um danach als Teil der Gemeinschaft wiedergeboren zu werden. Genauso ist es auch mit dem Heavy Metal.

Musiktheoretische Analyse 1:
Rhapsody Of Fire – Emerald Sword

Hymnisches Frohlocken auf vertrauten Pfaden
Von Dennis Bäsecke-Beltrametti

> *For the king, for the land, for the mountains*
> *For the green valleys where dragons fly*
> *For the glory, the power to win the black lord*
> *I will search for the emerald sword.*

Wenn es um den Affekt Freude oder gar um Euphorie innerhalb der musikalischen Sprache des Metal geht, ist man gut beraten, sich im Power Metal umzuhören. Es soll hier daher die Architektur eines Refrains der italienischen Band Rhapsody Of Fire unter die Lupe genommen werden, der besonders viel heroische Zuversicht trägt – die Rede ist von „Emerald Sword" vom Album *Symphony Of Enchanted Lands* (1998).

Harmonische Grundlage dieses Refrains, der uns für die Dauer von zwei Strophen und Pre-Chorussen vorenthalten und dementsprechend mit einiger Hörerwartung aufgeladen wird, ist der Parallelismus: ein musikalisches Satzmodell, welches eine große Stabilität und Absehbarkeit besitzt, da es aus konsequent parallel abwärtsgeschobenen Terzen und einem Bass besteht, der immer abwechselnd eine Quarte fällt und dann eine Sekunde steigt. Verstärkt wird die Vertrautheit, die dieses Modell alleine schon durch seine Struktur ausstrahlt, dadurch, dass es im Laufe der Musikgeschichte sehr häufig – gerne auch in ostinaten Strukturen – verwendet wurde, uns daher vertraut ist und eine gewisse Sicherheit oder Geborgenheit verspricht – egal, ob wir es von Pachelbels „Canon", Ralph McTells „Streets Of London" oder Green Days „Basket Case" für immer in die Ohren gebrannt bekommen haben.

Der Parallelismus als Gerüstsatz

Diese doppelte Vertrautheit nutzen Rhapsody Of Fire in ihrem Refrain, um praktisch auf Knopfdruck eine Atmosphäre der Zuversicht und des Heldenhaften zu kreieren. Die Gemütlichkeit, in der das Modell sonst häufig daherkommt, wird dabei durch den galoppierenden Rhythmus und das hohe Tempo vermieden.

Die Harmonik der Strophen besteht zu einem Großteil ebenfalls aus dem harmonischen Motiv des Quartfalls, jedoch werden die so verbundenen Akkordpärchen in unregelmäßigen Abständen nach oben verschoben. Zunächst um eine Terz, dann um eine Sekunde statt wie im Modell jeweils um eine Terz nach unten. Dadurch stellt die Harmonik in den Strophen das Modell als vage Idee schon in den Raum. Es fehlt hier nur noch die Konsequenz der entsprechenden Sequenz, also quasi ein entschlossenes ‚Losgehen' in eine Richtung. Da dies dann im Refrain geschieht, ist er im Kontrast zur noch unentschlossenen Strophe komponierte Entschlussfreudigkeit und Konsequenz.

Zusätzlich verschiebt sich von der Strophe zum Pre-Chorus das tonale Zentrum von C–Moll nach As-Dur, welches auch die Tonika des Refrains ist. Diese Modulation in die sechste Stufe bedeutet eine Aufhellung von einer Moll-Tonika zu einer Dur-Tonika und gleichzeitig das Entdecken eines zweiten, tiefer liegenden Bodens der Musik sowie ein Absinken im Quintenzirkel um einen Schritt. Der harmonische Raum wird somit nach unten geweitet. Der bisherige Grundton C wechselt in diesem Moment seine Funktion und ist nun als Dur-Terz quasi direkt für den unbeschwerten Charakter der Musik verantwortlich. Die Gesangsmelodie zielt diesen Ton als ersten Schwerpunktton an.

In den ersten vier Takten sind die Kerntöne der Melodie eigentlich nichts Weiteres als die obere Tonleiter der Terzkette des Modells mit Verzierungen. So entsteht ein regelmäßiger Wechsel im Verhältnis zwischen Melodie und Bass: Auf der jeweiligen Eins entsteht eine Terz und auf der Drei eine Quinte. Wir erleben also ein zuverlässiges Abwechseln harmonischer Klarheit und Wärme (Terz) und Stabilität (Quinte). Der vierte Takt des Refrains endet nach abgeschlossenem Modell auf einem Halbschluss; Takt fünf beginnt mit demselben Modell und dem gleichen Melodieton. So entsteht ein periodischer Aufbau des Refrains. Auch die Bauweise der musikalischen Periode ist uns bestens aus der Musikgeschichte vertraut und vermittelt weiterhin die aufklärerisch selbstbewusste Verständlichkeit der Wiener Klassik.

Rhapsody Of Fire: Emerald Sword (Refrain)

Im Nachsatz löst sich die Melodie in einem kraftvoll heroischen Moment aus der Struktur des Modells und sucht ihren eigenen Weg nach oben. Damit stellt sich der Held dieser Geschichte gegen den Abwärtstrend seiner Umgebung und durchbricht die Grenzen des Modells. Der Spitzenton As wird als F-Moll-Terz im sechsten Takt erreicht und stellt einen dramaturgisch sinnvoll gesetzten emphatischen Höhepunkt dar, der sich mit nur einem Prozent Abweichung im Goldenen Schnitt der Dauer des Refrains ereignet.

Der Refrain endet in fast schon didaktisch überdeutlichen Oktavparallelen zwischen Melodie und Bass, die nun gleichsam mit den vereinten Kräften von Bass und Melodie die Musik zu ihrem Ziel führen. Dieses Ziel ist die tonikale ‚Heimat' As-Dur, die jetzt, nach dem erfolgreichen Kampf, überstrahlt wird vom erreichten Spitzenton – dem Grundton. Hier können die Bezüge zwischen Tonsatz und textlichem Inhalt des Songs praktisch direkt parallel gelesen werden.

2. Arise. Metal und die Geschichte seiner Ästhetik

2.1 Megatrends in Brutality. Was ist Metal?

Was ist Heavy Metal? Ein spieltechnisch anspruchsvolles Genre? Metallica ja. Venom nein. Beide Metal. Ein Genre rasend schneller Geschwindigkeiten? Destruction ja. Pantera nein. Beide Metal. Ein Genre brutaler Texte? Cannibal Corpse ja. Helloween nein. Beide Metal. Ein Genre voller Gegrunze, Geröchel, Geschrei? Death ja. Iron Maiden nein. Beide Metal. Ein Genre des Satanismus? Gorgoroth ja. Mortification nein. Beide Metal. Ein Genre des heiligen Ernstes? Danzig ja. Stormtroopers of Death nein. Beide Metal. Ein Genre, geprägt von sich sehr, sehr maskulin gebenden Männern? Manowar ja. Nervosa nein. Beide Metal.

Was ist Heavy Metal? Eine Kunstform? Manche Bands würden sagen: absolut, wir sind ernst zu nehmende Künstler! Andere würden sagen: Alles, nur nicht Kunst! Ein Musikstil? Manche Wissenschaftler würden sagen: Ja, Metal ist primär über die Musik definiert. Andere würden einwenden: Im Metal spielt Musik eine wichtige Rolle, aber nur in Verbindung mit einem visuellen Stil, ja mehr noch mit einem Lebensstil ist Metal wirklich Metal. Eine Subkultur? In Ägypten sicherlich. In England und Skandinavien längst nicht mehr.

Was ist Heavy Metal? Die Frage ist falsch gestellt. Gerade in Kunst und Kultur unterliegen alle Gegenstände einem unablässigen Wandel. Auch lässt sich kein Gegenstand gesondert von den benachbarten Gegenständen begreifen. Noch das vordergründig banalste Heavy-Metal-Album setzt sich bei genauerer Betrachtung aus einer Vielzahl von Komponenten zusammen, die wiederum Teile riesiger, miteinander kommunizierender Metal-Maschinen sind, gekoppelt mit Rock-Maschinen, die wiederum mit Pop-Maschinen gekoppelt sind, und immer so weiter. Hat man gerade das Ineinandergreifen zweier Zahnräder analysiert und wendet sich einer anderen Komponente zu, erweitert irgendjemand den eben studierten Teil der Maschine, tauscht die Zahnräder aus, weist ihnen eine neue Funktion zu. „Was ist?"-Fragen erteilen Lektionen in Vergeblichkeit. Zwischen Iron Maiden und Immortal liegt ein Ozean. Doch vielleicht werden Inseln durch das hin und her wogende, nie zur Ruhe kommende Meer ja nicht voneinander getrennt, sondern im Gegenteil verbunden?

Während die Frage „Was ist Heavy Metal?" nicht zu beantworten ist, ergeben die Fragen „Was war Heavy Metal?", „Wie wurde Heavy Metal?", „Was ist Heavy Metal geworden?", „Wie wird Heavy Metal?" oder „Wer macht(e) Heavy Metal?" durchaus Sinn. Wer Metal verstehen möchte, muss die Geschichte seiner Ästhetik studieren – mit all ihren Widersprüchen, Umwegen, Regeln und Ausnahmen. Diese Geschichte ist nicht mit einem Weg vergleichbar, den der Heavy Metal durch die Jahrzehnte zurücklegt. Vielmehr *ist* die Geschichte des Heavy Metal der Heavy Metal. Seine Wandlungen sind keine Abweichungen von seinem festen Kern, vielmehr bilden die Wandlungen ebendiesen Kern. Heavy Metal ist die Summe seiner Wandlungen, und diese Summe ist etwas anderes als die Wandlungen. Deshalb heißt dieses Buch *Metalmorphosen*.

Ich möchte versuchen, Heavy Metal nicht über eine unterstellte eherne Essenz, sondern über eine paradoxe Essenz, nämlich Wandel und Verwandlung als Essenz, zu analysieren. Frei nach dem Motto der Romanfigur Tancredi Falconeri aus Giuseppe Tomasi di Lampedusas *Der Gattopardo* (1958) gilt für den Metal: „Alles muss sich ändern, damit alles so bleibt, wie es ist." In den folgenden Kapiteln werde ich nicht die ganze Geschichte des Metal aufrollen und jedem Subgenre Aufmerksamkeit zuteilwerden lassen. Diese Aufgabe wurde bereits von anderen erfüllt, entweder als Gesamtschau wie in Ian Christes *Sound of the Beast – The Complete Headbanging History of Heavy Metal* (2003), in Andrew O'Neills *A History of Heavy Metal* (2017) oder als Geschichte einzelner Subgenres wie in Albert Mudrians *Choosing Death. The Improbable History of Death Metal & Grindcore* (2004). Viele wichtige Namen werden fehlen, der Leistung vieler Musikerinnen und Musiker wird nicht Tribut gezollt werden, diverse

Subgenres und Randzonen des Metal, etwa Gothic und Industrial, werde ich nur streifen. Doch um Vollständigkeit geht es nicht. Vielmehr werde ich exemplarisch vorgehen und versuchen, besonders prägende Musikstil- wie auch allgemeine Genre- und Szenemerkmale, die ich unter dem Oberbegriff „Ästhetik" fasse, herauszuarbeiten. In den Fokus rückt dabei das dynamische Spannungsfeld zwischen den Metal-Anfängen um 1970 und den darauffolgenden Wandlungen, also zwischen dem, was einmal als „Heavy Metal" bestimmt wurde, und dem, was „Metal" geworden ist und derzeit wird.

Mit einem Schwerpunkt auf Ästhetik unterscheidet sich mein Ansatz von streng geschichtswissenschaftlichen Ansätzen, insbesondere von solchen, die sich auf die materielle Kultur konzentrieren. Solche Ansätze würden die sozialen Milieus rekonstruieren, in denen die Erzeugnisse der Metal-Kultur und ihrer Subkulturen entstanden sind. Sie würden auf die Bedeutung konkreter Objekte, Akteure, Netzwerke, Technologien und nicht zuletzt Geschäftsinteressen eingehen, die Metal zu dem gemacht haben, was er ist. All das wird zwar punktuell eine Rolle spielen. Doch primär sehe ich im Metal ein offenes ästhetisches Phänomen, das ungeachtet seiner historischen Verankerungen durch neue Rezipienten und Praktizierende jeweils neu interpretiert und weiterentwickelt wird.

Im Ästhetischen spielt die Imagination eine zentrale Rolle. Metal ist nicht vergleichbar mit einem Objekt, das für einen einzigen konkreten Nutzen geschaffen wurde. Ein Pflug ist ein Pflug. Sein Zweck ist klar bestimmt. Mag sich auch der eine oder die andere an seinen Formen delektieren, so ist dies doch nicht seine eigentliche Bestimmung. Metal hingegen regt, wie Kunst als solche, die Imagination an, er fasziniert, lädt zu Projektionen ein. Metal ist insofern performativ, als er Bedeutung nicht (nur) repräsentiert, sondern (auch) produziert. Nicht nur seine Gebundenheit an die Realität, sondern auch seine Entfesselungskünste machen die Faszination aus. Mit Theodor W. Adorno gesprochen: „Das Glück an den Kunstwerken ist jähes Entronnensein, nicht ein Brocken dessen, woraus Kunst entrann."[31]

Metal ist zwar in die Empirie seiner Zeit verstrickt, aber er ringt mit dieser Empirie, er bricht mit ihr, kehrt wieder zu ihr zurück, versöhnt sich halb, löst sich erneut. Ein solches Oszillieren zwischen, wenn man so will: Nachvollzug und Eigensinn, zwischen Dissens und Konsens kennzeichnet auch mein Vorgehen. Meine Methode bezieht sich dahingehend nicht nur auf Metal. Sie *ist* auch Metal, sie ist selbst Meta(l)morphose – beweglich, widersprüchlich, vielgestaltig, ambivalent. Schlaglichter richte ich in diesem Kapitel entsprechend auf die Vielfalt, Mehrdeutigkeit, Offenheit und Wandelbarkeit des Metal. Seine Transgression in außermetallische Bereiche bildet den Schwerpunkt der darauffolgenden, kürzeren Kapitel.

Den Namensgeber des Heavy Metal, das Metall, kennen wir im Alltag in zwei Aggregatzuständen: fest und flüssig. In kaltem Zustand ist es hart, unter hohen Temperaturen lässt es sich erweichen und sogar verflüssigen. So verhält es sich auch mit dem Heavy Metal. In Rohform ist er hart. In den Schmieden der Subkulturen und den Hochöfen der Kulturen wird er biegsam, lässt sich in viele Formen gießen und erweist sich nach Abkühlung noch in den kühnsten Konstruktionen als tragfähig. Im Gegensatz zu anderen Materialien leistet Metall den Bearbeitern jedoch großen Widerstand. Man muss sich anstrengen, um es in Form zu bringen. Auch diese Eigenschaft lässt sich auf den Metal übertragen. Metal ist ein Musikgenre, das den Praktizierenden wie auch den Reflektierenden viel abverlangt, sowohl in geistiger wie auch in körperlicher Hinsicht – unter Schlagzeugern dürften die des Metal-Genres als Hochleistungssportler gelten. Nur halb scherzhaft schreibt Frank Schäfer über die Metal-Szene: „Punk kann man vermutlich sein, ohne sich in der entsprechenden Musik besonders gut auszukennen. Da reicht die richtige Einstellung, gutes linkes Basiswissen mit zwei sympathisch durchgestreckten Mittelfingern. Metalheads kennen die durchaus auch, aber das Politische bildet bei ihnen nicht den Kitt, der den Laden zusammenhält. [...] Die unveräußerliche Hauptsache, der wesentliche Faktor, der Gruppenzugehörigkeit herstellt, ist solide, cum ira et studio erworbene Materialkenntnis."[32]

Rückt man Wandel und Verwandlung ins Zentrum der Auseinandersetzung mit dem Heavy Metal, so lässt sich nüchtern sagen: Eine Band wird genau dann als Heavy-Metal-Band wahrgenommen, wenn sie glaubhaft an Geschichte und Ästhetik des Heavy-Metal-Genres anknüpft – an das Werden, nicht an das Sein, genauer an das *Werden als Sein* des Heavy Metal. Vom „Traditionsstrom" spricht Dietmar Elflein in diesem Zusammenhang.[33] Die Band muss dabei auf musikalische, visuelle, verbale oder performative Elemente zurückgreifen, die mit dem historischen Phänomen Heavy Metal verknüpft sind, entweder einzeln oder in Kombination. Das kann auf bejahende Weise geschehen, etwa wenn ein spezifischer (Sub)Stil des Heavy Metal ohne größere Variationen aufgegriffen und reproduziert wird. Das kann auch auf kritische Weise geschehen, etwa wenn der Black Metal die Unverbindlichkeit und die als spießig empfundene Virtuosität des klassischen Heavy Metal attackiert. Ausschlaggebend ist, dass der Bezug explizit und das Bestreben erkennbar ist, die Geschichte des Heavy Metal und keine andere fortschreiben zu wollen. Andernfalls könnten sich die betreffenden Musiker ja dem Funk, dem Hip-Hop oder dem Soul zuwenden.

Sogar Heavy Metal ohne verzerrte Gitarre und Schlagzeug ist vorstellbar, solange andere signifikante Merkmale seiner Entwicklungsgeschichte aufgegriffen werden, etwa die typischen Riffstrukturen und lang gezogenen Schreie oder die provokanten Plattencover. Ohnehin ist die verzerrte Gitarre keine Erfindung des Heavy Metal. Die mutmaßlich erste Aufnahme einer verzerrten Gitarre ist in Ike Turners Rhythm-&-Blues-Song „Rocket 88" zu hören. Und der stammt aus dem Jahr 1951. Wichtig ist in jedem Fall, dass das Publikum das Gehörte, Gesehene und Erlebte als Komponente der Metal-Maschine anerkennt – jener Maschine also, in welcher die Komponenten ständig erweitert oder ausgetauscht werden, aber alle von ihnen die Funktion haben, die Maschine zu erhalten. *Reinventing the Steel* (2000), ein Albumtitel der texanischen Groove-Metaller Pantera, hat in diesem Zusammenhang programmatischen Charakter. Wie in der Evolution entwickelt sich Heavy Metal durch Imitation, Variation, Selektion und Adaption.[34]

Um die Sache etwas zu verkomplizieren, könnte man an dieser Stelle die Systemtheorie Niklas Luhmanns bemühen. Dem Soziologen zufolge kann sich ein sogenanntes autopoietisches System – ein System, dessen vorrangige Aufgabe in Selbsterhaltung und Selbstreproduktion besteht – zwar mit anderen Systemen verbinden, dies aber nur in Form einer „strukturellen Kopplung". Diese führt dazu, dass das neue Element dem Code des koppelnden Systems angepasst wird. So kann das System „Wirtschaft" zwar Elemente des Systems „Gesellschaft" übernehmen, aber nur unter wirtschaftlichen Vorzeichen. Auf diese Weise kommt es beispielsweise zu eigenartigen Begriffen wie High Net Worth Individual: der Wert eines Menschen, ausgedrückt in Geld. Was aus humanistischer Sicht ein Affront ist, ist innerhalb des geschlossenen, autopoietischen Systems „Wirtschaft" nur logisch: Egal, was in das System gelangt oder an es gekoppelt wird, muss in Geldwert ausgedrückt werden können.

Auf vergleichbare Weise konnte der Heavy Metal im Laufe der Zeit alle möglichen Elemente koppeln, ohne dass sich Metall deshalb in Plastik verwandelt hätte: flamboyantes Haarspray und queere Föhnfrisuren, urwüchsige Tribal-Tattoos und Rastalocken, experimentelle Barttrachten und fetischistische Piercings, Beats aus dem Hip-Hop, Gitarrenlicks aus dem Funk und Arpeggios aus der Klassik. Jedes dieser Elemente musste beim Eintritt in den Heavy-Metal-Bund gleichsam einen Vertrag unterzeichnen, dass es diesem Bund dienen werde – ansonsten aber tun und lassen könne, was immer es wolle. Es stellt sich also nicht die Frage „Beliebigkeit oder Verbindlichkeit", sondern: In welchem Verhältnis stehen Erweiterung und Entgrenzung zu jenem historisch gewachsenen, einigermaßen klar eingrenzbaren Gebiet, das die Rede von „Entgrenzung" überhaupt möglich macht? „Transgression" ins Zentrum der Metalforschung zu rücken, wie Keith Kahn-Harris es 2007 am Beispiel des Extreme Metal getan hat (siehe unten), setzt voraus, eine historische Basis zu bestimmen, von der ausgegangen und die verlassen wird.[35] Wie, wann und wo hat sich die Metal-Maschine also in Bewegung gesetzt?

2.2 Point of Entry. Die Entstehung des Begriffs

Die Formulierung „heavy metal" ist seit dem 19. Jahrhundert im englischen Sprachraum als Metapher im Umlauf.[36] Adjektivisch gebraucht, verweist sie auf eine von Kriegsgerät abgeleitete „Schwere" und „auf Eigenschaften, die mit geistiger oder körperlicher Kontrolle, Kraft oder Macht zu tun haben".[37] Vermutlich ist die Formulierung „heavy metal thunder" aus Steppenwolfs Song „Born to Be Wild" (1968) in diesem Sinne zu verstehen. Im Jahr 2002 griff die britische Metalband Saxon „Heavy Metal Thunder" als Titel für ihr Best-Of-Album auf. Das Cover ziert ein Ritter auf einem Schlachtross. Beide sind durch schwere metallene Panzerung geschützt. Brachte Steppenwolf „heavy metal thunder" mit dem Motorradfahren in Verbindung, so schlägt Saxon einen Bogen in die Vergangenheit.

In der angloamerikanischen Musikpresse der 1960er- und 70er-Jahre wurde „heavy metal" unsystematisch als Charakterisierung einzelner Bands und Songs, nicht jedoch als Genrebegriff gebraucht. Auch in William S. Burroughs *Nova*-Romantrilogie (*The Soft Machine*, 1961; *The Ticket That Exploded*, 1962; *Nova Express*, 1964) taucht eine Figur namens „Heavy Metal Kid" im Zusammenhang mit Drogen auf. Es ist möglich, dass der Rockkritiker Lester Bangs den Begriff von Burroughs für einen Artikel im *Rolling Stone Magazine* übernahm, wie Deena Weinstein penibel recherchiert hat. So heißt es in Bangs' Rezension über Guess Who's Album *Canned Wheat* (1969): „Mit ihrer tollen Hit-Single ‚Undun' im Rücken sind sie unter all den Heavy-Metal-Robotern des letzten Jahres ziemlich erfrischend."[38]

Im Jahr 1975 gründete der DJ Neal Kaye mit The Bandwagon Heavy Metal Soundhouse eine „Heavy Rock Disco" in London.[39] Damit trug er zur Etablierung des Begriffs ebenso bei wie die 1978 gegründete Plattenfirma Heavy Metal Records (heute: Revolver Records) in Wolverhampton. Doch erst als das Londoner Musikmagazin *Sounds* im Jahr 1979 besonders aggressive, weder klar dem Hardrock noch klar dem Punk zuordenbare britische Bands als „New Wave of British Heavy Metal" (NWOBHM) bezeichnete, war „Heavy Metal" als Genre geboren. Natürlich nur, wenn man von der kreationistischen Schöpfungsgeschichte Manowars absieht: „The Gods made heavy metal / And they saw that it was good / They said to play it louder than Hell / We promised that we would / When losers say it's over with / You know that it's a lie / The Gods made heavy metal / And it's never gonna die" („The Gods Made Heavy Metal", 1996).

„NWOBHM" ist kein eigentlicher Stilbegriff. Eher handelt es sich um ein Indiz dafür, dass sich im Rock etwas geändert hatte, für das es noch keinen passenden Namen gab. Um 1980 fasste man unter dem Begriff „NWOBHM" so unterschiedliche Bands wie Black Sabbath (gegründet 1968 als Earth, 1969 in Black Sabbath umbenannt), Motörhead (gegründet 1975), Def Leppard (gegründet 1977), Iron Maiden (gegründet 1975), Saxon (gegründet 1977 als Son of a Bitch) und Judas Priest (gegründet 1969). Auch eine der damals raren All-Female-Rockbands, die 1978 gegründete, bis heute aktive Gruppe Girlschool, wird unter NWOBHM geführt, obwohl sie keinen Metal im engeren Sinne spielt.

Das Adjektiv „new" suggeriert, es hätte zuvor eine Heavy-Metal-Welle gegeben, die als solche bezeichnet worden wäre. Dem ist nicht so. Bei der NWOBHM handelt es sich um eine Rückprojektion und eine Fremdzuschreibung. Die Proto-Metal-Bands gaben sich nicht selbst den Namen „Heavy Metal". Sie spielten harten Rock einfach anders, als es bis dahin üblich gewesen war. Es blieb der Presse überlassen, dieser Andersartigkeit einen Namen zu geben und eine Marke daraus zu formen. Präzise umreißt der Historiker und frühere Sänger von Fear of God Erich Keller den Kern dieser neuen popkulturellen Marke: „Endlich war die Zeit der wallenden Gewänder [in der Rockmusik] vorbei! Ab jetzt wurde auf den Körper geschnitten, in Lack und Leder, mit Ketten und Nieten. [...] Die Musik wurde radikal entschlackt, verschlankt, beschleunigt. [...] Die Musik wurde aus den politischen Kontexten der 1970er befreit, was sich auch in den Magazinen und Fanzines zeigt. Es entstand eine neue Fankultur, in der die Musik ganz im Zentrum stand."[40]

Britische Bands wie Iron Maiden und Judas Priest identifizierten sich mit der neuen Marke, lobten die „Power" des Metal und richteten ihr Image darauf aus. Lemmy Kilmister von der stilistisch schwer einzuordnenden Band Motörhead hingegen, die auch als Vertreterin der NWOBHM galt, lehnte die Bezeichnung „Heavy Metal" bis zu seinem Tode ab. Er beharrte auf dem Gütesiegel „Rock 'n' Roll". Dessen ungeachtet verehren ihn vor allem Metal-Fans, und zweifellos hat Motörhead das Metalgenre maßgeblich geprägt. Es sagt viel über die Offenheit und die Ironiefähigkeit der Metal-Szene aus, dass sie ausgerechnet einen Mann zum Papst wählte, der sich und seine Musik explizit vom Metal distanzierte. Man stelle sich vor, die Kastelruther Spatzen verkündeten, sie könnten mit der Volksmusik nichts anfangen und seien in Wahrheit eine Pubrockband. Oder die römischen Kardinäle wählten einen Papst, der sie wissen ließe, den Buddhismus finde er eigentlich besser als den Katholizismus. In Lemmy Kilmister fand der Metal einen Papst, der zugleich Gegenpapst war.

Das erste Metal-Magazin *Kerrang!* wurde 1981 als Spin-off des *Sounds Magazine* gegründet. Im selben Jahr verfestigte der Zeichentrickfilm *Heavy Metal* (1981), dessen Soundtrack hardrockende Bands wie Cheap Trick und Black Sabbath enthält, den Genrebegriff. Heute wird „Heavy Metal" vor allem für die Anfänge des Genres in den 1970er-Jahren und seinen Aufstieg bis etwa Mitte der 1980er-Jahre gebraucht. Seine zahlreichen Verästelungen in Subgenres fasst man unter dem offeneren Begriff „Metal". Der Einfachheit halber werde ich im Folgenden von „Metal" sprechen und falls nötig präzisieren, welche Formen gemeint sind.

Für eine grobe Periodisierung des Metal lässt sich ein dreigliedriges Modell der Altertumsforschung zweckentfremden und um eine vierte Phase erweitern. Die späten 1960er- und mittleren 70er-Jahre bilden demnach die blues-, rock- und hardrocklastige „Archaik" des Metal (oder „Proto-Metal"), die späten 1970er- bis mittleren 80er-Jahre seine „Klassik" (Heavy Metal). Schon Anfang der 1980er-Jahre beginnt sein „Hellenismus" (Extreme Metal und Crossover), der in der zweiten Hälfte der 1980er-Jahre kulminiert und sich bis weit in die 90er-Jahre erstreckt. „Hellenismus" wäre natürlich eher von „Hell" als von „Hellenen" her zu denken.

In der Archaik entsteht ein Sammelsurium rudimentärer, noch undifferenzierter Merkmale, die, wie ich oben erläutert habe, erst nachträglich mit der Legierung „Heavy Metal" versehen wurden (etwa bei Black Sabbath). In der Klassik werden diese Merkmale zu ihrer späteren kanonischen Gestalt geschmiedet, die Rede vom Höhepunkt oder vom „goldenen Zeitalter" geht um (Judas Priest, Iron Maiden, Metallica usf.). Im Hellenismus sind, begünstigt durch die Globalisierung, den Fall des

Eisernen Vorhangs und MTV, Extremismen, Hybride und Manierismen tonangebend (Mayhem, Melt-Banana, The Dillinger Escape Plan, Slipknot usf.).

Das 21. Jahrhundert hat dem Metal bislang kaum einschneidende Entwicklungen beschert, was neue Medien, Technologien oder Stile betrifft. Stattdessen kam es zu einer Renaissance des klassischen Metal, die sich unter anderem in Metallicas Rückbesinnung auf den Thrash und Power Metal ausdrückt wie auch in einer parallelen Steigerung der Hybridisierung des Metal, etwa durch von indigenen Traditionen inspirierte Metal-Bands in Asien. Man könnte hier von einer vierten Periode, dem Post Metal, oder einfach von Contemporary Metal sprechen. Sie ist schwer greifbar, weil wir noch mittendrin stecken und ihre Konturen erst langsam erkennen. Sicher ist, dass in ihr alle vorangegangenen Perioden weiterbestehen, wie sich überhaupt die einzelnen Phasen nicht strikt voneinander trennen lassen. Evolution, auch die kulturelle, ist ein langsamer, schmutziger Prozess, in dem auf den jüngsten Entwicklungsstufen immer auch Atavismen, also obsolete ältere Merkmale, auftreten.

2.3 Back to the Primitive. Die Archaik des Metal, der Blues und der Atomkrieg

Die Ursuppe der Popmusik, der Blues, war in ländlichen Gebieten wie dem Mississippidelta gekocht worden. Metal hingegen begann in Großstädten und Ballungszentren wie London, Birmingham, Detroit, New York, Los Angeles, San Francisco und dem Ruhrgebiet zu brodeln. Um 1970 nahm er seinen Anfang in den kriselnden Hochburgen der britischen Schwerindustrie, legte die Hippiegewänder ab und die Bikerlederjacke an, überquerte binnen kurzer Zeit den Atlantik, differenzierte sich in den 1980er-Jahren vor allem in den postindustriellen Räumen der Vereinigten Staaten von Amerika aus und entwickelt seit den 90er-Jahren Ableger in Ländern und Regionen aller Kontinente, wobei vor allem Skandinavien als neue, auch staatlich geförderte Metal-Hochburg heraussticht.

Mit Black Sabbath war es eine Band aus dem Arbeitermilieu Birminghams, die der Ästhetik des Metal auf ihrem 1969 eingespielten, 1970 veröffentlichten Debütalbum *Black Sabbath* sowie dem im gleichen Jahr erschienenen Album *Paranoid* ihr eigentümliches Gepräge gab. Doch erst Judas Priest, ebenfalls in Birmingham gegründet, formte aus dieser noch offenen, wabernden Ästhetik Ende der 1970er-Jahre ein kompaktes Image. Dazu später mehr.

Auch Led Zeppelin stammte aus der Region um Birmingham und bereitete dem Metal mit bombastischen Klängen, schierer Lautstärke, einprägsamen Riffs, ausfernden Soli, exaltiertem Gesang und ein wenig Okkultismus den Weg. Im Bandnamen war das schwermetallische Element bereits enthalten: Ursprünglich lautete er „Lead Zeppelin", „bleierner Zeppelin".[41] Auf amerikanischer Seite laborierte die 1966 in San Francisco gegründete Band Blue Cheer im härteren Bereich des Rockspektrums, blieb dabei aber unübersehbar und unüberhörbar jener Hippiekultur verbunden, die auch bei Led Zeppelin nachwirkte. Blue Cheers Coverversion von Eddy Cochrans „Summertime Blues" (1968) weist zwar Charakteristika späterer Metal-Kompositionen auf, vor allem in den wuchtigen Riffs der Strophen und in den schnell geschlagenen Gitarrentönen des instrumentalen Zwischenteils im letzten Drittel des Songs. Dass es sich jedoch um „den ersten Heavy-Metal-Song" handelt, wie Eric Clapton einmal behauptet hat, darf bezweifelt werden. Weder in puncto Songstrukturen noch in puncto Covergestaltung setzte Blue Cheer um 1970 Metal-Maßstäbe. Ausgerechnet auf dem Höhepunkt der Metal-Welle wärmte die Band mit ihrem Comebackalbum *The Beast is Back* (1984) sogar ihre Blues- und Hardrocksongs der 1960er-Jahre noch einmal auf. Auch eine Metal-lastige Produktion und ein paar drittklassige Neukompositionen mit Metal-Beigeschmack konnten nicht darüber hinwegtäuschen, dass Blue Cheer im Metal-Jahrzehnt nichts verloren hatte und auch nicht wirklich wusste, was sie da eigentlich suchte.

Black Sabbath unterschied sich in vielerlei Hinsicht von Led Zeppelin und Blue Cheer. Für ihr genreprägendes okkultes Image ließ sich die Band von der in dieser Hinsicht ungleich krasseren US-amerikanischen Rockgruppe Coven inspirieren. Ohne einen Seitenblick auf Coven, die selbst keine Metal-Band war, erschließt sich die Geschichte Black Sabbath' und des Metal nicht. Dieser Seitenblick ist umso wichtiger, als Coven in Andrew L. Copes ansonsten sehr präzisem und ausführlichem Buch *Black Sabbath and the Rise of Heavy Metal Music* (2010) nicht erwähnt wird.

Coven gebührt das Verdienst, die kontroverseren Aspekte des in Entstehung begriffenen Metal-Images mitentwickelt zu haben. Auf ihrem Debütalbum *Destroys Minds and Reaps Souls* (1969) findet sich nicht nur eine 13-minütige schwarze Messe, sondern auch ein Titelstück mit einem epochemachenden Namen – „Black Sabbath". Die Songtexte des Albums strotzen nur so von Begriffen, aus denen sich gefühlt alle kommenden Metal-Bandnamen und -Songtexte zusammensetzen: „Carnal Knowledge", „Everything she touches dies", „His name in blood", „Choke, thirst, die", „Dignitaries of Hell", „Satanic Mass", „Judgment Day", „Eyes of Satan", „Flesh crawls", „Raised out of hell", „Dealing death", „Depths of hell", „The witch is burning", „Crushed beneath the sky", „The curse of the cult", „Powers of darkness", „A gathering of dread" und so weiter.

Auf der Innenseite des LP-Klappcovers ist Sängerin Esther „Jinx" Dawson gänzlich nackt auf einem Altar liegend zu sehen, einen Totenschädel auf der Vulva, einen Kelch zwischen den Brüsten. Um sie herum stehen die Bandmitglieder, satanistische Rituale vollführend, die Finger zur gehörnten Hand geformt. Die Geste ist also tatsächlich okkult konnotiert und wurde nicht erst 1977 über das Cover des Kiss-Albums *Love Gun* lanciert, wie Gene Simmons behauptet hat. Dawson ärgert sich heute, dass Black Sabbath die Ernte von Covens Saat einfuhr: „Was mich ... aufgeregt hat: wie man uns einfach stillgelegt und andere Leute durchgeschleust hat. Ich fragte mich, warum unsere Plattenfirma eine andere Band groß machte, sogar mit dem Namen unseres Opener-Liedes. [...] Ich habe da auf dem ersten Album echt alles geklärt, sogar das Wort ‚Coven' wird definiert, viele wussten nicht mal, was das sein soll."[42]

Dass die Anfänge des Metal ausschließlich in proletarischen Männerbünden liegen, darf mit Blick auf die nicht zu unterschätzende Bedeutung von Coven getrost zu den Mythen des Metal gezählt werden. Mit der Opernsängerin und dem späteren Model Esther Dawson war es eine Frau, die maßgeblich das düstere Image des Genres antizipierte und Black Sabbath als Inspiration diente. Aus reichem Hause stammend, aufgewachsen mit Ballettunterricht, Gesangsstunden, Kunstlektionen und Dinners im Country Club, war und ist es Dawson mit dem Okkulten ernst. Ihre Familie folgte dem Pfad der linken Hand und führte Esther früh in einen okkulten Zirkel ein. Black Sabbath indes spielte mit merkantilen Schrumpfformen des Okkulten, zumal auf eher unreflektierte Weise.

Witchcraft ist gerade deshalb ein so unheimliches wie eigenständiges Album, weil der Hippiesound der späten 1960er-Jahre, irgendwo zwischen Cream und Caravan, auf drastisches Vokabular und Dawsons erotisch-aggressive, technisch versierte, zugleich verruchte Intonation trifft. „Choke, choke, choke", flüsterkeucht sie im Song „Choke, Thirst, Die", um am Ende in einen lang gezogenen, verzerrten Schrei überzugehen. So etwas von einer Frau zu hören! Männern pflegte man derlei Eskapaden eher zu verzeihen, mussten sie sich doch, wie man zu sagen pflegte, „die Hörner abstoßen". Manchmal waren es eben Teufelshörner.

Die Antwort auf Dawsons Frage, warum Black Sabbath und nicht Coven das Rennen machte, ist naheliegend. Bei der Kombination „schöne, intelligente Frau, echter Okkultismus und anspruchsvolle Musik" fürchtete die Managementetage wohl eine Überforderung des Publikums. Für die Rockmusikmassen bot sich eine unverbindlichere Version des Okkulten mit ein paar Jungs von nebenan an. Genau diese Rolle sollte Black Sabbath erfüllen. So konnte man im Falle des Falles stets beschwichtigen: Ist doch nicht ernst gemeint! Während sich Black Sabbath nach einer nebulösen Anfangsphase klar von Satanismus und Okkultismus distanzierte, macht(e) Dawson aus ihren Bezügen keinen Hehl.[43]

In diesem Zusammenhang erweist sich auch die Wichtigkeit sozialer Milieus für die Entstehung von Musikgenres. Die Musiker von Black Sabbath, allesamt Arbeiterkinder, verfügten nicht über einen bildungsbürgerlichen Hintergrund und wollten – nicht zuletzt: mussten – mit ihrer Musik Geld verdienen. Dawson hingegen besuchte eine Hochschule und durfte auf ein reiches Familienerbe hoffen, konnte also frei von kommerziellen Zwängen ihre Ideen kompromisslos umsetzen und entsprechende Risiken eingehen. Tabubrüche fallen leichter, wenn man sich danach mit einem goldenen Fallschirm absetzen kann.

Was die Musik betrifft, beinhaltet *Witchcraft* vordergründig harmlosen Blues-, Psychedelic- und Hardrock mit sparsam eingesetzten Progressive-Elementen sowie gelegentlichen Lalala-Gesängen. Assoziationen an The Doors und Jefferson Airplane liegen auf der Hand, Transgression findet primär auf der Ebene der okkulten Texte und Bilder statt, weniger auf der Ebene der meist schmeichelnden Harmonien. Die im späteren Metal wegfallenden Tasteninstrumente kommen noch reichlich zum Einsatz, etwa eine Hammondorgel.

Frustriert vom ausbleibenden Erfolg und Anschuldigungen, sie habe etwas mit den Morden der Manson Family zu tun, löste sich die Band 1975, kurz vor dem Metal-Boom, auf. Ihr Originalitätsniveau war ohnehin gesunken. Auf dem Album *Blood on the Snow* (1974) wildert Coven auf unentschlossene Weise in den Jagdgründen von Radiorockern wie The Rolling Stones, Elton John und Joe Cocker. Black Sabbath hingegen entwickelte die Rockmusik in die entgegengesetzte Richtung weiter – weg vom Radiomainstream, hin Richtung Metal (Abb. 3).

Die Band aus Birmingham kombinierte ebenfalls Elemente aus Blues, Rock, Hardrock, Psychedelic und Progressive. Im Gegensatz zu ihren Zeitgenossen von Led Zeppelin, die sich „formal viel stärker im Rahmen des in der Rockmusik Üblichen [bewegten]", sprengte Black Sabbath jedoch den kompositorischen Schematismus von Rock und Blues.[44] Das bevorzugte Kompositionsmodell von Black Sabbath besteht „aus abgesetzter

Abb. 3: Black Sabbath mit Silbernen Schallplatten als Auszeichnung für das Album Technical Ecstasy, *1977*

Einleitung, potentiell dualem Hauptteil und erweitertem Schluss".[45] Dieses für den Metal wegweisende Modell folgt keinem etablierten Muster, ist innovativ und ambivalent.[46] Zudem pflegte Black Sabbath die langsamen Parts langsamer und die schnellen Parts schneller als üblich zu spielen – ein Schritt hin zu einer Musik der Extreme wie auch der Uneindeutigkeit. Was bei anderen Bands latent düster geklungen hatte, wurde auf Black Sabbath' ersten, basslastigen Alben in Kombination mit okkultistisch-apokalyptischen Texten wirklich düster. Das beste Beispiel ist der von Gewitterklängen eingeleitete schleppende Anfang des Titeltracks vom Debütalbum *Black Sabbath* mit einem Tempo von ca. 67 Beats per minute (bpm). Damit bewegt er sich genau am unteren Rand des später in der Metal-Szene üblichen durchschnittlichen Minimaltempos.[47] Was bei anderen Bands eine muntere Spritztour gewesen war, nahm bei Black Sabbath wiederum Züge eines Rennens an. So ist „Paranoid" (1970) mit einem Tempo von ca. 160 bpm deutlich rasanter als Led Zeppelins „Immigrant Song" (ca. 110 bpm) aus dem gleichen Jahr – und markiert wiederum genau den oberen Rand der später „bestimmenden Tempi" des Metal.[48] Alleine die Tempi von Black Sabbath spannen damit ein Feld der Extreme im Metal auf, das sich später in typischen Stilelementen wie „Mosh-Parts" (langsam, etwa im Groove-Metal) und „Blastbeats" (rasend schnell, etwa im Grindcore und Black Metal) ausdifferenzieren sollte.

„Paranoid" und „Immigrant Song" basieren auf druckvollen Gitarrenriffs, wie sie von Bands wie The Kinks („You Really Got Me", 1964) Mitte der 1960er-Jahre geprägt worden waren. Gitarrenriffs sind der zentrale Baustein des Metal: kurze, modulartig in sich geschlossene Abfolgen von Tönen mit charakteristischer Rhythmik und Phrasierung, die entweder unverändert wiederholt werden oder in der Wiederholung variiert werden können. Bei Black Sabbath klingen die Riffs prägnanter – „heavier – als bei Led Zeppelin, wo sie im „Immigrant Song" mit Halleffekten verschleiert werden. Zudem verwendet Black Sabbath verzerrte Powerchords (Grundton, Quinte und wahlweise Oktave, falls ein breiteres Frequenzspektrum gewünscht wird), die bei Led Zeppelin kaum eine Rolle spielen, aber für den Metal zu einem wesentlichen Element werden sollten (zur Symbolik des Powerchords siehe Kapitel „I'll Be Your Sister"). Grundsätzlich lässt sich beobachten, dass die Musiker von Black Sabbath die opulenten Progressive-Kompositionen der Art-Rock-Ära entschlacken, einzelne Passagen zu quälenden Längen ausdehnen und den ostinaten Charakter des verzerrten Gitarrenriffs in den Vordergrund rücken. Elflein bringt dieses Vorgehen auf eine kompakte Formel: „Die Erweiterung des Bluesrock und die Vereinfachung des Progressive Rock."[49] Daran sollte Judas Priest Ende der 1970er-Jahre mit dem Album *Stained Class* anknüpfen.

Mitunter sind Black Sabbath als eher simple Musikergeister beschrieben worden, gerade im Vergleich mit Led Zeppelin. Doch nicht zuletzt der Einsatz von Tempowechseln straft diese Behauptung Lügen. So variieren die Tempi des Songs „Sleeping Village" auf *Black Sabbath* zwischen ca. 70 und 145 bpm. Dabei setzt die Band nicht nur das gängige Wechselspiel von Doubletime und Halftime ein – Verdopplung und Halbierung der Geschwindigkeit –, sie wechselt wie selbstverständlich, scheinbar mühelos, zwischen verschiedenen Tempi hin und her. In „Sleeping Village" sind es mal ca. 70, mal ca. 90, mal ca. 135, mal ca. 145 bpm.

Ein weiteres Alleinstellungsmerkmal von Black Sabbath ist die Spielweise. Für die „musikalische Sprache" (Elflein) des Metal ist nicht nur das „Was" – Tonalität, Modalität, Rhythmik – ausschlaggebend, sondern auch das „Wie". Mit einem Begriff von Bakhtin betont Elflein die Wichtigkeit der „expressive[n] Intonation" im Sinne einer „Aussprache", die jeweils eine besondere Bedeutung transportiert.[50] Je nach „Aussprache" können die Hörer etwa mit einem Gitarrenriff unterschiedliche Bedeutungen, Assoziationen oder Affekte verbinden. Wenn man so will, sprach Black

Sabbath den Hardrock ‚anders aus' als ihre Vorgänger. Die Gründe dafür waren nicht nur strategischer Natur. In der Kunst entsteht vieles aus Zufällen und wird erst nachträglich als Intention umgedeutet. So auch hier. Nach einem Arbeitsunfall, bezeichnenderweise in einem Blechwalzwerk, fertigte sich Black-Sabbath-Gitarrist Tony Iommi selbst künstliche Fingerkuppen an und zog dünnere Saiten auf, um den Schmerz beim Spielen zu verringern – was für eine Ironie der Geschichte, dass ausgerechnet dünnere Saiten das Anschlagen schwererer, härterer Töne begünstigten. Für ihre Liveshows und späteren Aufnahmen stimmte Black Sabbath die Saiteninstrumente zudem einen Halbton tiefer. Auf dem Album *Master of Reality* (1971) sind es bei manchen Songs sogar drei Halbtöne, was im Extreme Metal Schule machen sollte.[51]

Geboren war, eher zufällig als beabsichtigt, eine neue Klang- und Intonationsästhetik. Sie prägt den Metal bis heute und ist gekennzeichnet von erst nur verzerrten, malmenden, dann auch tiefer gestimmten E-Gitarren, die die spärlich eingesetzten Tasteninstrumente zu Dienstboten degradierten. Der zwischen Raserei und Entschleunigung wechselnde Sound wird begleitet von einer so prägnanten wie machtvollen Rhythmusgruppe mit Terry „Geezer" Butler am Bass und Bill Ward am Schlagzeug und oszilliert zwischen eingängigen Riffs und virtuosen, ekstatischen Soli, überwölbt von der exzentrischen Stimme Ozzy Osbournes. Dabei entspricht die oben erwähnte kompositorische Uneindeutigkeit der Ambiguität der verbalen und bildlichen Dimension. Ebenso wenig, wie bestimmt werden kann, ob der Song „Black Sabbath" in Dur oder in Moll verfasst ist, konnte anfänglich bestimmt werden, ob sich die Musiker affirmativ, kritisch, ironisch oder indifferent gegenüber ihrer Symbolwelt aus Religion, Okkultismus und Horror verhalten. Dieses inhaltliche Wabern sollte sich zu einem Kennzeichen des Metal entwickeln und noch für viele Irritationen sorgen.

Wenn man so will, spiegelt sich in der Gründung Black Sabbath' 1968 der Übergang vom Summer of Love (1967) zum Summer of Hate (1969), als vier Menschen auf einem Rolling-Stones-Konzert in Altamont gewaltsam ums Leben kamen. Mit Black Sabbath reüssierte Metal als Insolvenzverwalter des in die Jahre gekommenen Rock 'n' Roll, des bereits etwas behäbigen Hardrocks und der zunehmend hilflos wirkenden Blumenkinder, an deren Erbe Blue Cheer noch schwer trug. Der Proto-Metal der 1970er-Jahre, den Black Sabbath schuf, huldigte zwar dem Rock 'n' Roll, doch nur um ihm seine demonstrative Lebenslust um die Ohren zu schlagen. Er setzte den Blues unter Strom, verordnete ihm erbarmungslosen Instrumentalunterricht und mischte ihm halluzinogene Substanzen bei.

Aus dem Giftschrank klerikaler Musiktheorien des Barock entwendete er den Tritonus und mischte ihn mit diebischer Freude erst sparsam (Black Sabbath), dann exzessiv (Slayer) seinen Klängen unter. Wie die Hippies ließ er sich die Haare wachsen, doch trug er sie gleich einem Krieger oder einem Piraten. Er tanzte leicht verspätet auf dem Grab der Blumenkinder, hatten diese ihren Summer of Love doch schon 1967 in San Francisco mit einer öffentlichen Bestattungszeremonie symbolisch verabschiedet. Wie ein Psychoanalytiker mit abseitigen Neigungen öffnete er in Texten und auf Albumcovers die Pforten zum gesellschaftlich Verdrängten. Dann erhob er sich aus seinem Ledersessel und ließ den Analysierten mit seinen Dämonen alleine. Er bestellte die gesamte Belegschaft von Himmel und Hölle ein, tanzte mit den Hexen auf dem Blocksberg und bestieg eine im Hinterhof seines Elternhauses selbstgebastelte Zeitmaschine, um alle Schlachtfelder seit Troja abzubummeln. Am nächsten Morgen aber gab er sich treuherzig als braver Tonhandwerker aus, der einfach nur Musik machen wolle.

Waren bei Black Sabbath bereits viele Stilelemente vorhanden, die später als typisch für den Metal gelten sollten, so bildeten Hardrock und Bluesrock doch weiterhin die treibenden Kräfte. Vor ihrer Umbenennung in „Black Sabbath" firmierten Osbourne, Iommi, Butler und Ward unter dem Namen „Polka Tulk Blues Band" – und klangen auch so. Noch standen die Hörer nicht vor einer dichten, ultraharten „Wall of Sound" wie bei künftigen Metal-Produktionen. Noch hatten Härte und Aggressivität nicht das Ausmaß angenommen, wie es dereinst bei Possessed, Slayer, Napalm Death, The Accüsed oder Dimmu Borgir der Fall sein sollte. Tatsächlich löste der Metal Blues- und Hardrock nicht ab, sondern transformierte sie gemäß dem evolutionären Prinzip von Imitation, Variation, Selektion und Adaption. Andrew L. Cope bezeichnet Metal und Hardrock treffend als „transgression of the British blues revival".[52]

Der evolutionäre Übergang vom Hardrock zum Metal lässt sich im Song „Victim of Changes" (1976) von Judas Priest exemplarisch nachvollziehen. Er stammt vom Album *Sad Wings of Destiny*, auf dem die Birminghamer mit verschiedenen Einflüssen experimentieren und sich noch alle Optionen offenhalten – Verweilen im Hardrock, Hinwendung zum Bombast-Rock à la Queen, Übergang zu extremeren Formen der Rockmusik. Mit einem gefallenen Engel auf dem dramatisch gestalteten Cover deutet sich visuell an, wohin die Reise künftig gehen würde – in Richtung *Stained Class* (1978), eines jener Alben, auf denen der Metal erstmals zu einer geschlossenen Form finden sollte. Auf *Stained Class* zog die Band die Geschwindigkeit an, ließ gleich zu Beginn die Double-Bassdrum rattern, setzte vermehrt geschrubbte und abgedämpfte Riffs ein, experimentierte mit mehrstimmigen Soli, verlieh dem Gesang eine kapriziöse Aggressivität und straffte die Kompositionen. Auch der Look änderte sich. Als die kalifornischen Metal-Pioniere von Cirith Ungol (gegründet 1971) noch in Schlaghosen auf der Bühne standen, schlüpften die Musiker von Judas Priest in Leder und Nieten, allen voran Sänger Rob Halford.[53] Mehr noch – anstatt die Bühne zu *betreten*, fuhr Halford mit dem Motorrad vor. Erst mit diesem ‚harten' Image wurde Metal zu Metal, wie wir ihn heute kennen. K. K. Downing, der frühere Gitarrist von Judas Priest, sagte 2019: „Wir sind weltweit als der Archetyp einer Heavy-Metal-Band wahrgenommen worden. Es wird einige Leute geben, die Iron Maiden oder Black Sabbath in dieser Vorreiterrolle sehen. Doch wir waren die Ersten, die dieses Image mit Nieten und Lederklamotten aufgebaut haben."[54] Aber zurück zu *Sad Wings of Destiny* und „Victim of Changes".

„Victim of Changes" ruckelt in gemächlichem Tempo und mit Laid-Back-Feeling über einen imaginären Highway. Von ein paar Stakkato-Schlaglöchern abgesehen, hält der am Steuer sitzende Judas-Priester stoisch die Legato-Spur. Vor allem zu Beginn steht der Song mit seinem wuchtig-lässigen Drumming und den pelzig verzerrten, locker aus dem Handgelenk geschüttelten Gitarrenlicks in der Tradition des bluesigen Hardrocks der 1960er- und 70er-Jahre. Aber dann: ein Break auf Höhe 1:50, ein paar lang ausklingende Gitarrenakkorde und ein druckvoll abgedämpftes, von Bass, Rhythmus- und Leadgitarre unison geschrubbtes Sechzehntelriff, wie es für Metal zum Markenzeichen werden sollte. Weiter geht es mit der Strophe. Bei 3:12 dann ein zweites Break und ein Bluesgitarrenlauf als Übergang zu abgestoppten, von der gesamten Band unison gespielten Sechzehntelnoten mit teils chromatischem Verlauf. Nun erneuter Wechsel auf die Legato-Spur, allerdings begleitet vom aufheulenden Motor einer aggressiver verzerrten Gitarre. In einer Wolke von Bendings, Hammer-ons und Pull-offs schwingt sie sich zu einem flammenden Solo auf, nur um plötzlich, als sei ein Antriebsriemen gerissen, ganz andere Töne anzuschlagen: Mit dem Handballen abgedämpfte, ungewohnt hart und metallisch klingende Deadnotes konterkarieren im Offbeat den weichen Flow. So brach der Metal in die Welt der Rockmusik ein, nicht von außen, sondern von innen, als Kontrapunkt zu jener Normalisierung, die im Hardrock stattgefunden hatte, als Stachel im Fleisch des Warmen und Organischen. Der Song endet mit einem lang gezogenen, hohen Schrei, einem späteren Erkennungszeichen des Metal.

Was die Ästhetik des Gitarrenspiels bei Judas Priest betrifft, betont K. K. Downing in seiner Autobiografie *Heavy Duty* (2018) die Erfahrungen, die er in einem Job als Elektrikergehilfe gemacht hatte. Damals habe er gelernt, Geräte säuberlich in ihre Einzelteile zu zerlegen und sie dann wieder zusammenzusetzen. So habe er es auch als Metal-Gitarrist gehalten: „Mit nichts als einem Bild, das ich aus einem Magazin als Anleitung herausgerissen hatte, verbrachte ich jede Mittagspause damit, das Griffbrett zu analysieren, alle einzelnen Noten zu identifizieren und sie mir einzuprägen."[55] Erneut spielt eine Episode aus der industrialisierten Arbeitswelt eine Rolle in der Genese des Metal-Genres. Bei Iommi war es das Blechwalzwerk, also die Mechanik. Bei Downing war es die Elektrik.

Auffällig ist die Schwere („Heavyness") der Themen, die sich im Übergang vom archaischen zum klassischen Metal verfestigte und die die folgenden Metal-Generationen aufgreifen, ja überzeichnen sollten. Auf *Sad Wings of Destiny* geht es unter anderem um Jack the Ripper, Tyrannenherrschaft, Genozid und eine ominöse „Island of Domination". In dieser Hinsicht ist das Album nicht nur musikalisch wegweisend. Metal nimmt das Verdrängte der Moderne auf und bereitet ihm ein belebendes Stahlbad. Angst. Schmerz. Tod. Krankheit. Krieg. Je softer das Leben im Westen wurde und sich einer „Kultur der Analgetika" (Leszek Kołakowski) annäherte, desto härter wurde der Metal.[56] Kann die westliche Moderne mit Zygmunt Bauman als Versuch verstanden werden, den Schmutz, die Erbärmlichkeit und die Tragik der menschlichen Existenz in eine dicke, wohlriechende Parfümwolke zu hüllen, dann bringt Metal wenigstens im Ästhetischen etwas von jenem „Pungent Stench" zurück, der für frühere Generationen zur Normalität gehörte.[57] Und mochten auch Songs über Tyrannen in Westeuropa und Nordamerika aus der Zeit gefallen wirken, so hatten sie für Fans in anderen Weltgegenden, etwa in den Militärdiktaturen Südamerikas, eine tagesaktuelle Brisanz.

Im frühen Heavy Metal wie im späteren Extreme Metal werden Kälte, Elend, Härte, Verlorenheit, Aggression, Sinnkrise und Maschinisierung nicht durch Positive Thinking oder kuschelige Schmuseharmonien erträglich gemacht. In seinem Resonanzraum hallt die Erinnerung daran nach, wie entbehrungsreich die Arbeit in den Fabriken war und dass der letzte, der große Krieg erst ein paar Jahrzehnte zurücklag. In Downings *Heavy Duty* heißt es: „Alleine schon geboren zu werden, wann und wo ich geboren wurde – 1951, mitten im [Ballungsgebiet] Black Country, im Herzen Großbritanniens, als England immer noch damit beschäftigt war, sich vom Zweiten Weltkrieg zu erholen –, bedeutete, dass das tägliche Leben von Anfang an hart war. Alles am Leben im industriellen Kernland Englands war ein Kampf: Manche Lebensmittel und Annehmlichkeiten waren immer noch knapp, und der Standard der Wohnungen war, gelinde gesagt, einfach. Für die meisten Menschen ging es ums Überleben."[58] Als Ende der 1970er-Jahre die hedonistische Disco-Welle rollte, übernahm Metal die Aufgabe, die Bewohner der sich abzeichnenden westlichen Wohlfühlwelt und der Ära der „körperlosen Arbeit"[59] daran zu erinnern, wie das Leben sein kann: schwer. Eisern. Unerbittlich. Folgerichtig gibt es zwar Kuschelrock-Kompilationen, „Kuschelmetal" hingegen ist bislang ein satirisches Medley des James Blast Orchesters (J. B. O.) geblieben.

Blues hatte die Kargheit der ländlichen Umgebung transportiert und dem Leid der afroamerikanischen Bevölkerung eine Stimme gegeben. Metal hingegen öffnete sich über den Bluesrock für die komplexeren Klangkulissen des industrialisierten und elektrisierten urbanen Raumes. Als Metal entstand, begann der brachiale Sound des Industriezeitalters mit seinen Fabriken, Dampfmaschinen, Turbinen und Walzen langsam, aber sicher aus dem Alltag zu verschwinden. Das Lebensgefühl der Industriegesellschaften speiste sich immer weniger aus der schwerfälligen Wucht der Mechanik, sondern aus der strömenden Energie der Elektronik, später aus dem vorschnell mit Körperlosigkeit assoziierten Digitalen.

Das Urbane und das Industrielle sind eng mit der Entstehung des Metal verbunden. Die 1971 gegründete Band Accept etwa, eine der langlebigsten deutschen Metal-Formationen, stammt aus Solingen, wo bereits im Mittelalter Waffen, Messer und Werkzeuge hergestellt wurden. Nach dem Zweiten Weltkrieg ging die Produktion zurück, das metaphorische Metall trat nun an die Stelle des konkreten. Die „Klingenstadt" verwandelte sich in „Rock City No. 1", so ihr heutiger inoffizieller Beiname. Kamen die Solinger Blankwaffen früher in realen Schlachten zum Einsatz, verletzen Accept allenfalls Trommelfelle. In den Texten der Band hat der Krieg indes weiterhin einen festen Platz.

Auch die Band Obscurity aus dem in der Nähe von Solingen gelegenen Bergischen Land hält die Erinnerung an die Blankwaffenproduktion wach: „Wo man die Schwerter schmiedet zur Wehr / Singet und klinget den Höchsten zur Ehr / Was erklingt in Herz und Verstand / Bergischer Hammer, Bergisches Land!" („Bergischer Hammer", 2010). Die metaltypische Mehrdeutigkeit, mit der der pathetische Text auf kaum verständliche Weise geschrien und gekeift wird, hat ihre Entsprechung im Bandnamen: Obscurity – Unklarheit, Dunkelheit.

Wenn im Metal von Krieg, Schlachten und Kämpfen die Rede ist, gilt es, genau hinzuhören. Oft sind diese Begriffe auf den Metal selbst bezogen: Kriegsgerät wird zur Metapher des Genres als solchen. In Manowars Song „Fighting the World" (1987) etwa lautet die erste Zeile: „Fighting the world every single day." In Anbetracht der Tatsache, dass das Cover die Musiker in comicartiger Überhöhung als archaische Krieger zeigt, könnte man meinen, es handle sich um Kriegsromantik. Die nächsten Zeilen jedoch stellen klar, dass es der Band mitnichten um wörtliche kriegerische Auseinandersetzungen zu tun ist, sondern um den Kampf für den Metal, mithin für ihren Lebensstil: „Fighting the world for the right to play / Heavy metal in my brain / I'm fighting for metal ‚cause it's here to stay." An anderer Stelle heißt es bei Manowar: „We are fighting with power and steel / Fighting for metal, metal that's real / Brothers of metal will always be there / Standing together with hands in the air" („Brothers of Metal", 1996). Der „Kampf" der Metal-Brüder soll also mit erhobenen Händen ausgefochten werden – ausgerechnet mit der Geste des Sich-Ergebens. Manowars im Kampf zu behauptende Metal-Identität ist dabei radikal selbstbezüglich. Es geht darum, sich einer Metal-Bruderschaft anzuschließen, deren identitätsstiftendes Zentrum der Metal ist. Dessen Eigenschaften speisen sich wiederum aus Eigenschaften von Metall. Metal wird ausschließlich durch sekundäre Qualitäten wie Härte und Stabilität definiert, die mit allen möglichen Weltanschauungen, Ideologien oder politischen Haltungen kombinierbar sind.

Natürlich ist es nicht so, dass Metal-Bands wie Judas Priest oder Accept ihre Umgebung bewusst musikalisch inszeniert hätten. Heavy Metal ist keine Programmmusik. Andererseits ertönen zu Beginn von Judas Priests „Metal Gods" (1980) Klänge, die an Blechbearbeitung erinnern. In Interviews haben die Bandmitglieder mehrfach angegeben, die Industrieklangkulissen Birminghams hätten sie zu ihrer Musik inspiriert.[60] Ob das tatsächlich der Fall war oder ob das eine nachträgliche Zuschreibung – Philosophen würden sagen: eine Ex-Post-Rationalisierung – darstellt, kann nicht mit Sicherheit gesagt werden. Fest steht, so Erich Keller, dass die kriegsgeschundene „Trümmerstadt" Birmingham sich als „ergiebiges Metaphernreservoir für den neuen Sound" erwies. Im Laufe der Geschichte haben sich „die Industrialisierungs- und Kriegsnarrative … so eng um die Musik solcher Gruppen gelegt, dass sich Erzählung und Klang kaum mehr voneinander trennen lassen".[61] Sprich: Auch wenn es nicht so *war*, ist es doch so *geworden*. Kellers Diagnose bestätigt die These, dass Heavy Metal nicht nur eine Geschichte hat, sondern seine Geschichte *ist*.

Im Metal verbindet sich das Industrielle mit dem Postindustriellen, der Sound der aussterbenden Maschinenparks mit dem Sound des neuen Zeitalters. Eine typische Metal-Band besteht aus einem oder mehreren Gitarristen, Schlagzeuger, Bassist, Sänger. Tasteninstrumente kommen eher im Blues- und Hardrock sowie im späteren Extreme Metal, etwa im Black Metal, zum Einsatz. Das Metal-Schlagzeug vertritt gleichsam das Industriezeitalter der Mechanik, die verzerrte E-Gitarre das postindustrielle Elektrizitäts- und Informationszeitalter. Der Genrebegriff „Heavy Metal" wurde, wie ich oben beschrieben habe, im Jahr 1979 geprägt, dem Jahr der großen Ölpreiskrise, die von Historikern, etwa dem Briten Ian Kershaw, als „Anfang vom Ende der traditionellen Industriegesellschaften mit gravierenden Auswirkungen auf Sozialstruktur und politische Ausrichtung nicht nur der westeuropäischen, sondern auch der osteuropäischen Länder" eingestuft wird.[62] Darunter litt nicht zuletzt das Selbstbild der (männlichen) Industriearbeiter. Hatten sich diese aller Ausbeutung zum Trotz als unverzichtbar für ihr Land definieren können, so zeichnete sich nun das Ende dieses Quells von Stolz und Identität ab. Vielleicht verlagerte sich im frühen Metal-Musiker ja der Stolz des Industriearbeiters von der materiellen auf die symbolische Ebene. Identität und Selbstbewusstsein würden, so betrachtet, nicht mehr aus der Arbeit am konkreten, sondern am ästhetischen Metall gewonnen: Metal als Metametall.

Die späten 1970er-Jahre sahen weiterhin Streikwellen, soziale Unruhen, das Ende der Entspannungspolitik und den Beginn des zweiten kalten Krieges. Ich selbst wurde 1979 geboren, dem Entstehungsjahr der NWOBHM. Vor einiger Zeit gab mir meine Mutter ein Tagebuch, das sie in meinem ersten Lebensjahr führte. Darin schildert sie ihre Angst vor einem Atomkrieg und den geopolitischen Wellen, die die iranische Revolution noch schlagen könnte. Solche Ängste sind auch in den Metal eingeflossen. Mit einem leicht abgewandelten Zitat von Friedrich Nietzsche lässt sich sagen: Der Metal ist ein Seil, geknüpft zwischen Industrie und Postindustrie – ein Seil über einem Abgrund. Ein gefährliches Hinüber, ein gefährliches Auf-dem-Wege, ein gefährliches Zurückblicken, ein gefährliches Schaudern und Stehenbleiben. Denn im Abgrund, da dräut der kalte Krieg, die drohende Atomkatastrophe.

Der Atomkrieg bildet von Beginn an ein Leitmotiv des Metal. Bereits in Black Sabbath' „Electric Funeral" (1970) ist er ein Thema: „You'd better hide from the atomic tide." Im Metal der 1980er-Jahre ist die nukleare Apokalypse dann allgegenwärtig. So hat etwa Iron Maidens Song „Two Minutes to Midnight" (1984) den Atomkrieg zum Gegenstand. Der Titel spielt auf das Jahr 1953 an, als die „Doomsday Clock" des *Bulletin of the Atomic Scientists* auf 11:58 Uhr stand, weil die USA und die Sowjetunion Wasserstoffbombentests durchführten. Im selben Jahr wie Iron Maiden veröffentlichte die kanadische Metal-Band Voivod „Nuclear War" als letzten Song des Albums *War & Pain*. Bereits in „Voivod", dem ersten Song des Albums, taucht eine „nuclear creature" auf, im zweiten Song „Warriors of Ice" ist die Rede von „thermal killers", und im darauffolgenden „Iron Gang" dient „final assault" wohl als zynische Metapher für ein Metal-Konzert.

Der siebenminütige Song „Nuclear War" weist einige programmmusikalische Elemente auf, heulen die Gitarren in den Zwischenteilen doch auf wie Sirenen, erinnern die abgedämpften Riffs der Rhythmusgitarre an Rotorengeräusche, explodiert die gesamte Songstruktur in Minute 4:40, um in einer chaotischen, kakofonen Klangwolke in sich zusammenzubrechen. Aber wie es sich für eine ordentliche Apokalypse gehört, senkt sich sogleich das Neue Jerusalem herab (siehe Kapitel „The God That Failed") – das Ende erweist sich als Anfang, nämlich in Form eines schmissigen, schnellen, an Motörhead erinnernden Riffs mit Punk-Einschlag. Es geht also weiter, obwohl Dennis „Snake" Belanger keift: „Hey! Nuclear war! / I'm really up tonite / For my last ride / Never returning at home / I'm gonna die."

Auch Exodus, Megadeth, Carnivore, Cirith Ungol, Kreator, Sodom, Bolt Thrower, Nuclear Assault und viele weitere Metal-Bands verfassten in den 1980er-Jahren Songs über den Atomkrieg. Plattencover zeugen ebenfalls vom dräuenden Ernstfall. Hirax' sozialkritisches Thrash-Album *Hate, Fear and Power* (1986) zieren drei verwundete männliche Köpfe auf zerfetzten Körpern (Abb. 4). Dahinter erhebt sich ein Atompilz. Die Songtexte sind, typisch für den Hardcore- und Punk-inspirierten Thrash Metal, unmissverständlich: „We must make a stand / The children of the world / Together we must unite / Precious is our life" („The Last War"). Mögen auch nicht all diese Songtexte von hoher poetischer Qualität sein, so gebührt Metal doch der Verdienst, der Bedrohung in Wort, Bild und Ton Ausdruck verliehen zu haben: „Metal-Lyrics als ewig-gestrig und infantil abzutun übersieht, dass der Metal die atomare Apokalypse zum omnipräsenten Dauerthema gemacht hat zu einer Zeit, als Wolfgang Niedeckens BAP noch ein Monopol auf den Polit-Abrüstungssong behauptete."[63]

In gewisser Hinsicht ist die Ästhetik des Metal der atomaren Bedrohung kongenial. Die für den Metal typische kontrollierte Aggression, die

Abb. 4: *Hirax*, Hate, Fear and Power, *1986*

apokalyptischen Visionen und der Hang zum Übergroßen entsprechen dem Geist des Kalten Krieges als Politik der Abschreckung und des ausbleibenden Ernstfalls. Während Punk und Hip-Hop meist von konkreten, greifbaren Bedrohungen ausgehen – Arbeitslosigkeit, sozialer Ungerechtigkeit, Gewalt gegen Demonstranten, kolonialer Gewalt, Ganggewalt, Drogen usf. –, verlagert sich im Metal der 1970er- und 80er-Jahre die Bedrohung auf eine distanziertere Ebene. Die besungenen historischen Schlachten, mythischen Konflikte sowie allgemein gehaltenen Ungerechtigkeits-, Kriegs- und Weltuntergangsszenarien entsprechen der atomaren Bedrohung dahingehend, dass sie für das Individuum in seiner Lebenswelt nicht direkt beeinflussbar sind. Die atomare Bedrohung hat eine quasi göttliche Qualität: Sie ist weit entfernt und wirkt doch auf alles ein. Vor der Atombombe sind wie vor Gott alle Menschen gleich – zumindest all jene, die sich nicht wie heutige Superreiche einen eigenen Atombunker gebaut haben. An Gott wie an der nuklearen Apokalypse scheitert zudem, frei nach Günther Anders, die menschliche Fantasie und wird zugleich von ihr beflügelt.[64] Paradoxerweise regt das Unvorstellbare die Vorstellungskraft an – genau davon zeugen die oben genannten Songs über den Atomkrieg und die bildmächtigen Plattencover.

Wie die West- und Ostmächte in der „Epoche des nuklearen Patts" (Dan Diner) einander hätten auslöschen können, es aber nicht taten, kennzeichnet die Ästhetik des Metal das Prinzip des Containment: Stärke wird aufgebaut und wie zur Abschreckung des Feindes (Deterrence) zur Schau gestellt. Bruce Dickinson, der Sänger von Iron Maiden, bringt es auf den Punkt: „Es gibt Aggression [im Metal]. Aber sie ist eingedämmt, und sie wird kontrolliert, und sie ist fokussiert."[65] Bezeichnenderweise wurde die Strategie der US-amerikanischen Regierung und des US-Militärs im Kalten Krieg offiziell „Politics of Containment" genannt. Wie aus dem klassischen Metal nur in den seltensten Fällen tatsächliche Aufrufe zur Gewalt ergehen, sondern Bedrohungsszenarien und Gewaltträume imaginiert werden, wurde in der Nachkriegszeit „nur verbaler und kein handfesterer Gebrauch von der Bombe gemacht".[66]

Vor diesem Hintergrund könnte man Metal als verspäteten Blues des Maschinenzeitalters, das in Europa und USA zu seiner Entstehungszeit bereits am Abklingen war, bezeichnen. Gemeint ist dies weniger im Sinne der musikalischen Komposition selbst, die sich vom Blues löst, als vielmehr in Bezug auf die soziale Rolle, die der Blues spielt. Der Blues ist eine Musik, die sich harten Lebenslagen und dunklen Stimmungen atmosphärisch anverwandelt. Der Feelgood-Pop sagt: Hey, es ist nicht so schlimm, die Zeiger der Atomkriegsuhr werden sich wieder zurückbewegen – let's dance! Der Blues sagt: Doch, es ist schlimm! Genau deshalb sollten wir tanzen! Der Blues entwirft keine heitere Gegenwelt zur Lebenswelt. Er sagt, wie es ist: Es könnte immer besser sein. My first wife left me. Nobody knows you, when you're down and out. Gleichzeitig weiß der Blues: Schlimmer geht immer. Das taucht die eigene Gegenwart mitunter in ein freundlicheres Licht.

Anverwandlung ist allgegenwärtig im Metal. In einem Zeitalter des drohenden nuklearen Horrors wurde er selbst zu einer Horrormusik, anstatt für Ablenkung und Entspannung zu sorgen. In einem Zeitalter, das auf Maschinen gründet, wurde er selbst zur Maschine. In einem Zeitalter, das das Individuum feiert und zugleich dessen Spielräume einschränkt, rückte er das Übermächtige in den Vordergrund und beschwor zugleich die Freiheit (siehe Kapitel „Heavy Metal Is the Law"). Auch sah Metal davon ab, mit nostalgischem Didgeridoo-Spiel gegen die technisierte Moderne anzublasen, wie es manche Weltmusiker tun. *Fight Fire With Fire*, hieß es 1984 bei Metallica. Nur konsequent also die Double-Bassdrum, die den Rhythmus der Fließbänder aufnimmt. Nur konsequent also die verzerrte E-Gitarre, die der Zerstäubung alles Stehenden und Ständischen entspricht. Nur konsequent also der hohe Stromverbrauch. Ohne Elektrizität kein Metal, wie wir ihn kennen: „Ohne elektrische Gitarre mit wirklich guten Verstärkern und wirklich guter Verzerrung fehlt der Kern des Metal", sagt die Soziologin Deena Weinstein im Dokumentarfilm *Metal: A Headbanger's Journey* (Sam Dunn und Scot McFadyen, 2005). Nicht zuletzt trage die Verzerrung zur Komplexität des Metal bei, betont die Professorin an der DePaul University Chicago in ihrem wegweisenden Buch *Heavy Metal: The Music and Its Culture* (1991/2000): „Das wesentliche Element der Komplexität im Klang ist die Gitarrenarbeit, die in eine immer ausgefeiltere elektronische Technologie der Verzerrung und der Verstärkung eingebettet ist."[67]

Die oftmals zumindest in ihren Songtexten modernekritischen Protagonisten des Metal waren und sind nicht so naiv zu glauben, sie könnten sich aus der Moderne davonstehlen wie einst die Vertreter der Lebensreform im Deutschland des frühen 20. Jahrhunderts oder später Teile der Hippiebewegung in den USA. Vielmehr tragen sie ihre Modernekritik gerade mit den Produktivkräften der Moderne vor. Bildlich gesprochen: Sie sind Krieger, die mit der E-Gitarre gegen das Elektrizitätszeitalter ins Feld ziehen. Da sich Metal auf der Ebene der Produktivkräfte dem Bestehenden anverwandelt und sich gleichzeitig von den Produktionsverhältnissen distanziert, zeichnet ihn keine transzendente oder esoterische, sondern eine „immanente Bewegung gegen die Gesellschaft" (Theodor W. Adorno) aus. Metal ist eine laute Spielart der „Mimesis ans Verhärtete und Verfremdete", die Adorno der modernen Kunst attestierte.[68] Wie nennt man das doch gleich? Richtig: Powerslave.

Metal überwindet den Bluesrock dabei ebenso wenig wie den Hardrock. Er verwindet ihn. So findet sich das metaltypische Gitarrenriff auch in Blues- und Jazzkompositionen, ebenso wie rauer, aggressiver Gesang und paralleles Ensemblespiel.[69] Sogar die im klassischen Metal unverzichtbare Palm-Mute-Technik, eine Form des Gitarrenspiels, bei der der Anschlag mit dem Handballen abgedämpft wird, stammt aus dem Bluesrock.[70] Im Metal kommt noch die Verzerrung hinzu. Der maschinelle Charakter, den die Palm-Mute-Technik den Gitarrenriffs und -akkorden bei eingeschaltetem Verzerrer verleiht, ist ein Erkennungszeichen des Metal. In Manowars Biker-Hymne „Return of the Warlord" (1996) beispielsweise verwandelt sie im Verbund mit einem stoisch-trockenen Beat eine banale Abfolge von Powerchords in einen knackigen, treibenden Song. Spielte man dieselben Akkorde offen und unverzerrt, handelte es sich um eine völlig andere und vermutlich schwer zu ertragende Art von Musik.

Das beste Beispiel für eine sowohl psychosoziale als auch musikalische Nähe zwischen Blues und Metal ist der US-amerikanische Bluesmusiker Howlin' Wolf (1910–1976). Wie spätere Metal-Musiker baute er ein düsteres Image auf, das noch heute auf Kompilationen wie *Howlin' Wolf: Blues from Hell* (2011) in der Titelgebung nachwirkt. Wolf nutzte die elektrische Gitarre und streute ostinate Riffs in Songs wie „Spoonful" ein. Sein Gesangsstil war dunkel und rau, auch vor Schreien schreckte er nicht zurück. In Songtiteln wie „Smokestack Lightnin'", „Sitting on the Top of the World", „I've Been Abused" oder „The Wolf Is at Your Door" ist die für den Metal charakteristische Mischung aus Euphorie und Niedergeschlagenheit, Empowerment und Depression vorgezeichnet.

Entwicklungsgeschichtlich betrachtet, lässt sich vor diesem Hintergrund eine gewundene Linie vom Blues zum Metal ziehen: Mit ihrem rohen Stil inspirierten Musiker wie Howlin' Wolf und Muddy Waters die britischen Rhythm-'n'-Blues-Bands der 1960er-Jahre wie auch die frühen Rockbands, die sich in Sachen Härte und Rebellion zum Rock 'n' Roll verhielten wie der Metal zum Hardrock. Insbesondere Judas Priest war anfangs tief im Blues verwurzelt. Der Blues ist heute noch hörbar in den Gitarrensoli von Kirk Hammett (Metallica), im Sludge Metal aus New Orleans oder im Death 'n' Roll der schwedischen Band Entombed – mit dem Album *Wolverine Blues* (1993) macht sie bereits im Titel klar, wohin die Reise geht.

Auch die für das Image des Metal so wichtige okkulte Komponente ist im Blues vorgezeichnet. Zum Mythos des Bluesgitarristen Robert Johnson (1911–1938) gehört, dass er seine Seele an einer Straßenkreuzung in Mississippi verkauft haben soll. Johnson integrierte diese Legende in sein Schaffen und spielte häufig darauf an, etwa im Song „Cross Road Blues" (1936). Im Jahr 1966 nahmen die britischen Bluesrocker Cream eine Coverversion des Songs auf. Cream-Gitarrist Eric Clapton hat betont, dass das zentrale Riff aus Johnsons Song für einen Rocksong prädestiniert sei. Wie Cream dieses Riff interpretiert hat, nimmt wichtige Charakteristika des Metal vorweg. Andrew L. Cope bringt es auf den Punkt: „Cream's Version ist nicht nur viel schneller als der ursprüngliche Blues, sondern weist auch neue Dimensionen der Eindringlichkeit und Aggressivität auf (Aspekte, die wichtige Stilmerkmale des Metal bilden)."[71]

Sosehr sie sich in klangästhetischer und kompositorischer Hinsicht auch unterscheiden mögen, verbindet Blues und Metal doch die Gleichzeitigkeit von Melancholie und Erbauung, Schwermut und Durchhaltewillen, Macht und Ohnmacht, Resignation und Stärke, Humor und Tristesse. Metal und Blues sind keine Genres für strahlende Gewinnertypen. Sondern für Menschen, die der Nachtseite der Existenz so manchen Besuch abgestattet haben oder zumindest über genügend Fantasie verfügen, um sie sich auszumalen. Blues und Heavy Metal lehnen die Nacht nicht ab, sie stellen Laternen in ihr auf – oder zünden vor dem schwarzen Himmel ein Feuerwerk. Das ist die Spezialität des Metal. Wer ein eindrückliches Feuerwerk will, muss auch die Nacht wollen. Je dunkler der Hintergrund, desto schillernder das Spektakel. Im September 2018 erreichte mich die begeisterte E-Mail eines Bekannten, der soeben die Vorabversion des neuen Death-Doom-Albums *Autumn Kings* der thüringischen Band Decembré Noir probegehört hatte: „Ich habe mir dazu ein gutes

Glas Rioja Alta Ardanza Reserva 2008 und einen Saint-Félicien-Käse gegönnt. Genuss auf allen Ebenen, einfach herrlich!" Auf Außenstehende hätte das Album wohl deprimierend gewirkt. Mein Bekannter hingegen erfreute sich daran. Die Journalistin Laina Dawes schreibt in diesem Zusammenhang: „Metal-Musik kann schwer, dunkel und hässlich sein, aber wir Fans sehen die Schönheit in der Vielzahl von Subgenres unter dem breiteren Dach [des Metal]."[72]

Wichtig für das Metal-Spektakel ist stets der Sound. Das moderne Großstadtleben ist komplex und, zumindest für Nicht-Initiierte, laut, chaotisch, verstörend. Verzerrte Klänge bilden da eine passende symbolische Form. Doch erst „alles zusammen, also Verzerrung, *Powerchords*, Lautstärke und das dadurch hervorgebrachte größere Teiltonspektrum, verursachen den Eindruck der Härte. Genau diese Härte ist es, die ungeübte Hörer überfordert und ihnen Metal als reinen Krach erscheinen läßt."[73] Dieser Gedanke lässt sich auf die Erfahrung des Großstadtlebens, das im Zuge der Industrialisierung entstand, übertragen. Der expressionistische Maler Ludwig Meidner stellte im frühen 20. Jahrhundert die Großstadt in grellen Farben und mit scharfkantigen Formen dar, als dröhnendes, fiebriges, apokalyptisches Gebilde, als Hort von Komplexität, Nervosität und Reizüberflutung. Wollte man Meidners Gemälde in Musik übersetzen, so böte sich der Metal dafür an.

In diesem Gemälde zeichnet sich auch die unbeabsichtigte politische und ökonomische Dimension einer jeden Ästhetik ab. Um die monumentale Ästhetik des Metal zu ermöglichen, waren spezielle technische Voraussetzungen nötig: Verstärker, die für hohe Lautstärken und starke Verzerrungen ausgelegt sind; Mikrofone, die auf der Bühne keine Rückkopplungen erzeugen; PA-Anlagen und Lautsprecher, die die angestrebte körperliche Wirkung der Musik erzielen; ständig verfügbare Elektrizität. Im Gegensatz zu anderen Popgenres ist Metal eine Materialschlacht, die unter anderem mit „Marshallwänden" – beeindruckenden, im Bühnenhintergrund aufgereihten Reihen aus Marshall-Verstärkern und -Boxen – zelebriert wird. Diese Materialschlacht muss erst einmal finanziert werden. Im boomenden Westen der Nachkriegszeit war das trotz diverser Wirtschaftskrisen auch für Normalverdiener möglich. Im Ostblock sah es anders aus: „Der Zugang zu geeigneten Instrumenten und geeigneter Technik war natürlich weitaus eingeschränkter. Also die Produkte aus dem Sozialismus – sagen wir mal ein Gitarrenverstärker – die waren schlichtweg dafür nicht gebaut, um diese starke Verzerrung der Gitarren herzustellen."[74] Während in den Texten der Metal-Bands immer mal wieder mit der westlichen Moderne abgerechnet wurde, sprachen Material und Technologie eine andere Sprache. Sie kündeten von der Überlegenheit des Westens.

2.4 Black Death. Metal, Hautfarbe und Hip-Hop

Anfänglich spielten schwarze Musiker wie Chris Campbell (Judas Priest) und Phil Lynott (Thin Lizzy) wichtige Rollen in der britischen Hardrockszene. Jimi Hendrix' Gitarrenspiel und seine spektakulären Bühnenshows trugen ihren Teil zur Entstehung der megalomanischen Ausdrucksweise im Metal bei (siehe Interview mit Prika Amaral). Hendrix experimentierte bereits mit tiefer gestimmten Gitarrensaiten, was zu einem Charakteristikum des Metal-Sounds werden sollte. Lemmy Kilmister arbeitete eine Zeit lang als Roadie und Drogenkurier für Hendrix und bekundete zeitlebens tiefe Bewunderung für ihn. Auch K. K. Downing beschreibt Hendrix als wichtigen Einfluss in Teenagertagen. Dabei betont er die oben mit einem Feuerwerk vor schwarzem Himmel verglichene Gleichzeitigkeit von negativen und positiven Aspekten: „So dunkel und launisch seine Musik auch sein mochte, war sie für mich doch auch sehr bunt. Er schien Bilder und Landschaften mit Musik zu malen. Man konnte ihr zuhören, die Augen schließen und sich auf eine Reise begeben. Es fühlte sich alles so einzigartig, so aufregend und neu an, und ich erkannte, dass ich in meinem Leben auf all diese Gefühle nicht verzichten konnte."[75] Im Jahr 1967 erlebte Downing Hendrix zum ersten Mal live. Seiner Erinnerung zufolge war das Konzert im Coventry Theatre ein Erweckungserlebnis, wie nicht von dieser Welt – „mein Geist explodierte wie Feuerwerk".[76] Daraufhin erwarb der Siebzehnjährige seine erste Gitarre. Der Rest ist Metal-Geschichte.

Dass Metal dennoch bis in die 1990er-Jahre als Biotop weißer Männer galt und es meist auch war, hat nicht nur mit strukturellem Ausschluss zu tun, sondern auch mit dem Aufkommen der Hip-Hop-Kultur, eines hedonistisch-aktivistischen Sammelbeckens für Rapmusik, Breakdance, DJing und Graffiti. Metal und Hip-Hop entstanden gleichzeitig in England und den Vereinigten Staaten, Metal in Birmingham, Hip-Hop in New York City. Black Sabbath und die Agitprop-Wegbereiter der Rapmusik The Last Poets aus Harlem veröffentlichen ihre je selbst betitelten Debütalben im Jahr 1970. Für Schwarze war es naheliegend, sich einem boomenden Genre anzuschließen, das ihren sozialen Milieus verhaftet war. Hip-Hop speist sich vor allem aus Funk und Soul, anfänglich auch aus karibischer und lateinamerikanischer Musik. Die US-amerikanische Bürgerrechtsbewegung war eng mit der Soulmusik verbunden, auch Gospel („Spirituals") spielte eine wichtige Rolle in der Emanzipation der afroamerikanischen Bevölkerung. Hätten diese Verbindungen nicht bestanden – wer weiß, vielleicht hätte sich ja Metal als Sprachrohr der Schwarzen in Europa und Amerika etabliert. Da sich Metal über den Hardrock aus dem Blues speist, wie ich oben gezeigt habe, hätte eine Anbindung an die Geschichte der Afroamerikaner bestanden. Auch über den Jazz waren Verbindungen zu Schwarzen in England gegeben, „da die traditionelle englische Jazz-Szene von Beginn an sehr stark mit der Blues-Szene verbunden ist".[77] Elflein hält es für wahrscheinlich, dass nicht nur das hohe Ansehen von Virtuosität im Metal, wie es sich etwa im genretypischen Schlagzeugsolo manifestiert, sondern auch die Erweiterung des im Rock üblichen Backbeats – Betonung auf dem zweiten und vierten Schlag – aus Einflüssen des Jazz resultiert.[78] Gerade bei Black Sabbath lässt sich im Schlagzeugspiel eine Nähe zum Jazz nachweisen. Jedenfalls gibt es keinen ‚natürlichen' Grund, warum Metal zunächst von Weißen und Hip-Hop zunächst von Schwarzen dominiert war: „Metal zu einem weißen, anglo-amerikanisch-europäischen Industrieprojekt zu erklären, ignoriert die Innovationskraft und den Erfolg von beispielsweise Sepultura, übersieht zudem noch die enorme Kraft und Verbreitung von lokalen und regionalen Bands und *communitys* quasi überall auf der Welt."[79]

Bei genauerem Hinsehen zeigt sich überdies, dass die Kategorie „weiß" problematisch, ja eigentlich nur als ideologische Kategorie brauchbar ist. Weiße erfanden die Kategorie weiß, um sich über andere, Nichtweiße zu erheben. Selbst aus kritischer Perspektive sollte der Gebrauch der Kategorie nicht verfestigt werden. Denn wo genau beginnt „weiß", wo endet „weiß"? Was ist überhaupt eine „Ethnie"? All diese Fragen können Ideologen nie auf schlüssige Weise beantworten. Je nachdem, was gerade politisch opportun ist, wird das Gütesiegel „weiß" vergeben oder nicht. In den USA galten beispielsweise italienische Einwanderer noch Anfang des 20. Jahrhunderts als „nichtweiß". Polen wiederum haben zwar eine weiße Hautfarbe, wurden aber von den deutschen Nationalsozialisten als „Untermenschen" diffamiert, bekriegt und kolonialisiert. Auch viele Juden sind „weiß". Die Nazis hinderte das nicht am Völkermord, während sie zugleich mit ‚weniger weißen' Arabern politische Bündnisse eingingen. Dave Lombardo, der Drummer von Slayer, wurde auf Kuba geboren, Slayer-Sänger Tom Araya stammt aus Chile. Dennoch gilt Slayer als eine irgendwie „weiße" Band mit einem irgendwie „weißen" Sound, unter anderem weil sie Minor Threats Song „Guilty of Being White" coverte und dabei die letzte Zeile in „guilty of being right" abwandelte (siehe Kapitel „Into the Pandemonium"). Die Punkband NoFX hat, nüchtern betrachtet, recht, wenn sie fordert: „Don't call me white!" Die ‚Karamellisierung' von Hip-Hop und Metal im Crossover der 1990er-Jahre und im neuen Jahrtausend spricht für sich.

Grundsätzlich ist es unredlich, Verbindungen von Stilen und sogenannten Ethnien, Genres und sozialen Milieus, Ästhetiken und Kulturen als vorherbestimmt zu betrachten oder ihren aktuellen historischen Stand festschreiben zu wollen. Das gilt für die Kategorie „weiß" wie auch für die Kategorie „schwarz". In seinem Buch *American Rap* argumentiert Jan Kage überzeugend: „Wie schwierig es ist, Stile wie Hip-Hop oder Jazz als ‚schwarz' zu bezeichnen, lässt sich gut exemplifizieren. So konnte etwa der Gospel, eine stark religiös geprägte Gesangskultur, nur durch die Vermengung afrikanischer mit europäischen Elementen entstehen – bedingt durch christliche Missionierung der Sklaven und dem [sic] Verbot traditioneller Instrumente. […] Ähnlich der Jazz, welcher europäische Muster von Melodie übernimmt und mit dem afrikanischen synkopischen Rhythmus verschmilzt, der der europäischen Musik unbekannt ist."[80]

Während die Rebellion im britischen Proto-Heavy-Metal eher symbolischer und atmosphärischer Natur war, manifestierte sich in der US-amerikanischen Rapmusik eine konkrete politische Dringlichkeit. Diese artikulierte sich einerseits, nur vordergründig paradoxerweise, als hedonistische Selbstfeier im Sinne von James Browns „Say it loud, I'm black and proud", andererseits in Aktivismus wie dem des New Yorker DJs Afrika Bambaataa. Im Jahr 1975 gründete dieser mit Breakdancern die bis heute aktive Vereinigung Universal Zulu Nation: „Anstatt zu schießen, zu prügeln, zu dealen und zu stehlen, tanzten, sprayten, scratchten und rappten die Jugendlichen und entwickelten so ein ganz neues, kreatives Selbstverständnis von Gang. Krimineller Aktionismus wurde in kulturellen transformiert. Die Identität des Gangbangers wurde zur B-Boy-Identität umgeschrieben."[81]

Viele weiße Metal-Musiker der archaischen und klassischen Phase zählten als Arbeiterkinder zwar zu den Unterprivilegierten. Ihre politische, soziale und ökonomische Lage war jedoch nicht vergleichbar mit der Lage der Schwarzen in Amerika, die überwiegend von Sklaven abstammten und gezielt von ihrem kulturellen Traditionsstrom abgeschnitten worden waren. Eine mit der Universal Zulu Nation vergleichbare Vereinigung hat der Metal bislang nicht hervorgebracht. Legte Afrika Bambaataa dem

Hip-Hop „Positivity", also eine konstruktive Haltung, in die Wiege, so wird Metal gewöhnlich eher mit Begriffen der Negativität und Destruktivität beschrieben. Wenn der deutsche Hip-Hopper und Kraftsportler Kollegah „Vom Salat schrumpft der Bizeps" (2014) rappt, so knüpft er im buchstäblichen Sinne an den aufbauenden Charakter des Hip-Hop an.

Zwar sind Ermutigung und Ermunterung dem Metal nicht fremd, wie etwa Helloween mit dem optimistischen Song „Future World" (1987), Arch Enemy mit „You Will Know My Name" (2014) oder Warbringer mit ihrer Hymne auf das Tourleben „Iron City" (2013) zeigen. Doch gesamthaft spielen die durch kontrastierende Szenarien der Selbstermächtigung noch gesteigerte Morbidität, Angst, Depression und Pessimismus, vor allem in Verbindung mit entsprechenden visuellen Symbolen, im Metal eine ungleich größere Rolle als im Hip-Hop. „The Taste of Dying" und „Symbolic Suicide" (Crowbar, 2014) sind allgegenwärtig. Entsprechend hat sich das öffentliche Bild des Genres entwickelt. Ausflüge des Hip-Hop ins Sinistre und Morbide wie bei Cypress Hill und Body Count sind häufig auf Inspirationen durch harte Rockmusik zurückzuführen. Das in Sepiatönen gehaltene Cover von Cypress Hills Album *Black Sunday* (1993) mit seinem Friedhofshügel vor einem dramatisch wetterleuchtenden Himmel könnte von einer x-beliebigen Death-Metal-Band stammen.

Für Hip-Hop ist „Realness" ausschlaggebend. Das gilt auch dann, wenn in den Sprachspielen des „Signifying" bewusst mehrdeutige, ambivalente oder vordergründig unsinnige Aussagen entstehen. Realness als Bezug zur Straße. Zum echten Leben. Echten Erfahrungen. Echten Konflikten. Echtem Geld. Echter Macht. Zu handfesten Anliegen und Interessen. Die „Realness" des Hip-Hop speist sich aus dem Bezug zu konkreten Orten, zu einem mit Graffiti, Tags und Characters markierten Territorium und seinen Bewohnern, die sich diskriminiert und marginalisiert fühlten. Wieso sollten schwarze Soldaten im Vietnamkrieg für die Vereinigten Staaten von Amerika sterben, wenn sie als Menschen zweiter Klasse behandelt werden? Davon handelt der Antivietnamkriegssong „Black Soldier" auf dem Debütalbum der Last Poets, auf den ich weiter unten zu sprechen kommen werde. Nach der offiziellen Abschaffung der Rassentrennung in den 1960er-Jahren galt es, auch die ungeschriebenen Rassengesetze der US-amerikanischen Gesellschaft zu überwinden – ein Kampf, der alles andere als abgeschlossen ist, wie die 2013 entstandene Bewegung Black Lives Matter zeigt.

Obwohl der globalisierte Hip-Hop in der heutigen Wahrnehmung überwiegend für einen materialistischen Lifestyle steht, sind sich auch jüngere Vertreterinnen und Vertreter der Szene außerhalb der USA seines politisch-sozialen Erbes bewusst, etwa die queerfeministische Rapperin Sookee. Im Jahr 2015 führte ich ein Interview mit ihr in Berlin: „Mir ist schon wichtig, darauf hinzuweisen, dass Hip-Hop irgendwie in seiner Entstehungsgeschichte auf jeden Fall 'ne politische Dimension hat, natürlich ging's auch darum zu feiern, aber wir wissen auch, dass jede Party 'ne politische Dimension haben kann. Und […] ich weiß nicht, ob ich das da einfach reinimaginiere, weil mir das so gefällt, aber ich glaube, so ein Satz wie ‚Throw your hands in the air, wave 'em like you just don't care' mag auch so was heißen wie: O. k., wir vergessen die ganze Scheiße da draußen und machen jetzt hier im Moment unsere Feierei und beziehen uns aufeinander. Und versuchen uns zu regenerieren von Rassismus und sozialer Ausgrenzung und so weiter vor der Türe."[82] Jüngst haben sogar Die Fantastischen Vier, Stuttgarts familienfreundliche Spaßrapper, mit „Endzeitstimmung" (2018) einen kritischen Song mit tagespolitischen Bezügen veröffentlicht: „Hat da wirklich wer gesagt: ‚Das Boot ist voll' / Und im Mittelmeer ist wieder wer von Bord gefallen / Wo war denn unser Gott oder deren Allah? / Ganz genau, alle tot, keiner da."

Während Hip-Hop das ‚echte' Leben auf der Straße thematisierte, war Metal vor allem in der Frühphase eher eskapistisch veranlagt: „Viele Metal-Lyrics sind reiner Eskapismus. In ihnen lebt man in jener Welt, in der man sich wünscht zu leben – wo jeder Mensch sein eigener Herr ist […] Man lebt sein Leben einfach frei und stolz und stark und so weiter", bemerkte John Kevill von Warbringer 2011 in einem Interview spöttisch.[83] Zwar kennt auch der klassische Metal den Bezug zur Straße, allerdings eher mit Blick auf das Touren, also das Auf-der-Straße-zum-nächsten-Konzert-Sein: „They came to us and asked / What the hell we're doing here / We're gonna play it loud / And drink some fuckin' beer, yeah! / Iron! Iron city!" (Warbringer, „Iron City"). Auf Tour konnte man all das hinter sich lassen, womit sich die Rapper im Alltag herumschlagen mussten. Entsprechend stammen viele Themen des klassischen Metal weniger aus unmittelbaren Alltagserfahrungen denn aus Geschichte, Mythologie, Fantasy, Nachrichten, also aus Büchern, Zeitschriften, Filmen, Fernsehsendungen. Die Erfahrungen, von denen die Rede ist, sind somit überwiegend mediatisierter Natur. Das Paradebeispiel in dieser Hinsicht ist Cirith Ungol. Nicht nur ist der Bandname Tolkiens *Herr der Ringe* entlehnt; die Texte der noch hardrocklastigen, Ende der 1970er-Jahre aufgenommenen Demos sowie des Debütalbums *Frost and Fire* (1980) bevölkern unter anderem Nachtdämonen und unsichtbare Könige.

Als Hypothese ließe sich formulieren: Metal beschäftigt sich in seinen archaischen und klassischen Formen tendenziell mit der (abstrakten) Menschheit: „Death and hatred to mankind" (Black Sabbath, „War Pigs", 1970). Die Inspiration stammt primär, siehe Black Sabbath, aus den Medien. Hip-Hop beschäftigt sich tendenziell mit den (konkreten) Alltagserfahrungen (konkreter) Menschen und (konkreter) Gruppen: „The bill collectors ring my phone and scare my wife when I'm not home" (Grandmaster Flash & the Furious Five, 1982). In Black Sabbath' „War Pigs", der angeblich vom Vietnamkrieg handeln soll, fällt das Wort „Vietnam" kein einziges Mal. Stattdessen mündet der Song in ein theologisches Ausweichmanöver – am Ende wird es den Politikern schon heimgezahlt werden! „No more war pigs have the power / Hand of god has struck the hour / Day of judgement, god is calling / On their knees the war pigs crawling." Gott wird es also richten. Ganz anders da der Songtext von „Black Soldier" der Last Poets: „Here's to you, black soldier / Fighting in Vietnam / Helping your oppressor / Oppress another man / Here's to you who volunteer / Your precious lives to give / While we here in the ghetto / Are struggling to live [...] To know the use of weaponry / I must admit, that's good / There is an occupation force in our neighborhood / They call themselves peace officers / And law enforcement groups / But from the acts that they commit / We know that they are troops." Während die jungen Männer aus Birmingham das Jüngste Gericht beschwören und auf Gott vertrauen, gehen die jungen Männer aus Harlem demonstrieren und drohen, dass sich die in Vietnam von Schwarzen erlernten Kriegstechniken dereinst gegen die Staatsmacht richten werden.

Einen Platz im Metal gefunden hat „Realness" erst durch jene Allianzen mit Rap, Punk und Hardcore, die in der Reagan- und Thatcher-Ära und im Crossover der 1990er-Jahre florierten, sowie in einigen Subgenres des Extreme Metal, vor allem im Black Metal der sogenannten zweiten Welle (siehe Kapitel „Into the Pandemonium"). Letzterer ist im Gegensatz zum urbanen Hip-Hop jedoch stark auf die Natur bezogen. In der Gesamtschau ist „Realness" für den klassischen Metal vor allem in aufführungstechnischer Hinsicht relevant: Metal-Bands sind aufgerufen, ihre Instrumente wirklich zu beherrschen und ihre Alben auf der Bühne möglichst getreulich wiederzugeben. Darein fügt sich, dass im Metal die virtuose Instrumentalmusik im Vordergrund steht und die Stimmen der Sänger teils als Instrumente unter anderen eingesetzt werden, Hip-Hop hingegen eine „starke orale Verankerung" in afroamerikanischen Musiktraditionen aufweist und auch Freestyling beinhaltet.[84]

Mit der Rapmusik verbindet den Metal nichtsdestotrotz eine ganze Menge – nicht nur die gleiche Entstehungszeit und, amüsanterweise, die kopfbetonten Tanzstile („Headbanging" und „Kopfnicken"). Da ist zunächst einmal die Do-It-Yourself-Kultur (D. I. Y.), die für beide Szenen vor allem in den Anfängen eine große Rolle spielte. Hip-Hop und Metal, das waren Medien der Selbstermächtigung aus der Szene für die Szene, von Fans für Fans, fernab von Elternhaus, Schule und Akademie. Da ist des Weiteren die Ambiguität. Was dem Rap das Signifying ist, ist dem Metal die apokalyptische Chiffrierung. In beiden Genres stößt man häufig auf Texte, die nach Decodierung verlangen – Black Sabbath' Songtexte wurden sowohl satanistisch als auch christlich gedeutet. Im Hip-Hop sind es Slangwörter oder bewusst überzogene Prahlereien und Beleidigungen („Dissen"), während im Metal die Gegenwart wie in der biblischen Offenbarung des Johannes (siehe Kapitel „The God That Failed") häufig in mythischen, fantastischen Szenen gespiegelt wird. Es bleibt den Hörern überlassen, ihre eigenen Schlussfolgerungen zu ziehen. Ein weiteres verbindendes Merkmal ist die Entstehung beider Genres in urbanen Räumen. Wie ich oben erläutert habe, ist Metal eine Musik der Großstadt, auch wenn heute ein signifikanter Teil seiner Anhängerschaft in der Peripherie und im ländlichen Raum lebt. Hip-Hop ist ebenfalls „eine urbane Kulturpraxis und durch seine Geschichte unmittelbar an urbane Räume gebunden".[85]

Der japanische Hip-Hop-Forscher Masahiro Yasuda greift auf die von David Harvey geprägte Unterscheidung zwischen „absolutem Raum", „relativem Raum" und „relationalem Raum" zurück, um die Geschichte des Hip-Hop zu analysieren. Dabei besetzt er die philosophischen Begriffe nonchalant neu.[86] Aus dem abstrakten „absoluten Raum" von Newton und Descartes wird jener konkrete Raum, in den Menschen zufällig hineingeboren werden. Dieser Raum ist mal freundlich, mal feindlich, mal beides zugleich. Auf jeden Fall geht er dem Willen und den Vorstellungen der Einzelnen voraus. Er ist da, bevor wir da sind.

Das Anliegen des frühen Hip-Hop, so Yasuda, sei es gewesen, sich den „absoluten Raum" New York Citys anzueignen. Die Hip-Hopper erlebten diesen Raum als ausgrenzend und unterdrückend. Also besetzten sie ihn, zumindest zeitweilig, durch öffentliche Partys, und schrieben sich durch Graffiti dauerhaft in ihn ein. Im Gegensatz dazu hat Metal den „absoluten Raum" von Städten wie Birmingham oder Detroit nicht neu definiert. Metal schrieb sich nicht durch Graffiti in die Öffentlichkeit ein. Metal wurde auch nicht auf Bloc Partys oder Park Partys zelebriert. Metal beschränkte sich darauf, bereits etablierte Räume wie Jugendzentren, Klubs, Konzerthallen und später Stadien zu erobern. Etwas holzschnittartig könnte man Metal dem Innenraum und Hip-Hop dem Außenraum zuordnen. Damit verbunden sind zwei unterschiedliche politische Dimensionen. So radikal und progressiv Metal im Ästhetischen war, so konservativ war er, was seinen Umgang mit Räumen anbelangte. Anstatt neue zu erobern, konzentrierte er sich auf vorhandene, nichtöffentliche. Hip-Hop mochte ästhetisch weniger radikal sein, doch sein Umgang mit dem Raum war politisch radikaler. Der Philosoph Jacques Rancière betont, dass das Politische und das Ästhetische immer verschränkt sind, dass jede Form von Politik eine „Aufteilung des Sinnlichen" impliziert. Künste wie auch Politik machen sichtbar oder verbergen, öffnen Räume oder verschließen sie. Hip-Hop machte die afroamerikanische Bevölkerung im öffentlichen Raum sichtbar und hörbar. Da Metal-Musiker nicht wie Sprayer, Breakdancer oder Bloc-Party-DJs im öffentlichen Raum in Erscheinung traten, ist die politische Dimension des Metal eher schwach und defensiv ausgeprägt. Erich Keller spricht denn auch vom Metal als einem „Fluchtraum". Allerdings ist auch dieser politisch: „Beim Metal ging es darum, unter den Vorzeichen eines gewaltigen gesellschaftlichen Gegendrucks eine eigene Kunstform zu etablieren. Das ist per se ein politischer Akt für mich."[87] Bewusstseinsbildung, so könnte man ergänzen, braucht Rückzugsräume. Einen solchen stellt(e) Metal dar.

Schon Judas Priests stilbildende Powerballade „Beyond The Realms Of Death" (1978) handelt von einem Menschen, der mit der äußeren Welt bricht und sich in sich selbst zurückzieht: „He had enough / He couldn't take anymore / He'd found a place / In his mind and slammed the door." In einem simulierten Wachkoma lässt sich der Protagonist von seiner Umwelt füttern und waschen. Schließlich stirbt er mit einem Lächeln auf den Lippen. Nur im Zustand des „Locked-in" fühlt er – oder sie? – sich frei und sicher: „I'm safe here in my mind / Free to speak with my own kind / This is my life, this is my life." Der Realraum wird als bedrohlicher Raum voller Sünde wahrgenommen: „It's not fit for livin' in." Man kann in dieser Figur eine Allegorie auf den Metal im Gegensatz zu Punk und Hip-Hop sehen. Rückzug in innere Welten auf der einen Seite, Aneignung äußerer Welten auf der anderen.

Übersehen werden sollte nicht, dass eine Minderheit schwarzer Musiker im frühen, sich ausdifferenzierenden Metal mitwirkte, etwa bei den Speed-Thrashern von Zoetrope aus Chicago (1976–1993), bei Sound Barrier aus Los Angeles (1980–1987) oder bei Hirax aus Cypress, Kalifornien (gegründet 1984). Zoetrope entwuchs der Hardcorepunk-Szene Chicagos und trat unter anderem am ersten Thrash-Metal-Festival, dem Milwaukee Metalfest von 1983, auf. Ungewöhnlich für den Metal und die Rock- wie auch Popmusik als solche, fungierte der Schlagzeuger Barry Stern zugleich als Sänger der Band. Dass Hardcorepunk eine wichtige Inspiration auch bei der Hinwendung zum Metal blieb, zeigt die selbst gewählte Kategorisierung als „Street Metal". Während etwa die Dänen von Mercyful Fate auf ihrem Debütalbum *Melissa* (1983) zu kunstvoll verschraubten Kompositionen über den „Curse of the Pharaons", den „Sound of the Demon Bell" oder „Satan's Fall" sangen, zeugt Zoetropes schnörkellose Musik von einer Nähe zur Straße. Auch die Songtexte entstammen einer Themenwelt, die man eher aus Hip-Hop, Punk und Hardcore kennt, etwa „Member in a Gang" oder „Death of a Highschool Narc". Das Cover des Debütalbums *Amnesty* (1985) hat ebenfalls wenig mit den Ikonografien von Iron Maiden oder Mercyful Fate zu tun: Auf einer Steinmauer prangt das Zeichen für Anarchie als Graffito.

Zoetropes Song „Speed Zone" wurde 1984 auf der vierten Ausgabe der legendären Metal-Kompilationsreihe *Metal Massacre* (Metal Blade Records) veröffentlicht. Auch für Metallica war diese Kompilationsreihe, die Labelbesitzer Brian Slagel 1982 ins Leben rief, ein wichtiger Meilenstein in ihrer Karriere – mit ihrem Song „Hit the Lights" endet die erste Ausgabe des Samplers. Das Solo in diesem Song wurde von einem Schwarzen eingespielt, dem Jamaikaner Loyd Grant. Allerdings war Grant kein offizielles Mitglied der Band.

Um 1980 war in Cleveland die vermutlich erste All-Afro-American-Metal-Band aktiv. Selbstironisch gab sie sich den Namen Black Death, nachdem sie einige Jahre namenlos und stilistisch unentschlossen durch die Klubs getingelt war. Ihr 1984 auf Auburn Records veröffentlichtes Debütalbum *Black Death* ist ein überdrehter Trip durch das Grenzgebiet zwischen 1970er-Hardrock und dem Geisterbahn-Metal der 80er-Jahre. *Black Death* verbindet auf höchst eigenständige Weise die optimistische Energie des Rock 'n' Roll mit der Verkopftheit des Metal. Das klingt, als würden The Jimi Hendrix Experience, Black Sabbath und die Scorpions nach dem Konsum eines Kessels Fliegenpilzsud miteinander jammen.

Die Songtexte der Band um den Sänger und Gitarristen Siki Spacek handeln von metalüblichen Themen wie Religion, Macht, Krieg, Leidenschaft, Apokalypse. Im Gegensatz zu ihren weißen, nebulös die Schlechtigkeit der Zeiten beklagenden Kollegen ist die Sozialkritik von Black Death zumindest im Detail konkreter. So wird „Armageddon" im Song

„Fear No Evil" nicht aufs abstrakte Weltganze, sondern auf „social hate and racial injustice" bezogen.

Ungewöhnlich sind auch die auf dem LP-Cover präsentierten Haartrachten. Die Band passte sich nicht dem für den Metal typischen Herr-der-Ringe-meets-Biker-Look an. Vielmehr wählte sie Frisuren, die auch Prince, Fats Domino oder Barry White gut zu Haupte gestanden hätten. War Metal in den 1980ern meist bartlos, so präsentiert Black Death ein kleines Arsenal von Barttypen, vom Henriquatre über den Pornobalken bis hin zum Vollbart.

Die Mitglieder von Sound Barrier, die etwa gleichzeitig mit Black Death als All-Afro-American-Metal-Band Aufsehen erregten, kleideten und bebarteten sich auf ähnlich ambivalente Weise, setzten in der Musik jedoch stärkere Metal-Akzente. Das Schlagzeugspiel auf dem Debütalbum *Total Control* (1983) klingt, *nomen est omen*, stringenter und maschineller als das Schlagzeugspiel auf *Black Death*. Die Riffs sind klarer konturiert, mit mehrstimmigen Gitarrenmelodien und Tapping-Soli erweist die Band Iron Maiden und Judas Priest Reverenz. Nicht zuletzt unterstreicht eine in der Tendenz klinische Produktion das im dritten Song ausgegebene Motto: „Rock Without the Roll." Black Death hatte noch reichlich Roll im Programm. Sound Barrier gönnte sich stattdessen ein paar Ausflüge in den Funk – vor ihrer Hinwendung zum Metal waren die Musiker teils in Funkcombos aktiv gewesen.

Auf Sound Barriers zweitem und letztem Album *Speed of Light* (1986) ersetzte der Rumäne Erwin Lech den Bassisten Stanley E. Damit war das „All-black Line-up" Geschichte. *Speed of Light* ist noch stärker dem Metal verpflichtet als das Vorgängeralbum, die Funkeinflüsse sind fast vollständig versiegt. Das Science-Fiction-Plattencover, auf dem ein Raumschiff vor einem nietenbesetzten Planeten schwebt, zeugt von rauschhafter Entgrenzung und hochfliegenden Träumen. In diese visuelle Hybris fügen sich Songs über heldenhafte Gladiatoren, Kämpfe um Gerechtigkeit, Sehnsucht nach Größe und Abenteuer sowie, wenig überraschend, den Metal an und für sich („On the Level (Head Banger)").

Auch Hirax steuerte mit Albentiteln wie *Raging Violence* (1985) oder *Hate, Fear and Power* (1986) zielstrebig das Metal-Universum an. Allerdings bediente sich die Band eines Gemischs aus politischem Thrash Metal (siehe oben) und dem damals bereits etwas anachronistisch wirkenden dramatischen Gesang der NWOBHM-Ära. Während ihre aus der San Francisco Bay Area stammenden Kollegen von Metallica und Megadeth zu Stars wurden, blieb die Band im Underground. Sänger und einziges verbliebenes Gründungsmitglied Katon W. De Pena ist nach einer zwölfjährigen Pause (1989–2000) wieder mit der Band auf den internationalen Bühnen unterwegs. Im Jahr 2018 sagte der Afroamerikaner im Interview mit dem österreichischen Magazin *Stormbringer*: „Die Hautfarbe sollte keine Rolle spielen, solange die Musik *fucking heavy* ist."[88] Darauf entgegnete sein weißer Gesprächspartner bekräftigend: „Metal kennt keine Rasse und keine Religion." Zuvor hatte er De Pena gefragt, ob dieser im Metal Rassismus erfahren habe. Der Sänger winkte ab: „Nicht wirklich. Das einzige Mal, als es passierte, hatte es nichts mit der Musik zu tun. Wir verbrachten einen freien Tag auf der Reeperbahn in Hamburg […] Ich traf auf einige Fußballfans, die sauer waren, weil ihre Mannschaft nicht gewonnen hatte. Offenbar waren sie auf der Suche nach jemandem, mit dem sie sich anlegen konnten. Aber was dann passierte, war wirklich cool: Ein paar Tage zuvor hatte ich ein Konzert [der australischen Rockband] Rose Tattoo besucht […] Der Typ, der die Bar besaß, vor der sich diese Fußballfans mit mir anlegen wollten, kam heraus und sagte: ‚Ich habe dich bei Rose Tattoo gesehen.' Er war ein Biker, ein großer Biker-Typ. Dann meinte er: ‚Komm in meine Bar, und häng bei mir ab.' Und die Fußballfans verzogen sich, weil sie Angst vor diesem Biker hatten. Das war fantastisch, denn es zeigte, dass Rose-Tattoo-Fans einander brüderlich verbunden sind. Dieser Typ hat mich unterstützt, nur weil er wusste, dass ich Rose-Tattoo-Fan bin."[89] Rassismuserfahrungen machte De Pena also nicht im Metal, der aufgrund seines martialischen Images öfter mal unter Rechtsradikalismusverdacht steht (siehe Kapitel „Heavy Metal Is the Law"), sondern im heiligen deutschen Volkssport des Fußballs.

Ironie der Geschichte: Angry Anderson, der Sänger von Rose Tattoo, vertritt seit geraumer Zeit rechtspopulistische Positionen, warnt vor der Islamisierung Australiens, setzt sich für eine strikte Einwanderungspolitik insbesondere gegenüber Muslimen ein und kandidierte 2016 für einen Senatorensitz für die Australian Liberty Alliance. In den heutigen „Culture Wars" würde das wohl genügen, Anderson als Rassisten zu brandmarken, auch wenn er eher einen kulturellen Suprematismus vertritt, demokratische Spielregeln achtet und in anderen Bereichen liberale, progressive Positionen einnimmt. Für manche Aktivisten stünde fest: Konzerte einer solchen Person dürfen nicht besucht werden! De Pena, der sein Plattenlabel „Black Devil Records" taufte, scheint das anders zu sehen. Sein Interesse gilt zuvorderst der Rockmusik und ihren Szenen, die Raum für diverse, auch widersprüchliche Haltungen gewähren.

In ihrem brillanten Buch *What Are You Doing Here? A Black Woman's Life and Liberation in Heavy Metal* (2012) beschreibt Laina Dawes ihre Erfahrungen mit Rassismus und Sexismus in der Metal-Szene Kanadas, gerade auch mit deren unterschwelligeren Formen. Im Gegensatz zu De Pena sind ihre Erfahrungen ambivalent. Einerseits begegnet(e) sie Rassismus und Sexismus im Metal, manchmal sogar explizitem: „Als ich mir [auf einem Metal-Konzert] meinen Weg durch die Menge zum Ausgang bahnte, baute sich plötzlich ein großer, weißer Typ vor mir auf und schrie: ‚Du verdammter Nigger!'"[90] Andererseits beobachtet sie: „Obwohl Rasse und Geschlecht die Teilhabe [am Metal] verhindern können, können beide in den extremen Musikszenen auch von Vorteil [‚very positive'] sein."[91] In ihren so differenzierten wie engagierten Ausführungen betont Dawes sowohl den sozialen und ökonomischen Fortschritt für schwarze Frauen in Nordamerika, der nicht zuletzt durch nonkonformistische Subkulturen wie die des Extreme Metal gefördert wurde, als auch die Notwendigkeit weiterer Kämpfe um Anerkennung. Dass People of Color in der Metal-Szene des 21. Jahrhunderts regelmäßig zu ihrer Hautfarbe befragt werden, wie auch Frauen weiterhin gebeten werden, sich über „Frauen im Metal" zu äußern, zeigt, dass so manches noch nicht selbstverständlich ist. Die Interviewfragen: „Wie ist das eigentlich als Mann im Metal?" und „Wie ist das eigentlich als Weißer im Metal?" dürften zu den eher selten gestellten zählen.

Diejenigen Metalbands, die heute als repräsentativ oder ‚typisch' für das Genre gelten, waren und sind tatsächlich überwiegend ‚weiß', ganz zu schweigen von männlich: Black Sabbath, Judas Priest, Iron Maiden, Metallica, Megadeth, Anthrax, Accept, Kreator usf. Weniger prominente Ausnahmen wie die Kanadier von Blasphemy und die Brasilianer von Mystifier, beides Black-Metal-Bands, in denen schwarze Musiker aktiv waren (Blasphemy) und sind (Mystifier), bestätigen die Regel. Oft ausgeblendet wird in diesem Zusammenhang der bereits in den 1980er-Jahren einsetzende Metal-Boom in Japan – als wäre Asien ‚farblos'! Doch nur wenige japanische Metal-Bands haben sich international durchsetzen können. „Whiteness" wiederum, also die ins Ideologische gewendete Hautfarbe, wie man sie im klassischen Metal selten findet, spielte vor allem im skandinavischen Black Metal der zweiten Welle sowie heute in osteuropäischen und russischen Szenen eine Rolle (siehe Kapitel „Into the Pandemonium"). Spätestens in den 1990er-Jahren sollte Metal zu seinen vielfältigeren ethnischen Anfängen zurückfinden und auch seine Genderklischees nach und nach ablegen (siehe Kapitel „Mental Floss for the Globe").

Mit dem international viel beachteten, 2013 gegründeten Projekt Zeal & Ardor des schwarzen, amerikanisch-schweizerischen Musikers Manuel Gagneux wachsen heute sogar Blues, Gospel, Negro Spiritual und Black Metal zusammen (Abb. 5). Der Song „Devil is Fine" vom gleichnamigen Debütalbum (2016) beginnt mit Spiritualsgesängen, deren Ursprünge in Sklavenplantagen liegen. Im Takt erklingen Geräusche, die an Werkzeuge und Ketten erinnern. Das Video zum Song zeigt zu Beginn eine nächtliche Waldlandschaft, ein typisches Element der Black-Metal-Ikonografie. In diesem Wald steht jedoch kein nordischer Übermensch mit Corpsepaint, sondern ein schwarzer Mann mit nacktem Oberkörper und einer Frisur, die an die experimentellen Haartrachten des Künstlers Jean-Michel Basquiat erinnert (siehe etwa „Self Portrait", 1983). Ketten fesseln ihn an drei Bäume. Im Hintergrund strahlt grünes Licht aus einer obskuren Quelle. Die Szenerie ist von betonter Künstlichkeit.

Mit pupillenlosen Augen blickt der Mann auf eine in der Dunkelheit aufleuchtende, strahlend weiße Vogeltränke. Um deren Stiel gruppieren sich drei ebenfalls strahlend weiße Statuetten, die grazile Frauen darstellen. Auf der bewegten Wasseroberfläche erscheinen Bilder. Die Augen des Mannes füllen sich mit einer dunklen Flüssigkeit. Ist es Blut? Beim Gleiten der Kamera über seinen Rücken werden Narben sichtbar. Im Wasser tauchen verschwommene Ausschnitte aus Engelsdarstellungen der westlichen Malerei des 19. Jahrhunderts auf, gefolgt von einem Ausschnitt aus William Blakes (1757–1827) Aquarellzeichnung „The Great Red Dragon and the Woman Clothed with the Sun" (1803–1805). Es handelt sich um eine Illustration zur *Offenbarung* des Johannes, dem am häufigsten im Metal verarbeiteten biblischen Text (siehe Kapitel „The God That Failed"). Dieses Bild wird aufgrund seiner albtraumhaften, comicartigen Ästhetik immer wieder in der Popkultur zitiert, unter anderem in der Horrorfernsehserie *Hannibal* (2013–2015). Blakes Bilderkosmos ist wie geschaffen für die nonkonformistische Welt des Black Metal; entsprechend tauchen der Name und das Werk des Künstlers oft im Zusammenhang mit dem Genre auf, etwa im Aufsatzband *Hideous Gnosis. Black Metal Theory Symposium 1*[92] oder auf dem Album *Themes from Blake's The Marriage of Heaven and Hell* (1998) der experimentellen norwegischen Black Metaller Ulver.

Dass Regisseur Samuel Morris Blakes Bild aufgreift, hat wohl noch einen anderen Grund: Der eigensinnige englische Poet und Künstler war ein entschiedener Gegner der Sklaverei. Als der Protagonist des Videos

Abb. 5: Manuel Gagneux von Zeal & Ardor

Blakes Bild angesichtig wird, rüttelt er denn auch an seinen Ketten. Nebel wabert, das Wasser in der Vogeltränke beginnt zu brodeln. Zum schleppenden Spiritualsgesang erklingen verzerrte Gitarren und ein Schlagzeug. Am Ende des Clips, nach einer Kamerafahrt durch eine Barockkirche, sitzt der Mann ohne Ketten auf dem Waldboden. In der Dunkelheit ist undeutlich zu erkennen, dass ihm Engelsflügel gewachsen sind.

Das Schlussbild ist auf metaltypische Weise mehrdeutig. Es kann einerseits als Ausdruck von Befreiung und Erhebung gedeutet werden: Ketten sind gesprengt, Flügel sind gewachsen. Andererseits ist Satan in der christlichen Mythologie ein gefallener Engel. Der Protagonist des Videos schwingt sich mit seinen Flügeln nicht etwa auf, heraus aus dem dunklen Wald, sondern verharrt am Boden, den Kopf nach unten gerichtet. Wie es weitergeht, bleibt offen. Ein Happy End aber sieht anders aus. Regisseur Morris schrieb mir per E-Mail: „Die Vogeltränke zeigt dem Gefangenen zuerst Bilder des Himmels, der Himmelfahrt des ebenfalls gefangenen Ikarus (der ja bekanntlich zu fliehen vermochte) und danach die Bilder des ‚Dunkeln & Bösen, Satanistischen', wobei er sich [dem] anschließt und sich dadurch ebenfalls als gefallene[r] Engel entpuppt (Höllensturz). Zu sehen ist dies im letzten Bild des Videos (schwarze Flügel, gleiche Pose wie das Bild von Roberto Ferri ‚Angelo Caduto')."[93]

Spätestens mit dem internationalen Erfolg von Zeal & Ardor ist ein Prozess rückläufig, den Keith Kahn-Harris wie folgt umreißt: „Extreme

Metal ist die Apotheose eines Prozesses, durch den der entscheidende Einfluss der schwarzen Musik (insbesondere des Blues) auf die Entwicklung des Metal nach und nach beseitigt wurde."[94] Gagneux demonstriert, dass es keinen ‚natürlichen' Grund gibt, warum schwarze Musiker keinen (Black) Metal spielen sollten. Von der anderen Seite aus betrachtet, zeichnet gerade den Black Metal ein Drang zu Grenzüberschreitung und zum Bruch mit Konventionen aus (siehe weiter unten). Schon Moynihan und Søderlind zogen in ihrem kontrovers diskutierten Buch *Lords of Chaos – Satanischer Metal. Der blutige Aufstieg aus dem Untergrund* (1998) eine Linie von „den dämonischen Liedern des Delta-Blues [...] zur heutigen Welt des satanischen Rock 'n' Roll."[95] Der polnische Black-Metal-Musiker Nergal (Behemoth) wandte sich 2017 mit seinem Bandprojekt Me and That Man dem Blues zu, dessen charakteristische ternäre Rhythmen auch in Behemoth-Songs wie „We Are the Next 1000 Years" (2018) anklingen. Der Titel des Me-and-That-Man-Debütalbums würde zu einem Metal-Album passen: „Songs of Love and Death". Und überhaupt – was könnte aus satanistischer, nihilistischer oder anarchistischer Sicht infamer sein, als einen Gospel zu singen?

„Metal ist etwas Normales geworden"

Interview mit Sabina Classen (Holy Moses), 2019 (Abb. 6)

Jörg Scheller: Mit der 1981 gegründeten Band Holy Moses bist du eine Pionierin des Thrash Metal und hast maßgeblich den heute stattfindenden Wandel im weiblichen Metal-Gesang geprägt: weg vom Sirenengesäusel, hin zum Growlen und Shouten. Thrash Metal war der kritische Soundtrack der Reagan- und Thatcher-Ära. Könnte seine neuerliche Popularität im 21. Jahrhundert etwas damit zu tun haben, dass der politische Zeitgeist wieder in die rechtskonservative und rechtsliberale Richtung rückt?
Sabina Classen: Ich kann da nur für mich sprechen. Natürlich war Politik für uns in irgendeiner Form interessant in den 1980er-Jahren. Aber insgesamt habe ich immer gespürt, dass Metal politikfrei ist. Es geht um die Freude an der Musik und um den Zusammenhalt. Im Vordergrund steht das Aufbegehren gegen normale Strukturen: Wir machen, was wir wollen, und das heißt auch, dass wir uns mal *nicht* um politische Themen kümmern.

JS: Würdest du also sagen, dass Freiheit das zentrale Anliegen im klassischen Metal ist? So betrachtet, stünde er dem Liberalismus am nächsten.
SC: Dem würde ich zustimmen. Es gibt natürlich Bands, die politische Ansichten vertreten, aber das ist ja überall so. Grundsätzlich ist Metal sowohl politik- als auch religionsfrei. Ich habe noch nie erlebt, dass Metal-Fans, ob Besucher eines Festivals oder Bands im Backstagebereich, sich über Politik streiten. Es geht darum, gemeinsam zu feiern – und um eine große Portion Freiheit. Das ist die Grundhaltung des Metal, wie ich sie empfinde.

Abb. 6: Sabina Classen mit Holy Moses

JS: Wie erklärst du dir dann die Faszination des Metal am Religiösen?

SC: Unser Bandname hat nichts mit Religion zu tun, sondern ist ein Ausruf des Erstaunens. Erst auf unserem letzten Album *Redefined Mayhem* (2014) haben wir Moses und die Zehn Gebote thematisiert – und zwar, indem wir die Gebote verändert haben. Klar gibt es im Metal auch Satanismus, aber schon Venom haben ja längst zugegeben, dass sie das nur getan haben, um aufzufallen. Viele Bands arbeiten zwar mit religiösen Themen. Doch eigentlich geht es immer um Freiheit – und ganz oft auch um Frieden! Vor allem wollen die wenigsten Metalbands predigen. Ihre Kritik ist sehr allgemein gehalten. Wenn sie über etwas sprechen, dann nicht wie der Pfarrer von der Kanzel.

JS: In den letzten Jahren ist Metal zu einem beliebten Thema der Massenmedien geworden. Der Umgang mit dem Genre ist spürbar entspannter. Dadurch hat auch eine Normalisierung des einstigen Underground stattgefunden. Wie erlebst du diese Normalisierung?

SC: Grundsätzlich stehe ich ihr neutral gegenüber. Stark beigetragen zur Normalisierung hat das Wacken Open Air. Durch die Berichterstattung wurden viele Menschen, die sonst nichts mit Metal zu tun haben, über die Szene informiert. Ich wohne auf dem Lande, in einem kleinen Dorf bei Hamburg. Als ich das letzte Mal aus Wacken zurückkam, wussten alle hier über mich und das Festival Bescheid, man stellte mir Fragen wie: Hat die Feuerwehrkapelle wie üblich als Erstes gespielt? (Lacht) Einerseits sind die Berührungsängste kleiner geworden. Andererseits ist es manchmal fast schon unheimlich. So ein bisschen Revolution war Metal ja schon. Wenn wir damals im ländlichen Norddeutschland mit Lederjacke und Kutte herumgelaufen sind, hat das für Irritationen gesorgt. Heute würden die Leute denken: Ah, die kommt sicher gerade aus Wacken (lacht). Andererseits habe ich nicht begonnen, Metal zu spielen, weil ich auffallen wollte. Metal war immer mein Herzblut. Ich habe die Musik als solche geliebt. Die Kutte mit den Aufnähern und die entsprechenden T-Shirts waren etwas Normales für mich, während sie auf andere Menschen befremdlich wirkten. Heute kann man damit bei den Kids nicht mehr auffallen. Metal ist etwas Normales geworden.

JS: Wie du gerade erwähnt hast, lebst du auf dem Lande. Wie reagieren die Landbewohner auf Metal und auf dich als Metal-Musikerin?
SC: Ich bin da völlig integriert. Von Beruf bin ich Psychotherapeutin und habe meine Praxis hier im Dorf. Hier finden eigentlich alle die Mischung aus Psychotherapie und Metal sehr interessant. Unter anderem biete ich Schreitherapien an. Von Klienten höre ich Sätze wie: „Du bist wahrscheinlich so ausgeglichen, weil du zwischendurch auf die Bühne gehst, deinen Spaß hast und dadurch besser in der Praxis arbeiten kannst." Ich finde es sehr interessant, dass Menschen, die vorher nichts mit dieser Musik zu tun hatten, verstehen, wie wichtig es ist, dass auch du als Therapeut etwas hast, bei dem du dich austoben kannst, um dann in eine große Zufriedenheit und Ausgeglichenheit zu gehen.

JS: Die Landbevölkerung Hamburgs im Speziellen ist also tolerant und offen – wie sieht es mit Männern im Allgemeinen aus? Ein wiederkehrender Vorwurf lautet, Metal sei eine Männerbastion oder grenze Frauen sogar aus. In der Tat hat Metal kaum weibliche Superstars hervorgebracht, obwohl von Beginn an viele und gute Musikerinnen in der Szene aktiv waren. Wie siehst du das?
SC: Ich habe das mit der „Männerbastion" und der „Ausgrenzung" nie so empfunden. Meinem Gefühl nach habe ich immer dazugehört. Schon als wir mit Holy Moses angefangen haben, war es für mich völlig normal, als Frau in einer Metal-Band zu singen. Dass es in meiner Umgebung nicht viele Metal-Bands mit Frauen gab, hat mich nicht sonderlich beschäftigt. Wir haben „einfach gemacht". Dass Iron Maiden oder Judas Priest nur Männer waren – darüber habe ich mir, ehrlich gesagt, nie Gedanken gemacht. Ich habe dann früh Doro Pesch und als Moderatorin von *RTL Mosh* unter anderem Lita Ford und Lee Aaron kennengelernt. Wie du richtig sagst, waren eigentlich immer Frauen da, die aus meiner Sicht auch in einer relevanten Größenordnung von Bands gespielt haben. Warum aus ihnen keine Superstars wie Metallica wurden, kann ich dir auch nicht erklären.

JS: Vor Kurzem habe ich ein Interview mit einer erfolgreichen Unternehmerin aus der Fitnessbranche geführt. Ähnlich wie du betonte sie, dass sie sich als Frau in ihrer Subkultur, in ihrem Fall Kampfsport und Bodybuilding, nie ausgegrenzt oder diskriminiert gefühlt habe. Es war eher die bürgerliche Mehrheitsgesellschaft, die ihr Vorbehalte entgegenbrachte.
SC: Ich habe schon früh begonnen, Fußball zu spielen. In Deutschland hat man mich schräg angeguckt. Später habe ich in Amerika trainiert. Da haben interessanterweise vor allem Frauen Fußball gespielt. Männer spielten Baseball. Das war um 1978/79 herum, damals war ich 14 Jahre alt. In Deutschland führte man eine große Genderdiskussion über Frauen im Fußball und zerbrach sich den Kopf darüber, ob Mädchen ab der C-Jugend in der Jungsmannschaft spielen durften oder nicht. In Amerika war das überhaupt kein Thema. Fußball war ein Frauensport. Ich glaube, wenn man im Metal oder im Fußball als Frau natürlich auftritt, wird man auch so empfangen. Wenn man selbst etwas Besonderes daraus macht, provoziert man entsprechende Reaktionen. Ich habe immer mit den Jungs abgehangen – ob im Fußball oder im Metal. Und irgendwann spielte das Geschlecht keine Rolle mehr (lacht).

JS: Bei #MeToo wurde die Kritik laut, die Kampagne zeige Frauen wieder einmal nur als Opfer. Tatsächlich geriet aus dem Blick, dass Frauen und Männer in vielen Bereichen gut und auf selbstverständliche Art und Weise zusammenarbeiten.
SC: Ja, deshalb dachte ich damals, dass man #MeToo eigentlich durch die Kampagne #MeNot ergänzen müsste. Sonst steht immer die Opferrolle im Vordergrund. Aus therapeutischer Sicht muss man den Individualraum und die Außenlebensphäre stärken, um sich nicht innerlich auf diese Rolle festzulegen.

JS: Du sprichst deine therapeutische Tätigkeit an. Versuchst du, Metal und Therapeutik streng zu trennen, oder gehen die beiden Bereiche ineinander über?
SC: Meine Erfahrung hat gezeigt, dass es unnötig wäre, sie zu trennen. Das gehört alles zu mir. Ich bin das eine und das andere nur, weil alles zusammengehört. Ich stehe in mir selber auf diesen beiden Beinen, und deshalb sage ich auch nicht, dass das eine die Underground-Existenz und das andere die bürgerliche Existenz ist, sondern all das zusammen ist Sabina. In beiden Bereichen profitiere ich von den Erfahrungen, die ich im jeweils anderen Bereich gemacht habe. In meinem Studium bin ich gut zurechtgekommen, weil ich wochenlang im Nightliner getourt bin und super lernen konnte, während die anderen sich langweilten. Zudem habe ich schon früh journalistisch gearbeitet. All das macht mein Leben aus, und ich möchte es nicht trennen.

JS: Ein Songtext wie „Undead Dogs" vom Album *Redefined Mayhem* lässt sich durchaus psychoanalytisch und therapeutisch lesen: „encounter your biggest weakness the mirror of your fears" oder a „monstrous incarnation of your worst and darkest self".

SC: Da könnte man noch weiter zurückgehen. Unser drittes Album *The New Machine of Liechtenstein* ist jetzt 30 Jahre alt. Und wer das dazugehörige Comic kennt, wird wissen, dass ich darin als Psychologin auftrete, die Locky Popster behandelt, also denjenigen, der „die Maschine" erfunden hat und dann merkt, was er in dieser Welt angerichtet hat. Schon damals habe ich keinen Hehl daraus gemacht, was ich da studiere. Auf unserem vierten Album betrachten wir den Mauerfall in Songs wie „World Chaos", „Jungle of Lies" oder „Deutschland (Remember the Past)" aus psychologischer Sicht. Die psychologischen Themen, mit denen ich mich beschäftige, waren also immer ein wichtiger Teil von Holy Moses.

JS: Würdest du sagen, dass Metal therapeutisches Potenzial hat? Und falls ja, alle Formen von Metal oder nur bestimmte?

SC: Alles, was ausgeglichen ist, hat dieses Potenzial. Wenn Bands zu düster sind, ist das vielleicht für jemanden, der gerade in einer Depression ist, nicht das Richtige. Aber in so einer Situation sollte man auch nicht Xavier Naidoo hören (lacht). Im Grunde ist alles gut, bei dem man rausgeht und unter Leute kommt. Das ist ja das Schöne am Metal. Er funktioniert nur, wenn du ihn auch im Körper spürst. Auf einer DVD oder im Fernsehen ist Metal doof. Geh raus, genieß den Zusammenhalt! Du kannst als Single auf ein Metal-Konzert gehen und triffst dort neue Leute, wirst mitgenommen und auf ein Bier eingeladen, spürst den Zusammenhalt der Szene.

JS: Du hast eine Fernsehsendung zum Thema Messie-Syndrom moderiert und auch ein Buch darüber verfasst. Klassischer Metal ist eigentlich die absolute Anti-Messie-Musik. Alles schön geordnet, die Riffs säuberlich gereiht, alles streng auskomponiert, keine Improvisation.

SC: Das höre ich zum ersten Mal, eine sehr interessante Perspektive! Tatsächlich bietet Metal mit seinen klaren Strukturen Orientierung. Die Leidenschaft zum Sammeln von CDs und Bandshirts im Metal hat nichts mit der psychischen Erkrankung des Messie-Syndroms zu tun. Musik, strukturiert oder unstrukturiert, ist ein hervorragendes therapeutisches Mittel. Vor allem Metal kann man körperlich wahrnehmen und ist damit wieder anwesend im eigenen Körper – raus aus dem Kopf, in die eigene Kraft kommen. Das können Musiker und Fans gemeinsam erleben. In der Metal-Musik steckt die Botschaft, seinen Wünschen freien Raum geben zu können. Der Zusammenhalt in der Szene erlaubt einen sicheren Ort, an dem man so sein darf, wie man ist.

JS: Als Therapeutin bietest du auch tiergestützte Psychotherapie an. Auf deiner Internetseite ist von „Energiearbeit mit Pferden" und von der „Urkraft der heilenden Pferde" die Rede. Die wenigsten Menschen würden das mit Metal in Verbindung bringen. Dabei ist Energie ein Kernelement von Metal, auch Begriffe wie „Kraft" oder „urtümlich" werden häufig mit ihm in Verbindung gebracht.

SC: Da bestehen auf alle Fälle Verbindungen. Wir haben vorhin #MeToo angesprochen. Gerade in der Arbeit mit Pferden ist es wichtig, in einer klaren Energie, in einer klaren Konzentration zu bleiben und den eigenen Raum zu wahren. Aber Kraft kann man natürlich auch auf einem Konzert bekommen. Metal hat etwas von dieser Urkraft. Da kommt die Energie durch das, was die Musik mit dir macht, nämlich dich in eine sogenannte Power Position zu bringen. Diese Power Position nehme auch ich auf der Bühne als Sängerin ein. Mir haben schon Fans gesagt, dass sie, wenn sie auf unseren Konzerten waren und spüren, wie ich in der Energie bin, etwas von dieser Energie mitbekommen und dass sie mit dieser Energie nach Hause gehen. Das lässt sich auch in der Therapie mit einem Pferd erreichen. Und noch etwas verbindet diese Art der Therapie mit dem Metal. Das Pferd urteilt nicht. Es nimmt an. Das ist zentral in der tiergestützten Therapie. Du darfst sein, wie du bist. Und im Metal – so zumindest fühle ich das – darf man auch sein, wie man ist. Da wird auch kaum verurteilt. Auf Konzerten trägt der eine einen Slayer-Patch auf der Kutte, der andere einen von Iron Maiden, und sie liegen sich trotzdem in den Armen. Und der eine trinkt nur Cola und der andere nur Bier und der andere nur Whiskey, und der eine raucht und der andere nicht. Ich spüre einfach, dass im Metal nicht so viel verurteilt wird wie in anderen Szenen.

JS: Das deckt sich mit meiner Erfahrung. Natürlich gibt es immer Ausnahmen. Aber im Grunde ist Metal pluralistisch und tolerant. Wenn ich mir hingegen anschaue, wie in den sozialen Netzwerken oder in Talkshows diskutiert wird, dann geht es oft darum, die eigene Moral zu vertreten und den anderen zu zeigen, dass sie falschliegen. Sie sollen sich schlecht fühlen! Aber mit Herabwürdigungen und Schuldzuweisungen ist nichts gewonnen.

SC: Bei politischen Diskussionen halte ich mich grundsätzlich raus. Twitter habe ich installiert, nutze es aber nicht. Es kommt vor, dass sich bei Wiederholungen meiner *Messie*-Sendung auf RTL 2 Leute zu Wort melden und kritisieren, dass da Menschen vorgeführt werden. Aber ich konnte ganz gut in meinem Buch erklären, warum ich die Sendung für sinnvoll halte. Ich glaube, die Menschen merken schnell, dass ich mich gar nicht lange mit ihrer Kritik aufhalte. Ich denke mir: Sollen sie das doch auf Facebook ablassen, wahrscheinlich brauchen sie das gerade, und wahrscheinlich haben sie keine Menschen zum Reden, sonst wären sie ja nicht ständig auf Facebook unterwegs (lacht). Warum da so viele Hater und Shitstorm-Menschen sind, sollte man sich mal psychologisch anschauen. Was ist nur mit diesen Menschen los?

JS: Meine letzte Frage betrifft dein eigenes Innenleben: Was geht dir durch den Kopf und was fühlst du, wenn du heute das Debütalbum von Holy Moses *Queen of Siam* (1986) hörst?

SC: Ich spüre die wunderbare Naivität, die wir hatten, und auch die grenzenlose Freude. Als Schülerband schrieben wir Songs, ohne zu ahnen, dass irgendjemand einmal eine Schallplatte mit uns machen würde. Wir wusste auch gar nichts über die Metal-Szene. Der Informationsfluss war ja viel geringer in der Zeit vor dem Internet. Wir waren eine kleine Gruppe von Jugendlichen in Aachen und bekamen gerade mal mit, was in Belgien, Holland und dem Ruhrpott passierte. Also unterschrieben wir einen Plattenvertrag, mit dem wir unsere Rechte für alle Songs auf Lebenszeit abtraten (lacht). Wir waren so erstaunt über uns selber, dass jemand unsere Songs auf Platte pressen wollte. Heute freue ich mich, dass wir uns überhaupt getraut haben – über die Natürlichkeit und Ehrlichkeit, die wir damals hatten.

2.5 Desecrators of the New Age. Punk, Pluralismus und bleierne Moderne im klassischen Metal

Das Crescendo des Metal von Black Sabbath um 1970 über die NWOBHM der späten 1970er-Jahre hinauf zum immer extremeren Metal der 1980er-Jahre wurde durch die Knallfrösche des Punk unterbrochen, die Mitte der 70er-Jahre in England und den Vereinigten Staaten von Bands wie Dead Boys, The Stooges, The Sex Pistols, Sham 69, The Clash, The UK Subs oder Plasmatics gezündet wurden. In schneller Folge zerplatzten die Feuerwerkskörper und hinterließen am Ende des Jahrzehnts, unterlegt von den auftrumpfenden *Four-on-the-FloorBeats* der Disco-Welle, ein Vakuum. Was als ironisch-subversiver Lebensstil zwischen Kunst, Mode und Rebellion, als Working-Class-Protest, als Totalverweigerung und als Generalangriff auf den geordneten Lebensstil des Bürgertums begonnen hatte, war ebenso schnell vorüber, wie es begonnen hatte. Genauer gesagt, sollte Punk ziemlich schnell von all dem assimiliert werden, von dem er sich hatte abgrenzen wollen.

Während Metal anfänglich im gesellschaftlichen Off stand, also fernab szeniger, cooler, smarter, intellektueller Milieus, war Punk über die Künstlerszene um Andy Warhols Factory in New York City, die Kunstfigur David Bowie, Vivienne Westwoods Modeboutique „Sex" in London sowie den findigen Manager der Sex Pistols Malcolm McLaren auf Tuchfühlung mit dem künstlerischen Zeitgeist und den Neoavantgarden. McLaren castete und inszenierte die Sex Pistols im Geiste der linksradikalen Situationisten. Im frühen Metal gab es keinen vergleichbaren theoretisch-konzeptuellen Überbau. Vielleicht ist das der Grund dafür, warum Metal von Künstlern und Intellektuellen bis zum heutigen Tag auf eher ironische Weise rezipiert oder als liebenswerte Marotte gepflegt wird, während Punk sowie aus dem Punk hervorgegangene Extremstile wie Grindcore ernsthafte Wertschätzung erfahren.

Aus heutiger Sicht sind die Sex Pistols ein perfektes Beispiel für jene Indienstnahme linker Kritik durch die Wirtschaft, die den neoliberalen Kapitalismus kennzeichnet. Die SoziologInnen Luc Boltanski und Ève Chiapello schreiben in ihrem einflussreichen Buch *Der neue Geist des Kapitalismus*: „Wir haben die Kritik zu einem der wirkungsmächtigsten Motoren des Kapitalismus erklärt. Indem die Kritik ihn dazu zwingt, sich zu rechtfertigen, zwingt sie ihn zu einer Stärkung seiner Gerechtigkeitsstrukturen und zur Einbeziehung spezifischer Formen des Allgemeinwohls, in dessen Dienst er sich vorgeblich stellt."[96] Genau so wirkte und genau so wirkt Punk. Von der Kritik zum Chic ist hier nur ein kleiner Schritt. Schon 1977 brachte die Designerin Zandra Rhodes ihre vom Punk-Look inspirierte Modekollektion *Conceptual Chic* auf den Markt. Später entwarf sie Kleider für die britische Königsfamilie. Während ein Punk-Konterfei in den 1980er-Jahren zum Logo der hippen Kleidermarke Diesel avancierte, sind Metal-Motive erst in den letzten Jahren zu einem gewohnten Anblick in großen Kaufhäusern geworden.

Lange vor Metal erhielt Punk Einzug in den westlichen Kunstbetrieb. In New York City unter anderem über das Mercer Arts Center, wo die New York Dolls auftraten, in Kalifornien unter anderem über das California Institute of the Arts, wo der Dozent Randy Cohen in der Proto-Punkband Jack Ruby und der Student Mike Kelley in der Punkband The Poetics aktiv waren. In Düsseldorf bestanden Verbindungen zur Kunstakademie und zum Ratinger Hof, den Carmen Knoebel, die Ehefrau des Künstlers und späteren Kunstakademieprofessors Imi Knoebel, für den Punkrock öffnete. Der Akademie-Meisterschüler Markus Oehlen spielte in der Punkband Mittagspause, in Berlin war sein Bekannter Martin Kippenberger, ein angehender Star des Kunstbetriebs, als Geschäftsführer des Punk- und New-Wave-Klubs SO36 tätig.

Insbesondere die Konzeptkunst wurde stark von Punk und Post-Punk beeinflusst. Kim Gordon, Bassistin der 2011 aufgelösten US-amerikanischen Noiserockband Sonic Youth und frühere Kunststudentin am California Institute of the Arts, schreibt in ihren Memoiren *Girl in a Band* (2015): „Am Anfang habe ich mich wirklich angestrengt, auf Punk zu machen und alle Zeichen meiner Mittelschichtherkunft aus West L. A. und meiner Weiblichkeit zu beseitigen."[97] Punk wie auch Konzeptkunst wandten sich gegen den Kult des Genies und der handwerklichen Finesse. Damit opponierten sie gegen Ästhetiken, die sie mit der bürgerlichen Mittelschicht verbanden – amüsanterweise stammten jedoch viele US-amerikanische Punk- und Post-Punk-Protagonisten selbst aus der Mittelschicht und lösten sich, wie Kim Gordon, nie wirklich von dieser. Bezeichnend ist, dass Sonic Youth 1988 ein Motiv des Malers Gerhard Richter auf das Cover ihres Albums *Daydream Nation* hob – ausgerechnet jenes Künstlers, der später wie kein anderer von einem bürgerlichen Kunstpublikum verehrt werden sollte und dessen Werke heute astronomische Preise auf dem Kunstmarkt erzielen. Immerhin, Sonic Youth war früh dran, noch vor dem Richter-Hype.

Wenn Metalbands in den 1980er-Jahren Kunstwerke auf ihre Plattencover druckten, dann eher die von obskuren Airbrush-Künstlern, von

Abb. 7: Philip Lawveres Gemälde zum Cover von Celtic Frosts Mini-LP Emperor's Return (1985)

längst verstorbenen und bereits als abgestanden geltenden Heroen der Kunstgeschichte oder von Gestaltern, die der damals belächelten Comic-Ästhetik nahestanden (Abb. 7). In diesen wenig glamourösen, aus Sicht der Kunstschickeria und selbst ernannter neoavantgardistischer Künstler eher peinlichen ästhetischen Entscheidungen drückt sich der ursprüngliche Platz des Metal in der sozialen Hierarchie aus: „Heavy Metal gilt (oder galt lange) als ein kultureller Ausdruck der Milieus aus dem unteren Bereich des sozialen Raumes. [...] Diese Wahrnehmung findet sich auch heute in der massenmedialen Repräsentation und in der öffentlichen Beurteilung."[98]

Die Selbstzerstörung des Punk durch Drogen, Krankheit und Nihilismus einerseits, seine Diffusion in Kunst, Kultur, Werbung, Business, Politik andererseits waren in gewisser Weise unausweichlich. Dass Fritz

Fotze, der Schlagzeuger der kontroversen Düsseldorfer Punk-Band KFC (1978–1982), heute unter seinem vertrauenerweckenderen bürgerlichen Namen Tobias Brink als Oberarzt tätig ist und der KFC-Gitarrist Micki Matschkopf als Michael Clauss ein Gesundheitszentrum leitet, ist auf perverse und wohl unfreiwillige Weise konsequent. Anders als der auf ein ehernes Image abzielende – tatsächlich aber immer ambivalente und hybride – Metal konnte, wollte und durfte Punk sich nicht in Form einer eindeutigen Identität etablieren. Eine solche auf klare Grenzen zielende Entwicklung wäre als viel zu bürgerlich empfunden worden. In Verbindung mit Hardcore sah das ein wenig anders aus.

In Washington, D. C. reagierten die Straight-Edge-Hardcorepunks um 1980 mit einer so simplen wie raffinierten Strategie auf die Selbstzerstörung und den nebulösen Charakter ihrer Punk-Zeitgenossen, indem sie Drogen, Promiskuität und Negative Thinking abschworen. Ein zwar nonkonformistisch-subversives, aber kontrolliertes, produktives, moralisch integres Leben war ihr Ziel. Als der Sänger von Minor Threat, Ian MacKay, im Song „Straight Edge" (1981) die seltsam puritanische Losung „Don't smoke / Don't drink / Don't fuck / At least I can fucking think" ausgab, invertierte er damit das geläufige Schema Unvernunft = Jugend, Vernunft = Erwachsenenalter. Die Adepten von Straight Edge griffen die Wut des Punk auf, kreuzten sie jedoch mit Askese und Purismus. Ihre kahl rasierten Schädel hatten etwas Mönchisches. Im Metal wuchsen die Haare derweil immer länger. Doch auch unter den Metal-Mähnen trieb der Punk weiterhin sein Unwesen.

Die NWOBHM erwuchs parallel zum Punk. Während Letzterer in sich zusammenfiel, schwoll Erstere an. Wechselseitige Beeinflussungen waren unvermeidbar. Auf dem Höhepunkt des Punk gegründete Bands wie Motörhead, Iron Maiden oder Judas Priest erweiterten die Möglichkeiten harter, gitarrenbasierter Rockmusik und entwickelten ein Arsenal an audiovisuellen Gesten, aus dem der Metal bis heute schöpft. Anfänglich waren die Verbindungen zum Punk durchaus eng. Der Sänger Paul Di'Anno etwa, mit dem Iron Maiden 1981 ihren Durchbruch feierte, stand dem Punk – auch optisch – nahe. Er musste Iron Maiden im Zuge ihrer Professionalisierung als Heavy-Metal-Band verlassen. Der technisch versiertere, geschäftstüchtige Renaissancemann Bruce Dickinson trat auf dem epochemachenden Album *The Number of the Beast* (1982) an Di'Annos Stelle.

Zwar blieb die Raw Power des Punk eine Inspirationsquelle für die 1975 gegründete Band, deren Bassist Steve Harris heute das letzte verbliebene Gründungsmitglied ist. Allerdings konterkarierte Iron Maiden die

Rohheit des Punk mit ihrer schon auf den Vorgängeralben erprobten hohen kompositorischen Anspruch, der eine Nähe zu Progressive Rock und Art Rock um 1970, teilweise sogar zur Klassik aufweist. Im Neoclassical Metal, einem auf Bands wie Deep Purple und Rainbow zurückgehenden Subgenre des Metal, wurde der Bezug zur klassischen Musik in den frühen 1980er-Jahren durch Virtuosen wie Yngwie Malmsteen auf ein neues Level gehoben – ohne dass es dafür eines Studiums an der Musikhochschule bedurft hätte. Gelangte der Geigenspieler Nigel Kennedy in den 1980er- und 90er-Jahren mit einer Kombination aus punkigem Schnodderlook und professionellem musikalischen Niveau zu Berühmtheit, so verhält es sich beim Metal genau umgekehrt: Er näherte sich nicht, von der Klassik kommend, der Popkultur, sondern, von der Popkultur kommend, der Klassik.

Obwohl Iron Maiden, wohl nicht zuletzt aus Image- und Marketinggründen, sich verbal vom Punk distanzierte, bediente die Londoner Band sich doch weiterhin seines visuellen Arsenals – nicht nur hinsichtlich der bunt zusammengewürfelten Garderoben der Musiker. So war das berühmte Bandmaskottchen, der Zombie Eddie, eigentlich als Punk-Figur gedacht. Mit seinen hochfrisierten, bunten Stachelhaaren sieht er auch genau danach aus: „Die Band bat mich, der Gestalt ein bisschen mehr Haare zu geben, damit sie besser in die Metal-Szene passte, und dieses Bild wurde dann das erste Iron-Maiden-Cover", sagte Eddies Schöpfer, der Künstler Derek Riggs, im Gespräch mit Ian Christe.[99] Dass die Bassgitarre bei Iron Maiden auffällig im Vordergrund steht und, im Metal unüblich, mit dem Mehrfingeranschlag gespielt wird, stellt eine weitere, weniger offensichtliche Verbindung zum Punk dar. Um sie zu erkennen, muss man sich ein bisschen mit Motörhead auseinandersetzen.

Der Song „Sanctuary" von Iron Maidens Debütalbum *Iron Maiden* (1980) erinnert mit seinen simplen, schmutzigen Riffs und seiner rohen Energie stark an Motörhead. Auch der Song „Gangland" auf dem Album *The Number of the Beast* (1982) erweist Motörhead mit seiner stoischen Double-Bassdrum und seinen rockig-schnoddrigen Akkorden im Refrain Reverenz. Ihre 40-jährige Geschichte hindurch fungierte Motörhead als Bindeglied zwischen Punk und Metal. Die 1975 in London gegründete Band erfuhr auch in der Zeit Akzeptanz von beiden Seiten, als den Punkrockern Metal zu unpolitisch und den Metallern der Punk zu primitiv war.

Motörheads 2015 verstorbener Sänger und Bassist Lemmy Kilmister pflegte seinen Bass wie eine Rhythmusgitarre zu spielen und übersetzte auf diese Weise die Fuck-you-Attitüde des Punk in seinen Anschlag. So spielt man keinen Bass? Alles klar, dann mache ich es genau so – und schiebe das Ergebnis im Mix noch nach vorne! Auch bei Iron Maiden ist der Bass teils tonangebend und übernimmt mitunter sogar den Lead. Hier stand vielleicht Paul McCartney von den Beatles Pate, der wiederum zu den großen Vorbildern Kilmisters zählte.[100]

Zwar ist Iron-Maiden-Bassist Steve Harris, anders als Lemmy Kilmister es war, ein Virtuose auf seinem Instrument. Kilmister verzerrte seinen Sound, Harris bevorzugt ihn clean. Auch spielte Kilmister mit dem Plektrum und bezog viel Anschlagskraft aus dem Unterarm. Doch ihr nonkonformistischer und implizit punkiger Umgang mit der Bassgitarre verbindet die beiden britischen Musiker. Bei Motörhead und Iron Maiden übernahmen die Bassisten, und damit die Underdogs der Rockmusik, das Ruder. Mit einem Songtitel von The Clash gesprochen, taten sich im Metal neue „Career Opportunities" für Bassisten auf.

Die Rhythmusgitarren wiederum wechseln bei Iron Maiden vom Trab des Hardrock in einen zielstrebigen Galopp, den „Iron-Maiden-Galopp". Bei dieser „Sonderform der binären Pulsgestaltung" handelt es sich um eine „Folge von zwei Sechzehnteln und einer betonten Achtel", immer beginnend „auf einer geraden Pulszahl und enden[d] auf einer ungeraden Zahl".[101] Im Klassiker „Run to the Hills" (1982) scheint dabei die metaltypische Selbstbezüglichkeit auf, wenn Bruce Dickinson zu galoppierenden Rhythmusgitarren die Textzeile „galloping hard on the plains" schmettert – was sich einerseits auf das geschilderte Kampfgeschehen bezieht, ist zugleich eine Beschreibung des musikalischen Geschehens. Die Sologitarren schwingen sich indes auf und ziehen, hellen Wolkenformationen gleich, über die wilde Jagd der Rhythmusgruppe. Anders als Black Sabbath oder spätere Extreme-Metal-Bands wie Slayer stimmen die Musiker von Iron Maiden ihre Saiteninstrumente nicht herunter. Im Ensemblespiel erzeugen sie einen knackigen, mitreißenden, nicht selten euphorischen Sound. Mit verzerrten Powerchords und mehrstimmigen Gitarrenmelodien verschafft die Band ihren Kompositionen eine hohe klangliche Dichte, seit dem Jahr 2000 sogar mit drei Gitarristen. Jüngere Bands wie Kvelertak aus Norwegen greifen diese Besetzung auf.

Häufig setzt Iron Maiden mit Breakdowns Zäsuren, um das Gefühl des Fließens im Folgeteil zu verstärken: Schlagzeug und Bass setzen aus, das Riff läuft weiter, Schlagzeug und Bass setzen wieder ein.[102] In der Wirkung vergleichbar, dienen Passagen mit unisono oder mehrstimmig gespielten Single-Note-Licks dazu, die Wucht der darauffolgenden, abgedämpft geschrubbten oder offen ausklingenden Powerchordteile zu verstärken. Die unverzerrten Signale von Schlagzeug und Bass generieren im Verbund mit den verzerrten Gitarren eine ähnliche spannungsvolle Dialektik. Auch Rhythmuswechsel werden effektvoll eingestreut („22 Acacia Avenue", 1982). In ihren Texten bewies die Band von Beginn an Geschichtsbewusstsein („Genghis Khan", 1981) und setzte mit der dem Metal eigenen Unverbindlichkeit sozialkritische Akzente („The Prisoner", 1982).

Der Pluralismus, der Metal bereits in diesem frühen Stadium der Emanzipation von Hardrock und Punk kennzeichnet, ist immens. Innerhalb der identitätsstiftenden Klammer von Härte und Heavyness stellte sich eine Freiheit ein, wie sie die Rockmusik, vom Art Rock einmal abgesehen, so noch nicht erlebt hatte. Freiheit? Diese Perspektive ist ungewöhnlich. Noch im Jahr 2017 schrieb die Wochenzeitung *DIE ZEIT*: „[Die Metal-Szene] ist konservativ und hasst nichts mehr als Überraschungen."[103] Das ist unpräzise. Neuerungen sind auch im traditionellen Metal durchaus willkommen, allerdings bedürfen sie einer überzeugenden Begründung und werden nicht einfach so hingenommen. Wirken sie beliebig, meutern die Fans. Tatsächlich schöpft das Metal-Genre von Beginn an aus einem tiefen Reservoir von Einflüssen, unterliegt ständigen Veränderungen und zeichnet sich durch Mannigfaltigkeit aus – eine Mannigfaltigkeit, die sich allerdings nicht sogleich erschließt. Auf Metal pappt kein Diversity-Sticker. Anders als in der verhältnismäßig leicht zugänglichen Mannigfaltigkeit des Crossover, auf den ich im Kapitel „Mental Floss for the Globe" zu sprechen komme, ist die Mannigfaltigkeit des Metal keine der Addition, sondern eine der Synthese. Beim Hören eines Songs von Iron Maiden denkt man nicht: aha, Punk plus Hardrock plus Progressive Rock. So sollte man in den 1990er-Jahren Crossover-Bands wie Clawfinger wahrnehmen: aha, Metal-Riffs plus Rap-Gesang. Im archaischen und klassischen Metal stehen die Einflüsse einander nicht gegenüber, sie durchdringen einander vielmehr wechselseitig. Wie der Hardrock bei Black Sabbath metallischer wurde, so wird bei Iron Maiden der Punk metallischer, der Metal verwandelt sich dem Progressive Rock an, der Hardrock entdeckt seine Liebe zur Oper.

Kahn-Harris' Schlüsselbegriff der Transgression lässt sich, so betrachtet, nicht nur auf den Extreme Metal, sondern auch auf den klassischen Metal anwenden. Ob bei Iron Maiden, Judas Priest oder Metallica: Metal ist nicht „multi", sondern „trans". Vielfalt bedeutet im Metal nicht ein rotes Bauklötzchen hier, ein blaues Bauklötzchen dort, ein schwarzes Bauklötzchen hüben, ein gelbes Bauklötzchen drüben. Ein solcher Schematismus folgt dem Prinzip des In-dividuellen, des Un-Geteilten. Über ein Nebeneinander, und sei es noch so friedlich und befruchtend, kommt er nicht hinaus. Im Metal hingegen herrschen ein Durch-einander und In-einander. Die Elemente werden einander ähnlicher und erweisen sich in ihrer Ähnlichkeit als different. In diesem Sinne definiert der Philosoph Gerald Raunig die Ähnlichkeit: „Nicht ganz, nicht gleich, nicht einheitlich, sondern geteilt, ähnlich, mitförmig."[104] Mit Raunig ließe sich sagen, dass die verschiedenen Elemente des Metal nicht in-dividuell, sondern di-viduell sind: „Tendiert der Begriff der Individualität zur Konstruktion der Abgeschlossenheit, betont die dividuelle Singularität die Ähnlichkeit in den verschiedenen Einzeldingen, damit auch die Potenzialität des Anschlusses, des Anhängens, der Verkettung."[105] Im Metal, wie er sich um 1980 entfaltete, sind Punk, Hardrock, Progressive Rock, Art Rock, Klassik und sonstige Einflüsse genau in diesem Sinne keine „abgeschlossenen" Versatzstücke, sondern offene, wandelbare, transgressive Formen. Allerdings werden diese Formen von einem wuchtigen Rahmen zusammengehalten, während der Punk bestrebt war, einen solchen Rahmen zu sprengen. Eines findet man im Metal denn auch äußerst selten: freie Improvisation wie im Jazz. Fast alle Metal-Songs sind auskomponiert, meist inklusive der Soli. Letztere mögen von Konzert zu Konzert etwas variieren, aber sowohl Länge wie auch Charakter sind festgelegt.

Die Mannigfaltigkeit des Metal um 1980 erschließt sich nicht nur von Album zu Album und von Band zu Band, sondern auch innerhalb einzelner Bands, auf einzelnen Alben und in einzelnen Songs: seelenvollsensible Balladen, klassisch anmutende Gitarrenzupfmuster, punkig gedroschene Akkorde, penibel ausgearbeitete, mehrstimmige Gitarrensoli, stampfende Unisono-Parts, paralleles Ensemblespiel, außergewöhnlich hohe Geschwindigkeiten, dynamisches Wechselspiel von laut und leise, akademisch anmutende Virtuosität und unbekümmertes Nach-vorne-Preschen, heiseres Bellen und divenhaftes Tremolieren, überbordende Kompositionen und kompakte Songs, Botschaften zwischen Weltuntergangsstimmung und trotzigem Aufbegehren, Sozialkritik und Hedonismus. Sogar das Ministerium des Inneren der DDR hielt 1988 auf so nüchterne wie unterschwellig anerkennende Weise fest, dass „Metal-Fans ein äußerst differenziertes ‚ideologisches Spektrum' hätten: von anarchistischen Gedanken über ‚märchenhafte Mystik' bis hin zu ‚realistischen Sichtweisen auf den kapitalistischen Alltag.'"[106] Bassisten wie Steve Harris und Greg Lindstrom (Cirith Ungol) traten aus dem Schatten bloßer Mitspieler, Schlagzeuger und Gitarristen trainierten ihre ungewohnt stark belasteten Muskeln wie Spitzensportler. Sänger wie Bruce Dickinson oder Rob Halford zeigten, dass sie nicht nur eine Stimme, sondern viele Stimmen haben. Auf *Sad Wings of Destiny* spricht Halford mal eher, als dass er singt. Mal stößt er ähnlich hohe Schreie aus wie vor ihm Robert Plant von Led Zeppelin, mal croont er geradezu mit samtig-rauchiger Stimme. Mal scheint ein wütender Mickymaus in ihm zu stecken, mal mengt er seinem Organ etwas Amerikanisch-Knödeliges bei. Mal jubiliert er geschmeidig, mal scheint er seine Stimmbänder mit einer Reibe bearbeitet zu haben.

An diese Vielfalt reicht Bruce Dickinson zwar nicht heran. Sein manchmal etwas streberhaft anmutender Hang zur permanenten Theatralik steht einem Facettenreichtum wie bei Halford im Wege. Gleichwohl demonstriert auch er beeindruckenden Reichtum gesanglichen Ausdrucks. Beide Sänger bewegen sich wie in einem Paternoster durch die Oktaven. Wie Halford streut Dickinson immer wieder gesprochene Passagen ein, wechselt binnen eines Augenblicks vom annähernden Flüstern zu einem hohen, lang gezogenen Schrei. Überhaupt hält er sich gerne in den hohen Lagen auf. Sein Heldentenor ist kraftvoll und elegisch, der Wechsel von weichen und rauen Intonationen innerhalb einer einzigen Textzeile typisch. In den mittleren und unteren Lagen gewinnt seine Stimme an schmutziger Aggressivität und entschädigt für den Abgang Paul Di'Annos, dessen gurgelnd-raspelige Stimme für Bodenhaftung gesorgt hatte.

In Halfords und Dickinsons mannigfaltigen Gesangsstilen schwingt eine der wichtigsten Erkenntnisse postmodernen Denkens mit: „Wir sind viele / Jeder Einzelne von uns" (Tocotronic). Wie sich Halford nicht auf eine Singweise reduzieren lässt, können Menschen nur gewaltsam in Schubladen wie „weiß" oder „schwarz", „Mann" oder „Frau", „westlich" oder „nichtwestlich" gesteckt werden. „Wir sind alle kulturellen Mischlinge", bringt es der Philosoph Wolfgang Welsch auf den Punkt.[107] In den Stimmen der frühen Metal-Sänger wird die so verstandene Postmoderne sinnfällig. Später erfuhr sie eine weitere Bestätigung. Halford outete sich 1998 als erster prominenter Metal-Musiker als schwul. Seine Lederkostüme hatten immer schon etwas Fetischistisches gehabt – nun lag die Annahme nahe, dass ihnen nicht etwa Inspirationen aus der Rockerszene, sondern aus der Londoner Schwulenszene zugrunde lagen (Abb. 8). Der Sänger hatte offenbar einen Schwulenfetisch in das als maskulinistisch geltende Metal-Genre geschmuggelt, indem er ihn ganz einfach offen zur Schau stellte. Schaut man sich Videoaufnahmen von Judas Priest auf ihrer US-Tour im Jahr 1978 an, meint man den Schalk in den Augen Halfords erkennen zu können – die Freude ob der Tatsache, im Kostüm schwuler

Abb. 8: Rob Halford von Judas Priest in Hamburg, 2012

Leathermen vor einem wohl überwiegend heterosexuellen Publikum aufzutreten, als handle es sich um das Selbstverständlichste der Welt: „Ich ging jede Nacht auf die Bühne, sah aus wie Glenn von den Village People, und die Leute haben es nicht kapiert."[108] Die Metal-Szene konnte jedoch mit beidem gut leben – mit dem früheren Glauben, es handle sich um ein maskulines Rockeroutfit, wie auch mit der späten Erkenntnis, dass sie es tatsächlich mit einem queeren Look zu tun hatte (siehe Kapitel „I'll Be Your Sister"). In einer internationalen Umfrage (2009) unter queeren Metal-Fans fand Clifford-Napoleone heraus, dass diese kaum je negative Erfahrungen in ihren jeweiligen Szenen machen: „Weniger als ein Prozent meiner Informanten haben jemals Gewalt aufgrund von Geschlechtsidentität oder Sexualität erlebt. Die hypermaskuline Fassade des Metal projiziert eine grassierende Homophobie, aber im Inneren des Metal-Queerscape scheint sie nicht vorhanden zu sein."[109] Die Autorin führt dies auf die „outsider togetherness" zurück, die Metal-Fans verbindet.

K. K. Downing zufolge war Halfords Homosexualität innerhalb der Band immer bekannt und nie ein Problem: „In der Anfangsphase hatten wir einen schwarzen Schlagzeuger. Dann hatten wir einen schwulen Sänger. Hätten wir irgendwann eine Bassistin gehabt oder wen auch immer, hätte das alles keine Rolle gespielt. Bei Judas Priest wurde Inklusion immer großgeschrieben. Robs offene Homosexualität war in den ersten Jahren von Judas Priest ein absoluter Bestandteil des Alltags."[110] Später widmete sich Halford Industrial-Projekten wie 2wo und setzte seine BDSM-Vorlieben expliziter in Szene, etwa in Songs wie „Fetish" (2000) oder im Video zu „I Am a Pig" (1998), an dem Pornoregisseur Larry David Paciotti alias Chi Chi LaRue und Pornostar Janine Lindemulder mitwirkten. In Industrial und Gothic steht der Lederlook seit jeher in Verbindung mit alternativen, ambivalenten und devianten Formen von Sexualität. Bands wie Rammstein haben diese für ein Massenpublikum konfektioniert, teils mit Zensurfolgen – nicht nur in Russland, sondern auch in Deutschland („Ich tu dir weh", 2010).

Bruce Dickinson, der für Halfords Album *Resurrection* (2000) Gesangsspuren beisteuerte, verkörpert den Metal-Pluralismus auf andere Weise. Der Sänger entspricht mitnichten dem Klischee des biertrinkenden Einfaltspinsels, Tolkien-lesenden Stubenhockers oder morbiden Endzeitfanatikers. Dickinson studierte Geschichte an der Queen Mary University of London. Dickinson ist Ehemann und Familienvater. Dickinson nahm als Fechter an internationalen Turnieren teil. Dickinson ist Flugzeugpilot und chauffiert Iron Maiden schon mal im bandeigenen Jet persönlich zur Arbeit. Dickinson betätigte sich als Radio- und Fernsehmoderator, unter anderem bei der BBC. Dickinson schreibt schwarzhumorige Bücher über die fiktive Figur des bizarren Aristokraten Lord Iffy Boatrace. Dickinson ist Unternehmer, unter anderem in der Luftfahrts- und Bierbranche. Und so fort.

In seiner Adoleszenz ließ sich Dickinson vom exzentrischen britischen Sänger Arthur Brown inspirieren, den er in seiner Autobiografie *What Does This Button Do?* (2017) als einen „der durchgeknalltesten Performance-Künstler Englands mit einer der talentiertesten Stimmen der gesamten Rockmusik" bezeichnet. Über einen Auftritt von Brown mit seiner Band Kingdom Come im Jahr 1974 schreibt er: „Wen kratzte es, dass sich das wie Hippieschwachsinn anhörte? An jenem Abend dachte ich wirklich, einen kurzen Blick auf Gott geworfen zu haben."[111] An Brown faszinierte Dickinson, dass seine Songs und seine karnevalesk-theatral-schamanistischen Auftritte die Fantasie des Publikums mit einer Vielfalt an widersprüchlichen Eindrücken stimulierten; dass er nicht nur ein begnadeter Musiker mit einer Bluesstimme von mehreren Oktaven Umfang, sondern auch ein charismatischer Showmaster und Bühnendarsteller war. Browns Konzerte waren bekannt als synästhetische Spektakel mit Predigten, brennenden Kreuzen und bizarren Kostümierungen: „Mitten in dieser Abfahrt in ein musikalisches Schwarzes Loch kamen zwei als Gehirne verkleidete Typen auf die Bühne, auf die dann mit Stöcken eingeschlagen wurde, während Männer in Verkehrsampelkostümen um sie herumtanzten. Genial und wunderbar bescheuert."[112]

Wo die Einflüsse für Iron Maidens bombastische, an Varietétheater und Musicals erinnernde Auftritte liegen, dürfte somit klar sein. Allerdings domestizierte und standardisierte Iron Maiden das ungleich subversivere Brown'sche Vorbild. Das offene, dadaistisch-surrealistische Element, das Manövrieren an den Rändern des Chaos verschwindet im Metal zugunsten eines geschlossenen Ganzen, das bis ins Detail durchgeplant und auf Überwältigungseffekte kalkuliert ist. Und doch ist der künstlerische Wahnsinn noch da. Im Metal streift er wie ein gefangenes Raubtier durch einen Käfig, schlägt gegen die Gitterstäbe, faucht in Richtung der Besucher. Diese delektieren sich am erhabenen Schauer, der Gefahr ganz nah und doch in sicherer Distanz zu sein.

Es gilt somit zu unterscheiden zwischen dem vereinfachten Image, das Szenemagazine wie auch die massenmediale Rezeption des Metal entwarfen, und der Realität des Metal, die immer schon mannigfaltig, komplex und ambivalent gewesen ist. Auch der dem Metal oft attestierte Pessimismus und Fatalismus müssen vor diesem Hintergrund differenzierter betrachtet werden. Vordergründig könnte es in der Tat scheinen, als sei Metal ein Hort mürrischer Schwarzmaler. Leid. Krieg. Apokalypse. Die Welt ist schlecht. Doch dieser Eindruck entsteht eher durch die banalisierende (massen)mediale Rezeption als durch eine nüchterne Analyse des Genres und des Ineinanderwirkens all seiner Elemente. So kann beispielsweise eine düster-fatalistische Botschaft der Gesangsstimme durch das aufbauende Spiel von Schlagzeug, Bass und Gitarre konterkariert werden; ein bluttriefendes Plattencover findet womöglich eine Antithese in Songtexten und Interviewaussagen der entsprechenden Band. In gewisser Hinsicht ist Metal mit dieser Dialektik der Romantik um 1800 verwandt, sahen viele romantische Künstler doch „in Tod, Dunkelheit, Melancholie und eisiger Kälte notwendige Vorstufen zu Regeneration und frühlingshafter Wiederbelebung".[113]

Am Beispiel des Musikvideos zu Judas Priests Song „Breaking the Law" (1980) lässt sich demonstrieren, wie im Metal hinsichtlich Optimismus/Pessimismus Mehrdeutigkeit generiert wird. Der Text beschreibt das Leben des lyrischen Ichs in düsteren Worten: „So much for the golden future, I can't even start / I've had every promise broken, there's anger in my heart." Doch nicht nur die muntere Instrumentalmusik, auch die Bilder des Videos vermitteln eine andere Botschaft. Hier ist Sänger Rob Halford in einer Nobelkarosse zu sehen. Ein Nietenarmband weist den ansonsten unauffällig gekleideten Mann als Anhänger harter Rockmusik aus. Während der Wagen, gesteuert von einem nicht erkennbaren Chauffeur, über die Autobahn gleitet, singt Halford besagte Textzeilen und scheint damit sein bisheriges Leben zu reflektieren – in Anbetracht seines anscheinend gehobenen materiellen Status hat er es offenbar geschafft, sich ein neues, besseres aufzubauen. Im weiteren Verlauf erfahren die Betrachter auch, wie: durch einen Bankraub, bei welchem statt Schusswaffen infernalisch laute Musik, ebender Song „Breaking the Law", eingesetzt wird.

Gekleidet in schwarze Kostüme mit Hexenhüten, wie sie auch Deep-Purple-Gitarrist Ritchie Blackmore zu tragen pflegte, fahren die Musiker von Judas Priest zunächst vor einer Bank vor, verwandeln sich im Eingangsbereich in die Metal-Band, die sie sind, und spielen die anwesenden Mitarbeiter und Kunden ohne körperliche Berührungen zu Boden. Mit der schieren Kraft ihrer Musik öffnen sie den Tresor, wo sie einer besonderen Kostbarkeit habhaft werden: einer goldenen Schallplatte für ihr Album *British Steel* (1980), auf dem auch „Breaking the Law" zu hören ist. Das Album *British Steel* ist also Inhalt des Musikvideos zum Song „Breaking the Law", der auf *British Steel* enthalten ist – so schließt sich der Kreis. Ein Sicherheitsmann, der das Geschehen auf einem Monitor sichtlich fasziniert mitverfolgt, anstatt pflichtbewusst einzugreifen, konvertiert spontan zum Metal und rockt mit dem betont kindlich-albern gestalteten Nachbau einer E-Gitarre durch sein Büro.

Nicht nur die typisch postmodernen Kniffe des Songs-im-Song und, als dessen Erweiterung, des Albums-im-Song, sind hier von Interesse. Auch die soziale Botschaft ist wichtig: Anstelle des Geldes der anderen ‚stiehlt' die Band die Frucht ihrer eigenen Arbeit, also das, was die Mehrheitsgesellschaft, hier verkörpert durch die Bank und ihre Angestellten, ihr nicht zugesteht oder ihr vielleicht sogar gestohlen hat. Die Botschaft ist klar: Metal ringt der Mehrheitsgesellschaft etwas ab, von dem er überzeugt ist, dass es ihm zusteht. Die Musiker spielen so beharrlich, so eindringlich und so laut, dass die durch die Menschen in der Bank repräsentierte Gesellschaft nicht mehr anders kann, als die hartnäckigen Dezibelpiraten mit Plattenverkäufen, Konzerttickets und Auszeichnungen zu befrieden. Die Konsequenz aber ist, dass die Band mitsamt ihrem lyrischen Ich am Ende in einem Fahrzeug sitzt, das ein Statussymbol, ja ein Fetisch jener Mehrheitsgesellschaft ist, die ihr die „golden future" verbaut haben soll. Genau diese Ambivalenz kennzeichnet weite Teile des Metal.

Eine klare Trennung zwischen Punk und Metal, aber auch zwischen Metal und anderen Musikstilen ist vor diesem Hintergrund weder auf der visuellen noch auf der akustischen, noch auf der personellen Ebene möglich. Eher müsste man von graduellen Übergängen, Akzentverschiebungen und wechselseitigen Durchdringungen, eben von Transgression sprechen. Metal verwindet den Punk, wie er auch Blues und Hardrock verwindet. Die Abgrenzung vom Punk erfolgt am stärksten auf der spieltechnischen Ebene – im Punk spielt man etwas, auch wenn man es nicht spielen kann; im Metal übt man so lange, bis man es spielen kann –, der kompositorischen Ebene – anders als die Punk-Komposition will die klassische Metal-Komposition immer auch für ihre handwerkliche Qualität bewundert werden – sowie auf der diskursiven Ebene, etwa wenn Steve Harris sagt: „Wir hassten alles an ihm [dem Punk]."[114] Oder wenn ein jugendlicher Judas-Priest-Fan im Dokumentarfilm *Heavy Metal Parking Lot* (1986) zu Protokoll gibt: „Diese ganze Punk-Scheiße nervt. Sie gehört nicht auf diese Welt. Sie gehört auf den verdammten Mars, Mann! Was zum Teufel soll diese Punk-Scheiße? Heavy Metal gibt definitiv den Ton an [,definitely rules']!" Aufgrund seines schwarz-weiß-gestreiften Glam-Kostüms ging der Junge als „Zebraman" in die Metal-Geschichte ein. Im Jahr 2006 suchten die Filmemacher Jeff Krulik und John Hayne die Fans aus *Parking Lot* wieder auf. Viele waren dem Metal treu geblieben. Nur der „Zebraman", der sich am wortgewaltigsten mit dem Metal identifiziert hatte, lebte nun in einem biederen Einfamilienhaus, fuhr einen teuren BMW, hing nicht mehr mit seinen Metal-Freunden ab, hörte Countrymusik und ging angeln.

Nicht zuletzt trug die D.I.Y.-Ethik, die heute eher dem Punk zugeschrieben wird, zur Entstehung eines tragfähigen Fundaments des entstehenden Metal-Mainstreams bei. Metal würde künftig auch jene Durststrecken überstehen, während deren sich die großen Plattenfirmen und die Presse nicht für ihn interessierten. Er hatte sich früh ein Survival-Trainingsprogramm auferlegt und gelernt, ohne fremde Hilfe im Popdschungel zu überleben: „Regelmäßige und ausgedehnte Tourneen waren die Stützpfeiler des Heavy Metal, und sie hatten Judas Priest, Iron Maiden und Dio von den Bedingungen der kommerziellen Radiosender unabhängig gemacht."[115] Im Jahr 2005 sagte mir Lemmy Kilmister im Interview: „Eine echte Band muss auf der Straße sein."[116]

Während ihre Helden tourten, tauschten Metal-Fans weltweit Kassetten, schrieben einander Briefe, publizierten Fanzines, nahmen in Proberäumen lausige Demos auf, gründeten ihre eigenen Plattenfirmen (etwa

Metal Blade Records) und veranstalteten ihre eigenen Konzerte. In der Kreator-Biografie *Violent Evolution* (2011) erinnert sich Mille Petrozza an diese wichtige soziale Praxis: „Man hat bei Bands nach deren Demos gefragt. Zur Bezahlung offerierte man ein live abgegriffenes Soundboard-Tape einer dänischen Band aus dem holländischen Dynamo-Club oder eine Radiosendung von WBCR oder Don Kayes vorselektierte Auswahl neuer Bands. Es galt: 60 Minuten gegen 60 Minuten. Oder Demotape gegen Demotape. Das Originellste war, ein eigenes Tape zu haben."[117]

Bereits in den 1980er-Jahren erfuhr der Metal dergestalt eine Globalisierung, noch vor der Zeit des Internets und der Billigflieger. Möglich wurde sie durch die Leidenschaft und den Einsatz der Fans. Dieser Geist spielt auch heute eine nicht zu unterschätzende Rolle für die Ethik des Metal, gerade abseits der urbanen Zentren. Im schweizerischen Luzern beispielsweise hat sich der gemeinnützige Verein Metal Storm Concerts der „Förderung der Kultur-Diversität in der Schweizer Musiklandschaft in der Sparte Rock und Heavy Metal inkl. ihren [sic] Subgenres" verschrieben.[118] Durch Mitgliedsbeiträge und ehrenamtliches Engagement organisieren die Mitglieder Konzerte mit kleineren und größeren Metal-Bands, die unter rein kommerziellen Gesichtspunkten nicht realisierbar wären.

Hatte Punk trotz No-Future-Attitüde und Herumstochern in den Wunden der Weltpolitik eine rotzige Leichtigkeit ausgestrahlt, so setzte sich im Metal ein Hang zum Großen und Schweren durch. Die Themen: groß und schwer. Die Musik: groß und schwer. Das Equipment: groß und schwer. Die Optik: groß und schwer. Natürlich gab und gibt es im Metal leichte, spielerische Elemente. Doch davon so viele, dass sie in der Summe wiederum schwer, eben heavy wirken: „Iron Maiden schienen zehnmal so viele Töne zu spielen wie alle anderen."[119] Metal ist normalerweise schwer zu spielen und bereitet großen Aufwand. Entsprechend erfordert er ein hohes Maß an Organisation und ein starkes Arbeitsethos.

Der Punk hatte ein, gelinde gesagt, gespaltenes Verhältnis zum bürgerlichen Arbeitsethos, zu Pünktlichkeit, Management, Organisation. Metal ist mit alldem kompatibel. Iron Maiden waren und sind bekannt für ihr Arbeitsethos und ihre professionelle Herangehensweise an den Metal: „Maiden – das war schon immer harte Arbeit, handfest, echt und vielschichtig, aber auch erdig und aggressiv."[120] Sogar der konservative Anarchist Lemmy sprach von der Bühne als seinem „Arbeitsplatz" und pflegte zu betonen, wie hart seine Band arbeite. Woran da aber gearbeitet wird, das sind die bleischweren Themen der Menschheitsgeschichte: Krieg. Tod.

Politik. Religion. Macht. Mythos. Und manchmal natürlich auch Liebe und Sex. Damit stellt Metal, ohne dass er es geplant hätte, einen Gegenentwurf zu jener speziellen Ausprägung des Kapitalismus dar, die der Soziologe Zygmunt Bauman als „flüchtige Moderne" beschrieben hat. Seit der Nachkriegszeit versuche sich der Kapitalismus den Anschein von Leichtigkeit zu geben. Er inszeniere sich als „schwerelos" und sei „mit leichtem Marschgepäck unterwegs", immer „guter Dinge, auf der Suche nach kurzen Abenteuern". Doch seine ostentative „Leichtigkeit [sei] die Ursache zunehmender Unsicherheit für alle anderen Beteiligten".[121] Was die einen als „Flexibilität" loben, ist für die anderen Willkür.

Ohne es zu wollen, hat Punk viel mit dieser „flüchtigen Moderne" gemeinsam und spielte dem Neoliberalismus in die Hände – heutige Magazine wie *Business Punk* zeugen davon. Die Lavariffs von Black Sabbath oder die bleiernen Themen von Judas Priest hingegen sind genau das nicht: leicht. Luftig. Unverbindlich. Schwerelos. Guter Dinge. Ein Magazin mit dem Titel *Business Metal* ist mir nicht bekannt. Metal trat seine Reise durch das 20. Jahrhundert mit schwerem Marschgepäck an. Kurze Abenteuer waren seine Sache nicht, wenngleich er immer bereit für Veränderungen war – solange sie nicht der Logik des „neuen Managements" folgen: „dünner machen, verkleinern, auslaufen lassen".[122] Während die Unternehmen immer schlanker wurden, rüstete Metal auf. Dichterer Sound, mehr Equipment, mehr Personal, mehr Lastwagen, immer grandiosere Bühnenarchitekturen mit Burgen (Ronnie James Dio), Flugzeugskeletten (Motörhead), Pyrotechnik (Venom) oder Versatzstücken altägyptischer Bauten (Iron Maiden). Puristische Hardcore-Bands wie Minor Threat hingegen verzichteten gänzlich auf die Dekoration ihrer Bühnen.

Metal war nicht auf einen ideologischen Überbau oder eine ausformulierte kritische Theorie angewiesen, um kritisch-subversiv zu wirken. Seine ästhetische Praxis als solche durchkreuzt implizit überkommene wie auch in Entstehung begriffene Machttechniken und Konventionen. Die Widerständigkeit des Metal mag im Kreischen der Verzerrer und im Sperrfeuer der Stroboskope nicht leicht zu erkennen sein. Doch es hat auch lange gedauert, bis man die subversive Seite des Karnevals erkannt hat. Metal ist popkulturell-karnevalesk und dahingehend ein Beispiel für die subversive Seite der vermeintlich nur affirmativen, verblendeten, selbstgenügsamen „Gesellschaft des Spektakels" (Guy Debord). Weil man viele Jahre lang seine Komplexität nicht ernst genommen hatte und nur einen mal amüsanten, mal gefährlichen Budenzauber in ihm hatte sehen wollen, konnte Metal seine Wirkung unterschwellig entfalten und so nicht nur zu mehr Diversität in der harten Musik, sondern auch zu mehr gesellschaftlicher Diversität beitragen. Heute, wo er zunehmend in seinem Facettenreichtum ernst genommen und akzeptiert wird, nimmt diese subversive Kraft ab. Das muss so sein. Permanente Subversion ist rasender Stillstand.

„Frauen treten in die Fußstapfen der verrückten Frontmänner"

Interview mit Conrad Thomas „Cronos" Lant (Venom), 2018 (Abb. 9)

Jörg Scheller: In den 1980er-Jahren war es dein Ziel, mit Venom „Black Metal zu den Massen" zu bringen. Ist das nicht ein Widerspruch in sich? Das Extrem ist ja per se ein Randphänomen.
Conrad Thomas Lant: In den 70er-Jahren war Punk angesagt. Niemand hatte wirklich Interesse an Rockmusik, auch nicht die Plattenfirma, für die ich damals arbeitete. Aber es gab viele Rockbands, die in kleinen Klubs auftraten, einfach weil sie Spaß daran hatten. Allerdings wurde da viel kopiert. White Spirit versuchte so zu klingen wie Deep Purple, Demon wollte klingen wie Black Sabbath, Raven orientierte sich eher am Punk, andere Bands spielten Judas-Priest-Covers, kurz gesagt: Alle wollten sein wie jemand anderes. Ich dachte mir: Die Rockmusik stirbt – es gibt keine verdammten neuen Ideen mehr! Dabei steht Rockmusik doch eigentlich für Individualität, oder? So kam ich auf die Idee, Rockmusik mit Punk zu verbinden, um sie aggressiver zu machen. Sie sollte dunkel und böse werden, um wieder interessant zu werden.

JS: Was tatsächlich gelingen sollte. Mit dem Debütalbum *Black Metal* (1982) inspirierte Venom viele der späteren Extreme-Metal-Bands.
CTL: Wir waren nur der Katalysator. Die Kids hatten ja ihre eigenen Ideen. Sie wussten nur noch nicht, dass diese es wert waren, umgesetzt zu werden. Als wir auf den Plan traten, hat das viele ermutigt, etwas Neues zu wagen und ein Risiko einzugehen. Niemand hat uns am Beginn unserer Karriere unterstützt, als wir eine große Show in

Abb. 9: Conrad Thomas „Cronos" Lant (Mitte) mit Venom

London organisierten. Es hieß: Ihr seid neu, ihr tourt noch nicht seit 100 Jahren durch die Klubs, ihr habt euch eure Sporen noch nicht verdient. Tja, die Show war dann ausverkauft. Und zack, witterten Plattenbosse die große Kohle und nahmen Rockbands unter Vertrag. Das hat Metallica, Hellhammer, Slayer und vielen anderen die Tür geöffnet. Als sie bei den Klubs anklopften, wussten die schon: Aha, ihr spielt auch diese neue Musik, wir wollen ein Stück vom Kuchen abhaben!

JS: Die Musiker von Hellhammer nahmen Venom anfänglich ernst. Sie deuteten das Image Venoms als Bekenntnis, nicht als Inszenierung. Dabei bist du nie ein Satanist gewesen, hast stets nur mit den Symbolen gespielt.
CTL: Ich bin kein Teufelsanbeter. Ich bin der Teufel! (Lacht) Als wir 1984 mit Metallica auf der Seven-Dates-of-Hell-Tour in Zürich spielten, gaben wir eine Pressekonferenz. In der ersten Reihe saß ein Typ, die Haare im Gesicht, mit finsterem Blick. Er meldete sich und sagte: „Ich habe zwar keine Frage, aber ich kenne da eine Band, von der ich glaube, dass sie heavier als Venom ist." Und ich sagte: „Du sprichst wohl von deiner Band." So war es auch. Der Typ war Tom Warrior von Hellhammer. Er gab mir das Demotape der Band, ich habe es immer noch.

JS: Wenn du der Teufel bist, betest du dich wenigstens selbst an? Narzissmus als höchste Form von Satanismus?

CTL: Der Teufel kann von mir aus tun, was er will. Und das ist genau das, was wir auch tun. Wir tun, was wir wollen. (Im Hintergrund beginnen Kirchenglocken zu läuten.) Wir lassen uns von niemandem vorschreiben, was wir zu tun haben, was wir sagen dürfen, wie wir uns zu kleiden haben. Das wollen wir auch dem Publikum vermitteln: Tu, was *du* willst, mit *deiner* Musik, mit *deinem* Leben! Da geht es um Selbstermächtigung, nicht um irgendwelche Hexen mit Hörnern. Aber solche Bildwelten passen einfach perfekt zum Metal. Wenn es eine Musik gibt, die nach Bomben, Feuer und Höllenstürmen verlangt, dann ist es Heavy Metal!

JS: Mit diesen Bildwelten eckte man in den 1980er-Jahren noch an. Heute hingegen ist die öffentliche Wahrnehmung von Metal in unseren Breitengraden eher wohlwollend.
CTL: Und trotzdem bekommt Metal keine Sendezeit! Millionen von Kids stehen auf Metal-Bands, aber die Radio- und Fernsehsender spielen ihn nicht. Wir werden zugemüllt mit all dem Rapquatsch, mit Jay-Z und Madonna und dem ganzen Scheiß – sorry, aber das ist einfach nicht fair! Schaut euch doch nur die unzähligen Metal-Festivals an, die in Europa stattfinden – das ganze Jahr über! Und trotzdem – keine Sendezeit für uns! Ich würde zwar sagen, dass sich die Lage verbessert. Aber viel zu langsam.

JS: Apropos Kids: Metal war mal eine Jugendkultur. Mittlerweile hat er ein paar Dekaden auf dem Buckel. Wie altert es sich so im Metal?
CTL: Vor ein paar Jahren habe ich mal ein Plakat gegen Drogenmissbrauch gesehen. Darauf waren zwei Rentner abgebildet, die auf einer Parkbank saßen. Über ihnen stand: „Es gibt keine alten Junkies." Verstehen Sie? Weil Junkies nun mal jung sterben. Das hat mich auf eine Idee gebracht: Wie wäre es, den beiden Venom- oder Metallica-Shirts anzuziehen und damit für Metal zu werben? Denn Metalhead ist man fürs Leben. Selbst wenn wir im Rollstuhl sitzen und uns in die Hosen pinkeln, werden wir weitermachen.

JS: Diese Haltung hat dein Landsmann Lemmy Kilmister verkörpert wie kaum ein anderer. Sein Traum war es, auf der Bühne zu sterben. Und fast hätte er es geschafft.
CTL: Lemmy war eine Inspiration für alle, die auf harte Rockmusik stehen. Er hat einfach alles richtig gemacht – seine Haltung, seine Musik, sein Umgang mit der Roadcrew. Das ist ganz wichtig und wird oft vergessen. Bei einem Konzert performt ja nie nur die Band, sondern das ganze Team: die Lichttechniker, die Tontechniker und so weiter. Ach, Lemmy ist ein Gott!

JS: Lemmy verwehrte sich stets gegen die Akademisierung der Rockmusik. Was hältst du von Metal-Kursen an Schulen und Hochschulen? Kann Metal gelehrt werden?

CTL: An britischen Schulen sind es vor allem die reichen Kids, die sich für Kunst und Musik interessieren. Aber Geld bedeutet nun mal nicht Talent. Irgendein Stadtstreicher von der nächstbesten Straßenecke könnte womöglich bessere Kunst machen als diese Schulkinder. Man kann Kunst nicht lernen. Man kann lernen, gut zu werden. Aber man kann nicht lernen, großartig, andersartig, bahnbrechend oder neuartig zu werden. Anarchie ist etwas, das tief in dir steckt. Es gilt, die Regeln zu brechen. Einer der Gründe, warum ich überhaupt hier sitze, ist folgender. Als wir die erste Single aufnahmen, bestand unser Studio darauf, dass wir uns einen Produzenten nehmen. Dem war unsere Musik zu dreckig, also nahm er die Spuren noch mal auf, um sie zu „zähmen". Ich hasste seinen Endmix. Zum Glück hatten wir den Song bereits so eingespielt, wie es unsere Art war. Also habe ich ihn heimlich selbst gemischt und die Bänder vertauscht. Das hat mich zwar meinen Job gekostet. Aber wenn mein Mix nicht veröffentlicht worden wäre, hätten die Leute gedacht: Ach, nur irgendein weiterer Song von irgendeiner weiteren Band. Unser Sound war anders. Die Plattenfirmen fanden ihn schrecklich. Aber die Fans und sogar die Medien liebten ihn. Und so was lernt man nicht in der Schule. In der Schule lernt man: Der Schalter darf nur bis zu dieser Marke gedreht werden! Aber wenn man einen neuen Sound will, muss man ihn darüber hinaus drehen.

JS: Innovation beginnt also mit dem, was der Mainstream als Fehler bezeichnen würde?
CTL: Ja, aber da stellt sich uns ein Problem. Einige haben das Konzept von Venom missverstanden. Mir sind Bands untergekommen, die bewusst schlecht spielen. Weil sie glauben, dass es darauf ankomme! Aber so ist das nicht. Wir versuchen, so gut zu spielen, wie wir nur irgend können. Manche Leute denken, es würde genügen, ein wenig die Gitarre herumzutreten und irgendwie auf dem Schlagzeug herumzuklopfen wie bei den Sex Pistols. Aber so etwas ist keine Musik. So etwas ist Mist.

JS: Venom haben die „erste Welle" des Black Metal mitbegründet. Was hältst du von der sogenannten zweiten Welle des Black Metal in den 1990er-Jahren in Skandinavien? Auch damals haben Musiker versucht, Dinge bewusst „falsch" und „schlecht" zu machen.
CTL: Aber daraus ist Neues entstanden. Diese Musiker haben andere inspiriert. Allerdings betone ich immer wieder, dass es sich dabei nicht um Black Metal handelt. Es ist North Metal, Scandinavian Metal, wie auch immer man das nennen möchte. Als ich das Album *Black Metal* aufnahm, enthielt es Power Metal, Speed Metal, Thrash Metal, Death Metal [Anmerkung: Das Genre Death Metal existierte 1982, als *Black Metal* erschien, noch nicht], also alle Spielarten des Metal. Schnelle Songs, langsame Songs, atmosphärische Songs […] Spätere Bands konzentrierten sich jeweils nur auf

einen Aspekt, etwa auf den langsamen. So entstand der Doom Metal. Dennoch muss man den skandinavischen Bands für ihre Eigenleistung Respekt zollen. Ich habe mitverfolgt, was aus der zweiten Welle hervorgegangen ist. Etwa Dimmu Borgir oder Behemoth, die sind absolut fantastisch.

JS: Viele Bands der zweiten Welle waren eher humorlos. Zumindest haben sie sich ihren Humor nicht anmerken lassen. Bei Venom hingegen spielt Humor eine wichtige Rolle.
CTL: Warum sollte der Teufel ein Griesgram sein? Im Gegenteil – der Teufel würde sich unablässig amüsieren, er hat ja nichts zu befürchten! Mir sind die Typen, die ständig auf dunkel und mürrisch machen, seit jeher merkwürdig vorgekommen. Das gehört auf die Bühne oder ins Video. Abseits der Bühne solltest du versuchen, Spaß zu haben und das Leben zu genießen. Ich habe immer gesagt: Wir machen unsere Alben für uns. *Uns* müssen sie gefallen. *Wir* müssen uns damit identifizieren. Die Shows wiederum sind vor allem für die Fans. Wenn ich von ihnen das Feedback erhalte: Wir wollen „Countess Bathory", wir wollen „Witching Hour", dann nehmen wir diese Songs ins Set. Denn wir wollen, dass die Kids die Show genießen. Aber niemand sagt uns, was auf die Alben kommt und was nicht. Wenn sie sich nicht verkaufen, ist mir das völlig egal. Ich muss dahinterstehen, immerhin werden mich die Songs überleben. Wenn ich heute alte Alben anhöre, erinnere ich mich genau daran, wie ich mich damals fühlte, was ich damals gemacht habe, mit wem ich zusammen war, an einfach alles.

JS: Du hast Venom als Katalysator für neue Metal-Genres beschrieben. Gibt es aus deiner Sicht zeitgenössische Bands, die dieselbe Rolle für den Metal der Gegenwart spielen?
CTL: Im Moment nicht. Wenn ich durch Zeitschriften wie *Kerrang!* blättere, sehe ich lauter Bands, bei denen man Drummer, Gitarrist, Bassist und Sänger nicht voneinander unterscheiden kann. Alle sehen gleich aus. Wer um alles in der Welt sind diese verdammten Typen? Gibt es denn keine Rockstars mehr? Nur weil jemand seine Gitarre in einen Marshall-Verstärker stöpselt, heißt das noch nicht, dass er in einer Metal-Band spielt. Vor ein paar Jahren habe ich in einem Interview gefragt: Wo sind all die verrückten Frontmänner geblieben? Wo ist der neue Gene Simmons? Wo ist der neue Paul Stanley? Wo ist der neue Lemmy? Für mich sieht es so aus, als seien Frauen in deren Fußstapfen getreten. Sängerinnen wie Pink, Miley Cyrus oder Katy Perry sorgen heute für die durchgeknallten Over-the-top-Shows. Wow, sage ich da! Aber was ist nur mit den Männern los? Natürlich will ich sie nicht abschreiben, schon morgen könnte es wieder welche geben.

JS: Möchtest du damit sagen, dass harte Rockmusik zu egalitär geworden ist? Dass die Musiker nicht mehr aus der Masse herausstechen wollen?
CTL: Wenn ich auf eine Show gehe, will ich verrückte Bastarde auf der Bühne sehen! Rockmusik muss over the top sein. Rockmusik ist Entertainment. Eine Band soll sich auf der Bühne verausgaben. Wenn sie nach der Show noch genug Energie hat, um die Garderobe zu zertrümmern, dann hat sie auf der Bühne nicht alles gegeben. Wenn ich von der Bühne komme, bin ich verdammt noch mal erledigt.

JS: Du treibst viel Sport und interessierst dich für Bodybuilding. Ziehst du Verbindungen zwischen Heavy Metal, Sport und Bodybuilding? Ich denke zum Beispiel an den Film *Conan der Barbar* mit Arnold Schwarzenegger, der Einfluss auf das Image der Metal-Szene hatte.
CTL: Metal passt sehr gut zu solchen Filmen. Entweder man fährt ein großes Orchester auf, oder man nutzt Metal für den Soundtrack. Ich erinnere mich an die erste Show, die wir im Ausland spielten. Das war in Belgien. Bei diesem Konzert drehte ich völlig durch. Für mich bedeutete das die Welt – das Zuhause zu verlassen, auf Tour zu gehen war überwältigend. Na ja, nach diesem Konzert konnte ich mich eine Woche lang nicht bewegen. Ich war völlig am Ende, mein Nacken war versteift, meine Beine wollten nicht mehr. Da habe ich beschlossen, dass ich fit werden muss, um das durchzustehen. Für eine Over-the-top-Show musst du over-the-top-fit sein. Zwar hatte ich schon davor ein wenig trainiert und Rugby gespielt. Aber für Venom musste ich an Muskelmasse zulegen. Außerdem passen Muskeln gut zum Image. Für manche Leute hat Rockmusik ja etwas mit diesem miefigen Hippiekram zu tun. Drogen, Alkohol, Frauen, ruinierte Gesundheit, mieser Lebensstil. Indem man ins Gym geht, eine gute Figur macht und gesund ist, zeigt man diesen Leuten den Mittelfinger.

JS: Du nutzt Kraft- und Fitnesstraining also, um aus Rockklischees auszubrechen?
CTL: Ja, absolut! Für die Sex Pistols hat das abgefuckte Image noch funktioniert. Davon wollte ich mich abgrenzen. Das ist nicht unser Lebensstil. Wir sind fitte, gesunde Typen, und nicht zuletzt sind wir Geschäftsleute. Aber viele Menschen erkennen das nicht. Sie sehen nur das Metal-Image. Und sie beurteilen dich aufgrund dieses Images. Also dachte ich mir – o. k., denen werde ich ein Image geben! (Lacht) Und so begann ich, Hanteln zu stemmen.

JS: Ohnehin hält niemand vierzig Jahre im Rockbusiness mit einem destruktiven Lebensstil durch. Und diejenigen, bei denen es den Anschein hat, gaukeln dem Publikum meist etwas vor. Heimlich essen sie dann doch Äpfel und praktizieren Yoga.
CTL: Genau so ist es! (Zündet sich eine Zigarre an)

Musiktheoretische Analyse 2:
Megadeth – Symphony of Destruction

Modale Binnenevolution
Von Dennis Bäsecke-Beltrametti

Der oft angenommene und vielfach beschworene historische Entwicklungsstrang, entlang dessen sich Metal durch immer stärkeren Gebrauch der dissonanten Intervalle der verminderten Quinte und der kleinen Sekunde von aeolischen über phrygische bis hin zu lokrischen Riffs und darüber hinaus zur Verwendung des freien – wenn auch grundtonbezogenen – chromatischen Totals entwickelt habe, lässt sich innerhalb vieler Metal-Songs direkt beobachten. Viele MusikerInnen verwenden, instinktiv oder planvoll, die von ihnen als moderner oder frischer empfundenen Klänge an dramatischen Kristallisationspunkten ihrer Werke, zum Beispiel in einer Bridge als klangästhetische Zuspitzung. So wird die historische Entwicklung in die Miniaturform des einzelnen Songs hineinprojiziert. Eine Komposition, die dies besonders anschaulich macht, ist „Symphony of Destruction" von Megadeth' Album *Countdown to Extinction* (1992). Der Song zeigt paradigmatisch, wie die aeolisch-pentatonische Klangwelt der NWOBHM durch Chromatisierung aufgefrischt und zum musikalischen Stil des American Thrash Metal umgeformt wird.

Das Hauptriff, mit dem Megadeth den Song eröffnet, präsentiert als zentrales Ereignis den kleinen Sekundschritt, den es in Powerchords durch eine kurze und prägnante Synkopenstruktur führt. Hier wird die grundlegende Skala sofort als die phrygische befestigt, da schon der zweite Klang die Quinte und nicht die verminderte Quinte enthält.

Symphony Of Destruction: Hauptriff

Interessanterweise vermeidet Dave Mustaines Gesangsstimme während der Strophen die kleine Sekunde und bewegt sich eher im moll-pentatonischen Rahmen. Bei der dritten Phrase jedoch wird unter die Quinte eine chromatische Wechselnote gepflanzt, die nicht nur das Motiv der kleinen Sekunde quasi in verminderter Quintimitation aufgreift, sondern dadurch auch die stabile Quinte des phrygischen Modus infrage stellt und an dessen Stelle das Teufelsintervall, den Tritonus, aufblitzen lässt.

Symphony Of Destruction: Verse

Im Prechorus übernimmt nun wieder die Gitarre die Chromatik und fügt für ein dreimal wiederholtes Kurzriff der kleinen Terz der vorherrschenden Tonalität eine obere chromatische Wechselnote hinzu. Für die Überleitung in den Chorus füllt die Gitarre schließlich als konsequente Weiterführung der ‚Infektion' mit kleinen Sekunden den ganzen Tritonusraum vom Bb bis zum E mit einer absteigenden Chromatik in Achteln auf.

Kurzriff (Pre-Chorus)   *Überleitung zum Chorus*

Der Höhepunkt der musikalischen Gespanntheit wird, wie zu erwarten, im Chorus erreicht. Hier schwingt sich die Singstimme immer wieder zur Quinte H auf und durchschreitet dann in ihren Schwerpunkttönen den Quartraum H-Fis chromatisch in einem fast regelmäßigen halbtaktigen Schritttempo. So erklingt hier im Prinzip ein Passus Duriusculus aus der Oberquinttonart über einfachen Powerchords in e-aeolisch.

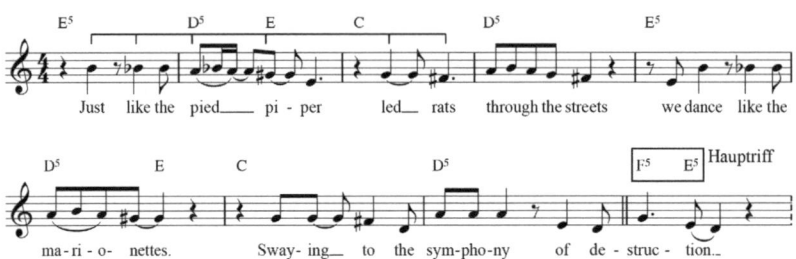

Symphony Of Destruction: Chorus

Schließlich landet Mustaine nach acht Takten zur Hookline wieder auf dem ‚pentatonischen' Kernmotiv der Strophe, während die Gitarre ebenfalls zum Hauptriff zurückkehrt. So werden die beiden Formteile wirkungsvoll miteinander verknüpft.

Wir geraten beim Hören also in einen Sog der Wirkung allmählicher Chromatisierung, die in ihrem Verlauf der Dramaturgie der Songform entspricht. Die Chromatik oder vielmehr der gehäufte Gebrauch der kleinen Sekunde wird so als Mittel der Spannungssteigerung innerhalb des Thrash-Metal-Topos präsentiert, was der erwähnten These einer tonhöhengebundenen Metal-Geschichtsschreibung in die Karten spielt.

2.6 Into the Pandemonium. Über den Mainstream zum Extrem

Von den diffusen archaischen Anfängen um 1970 und der klassischen NWOBHM um 1980 entspinnt sich die weitere Entwicklung des Metal in schnellen Eruptionen von Thesen, Antithesen und Synthesen. Diedrich Diederichsen beschreibt den heutigen Metal als „scheinbar unentwirrbares und immerfort weiterwucherndes Geflecht von Sub- und Nachfolgegenres …, deren Klassifizierung und Determinierung mittlerweile der Umzäunung von Parzellen in der Wüste gleichkommt".[123] Der Begriff „Geflecht" trifft es. Die Geschichte des Metal ist keine linear geordnete Abfolge von Stilen, die brav hintereinander, wie im Gänsemarsch, durch die zweite Hälfte des 20. Jahrhunderts ins 21. hineinprozessieren: Hardrock, Heavy Metal, Power Metal, Thrash Metal, Black Metal, Death Metal, Crossover … So unterrichtete man früher Kunstgeschichte: Fauvisten, Kubisten, Futuristen, Dadaisten, alles hübsch aufgereiht wie in einer Perlenkette. In Wahrheit löst die eine Strömung die andere nicht ab, sondern besteht fort, geht unter, treibt wieder nach oben, vermischt sich mit bald diesem, bald jenem. Mit dem Metal verhält es sich nicht anders. Diederichsens Metapher der „Parzelle" ist jedoch irreführend. Wie Tumbleweed treibt Metal im Wind der Popkultur über die zerklüfteten Oberflächen der Postmoderne, eckt bald hier, bald da an, verhakt sich irgendwo, wird von einer Böe losgerissen, rollt weiter, immer weiter, ein Knäuel aus Tendenzen und Gegentendenzen, Positionen und Gegenpositionen, Sounds und Alternativsounds. Nichts ist je eindeutig oder ist es nur temporär, kein Subgenre ist zum Untergang verdammt, vielmehr zur ewigen Wiederkehr in veränderter Gestalt. Selbst der Blues spukt wie ein Untoter durch die Hallen des Metal.

Galten Black Sabbath ihren strenggläubigen Kritikern gerade noch als satanistisch, stellt sich später heraus, dass ihre Songs sogar christlich gedeutet werden können. „Oh, no, no, please God help me!", ruft Ozzy Osbourne erschrocken, als sein lyrisches Ich in „Black Sabbath" den Teufel erspäht. Stellte Metal in den Anfangstagen eine Alternative zu Punk, Hip-Hop und Disco dar, verquirlten Bands wenige Jahre später die Genres zu Crossover. Hatte Metallica mit T-Shirts, Jeans und Lederjacken die Metal-Mode auf einen minimalistischen Dresscode reduziert, sprengte kurze Zeit später die Glam-Welle die Künstlergaderoben mit schrillen, opulenten Kostümen. Es ist wie in der christlichen Religion: auf der einen Seite die staatstragenden Caesaropapisten, auf der anderen die eigensinnigen, abtrünnigen Pietisten. Mal schwingt der Kreuzritter das Schwert des Glaubens gegen die Sarazenen, mal verbünden sich Befreiungstheologen mit ihren Missionsopfern im Dschungel von Paraguay. Hier jesuitischer Pomp, dort protestantische Schlichtheit. Und doch bleibt alles auf die Geschichten der Bibel und die Geschichte des Christentums bezogen.

Von Großbritannien aus schwappte der Metal in den 1980er-Jahren nach Kontinentaleuropa, in die Vereinigten Staaten von Amerika und nach Ostasien. Vor allem an der amerikanischen Westküste und in Japan wurde Metal immer extremer und exzentrischer, monumentaler und radikaler. Metallica avancierte mit ihrem Debütalbum *Kill 'Em All* (1983) zur Galionsfigur der Post-NWOBHM-Szene, mit *Master of Puppets* (1986) zum Schlachtschiff des Metal. Ihren Führungsanspruch bekundete die 1981 in San Francisco gegründete Gruppe im markenbewussten Bandnamen und firmierte zudem unter den passenden Labels „Power Metal" – eine besonders wuchtige Form des Metal – sowie „Thrash Metal", womit eine schnelle, harte, sich ungekünstelt gebende, tatsächlich durchaus kunstvolle Metal-Variante gemeint ist. Als Metallica 1982 im Club Radio City in Anaheim, Kalifornien zum ersten Mal live auftrat, spielte die Band noch überwiegend Covers von NWOBHM-Songs. Mit „Hit the Lights" und „Jump in the Fire" standen jedoch auch zwei Songs des Debütalbums auf der Setlist. Wenige Jahre später füllte Metallica Stadien. Metal war nun so groß geworden, wie er sich immer schon gefühlt hatte. Mit *Master of Puppets* tastete sich Metallica bis auf Platz 29 der US-Billboard-Charts vor, die EP *ß5.98 E. P., Garage Days Revisited* (1987) erhielt in den Vereinigten Staaten von Amerika eine Gold-Auszeichnung, das Doppelalbum *... And Justice For All* (1988) katapultierte Metallica in die Top Ten der Billboard-Charts und wurde mit Platin ausgezeichnet – trotz eines der wohl schlechtesten Basssounds und einer der aufdringlichsten Schlagzeugabmischungen aller Zeiten. Metal hatte sich als kommerzielles Schwergewicht etabliert, und die Kulturindustrie musste die Szene alleine schon aus ökonomischem Eigeninteresse ernst nehmen.

So ziemlich alles, was heute als kanonisch für den US-amerikanisch geprägten Post-NWOBHM-Metal gilt, ist auf den ersten Alben von Metallica in der einen oder anderen Form enthalten, weshalb die Band mit Recht als *die* klassische Metalband der 1980er-Jahre gelten kann. Da wären: eine Aggression, die stets kontrolliert ist. Verhaltene Energie in abgedämpften Gitarrenriffs, die punktuell explodiert und kurz darauf wieder diszipliniert wird. Überhaupt eine stärkere Betonung des Gitarrenriffs, als es bei Iron Maiden & Co. der Fall war. Ein noch maschinellerer Charakter als bei den NWOBHM-Bands, der insbesondere über schnelle, abgedämpfte Downstrokes auf der Gitarre erzielt wird. Der Einsatz von Abschlägen mit dem Plektrum statt wechselnden Auf- und Abschlägen intensiviert die Wucht des Riffs, führt zu einem kompakten, eben ‚harten' Klangbild. Ein hoher musikalischer Anspruch, der in einem spannungsreichen Verhältnis zur Wucht der Darbietung steht. Eine so verkopfte wie leidenschaftliche, unerbittliche und packende Rhythmik voller ungerader Taktzahlen, die der Hardrock gerade in Verbindung mit hohen Tempi so nicht gekannt hatte. Mit der abendländischen Kunstmusik liebäugelnde Akkordbrechungen und handwerklich hochstehende Gitarrensoli, in denen sich das ganze Spektrum vom Blues bis zur Klassik öffnet. Songtexte, die einerseits Lebensenergie beschwören, andererseits von der Apokalypse künden („The Four Horsemen") und natürlich auch den Metal selbst zum Gegenstand haben („Metal Militia"). Nur was den Gesang betraf, waren und sind Metallica mit James Hetfield eher limitiert. Doch diese Begrenzung hat auch ihren Vorteil.

Da Hetfield nicht zum Dickinson'schen Heldentenor taugte oder sich nicht zu einem solchen entwickeln wollte – an seiner Stimme hat er durchaus gearbeitet –, verlegte er sich auf ein trockenes Bellen. Das erdete den Metal und verstärkte seine Street Credibility. Iron Maiden war bereits im Begriff, ihre Liveauftritte in eine Mischung aus Konzert, Varieté, Kirmes, Broadwayshow, Laienoper, Geschichtsstunde, Comicsalon und Mythologieproseminar zu verwandeln. Etwas weniger Gekünsteltheit und etwas mehr Bodenhaftung, die Metallica auch optisch mit ihrem Jeans-und-Leder-Look auszustrahlen bemüht war, kam da gerade recht. In spieltechnischer Perspektive aber legte die Band die Messlatte höher. Damit betrieb sie eine geschickte Form der Zielgruppenoptimierung. Einerseits bot sich Metallica all jenen als Idol an, die man in der Szene als „Musikpolizei" bezeichnet: Fans, die großen Wert auf die Bewältigung höchster kompositorischer und spieltechnischer Herausforderungen legen. Zugleich war die Band für diejenigen interessant, denen der Metal zu artifiziell war. Mit ihrer gesellschaftskritischen, aber parteipolitisch unspezifischen Haltung war sie darüber hinaus anschlussfähig an diverse soziale Milieus. Wenn man so will, schuf Metallica Extreme für Nichtextremisten. Die Musiker positionierten das Genre im Mainstream und leiteten zugleich zum Extreme Metal über, was Aspekte wie Geschwindigkeit oder Songlängen betrifft. Wir werden später sehen, dass diese Doppelbewegung typisch ist für Metallica.

Die zeitgleich mit Metallica gegründete kalifornische Thrash-Metal-Band Slayer ging den umgekehrten Weg. Während Metallica in den ersten fünf Jahren ihres Bestehens den musikalischen Anspruch immer höher schraubte und auf spielerische Perfektion setzte, entfernten sich Tom Araya, Kerry King, Jeff Hanneman und Dave Lombardo 1986 von den progressiven Elementen ihres zweiten Albums *Hell Awaits* (1985). Ist Metallicas *Master of Puppets* der Heilige Gral des musikpolizeilich bewilligten, latent akademischen Power Metal, so hält Slayers drittes Album *Reign in Blood* (1986) nicht nur die Verbindung des Metal zu Punk und Hardcore aufrecht, es hat auch die Metal-Optik ungleich stärker geprägt als Metallicas Alben.

Alleine schon die Logos der beiden Bands zeigen, wohin die jeweilige Reise geht: Metallicas so schlichte wie prägnante Wortmarke mit den verlängerten, verzerrten Anfangs- und Endbuchstaben ist rein typografischer Natur – wie es sich für ein Unternehmen, das Aufmerksamkeit erregen, aber nicht anecken möchte, geziemt. Diese Wortmarke ist massentauglich. Sie flirtet mit dem Gefährlichen, aber es bleibt beim Flirt. Slayers Logo hingegen setzte sich in den 1980er-Jahren aus einem Kreis zusammen, in dem vier Schwerter ein unvollständiges Pentagramm bilden. Die Schwerter hinterfangen und überlagern den Schriftzug „Slayer" in blutroten Buchstaben, wobei die Type „S" an eine Siegrune erinnert, wie sie bei der völkischen Bewegung und der Schutzstaffel (SS) der Nationalsozialisten gebräuchlich war. Ein solches kontroverses Logo wird im politischen und sozialen Normalfall auf Subkulturen beschränkt bleiben. Wohl deshalb änderte Slayer in den 1990er-Jahren ihr Logo wie auch ihren Schriftzug mehrmals und führte unverfänglichere Varianten ein.

Das Cover von Metallicas *Master of Puppets* kommt minimalistisch daher: mehrere lange Reihen von weißen Grabkreuzen ohne erkennbare Inschriften vor einem bedrohlichen, grau-rot-gelben Himmel, die Assoziationen an die US-amerikanischen Soldatenfriedhöfe des Zweiten Weltkriegs in Europa erwecken (Abb. 10). An jedem Grabstein sind Schnüre befestigt, die ihn mit zwei aus dem Himmel ragenden Händen verbinden. Die Szenerie ist mit schulmeisterlich strenger Zentralperspektive ausgeführt: Der Fluchtpunkt liegt exakt auf dem Schnittpunkt der Bilddiagonalen, die wesentlichen Bildelemente fügen sich einem mathematischen Konstruktionsprinzip. Ein solches Cover passt zum strengen kompositorischen Charakter des Power Metal à la Metallica.

Das von Don Brautigam gestaltete, 2008 im Auktionshaus Christie's für 35.000 Dollar verkaufte Acrylgemälde für *Master of Puppets* kann

Abb. 10: Metallica, Master of Puppets, 1986

sowohl kriegskritisch als auch patriotisch verstanden werden, Letzteres im Sinne der in den Vereinigten Staaten gängigen Haltung: Hate the war, love the troops.[124] Das Cover legt die Sicht nahe, dass jeglicher politischen Macht, die Soldaten in Kriege schickt, grundsätzlich zu misstrauen ist, während die Soldaten selbst – um die Kreuze wuchert bereits das Gras des Vergessens – geehrt werden sollten. Entsprechend ist die Wirkung der strippenziehenden Hände düster und bedrohlich, die Kreuze jedoch erstrahlen in reinem Weiß, der traditionellen Farbe der Unschuld. Offenbar illustriert das Cover jedoch nicht den Titelsong „Master of Puppets", der James Hetfield zufolge von Drogensucht handelt, sondern den Antikriegssong „Disposable Heroes". Darin heißt es aus der Sicht eines jungen Soldaten: „Life planned out before my birth, nothing could I say / Had no chance to see myself, molded day by day / Looking back I realize, nothing have I done / Left to die with only friend / Alone I clench my gun." Inhaltlich knüpft der Text an Black Sabbath' „War Pigs" (1970) an: „Politicians hide themselves away, they only started the war / Why should they go out to fight? They leave that up to the poor." Welcher Krieg, welche Politiker, bleibt offen (siehe Kapitel „Black Death").

Während Don Brautigam seine gestalterischen Mittel sparsam einsetzte, schöpfte Slayers Gestalter Larry Carroll für das Cover von *Reign in Blood* aus dem Vollen (Abb. 11). Die Plattenhülle strotzt nur so vor gruseligen Symbolen und Bildern. Carroll orientierte sich dabei offensichtlich an jener von Dämonen bevölkerten mittelalterlichen Sakralkunst, deren Zweck darin bestand, die nervöse Fantasie der Gläubigen mit Schrecken zu erfüllen: aufgespießte Köpfe. Gepfählte Leiber. Ein Erhängter. Der ziegenköpfige Satan, auf einer Sänfte thronend. Ein Sänftenträger mit Teufelshörnern und einem Wundmal an der (heraldisch) linken Hand. Ein anderer Sänftenträger mit Bischofsmitra. Ein dritter Sänftenträger mit einem schwarzen und einem weißen Engelsflügel auf dem Rücken – eine unheilige Dreifaltigkeit, durch einen See aus Blut watend, aus dessen

Abb. 11: *Slayer,* Reign in Blood, *1986*

Oberfläche menschliche Köpfe wie Fischköpfe bei Sauerstoffmangel ragen.

Weniger auffällig als die Gewaltdarstellungen sind die dezent in Schattenbereiche versenkten sexuellen Anspielungen, wie Carroll rückblickend betont: „Es ist ein ziemlich groteskes Cover. Sehen Sie den Kerl mit der Bischofsmütze? Direkt neben seiner Hand ist sein Schwanz. Niemand hat das je bemerkt. Jetzt sehen Sie sich den Kerl neben ihm an – auch bei ihm ragt ein Schwanz raus."[125] Auf der Rückseite der LP-Hülle wiederum sind die Slayer-Musiker in typischen Metal-Posen vor neutralem, hellem Hintergrund abgebildet: King und Hanneman grimassieren grimmig und halten drei Dosen belgischen Bieres in die Kamera, Tom Araya packt Hanneman und den etwas unentschlossen dreinblickenden Dave Lombardo an den Haaren. Es ist das bekannte Doppelgesicht des Metal: vorne finstere mittelalterliche Hölle, hinten heiteres Spiel mit Rockklischees im hellen Licht der Popkultur. Unverkennbar ist, dass sich die Covergesamtgestaltung gegen die Moraloffensiven der christlichen Rechten zur Zeit von Ronald Reagans Präsidentschaft (1981–1989) richtet. Bloß keine American-Dream-Frömmelei aufkommen lassen! Von der Musik ganz zu schweigen.

Gleich der erste Song auf Slayers *Reign in Blood*, „Angel of Death", handelt vom deutschen – nicht polnischen, wie es oft fälschlicherweise heißt – Konzentrations- und Vernichtungslager Auschwitz und dessen „Todesengel" Dr. Josef Mengele. In spieltechnischer Hinsicht verlagert die Band den Fokus von der Greif- auf die Schlaghand. Irrsinnig schnell zu Doublebasssalven gedroschene („gethrashte") Sechzehntelnoten treten an die Stelle geschrubbter Akkorde und komplexer Riffs, Energie ersetzt den Denksport. Schluss mit Triolenzählen wie in der Musikschule! Auch unverzerrte Gitarrenpassagen oder überlange Songs wie Metallicas „Call of Ktulu" (1984) sucht man auf *Reign in Blood* vergebens. Und stellen Sänger wie Halford oder Dickinson gerne ihre Virtuosität zur Schau, so übt sich Slayer-Sänger Tom Araya in aggressivem, oft haspeligem Sprechgesang. Dass *Reign in Blood* auf dem Raplabel Def Jam erschien und Public Enemy 1988 ein Slayer-Sample für „She Watch Channel Zero" verwendete, ist nur konsequent. Die Gitarristen Kerry King und Jeff Hanneman wiederum scheren sich in ihren Soli einen Dreck um Harmonik, durchziehen ihre Riffs mit chromatischen Noten und machen starken Gebrauch der Vibratohebel.

Alles in allem zeichnen sich die Alben von Slayer durch einen punkigeren Charakter aus, als es bei Metallica der Fall ist. Die Songs sind kompakter, roher, weniger progressiv. Es ist bezeichnend, dass Slayer 1996 ein Album mit Punk- und Hardcore-Coverversionen veröffentlichte. *Undisputed Attitude* ist eine Ode an die nichtmetallischen Wurzeln der Band und damit des Thrash Metal im Allgemeinen. Mit „Guilty of Being White" (1981) enthält das Album eine Coverversion eines besonders kontroversen Songs der Straight-Edge-Hardcore-Band Minor Threat, die sich darin mit Rassismus unter umgekehrten Vorzeichen auseinandersetzt: „I'm sorry / For something that I didn't do / Lynched somebody / But I don't know who / You blame me for slavery / A hundred years before I was born."

Betrachtet man den Song im Kontext der anderen Coverversionen, darunter „Verbal Abuse/Leeches" (1983) von Verbal Abuse, stellt sich der Eindruck ein, dass es Slayer – anders als Minor Threats linksliberalem, aktivistischem Sänger Ian MacKaye – nicht wirklich um Politik geht, sondern um Nonkonformismus um seiner selbst willen. Coverversionen von Punkbands mit expliziter politischer Agenda wie The Dead Kennedys sind Fehlanzeige auf *Undisputed Attitude*. Eher könnte man mit dem Namen einer der gecoverten Bands von einem Bekenntnis zu „True Sounds of Liberty" (TSOL) sprechen. Es geht, *nomen est omen*, um eine Attitüde, um eine mit unterschiedlichen Inhalten und Positionen kombinierbare Antihaltung, nicht um eine Ideologie. Die Band reizt, ohne sich politisch zu positionieren, Grenzen aus, um zu testen, wie der Mainstream reagiert. Werden Forderungen nach Verbot und Zensur laut, können dem Mainstream illiberale, ja totalitäre Tendenzen bescheinigt werden: Wir haben doch gar nichts getan, haben uns nichts zuschulden kommen lassen, wir wollen doch nur spielen! Für diese These spricht, dass Tom Araya privat nicht Satanist ist, sondern ausgerechnet Katholik – allerdings ein undogmatischer und liberaler, wie er 2007 in einem Interview mit der *Miami New Times* erläuterte: „Ich bin katholisch geboren und aufgewachsen […] Ich bin kein Atheist, ich glaube an Gott. Aber meine Religion endet dort. Ich habe mein persönliches Glaubenssystem, das so stark ist, dass es mir erlaubt, das zu tun, was ich tue. Ich muss mir keine Sorgen machen, wegen Slayer in die Hölle zu kommen."[126]

Mit der wie Metallica und Slayer 1981 gegründeten japanischen Band Loudness ertönte derweil ein *Thunder in the East* (1985), der stark dem Glamrock und Glam Metal verpflichtet war. Ian Christe kritisiert dieses hardrocklastige, eher einem MTV-Image als der hohen Spielkunst verpflichteten Metal-Intermezzo, das heute mit der Band Steel Panther ein ironisches Revival erlebt, als kommerzielle Schwundstufe des Metal: „Betrachtet man die Dominanz des Glam Metal in den Billboard-Charts Ende der Achtzigerjahre, so scheint es, als hätte jede Band mit einem blonden Sänger, einer Kanone von einem Gitarristen, einer Powerballade und einem großen Kleiderschrank groß rauskommen können – vorausgesetzt, MTV zeigte das Video. [...] Als die Haare schließlich in unkontrollierbare Höhen toupiert worden waren, schufen die Traumfabriken von Hollywood eigene Versionen von Heavy Metal."[127]

Debütierten die Musiker von Loudness als vergleichsweise puristische Glamrocker und Glam Metaller, so wurde X Japan, gegründet 1982 in Chiba, für ihren überdrehten, hybriden Speed und Power Metal mit Versatzstücken aus Funk, Glamrock und Bombastrock berühmt. Von Beginn an gaben sich die Mitglieder der Band ein extravagant-schlüpfriges Glam-Image mit Punkfrisuren, Leder- und Nietenklüften und einer Gender-Bender-Kriegsbemalung, die das Make-up der Comicrocker KISS mit der Maskengestaltung des japanischen Nō- und Kabuki-Theaters kombinierte. Ein weiterer Einfluss für das Selbstdesign war der androgyne Spacepopper David Bowie, der sich seinerseits von japanischer Mode beeinflussen ließ. X Japan prägte den sogenannten Visual-Kei-Stil, unter dem in Japan alle möglichen optischen Extravaganzen der Popmusik versammelt werden, entscheidend mit.

Wie X Japan kombinierte auch die 1982 in Tokio gegründete Band Seikima-II traditionelle Elemente des Kabuki-Theaters mit der Bildsprache der westlichen Comickultur und verzerrte Powerchord-Gitarren mit asiatischen Harmonien (Abb. 12). Ihre japanischen und englischen Texte zielten sowohl auf den Heimat- als auch auf den internationalen Markt. Wie in einem trojanischen Pferd transportierte Seikima-II im Bauch des Metal landesspezifische Geschichten gen Westen, etwa über die japanischen Dämonen Oni – Kreaturen, deren bedrohliches Äußeres bestens zum Metal passte.

Es mag überraschen, dass es in Japan bereits Anfang der 1980er-Jahre ausschließlich weiblich besetzte Hardrock- und Metalbands wie Show-Ya

Abb. 12: X Japan live in Hongkong, 2011

gab: „Die Dominanz des Mannes in der japanischen Gesellschaft ist heute noch in den meisten Bereichen ungebrochen, obwohl über die Hälfte der Frauen im Arbeitsleben steht und eine beträchtliche Anzahl von ihnen die Berufskarriere der ehelichen Unterordnung unter den Mann vorzieht."[128] In der Entertainmentbranche, seit jeher ein Hort sozialer Mobilität, öffneten sich indes Türen zu einem Raum jenseits patriarchaler Dominanz, wenngleich die Investoren und Strippenzieher der Musikindustrie – Plattenfirmenbesitzer, Manager, Agenten, Produzenten usf. – überwiegend männlichen Geschlechts blieben.

Show-Ya wurde wie Metallica, Slayer und Loudness 1981 gegründet. Verwendete die Band auch Metal-Elemente, etwa Touch-Tapping-Soli und schnelles Drumming, so blieb sie auf Alben wie *Masquerade* (1985), *Queendom* (1986) oder *Hard Ways* (1990) doch unüberhörbar dem radiokompatiblen Pop- und Rock-Mainstream verbunden. Metal war ein maßvoll eingestreutes Gewürz unter vielen anderen. Im Gegensatz zu den amerikanischen und europäischen Metal-Bands setzte Show-Ya, wie auch ihre Kollegen von der bereits 1975 gegründeten Band Bow Wow (ab 1984: Vow Wow), auf der Höhe des Metal-Booms der 1980er-Jahre zudem Tasteninstrumente ein. Damit stand die Band dem Hardrock à la Deep Purple, Led Zeppelin, Van Halen und Whitesnake näher als Metallica, die ihren Stil auf den Metal-Faktor zuspitzte, was unter anderem die Eliminierung der Tasteninstrumente bedeutete. Wie die Musik von Kiss lässt sich die Musik von Show-Ya als „Rockbonbons mit Heavy-Metal-Zuckerguss, eine Art Kaugummi mit Black-Sabbath-Geschmack" beschreiben.[129]

Im Westen waren Frauen wie Jo-Anne Bensch (Bolt Thrower, England), Doro Pesch (Warlock, Solokarriere unter dem Namen Doro, Deutschland), Lita Ford (Solokarriere unter eigenem Namen, Vereinigte Staaten von Amerika), Sabina Classen (Holy Moses, Deutschland), Katrien de Lombaert (Acid, Belgien) sowie die Musikerinnen von Girlschool schon früh in der Metal-Szene aktiv. Vergleichbar mit Show-Ya, verharrte Girlschool jedoch im Vorhof des Metal. Die Britinnen wagten sich zwar weiter aus dem Mainstream heraus als ihre japanischen Kolleginnen, doch Hardrock und Glam Rock blieben die bestimmenden Komponenten ihrer Musik. Im Kapitel „I'll Be Your Sister" gehe ich ausführlicher auf die Rolle von Frauen im Metal ein – dass es dazu offenbar noch immer eines eigenen Kapitels bedarf, zeigt, dass „Frauen im Metal" trotz ihrer wachsenden Präsenz nicht alltäglich sind.

Am Beispiel Japans wird erneut deutlich, wie durchlässig und mehrdeutig die Ästhetik des Metal von Beginn an war – nicht nur mit Blick auf stilistische Elemente, die ich am Beispiel von Judas Priests *Sad Wings of Destiny* erläutert habe, sondern auch auf kulturelle. Japan nimmt in dieser Hinsicht eine Vorreiterrolle ein. Seit der erzwungenen Öffnung des Landes durch die US-amerikanische Kriegsmarine im Jahr 1853 und der in der Meiji-Epoche entstandenen Kulturindustrie hält das Land dem Westen einen Zerrspiegel vor. Jeglicher Trend der westlichen Kulturindustrie kehrt in Japan, das Jahrhunderte in selbst auferlegter Isolation verbracht hatte, wieder. Doch nicht als bloße Wiederholung, sondern als „kreative Kopie" (Dirk von Gehlen). Japan praktiziert seit Langem, was im Westen heute als Ausdruck smarter Sophistication gilt: Sampling, Mash-up, Collage, Montage, Remix, Dub. Japanischer Metal à la X Japan und Seikima-II ist ein transkulturelles Pastiche, das nicht für eine Exotisierung als das „ganz Andere" taugt. Vielmehr wirkt japanischer Metal gerade in seiner Ähnlichkeit mit europäischen und amerikanischen Bands eigenständig.

Während Seikima-II aus der japanischen Mythologie und der westlichen Popkultur eine postmoderne Science-Fiction-Quasireligion namens Akumakyō schuf, wurden im Westen die okkulten Versatzstücke, die Coven und Black Sabbath dem Metal in die Wiege gelegt hatten, immer drastischer inszeniert: Der Extreme Metal entstand. Der Power Metal, wie Metallica ihn geprägt hat, zeichnet sich durch sauber gespielte, transparent aufgenommene, das hohe (kunst)handwerkliche Ethos des Progressive Rock aufgreifende Kompositionen aus. Jüngere Death-Metal-Bands wie Possessed und Death (siehe unten), Black-Metal-Bands wie Venom (siehe unten), aber auch radikalere Thrash-Metal-Bands wie Slayer zerhäckselten das Erbe des Progressive Rock, streuten bald hier, bald da ein paar Anleihen ein und spielten mit diabolischer Lust auf der Klaviatur des Bösen. Ein Überbietungs- wie auch Unterbietungswettbewerb brach an: Wer ist am schnellsten, härtesten, lautesten, infernalischsten? Wessen Image ist barbarischer und primitiver?[130] Wer quetscht am meisten Pentagramme auf sein Artwork? Wer stopft am meisten unheilvolle Begriffe in seine Texte? Wer provoziert Musikkritiker und brave Bürger am stärksten?

Den Anstoß zum Extreme Metal hatten die Briten von Venom gegeben (siehe Interview mit Conrad „Cronos" Lant). Mit dem Album *Black Metal* (1982) prägten sie einen neuen Genrebegriff, der auch als „Black Thrash" bezeichnet und der „ersten Welle" des Black Metal zugerechnet wird.[131] Stärker noch als ihre vergleichsweise harmlosen Landsleute von Black Sabbath setzte die 1979 gegründete Band um den marketingversierten Sänger und Bassisten Conrad „Cronos" Lant auf ein skandalträchtiges visuelles Image: Pentagramme, Pyrotechnik, martialische Posen mit Waffen. Comickultur und Metalkultur gingen eine Allianz ein. Wie die Mitglieder von Seikima-II, die sich nach Dämonen benannten, legten sich die Musiker von Venom sinistre Künstlernamen zu: Cronos, Mantas, Abaddon. Damit inspirierten sie unter anderem Slayer, deren erstes Album *Show No Mercy* eine Verneigung vor Venom ist.

Was die Musik als solche betrifft, war Venom eher einfach gestrickt. Ihre Einflüsse liegen bei Motörhead. Vergleichbar mit den Make-up-Artists von Kiss profilierte sich die Band primär durch Innovationen im Bereich Image und Show, weniger durch Virtuosität. Das Prinzip „Erst Strophe, dann Refrain, dann instrumentaler Zwischenteil mit Solo und alles wieder von vorne mit kleinen Variationen" ist auf *Black Metal* weitgehend intakt. Die Riffs und Akkordfolgen von „Raise the Dead" erinnern stark an Motörhead, die erste Hälfte von „Teacher's Pet" ist ein klassischer Blues. Gleichwohl weichen manche Songs in signifikanten Details vom Rockschematismus ab. So beginnt der Titeltrack von *Black Metal* ähnlich wie Judas Priests „Metal Gods" (1980) mit Geräuschen aus der Metallverarbeitung. Der Aufbau des Songs ist vordergründig konventionell: Strophe, Refrain, Zwischenteil, Strophe, Refrain, Variation des Zwischenteils, neuer Strophenteil, instrumentale Variation des Zwischenteils, Strophe, Refrain, Variation des Zwischenteils als Coda. Doch etwas Entscheidendes, für klassische Metal-Bands geradezu Unverzichtbares fehlt: das Gitarrensolo. Im zweiten Song „To Hell and Back" gibt es zwar ein Solo. Dafür fehlt jedoch ein Refrain im engeren Sinne – er wird einfach über die Akkorde der Strophe gesungen. So bricht Venom mit minimalen Eingriffen die ungeschriebenen Gesetze der Rockmusik. Im dritten Song „Buried Alive" kommen zudem ein Spoken-Word-Intro und atmosphärische Passagen zum Einsatz. Dem instrumentalen Mittelteil mit Solo wird, typisch für den Metal, viel Zeit eingeräumt. Bei „Don't Burn the Witch" mündet das Solo in einen weiteren atmosphärischen Teil, der sich später als Einleitung zum 1984 veröffentlichten, knapp 20-minütigen Song „At War With Satan" herausstellen sollte. Eine unheilvolle Stimme beschwört Horrorszenarien, Schmerzensschreie ertönen im Hintergrund, Gitarrentöne zerfließen in tiefen Hallräumen: Metal als schauerromantisches Hörspiel.

In homöopathischen Dosen, verstärkt durch einen betont räudigen Sound und ein okkultes Image, verweist *Black Metal* auf eine Tendenz in der anbrechenden Ära des Extreme Metal, die sich bereits bei Iron Maiden und Judas Priest abgezeichnet hatte: Metal sollte sich weniger denn je in die überkommenen Popschemata von Verse, Prechorus, Chorus und Spielzeiten von zwei bis vier Minuten fügen. Neben geläufige Strukturen des Typs Intro (A), zweimal Verse (B), Prechorus (C), Chorus (D), B, C, D, Mittelteil mit Solo (E), B, C, DD, Outro (F), wie man sie unter anderem bei Motörhead häufig antrifft, treten prinzipiell beliebige Reihungen von modulartigen Teilen bis hin zu Folgen wie A, B, C, D, E, F, G, H ... (Megadeth). Die Bluenote des Blues, ein chromatischer Einschub in der Pentatonik-Tonleiter, wurde erweitert: hin zur chromatischen Skala, die der überkommenen Dur- und Moll-Logik in Halbtonschritten gänzlich entsagt. In der musikwissenschaftlichen Literatur wird die Bluenote oft als Unbestimmtheitsstelle charakterisiert, als „Spannungsfeld zwischen Seiendem und Sollendem".[132] Wenn man so will, gibt es in denjenigen Spielarten des Metal, die auf chromatischen Skalen basieren, nur noch Bluenotes und damit keine Bluenotes mehr. Das Seiende wird zum Sollenden, und das Sollende wird zum Seienden. Blau wird Rot wird Schwarz wird Grau wird Gelb. Momente von Offenheit, die mit der Bluenote in den Jazz und Blues gelangt waren, werden im Extreme Metal geschlossen, indem die Öffnung auf die Spitze getrieben wird. In der Praxis bedeutet die chromatische Skala: anything goes.

Im Jahr 1985 initiierte Possessed auf ihrem Debütalbum *Seven Churches* den Death Metal – so lautet der Name des letzten Songs der LP. Auch das im selben Jahr veröffentlichte Album *Power from Hell* der 1983 gegründeten englischen Band Onslaught enthält einen Song namens „Death Metal". Dieser folgt jedoch dem traditionellen Strophe-Refrain-Schema und wurzelt, vor allem was das tragende, butterweich abgemischte Gitarrenriff anbelangt, im Hardcorepunk. Der Gesangsstil verharrt im Bereich des damals für den Thrash- und Hardcore-Bereich Üblichen, das Schlagzeug treibt die Songs in hohen Tempi schnörkellos voran. Trotz eines am Metal orientierten Images und offensichtlich von Metallica inspirierter Gitarrenpassagen – ein Motiv aus dem Song „Lord of Evil" ist eine direkte Übernahme aus Metallicas Song „For Whom the Bell Tolls" (1984) – atmet das Album Frische und Lebenslust. Possessed sollte sich als radikaler, innovativer, einflussreicher – und tödlicher erweisen.

Im Jahr 1982 als Schülerband in der San Francisco Bay Area gegründet, führte Possessed nicht nur einen neuen Genrebegriff ein, sondern prägte auch das szenetypische „Growlen" – tiefen, kehligen Röchelgesang, der an eine geschundene Kreatur denken lässt, die kurz vor dem Ableben ihre Stimme voller Abscheu gegen ihren Schöpfer erhebt: Warum hast Du mich verlassen! Bis heute lassen sich Black Metal und Death Metal anhand der bevorzugten Stimmtechniken stilistisch grob unterscheiden: Im Black Metal wird tendenziell hoch gekeift und gekreischt, im Death Metal tendenziell tief geröchelt und gebrüllt. In der Praxis trifft man jedoch oft auf Black-Death-Mischformen oder Überlappungen mit dem Gothicgenre.

Auch Possessed hätte musikalisch und optisch durchaus als Black-Thrash-Metal-Band mit besonders extremem Gesangsstil durchgehen können. Das LP-Cover ziert ein um 180 Grad gedrehtes christliches Kreuzsymbol, dem Bandlogo entwächst ein Teufelsschwanz. Unübersehbar und -hörbar ist die Inspiration durch Slayer und Venom; der Bandname Possessed ist sogar identisch mit dem Titel von Venoms viertem, im Jahr der Veröffentlichung von *Seven Churches* erschienenem Album. Doch Possesseds Sänger und Bassist Jeff Beccera suchte, laut eigener Aussage aus eher pragmatischen Gründen, nach einem neuen Genrebegriff, um im anbrechenden Wettlauf der Extreme herauszustechen: „Ich dachte mir, Speed Metal und Black Metal sind schon vergeben […] Also sprach ich von Death Metal, weil dieses Wort nicht mit Venom oder irgendjemandem sonst in Verbindung gebracht wurde."[133]

Seven Churches ist in vielerlei Hinsicht ein bemerkenswertes Metal-Album. Die Kompositionen sind ambitioniert und komplex, doch das Zusammenspiel der Teenager ist, wenig überraschend, noch unpräzise. Das Schlagzeug vergaloppiert sich immer wieder, Temposchwankungen sind die Regel, die Band hinkt in vielen Passagen dem eigenen Virtuositätsanspruch hinterher. Oft stellt sich der Eindruck ein, sie wolle sich selbst überholen. Aus klangästhetischer, aber auch aus spieltechnischer Sicht liegen Welten zwischen den stark verzerrten Gitarrenspuren und dem unverzerrt eingespielten Bass, was teils unfreiwillig komisch klingt. Im instrumentalen Zwischen- und Schlussteil des Songs „Seven Churches" beispielsweise rückt die unverzerrte Bassgitarre im Mix nach vorne. Im Ensemblespiel klingt es, als zupfe der Bassist auf behäbige Weise eine harmlose Fingerübung im Achtelrhythmus, während der Gitarrist dieselbe Tonfolge in doppeltem Tempo mit dem Plektrum drischt und dabei eine flirrende, rauschhafte Wirkung erzeugt. In weiten Teilen erinnern die Aufnahmen eher an ein impulsives Livekonzert denn an eine Studioproduktion. Tatsächlich wurde *Seven Churches* auf einer kalifornischen Hühnerfarm eingespielt.

Defizite im Zusammenspiel und individuelles Schludern macht Possessed mit emotionaler Abgründigkeit, Energie und Einfallsreichtum mehr als wett. Gerade das Auseinanderklaffen von Anspruch und Resultat, von Wollen und Können öffnet dem Metal hier neue Räume. Man hört dem Album förmlich an, dass die Band diese Musik einfach spielen *musste*. Auf *Seven Churches* wird das für den Metal als Thema wichtige Chaos (siehe etwa Sepulturas Album *Chaos A. D.*, 1993) nicht nur adressiert, vielmehr scheint es in der Spielweise und in der musikalischen Produktionsästhetik selbst auf – wie Lava, die durch die Erdkruste bricht. Das – vermutlich unfreiwillige oder billigend in Kauf genommene – Holpern, Schlingern, Auseinanderdriften und Einander-Wiederfinden der Musiker bildet Risse im sonst strengen Gefüge ausgefeilter Metal-Darbietungen. Der rohe, ätzende Charakter von *Seven Churches* verbindet Possessed mit ihren Vorbildern Venom. Auch diesen ging es nicht um Perfektion, sondern, in den Worten des Bassisten und Sängers Cronos, um „Gefühl und Drang – egal, ob es auf einer Skala oder in einem Diagramm funktioniert. Ich will nicht, dass [Stephen] Hawkins [sic] oder irgendjemand sonst die Musik analysiert."[134] (Siehe Interview mit Conrad Thomas „Cronos" Lant).

Im Gegensatz zu den eher simplen Venom-Songs haben die Kompositionen von Possessed, um im Bild des Albumtitels zu bleiben, durchaus Kathedralencharakter (zur Verwandtschaft zwischen Kathedralen und Metal siehe Kapitel „The God That Failed"). Die hier errichteten „sieben Kirchen" brechen als Klangarchitekturen mit den Bauplänen älterer Vorbilder, um eine erhabene Formsprache im Spannungsfeld zwischen Transzendenz/Transgression und mathematischem Kalkül, zwischen Brutalität und Raffinesse zu begründen. Dafür werden die robusten Gemäuer älterer Hardrock- und Heavy-Metal-Songs demoliert und zu kühn aufragenden, Ehrfurcht gebietenden Gebilden neu zusammengesetzt. Auch Christe stellt fest, *Seven Churches* erhebe „sich wie eine Kathedrale und [lasse] die schnellen, brutalen Hardcorepunk-Platten jener Zeit daneben wie hässliche sowjetische Plattenbauten aussehen".[135]

Der im Viervierteltakt komponierte, etwas mehr als vier Minuten lange Song „Holy Hell" bietet in diesem Zusammenhang ein gutes Beispiel. Er beginnt mit einem kadenzartigen Intro (A), gefolgt von einem Breakdown mit Gitarrenriff (B) und einem halbtaktigen Drumfill (C). Die daran anschließende, überlängt wirkende Strophe (D) besteht aus B mit Gesang und wird von einem viertaktigen Zwischenspiel (E) unterbrochen. Nach Wiederholung von D mit neuen Textzeilen leitet E zu einem ausgedehnten Mittelteil (F) über, der auf in verschiedenen Lagen auf Gitarre und Bass schnell angeschlagenen, zwölf Takte umfassenden Viertongruppen (G) basiert. G lässt sich als Variation und Erweiterung von E interpretieren, wobei sowohl Synkopen als auch metrische Veränderungen zum Einsatz kommen. Der ostinate Rhythmus des zwölftaktigen E wird nach dem zehnten Takt durch den Einschub eines von allen Musikern gespielten Halbtakts (C2) unterbrochen und sorgt für Irritation. In der anschließenden Wiederholung von G, wenn auch die Wiederholung von C2 erwartet wird, bedient die Band die Erwartungshaltung nicht: Der Fluss ist diesmal ungestört. Es folgt eine weitere Wiederholung von G, allerdings weder mit ungestörtem Fluss noch mit C2. Vielmehr ertönen nach dem vierten Takt ein neues Riff (H) als Variation von G, ein Rhythmuswechsel und ein Gitarrensolo. Dieses zieht sich über 24 Takte, bis unerwartet, nach einem weiteren von allen Musikern gespielten Halbtakteinschub (C3), G wieder aufgenommen wird. G wird zunächst zweimal ohne ‚Stolperstein' C wiederholt, dann ein weiteres Mal, wobei ab dem fünften Takt eine Variation als Überleitung zu einem viertaktigen Breakdown mit neuem Riff (I) dient. In den Folgetakten ertönt zum ersten Mal seit ca. 100 Sekunden Gesang, I wird als neue Strophe (J) erkennbar.

Der Song kommt somit ohne Refrain aus, die Strophe D wird nicht etwa, wie in Pop und Rock üblich, wiederholt, vielmehr unterscheiden sich die Strophen D und J sowohl rhythmisch und harmonisch als auch hinsichtlich des Gesangs. Der instrumentale Mittelteil erhält ungefähr gleich viel Spielzeit wie die Passagen mit Gesang (123 Sekunden mit Gesang, 128 Sekunden instrumental). Diese Gewichtung unterstreicht den grundsätzlich hohen Stellenwert der Instrumentalmusik im Metal, ganz zu schweigen von der Tatsache, dass die nahezu unverständliche Stimme ebenfalls instrumental gedeutet werden kann. Zwischen Venom und Possessed liegen damit Welten, obgleich sie einander atmosphärisch nahestehen.

Suchte man eine visuelle Analogie zur ‚Bauweise' von „Holy Hell", so könnte man an eine Basilika denken, bei der das hohe Mittelschiff von zwei niedrigeren Seitenschiffen gerahmt wird. Durch das im Mittelteil platzierte, tonal aufsteigende Gitarrensolo wird die Komposition dort in die Höhe gezogen wie eine Kirche durch einen Turm oder Dachreiter. Interessanterweise erscheint dieses ‚Mittelschiff' durch die überwiegend instrumentale Ausgestaltung ‚menschenleer' und dadurch dem Transzendenten näher, während die ‚Seitenschiffe' durch die menschliche Stimme einen eher weltzugewandten Charakter aufweisen. Christes Vergleich mit einer Kathedrale ergibt also nicht nur vor dem Hintergrund des Albumtitels Sinn, sondern auch hinsichtlich der Songarchitektur. Weitere Songs auf *Seven Churches* basieren auf diesem Muster. So folgt der titelgebende Song „Seven Churches" in der Grundstruktur dem quasibasilikalen Schema von „Holy Hell": ein ausgedehnter instrumentaler Mittelteil mit zu Beginn aufsteigendem Gitarrensolo, gerahmt von Strophen mit Gesang, kein Refrain. In „Seven Churches" beanspruchen die Instrumentalpassagen im Verhältnis zu den Gesangspassagen sogar noch mehr Spielzeit als bei „Holy Hell".

Neben Possessed wird die Gruppe Death mit ihrem Debütalbum *Scream Bloody Gore* (1987) häufig als Initiatorin des Death Metal genannt. In der Tat weist das Album starke stilistische Parallelen zu *Seven Churches* auf. Auch hinsichtlich der Texte bewegen sich beide Bands im selben Spektrum: „Die meisten Texte des Death-Metal-Genres fallen in die folgenden allgemeinen Kategorien: Gore/Horror/Porno; Satanismus/Okkultismus/Antichristlich; gesellschaftspolitische Kommentare; Unabhängigkeitsthemen; [...] Kriegs-/Apokalypse-Themen."[136] Die Kluft zwischen verzerrtem Gitarren- und unverzerrtem Basssound kennzeichnet auch *Scream Bloody Gore*, wenngleich die Gesamtproduktion sowohl bass- als auch höhenlastiger ist und damit auf der klangästhetischen Ebene den Eindruck einer Musik der Extreme verstärkt.[137] Death erweisen sich auf ihrem Debüt jedoch als die professionelleren Musiker. Das Zusammenspiel ist sauberer, der Gesamteindruck technischer, näher dran am Power Metal von Gruppen wie Metallica oder Megadeth. Bei einem Auftritt in Luzern sagte Megadeth-Bassist David Ellefson im Jahr 2019, die Musiker von Megadeth arbeiteten wie Schweizer – sehr präzise, sehr kontrolliert.

Seven Churches ist vor allem mit Blick auf das in die Produktion eingesickerte Chaos und die pubertäre Kompromisslosigkeit das interessantere Album.

Possesseds Debütalbum steht exemplarisch für die Tatsache, dass sich Metal auf seinem Weg ins 21. Jahrhundert weniger denn je um die Konventionen und Traditionen, denen Onslaught im Song „Death Metal" noch folgte, scheren sollte. Besser gesagt: Konventionen und Traditionen werden im Metal zu Optionen, mit denen sich im doppelten Wortsinn spielen lässt. Während die Metal-Wegbereiter Motörhead dem Verse-Prechorus-Chorus-Prinzip der Rockmusik treu blieben und in dieser Hinsicht ihrer Selbstbeschreibung als Rock-'n'-Roll-Band entsprachen, steuerte der Metal ins Offene: je extremer, desto offener. Das ist einer der Gründe, warum ich 2017 in einem Radiointerview behauptet habe: „Heavy Metal ist Freiheit."[138]

Skeptiker könnten einwenden, dass Metal, vor allem Extreme Metal, nicht der Inbegriff von Freiheit, sondern des postmodernen Anything Goes sei – ein durch martialische Klänge kaschierter Ausdruck von Beliebigkeit. Ob mit Refrain oder ohne Refrain, ob Gesang oder Geschrei, ob Oden an die Gerechtigkeit oder Horrorfilmfantasien, ob Präzision oder Schludrigkeit – egal! Dieser Einwand ist insofern richtig, als Metal tatsächlich für alle Einflüsse offen ist und seine Protagonisten prinzipiell alle Möglichkeiten ausschöpfen können. Er übersieht jedoch, dass Metal zugleich konservativ ist. Wie ich bereits argumentiert habe, erfordert er eine Anbindung an seine Geschichte, um etwas als Metal anzuerkennen. Es ist deshalb nur vordergründig ein Widerspruch, dass Metal einerseits mit Eigenschaften wie Verbindlichkeit, Verlässlichkeit, Langlebigkeit, Stabilität und andererseits mit Freiheit, Offenheit, Liberalität in Verbindung gebracht werden kann. Gerade sein – durchaus kritisches – Festhalten an Erreichtem erlaubt es ihm zu experimentieren, ohne sich zu verlieren. Der Schriftsteller Peter Sloterdijk sagte einmal richtig: „Der Mensch erträgt das Gleiten nur, wenn er zugleich das Gefühl hat, irgendwo drinnen in seinem Wesen existiere so etwas wie ein ruhender Pol, der sich in allem Wandel gleich bleibt."[139]

Bezeichnend in diesem Zusammenhang ist es, dass sich Possessed mit dem Begriff „Death Metal" eindeutig im Metal-Genre als dem „ruhenden Pol" verortet und wesentliche spieltechnische, klangästhetische wie auch visuelle Merkmale desselben beibehält. Dazu zählen unter anderem Gitarrenriffs, starke Verzerrung, schnelle Tempi, virtuose Soli und Symbole wie das umgedrehte Kreuz. Der ausgedehnte Mittelteil von „Seven Churches" dürfte bewusst oder unbewusst vom klassischen Metal der NWOBHM-Vertreter Judas Priest inspiriert sein, prägte die Band doch die Erweiterung „der Vers-Chorus-Struktur ... durch einen stark ausdifferenzierten Mittelteil".[140] Zugleich erweitert Possessed das Metal-Genre und hinterfragt seine Konventionen, indem sie etwa ihre Mittelteile, die bei Judas Priest noch Gesangspassagen enthielten, überwiegend instrumental gestaltet.

Man kann in der Grundtendenz des Metal – Ausnahmen bestätigen die Regel – einen Kompromiss zwischen Entgrenzung und Begrenzung sehen, der selbst für den Extreme Metal gilt. Abgesehen von extremistischen Formen des Black Metal der zweiten Welle (siehe unten) bleiben die extremen Subgenres dem historischen Zentrum des Metal, also der Black-Sabbath-Ära um 1970 sowie den späten 1970er- und frühen 80er-Jahren der NWOBHM, verbunden, wenn auch kritisch. Metal vertritt kaum je einen utopischen – wörtlich: orts-losen, mit der Wirklichkeit unvereinbaren –, revolutionären Freiheitsbegriff, also kein Phantasma völliger Offenheit, völliger Grenzenlosigkeit, völliger Ungebundenheit. Dies überlässt er Punk, Free Jazz und Neuer Musik. Er vertritt eher einen heterotopischen – wörtlich: anders-örtlichen – und evolutionären Freiheitsbegriff, der eine partielle und schrittweise Verwirklichung von Freiheitsvorstellungen primär im „Schutzraum" des Metal selbst anstrebt.[141] Im Kapitel „Heavy Metal Is the Law" werde ich erläutern, was das mit dem Liberalismus zu tun hat. Zunächst aber bleiben wir beim Satanismus und dem Black Metal.

Die „Second Wave" des Black Metal rollte in den 1990er-Jahren in Skandinavien mit Norwegen als Zentrum, wobei auch die 1983 gegründeten, von Black Sabbath, Motörhead und dem britischen Hardcorepunk inspirierten Schweden von Bathory einen wichtigen Einfluss ausübten. Wie beim Label „Heavy Metal" handelt es sich beim Label „Black Metal" mitunter um eine Rückprojektion, da sich wichtige norwegische Black-Metal-Bands wie Mayhem (gegründet 1984) anfänglich nicht selbst als „Black Metal" bezeichneten. Im Gegensatz zum Label „Heavy Metal", das von der Musikpresse erfunden und von den damit gemeinten Bands teils angenommen, teils abgelehnt wurde, stammt die Genrebezeichnung „Black Metal" jedoch ebenso wie „Death Metal" aus den entsprechenden Szenen selbst.

Die Übergänge zwischen den Subgenres sind genauso fließend wie die zwischen Grindcore und Death Metal (siehe unten). Auf Mayhems einflussreichem Album *De Mysteriis Dom Sathanas* (1994) kommt neben ultraschnellen Blastbeasts der in Death Metal und Grindcore unübliche „Knurrgesang" zum Einsatz. Die Knurrsänger schreien nicht, sondern sprechen langsam, mit verzerrter, gepresster Stimme. In Kombination mit der enthemmten Instrumentalmusik ergibt dies einen eigentümlichen Kontrast – es ist, als murmle jemand im Auge eines Wirbelsturms unheilvolle Botschaften an sich selbst. Wechselte Black Sabbath um 1970 zwischen schnellen und langsamen Passagen (siehe Kapitel „Back to the Primitive"), so wird bei Mayhem aus Sukzession Gleichzeitigkeit. So wie harte Schwarz-Weiß-Kontraste auf den Black-Metal-Plattencovern zum visuellen Erkennungszeichen wurden, kontrastieren hier die Geschwindigkeiten von Instrumentalmusik und Gesang. Wilde Jagd und Extroversion auf der einen Seite, angezogene Handbremse und Introversion auf der anderen. Ergänzt werden die musikalischen Distinktionsmerkmale durch solche der Körpergestaltung. Zu den Fantasykostümierungen Venoms tritt im Black Metal der zweiten Welle „Corpsepaint", das sich zu *dem* visuellen Markenzeichen des Genres entwickelt hat: die Bemalung des Gesichts mit weißer und schwarzer Farbe, um den Eindruck vornehmer Leichenblässe oder untoter Verrottung zu erwecken. Die Inspirationsquellen des Corpsepaint liegen unter anderem im Schockrock der 1970er- und 80er-Jahre (Arthur Brown, Alice Cooper). Seine teuflischen Konnotationen erhielt es durch King Diamond von Mercyful Fate, den selbsterklärten Satanisten und Anhänger Anton LaVeys (Abb. 13). Er ist es, der die Gesichtsbemalung im Metal-Genre prominent gemacht hat.

Einige Bands der zweiten Welle, darunter die sich nicht nur musikalisch radikalisierende Band Mayhem, waren von den schweizerischen Extreme-Metal-Pionieren Celtic Frost (1981 gegründet als Hellhammer, 1984 umbenannt in Celtic Frost) inspiriert, die ebenfalls Corpsepaint auftrugen. Für die schwer zu verortende Band wird unter anderem der Begriff „Avantgarde Metal" gebraucht. Mit den sich okkultistisch gebenden wie zugleich strategisch vorgehenden, geschäftstüchtigen Schweizern teilt sich der skandinavische Black Metal die Experimentierfreude, etwa in Form von Annäherungen an Ambient Music oder durch das im Powerchordlastigen Metal unübliche Anschlagen aller sechs Gitarrensaiten bei extremer Verzerrung. Beides ist etwa auf den Demos von Snorre Ruchs Projekt *Thorns* zu hören.

Eröffneten Celtic Frost ihr Album *Into the Pandemonium* (1987) mit einer schmissigen Coverversion von Wall of Voodoos Song „Mexican Radio" (1982), so delektierte sich der 1994 wegen Beihilfe zum Mord verurteilte Norweger Ruch auf dem einflussreichen Demo *Grymyrk* (1991)

Abb. 13: Kim Bendix Petersen (King Diamond) auf dem Wacken Open Air, 2014

an der Pulverisierung tradierter Songstrukturen, unterirdisch schlechtem Klang und absurden Songnamen wie „You That Mingle May". Auch klaute er eine Melodie aus dem Intro von Alphavilles Popsong „A Victory of Love" für den Mittelteil seines Songs „Home", den er 1992 unter dem Titel „Ærie Descent" in modifizierter Form erneut veröffentlichte, diesmal ohne die Alphaville-Passage. Thorns erstes und bislang einziges Studioalbum *Thorns* (2001) beinhaltet hingegen wenig originellen, professionell produzierten Industrial-Black-Metal. Auffällig ist, dass die Synthesizer zurück sind, die die US-amerikanischen Metal-Puristen Anfang der 1980er-Jahre aus ihrem Instrumentenarsenal verbannt hatten. Im symphonischen skandinavischen Black Metal, den Bands wie Dimmu Borgir aus Norwegen geprägt haben, spielen Tasteninstrumente sogar eine tragende Rolle. Bereits das Debütalbum Dimmu Borgirs, *For all tid* (1994), beginnt mit pathetischen Synthesizerharmonien. Black Metal ist dahingehend weniger ein geschlossener Stil, sondern ein vielstimmiger, potenziell endlos erweiterbarer musikalischer Ausdruck von Dissens und Devianz. Andreas Kühn deutet Black Metal überzeugend als Kapitel in einer Geschichte des „Anti-Rock".[142]

Die beiden „Wellen" des Black Metal sind einerseits eng miteinander verbunden und nicht immer klar unterscheidbar. Andererseits bestehen signifikante Unterschiede. Bei Venom und Slayer ist die Abkehr von den

Konventionen, die sich in der Rockmusik wie auch im Metal herausgebildet hatten, symbolischer, also in lebenspraktischer Hinsicht unverbindlicher Natur (siehe oben zu *Undisputed Attitude*). Weder die Musiker von Venom noch die von Slayer sind Satanisten. Mag ihre Musik noch so radikal sein, ihr Lebensstil ist, wie der der meisten Metal-Anhänger außerhalb extremistischer Subgenres, eher konventionell: konsumistisch-kapitalistisch.[143] Das gilt auch für das Gros der Death-Metal-Bands.

Einflussreiche Vertreter der zweiten Welle des Black Metal in Skandinavien hingegen wollten mit der gefühlten Harmlosigkeit von Heavy Metal wie auch Death Metal brechen – im Extremfall sollten Kirchen nicht nur symbolisch brennen. Im Jahr 1992 war es so weit. Bis zum Jahr 1996 erfolgten um die 50 versuchte bzw. tatsächlich ausgeführte Brandstiftungen an diversen Orten in Norwegen. Als einer der Täter entpuppte sich der völkisch-rechtsextremistische Black-Metal-Musiker Varg Vikernes (Mayhem, Burzum). Hinzu kamen zwei Morde, begangen von Vikernes und Bård Guldvik Eithun (Emperor): „Das antichristlich-satanische Ethos des Black Metal war zum ersten Mal in signifikante, direkte Handlungen übersetzt worden, und Aktivitäten wie Grabschändungen und Kirchenbrandstiftungen waren relativ weit verbreitet."[144] Die norwegische Metal-Sängerin Liv Kristine erzählte auf einer Podiumsdiskussion über Extreme Metal und Extremismus, die ich 2019 in Luzern mit der Metal-Forscherin Anna-Katharina Höpflinger moderierte: „Spätestens in der sechsten oder siebten Klasse auf der weiterführenden Schule habe ich gemerkt, dass meine Kumpels ganz anders drauf waren, als ich sie kennengelernt habe [sic]. Auf einmal brannten Kirchen. Auch die Kirche, in der ich getauft worden bin. […] Das waren Leute, die auch teilweise Musik gemacht haben, Metal, Black Metal. Und sie haben dann diese Taten in die Kunst mitgebracht als Ausdruck für eine extreme Aussage. Und kurz erzählt, nach einigen ganz guten Partys auf dem Land in [der norwegischen Stadt] Stavanger habe ich ein paar richtig coole Jungs getroffen, wir haben dann Theatre of Tragedy gegründet, und ich war ziemlich stinkig auf diese anderen, diese damaligen Kumpels, die sich viel zu weit aus dem Fenster gelehnt haben."[145] Ihre 1993 gegründete Doom-Metal-Band beschreibt die vielseitige Sopransängerin als „Gegenbewegung zu dieser Sache", also zum Extremismus im Black Metal: „Wir haben Texte geschrieben, da ging es um die großen Gefühle, um Liebe und Tod, um Leben, um das Dunkle und das Helle. Wir wollten zeigen, dass düsterer Metal etwas Ästhetisches, Wunderschönes sein kann. Was ich sehr geschätzt habe an dieser Band, war, dass wir sehr viele Kontraste in den Metal gebracht haben. Und das war unsere Gegenbewegung zu dem, was da in Norwegen passiert ist."[146] Wie der Metal-Journalist Dayal Patterson betont, stammte die Mehrheit der jungen, männlichen Black-Metal-Verbrecher aus – soweit sich das sagen lässt – intakten Mittelklassefamilien, hatte kein Vorstrafenregister und keine Drogenprobleme.[147] Was die Absenz von Frauen in der damaligen Black-Metal-Szene anbelangt, lassen sich die Forschungsergebnisse von Sarah Chaker zu Black Metal und Death Metal in Deutschland vermutlich auf Norwegen übertragen. Chaker verweist auf die „männliche Konnotierung der Räume [...], in denen sich das Szeneleben abspielt", sowie auf die damit verbundene, mal explizite, mal implizite Abwertung des „Weiblichen" in Songtexten wie auch im Selbstverständnis der Musiker.[148] Das Männliche gilt als hart, das Weibliche gilt als weich. Frauen müssen also besonderen Mut aufbringen, um in diese Räume vorzudringen; nicht zuletzt, weil sie „durch die Aneignung und Übernahme von gemeinhin als ‚männlich' geltenden Verhaltensweisen schnell in den Verdacht [geraten], keine ‚richtigen' Frauen zu sein"[149] (siehe Kapitel „I'll Be Your Sister"). In diesem Zusammenhang besteht, so könnte man hinzufügen, ein klassisches Henne-Ei-Problem: Weil – auch heute noch – weniger Musikerinnen als Musiker im Black Metal aktiv sind, fehlen weibliche Vorbilder, was zur Folge hat, dass weniger Frauen im Black Metal aktiv werden. Allerdings wäre es zu einfach, nur „mehr Frauen in den Black Metal!" zu rufen. Eher ist es zu begrüßen, dass die norwegischen weiblichen Metal-Fans der 1990er-Jahre sich als nicht so empfänglich für identitäre Idiotien und extremistische Ideologien erwiesen wie die männlichen Fans (siehe die Aussagen von Liv Kristine oben). Emanzipation muss nicht heißen, dass Frauen in von Männern geprägten Strukturen reüssieren. Vielmehr können durch Frauen alternative oder komplementäre Strukturen entstehen, die für ein Korrektiv durch Checks and Balances sorgen und die Szene verändern, sie reicher und weiser machen.

Ideologisch leitend für die Taten der jungen norwegischen Black Metaller war die Ablehnung, ja der Hass auf die als beliebig empfundene postmoderne, globalisierte Welt einerseits, das Christentum andererseits. Black-Metal-Extremisten nehmen das Christentum als Kolonialmacht oder sogar als totalitäres System wahr. Deshalb wenden sie sich bevorzugt paganen Traditionen, die sie als authentisch erachten, oder dem Satanismus zu. Noch 2012 sagte Gaahl (God Seed, Ex-Gorgoroth), sich zum einen auf „nordische Mythologie" berufend und sich im selben Zuge von Kirchenbrandstiftungen distanzierend: „Ich befürworte, dass die Kirche als Institution verschwindet. Kirchen sind in meinen Augen wie Statuen von Adolf Hitler in Israel. […] Weil [die Kirche] den Leuten nicht erlaubt, für sich selbst verantwortlich zu sein."[150] Das ist eine populistische Sicht, zählen doch zum Christentum auch der Zweifel, die Eigenverantwortung – Gott gibt im christlichen Verständnis die Freiheit zu sündigen – und der individuelle Bezug zur Transzendenz, vor allem im Protestantismus. Individualismus ist wiederum ein wesentlicher Bestandteil des Black Metal und steht damit in einem merkwürdigen Spannungsverhältnis zum nordischen Identitarismus.

Gaahls Zitat erklärt die Rechtfertigungsgrundlage der damaligen Protagonisten, von denen einige, darunter Varg Vikernes, Anführerrollen spielten, während andere aus bloßer pubertärer Abenteuerlust folgten – auch Individualismus kann dem Herdentrieb entspringen. Amüsant ist, dass Black Metal mit Blick auf Individualismus und Identitarismus nicht etwa dem postmodernen Mainstream entgegensteht, sondern ihn sogar stützt: Der Neoliberalismus liebt nicht nur den Individualismus. Er liebt aus Marketinggründen auch Identität und Identitätspolitik. Und um Identität ging es vielen Black Metallern aus Norwegen. Sie wollten eine starke Identität, eine nordische Identität, die sich von anderen Identitäten abgrenzt. Eine Identität, die authentisch ist und tiefe Wurzeln hat. All das ist heute wieder en vogue, in Medien und Wirtschaft wie im Politischen. Während Rechte tendenziell ihre eigene Identität verteidigen, verteidigen Linksliberale tendenziell die Identität der anderen. Die ökonomische Folge ist: je mehr Identitäten, desto mehr spezifische Zielgruppen, desto mehr Produktsortimente. Die politische Folge ist: Je stärker die sich als authentisch wähnenden Identitäten auftreten, desto leichter ist es, Menschen gegeneinander auszuspielen. Dabei liegt der konstruierte Charakter von Identitäten auf der Hand. Der hochgradig artifizielle Charakter der vorgeblich authentischen Identität, die beispielsweise Varg Vikernes wählte, wird in seinem früheren Künstlernamen „Count Grishnackh" sinnfällig – er stammt aus Tolkiens *Herr der Ringe*. Ausgerechnet jener rechtsextremistische Black-Metal-Musiker, der den harmlosen Fantasy-Metal belächelte, benannte sich nach jenem Klassiker der Fantasy- und Jugendliteratur, der bereits die nerdigen Heavy-Metal-Urgesteine von Cirith Ungol inspiriert hatte.

Was der Avantgarde um 1900 die Salonmalerei war, war der zweiten Welle des Black Metal der Heavy Metal: Teil der eigenen Familiengeschichte, von der es sich radikal zu emanzipieren galt. Am Anfang des 20. Jahrhunderts schlossen sich in Italien futuristische Künstler dem Faschismus an, russische Konstruktivisten dem Bolschewismus, in Deutschland hofierten Expressionisten wie Emil Nolde, dessen Kunst ironischerweise von den Nazis als „entartet" stigmatisiert werden sollte, das NS-Regime. Wenn man so will, war auch die „Black-Metal-Mafia"[151] überzeugt, dass die norwegische Kultur „entartet" sei und drastische Maßnahmen vonnöten seien, um die verlorene Reinheit der Identität wiederzuerlangen.

Mit dem Übergang vom symbolisch-ästhetischen Protest zur Praxis griffen die Black Metaller ein Muster der künstlerischen Avantgarden der ersten Hälfte des 20. Jahrhunderts auf: Practice what you preach! Kunst und Leben, Ästhetik und Existenz, Reflexion und Produktion sollten in der neuen Generation des Black Metal auf verbindliche Weise miteinander verknüpft werden, sei es in Form veränderter Lebensstile, sei es aktivistisch-terroristisch. Es mag weit hergeholt und der Vergleich unstatthaft erscheinen, doch könnte es in diesem Zusammenhang aufschlussreich sein, an Pablo Picasso zu denken. Im Jahr 1945 sagte dieser: „Nein, die Malerei ist nicht erfunden, um Wohnungen auszuschmücken! Sie ist eine Waffe zum Angriff und zur Verteidigung gegen den Feind."[152] Ein Jahr zuvor schrieb der Maler Robert Motherwell: „In der Moderne vollzieht sich ein so tiefer und umfassender Bruch zwischen Künstlern und anderen Menschen, wie es ihn in der Geschichte noch nicht gegeben hat." Motherwell wähnte sich als Künstler in einem „spirituellen Untergrund".[153] So ähnlich äußern sich auch Black Metaller, denen der klassische Metal zu sehr Pose, zu sehr Dekor ist. An seine Stelle tritt zuerst die Kunst als Waffe, dann die Waffe als Kunst.

„Untergrund" und „Spiritualität" sind oft verwendete Begriffe in der Fremd- und Selbstbeschreibung von Black Metal. *Spiritual Black Dimensions* (1999) lautet der bezeichnende Titel eines Albums von Dimmu Borgir. Nergal, Sänger der polnischen Black Metaller Behemoth, formuliert knapp: „Punk hatte etwas von dieser ‚Fuck everything'-Stimmung, aber Black Metal war spiritueller."[154] Um nicht durch Kommerzialisierung korrumpiert zu werden, müsse Black Metal „Untergrund" bleiben, fordert Tom Warrior von Celtic Frost: „Black Metal ist für mich nicht nur eine weitere Form von Heavy Metal, Black Metal ist etwas ganz anderes. Black Metal hat eine Ideologie, eine Agenda. Es steckt eine gewisse total radikale Philosophie dahinter, die sich viel besser mit Underground und mageren Möglichkeiten verbinden lässt als mit dem Glamour des Showbiz."[155] Hinzugefügt werden sollte, dass Warrior selbst dem Glamour des Showbiz nicht gänzlich abhold ist und sich Ende der 1980er-Jahre als Glamrocker versuchte.

Zwar blieben die norwegischen Kirchenbrandstiftungen und Morde im Umfeld von Black-Metal-Bands Einzelfälle, die zudem auf einen kurzen Zeitraum begrenzt waren und im 21. Jahrhundert keine Nachfolger gefunden haben. Auch ist die nationalsozialistische Black-Metal-Szene zumindest in ihren öffentlichen Formen kleiner, als die Massenmedien es glauben machen. Dennoch scheint es, als würde die ästhetische Entgrenzung und damit einhergehende Destabilisierung im Black Metal mit einem stabilisierenden Mehr an Weltanschauung und Ideologie, Spiritualität und Theorie einhergehen, ob in Form von Satanismus (Gorgoroth), Nationalsozialismus (Burzum), Individualismus (Beherit), Sozialdarwinismus (Neige), Ökologie (Wolves in the Throne Room) oder Transzendentalismus (Liturgy).

Die 2005 gegründete US-amerikanische Band Liturgy, die ihre Musik als „Transcendental Black Metal" bezeichnet, bestätigt diese Tendenz sowohl bejahend als auch subversiv. Sie verzichtet auf die Aufladung des Black Metal mit einseitiger Ideologie und begreift das Subgenre stattdessen – ein wahrhaft teuflischer Akt! – primär von seiner musikalischen Ästhetik her, die sie allerdings mit einem komplexen theoretischen Überbau versieht. Entsprechend trägt eines ihrer Alben den Titel *Aesthethica* (2011). Auch das Gefühl liegt der Band am Herzen: „Letztendlich strotzt die Musik, die ich schreibe, [...] nur so von Emotionen", sagte Liturgy-Mastermind Hunter Hunt-Hendrix 2016 in einem Interview.[156] In gewisser Hinsicht verfährt seine Band mit dem bedeutungsschwangeren, von der Wichtigkeit seiner weltanschaulichen Mission durchdrungenen Black Metal, wie der Schriftsteller und Dandy Oscar Wilde im 19. Jahrhundert mit der christlichen Moral verfuhr. Wilde stellte damals Ästhetik und Gefühl über Moral und verärgerte damit die bürgerlichen Christen auf ähnliche Weise, wie Liturgy heute ideologische Black-Metal-Puristen verärgert. Man hat die Musiker bereits als „Black-Metal-Hipster" verunglimpft. Wer aber Satanisten in Rage versetzen kann, ist womöglich teuflischer als der Teufel. Wer weiß, vielleicht ist Satan ja ein Hipster.

Das Liturgy-Album *The Ark Work* (2015) wurde, wie schon *Aesthethica*, auf dem Chicagoer Label Thrill Jockey Records veröffentlicht. Dort haben in urbanen Intellektuellenkreisen hoch geschätzte Indiebands, etwa Tortoise und Mouse on Mars, ihr kulturindustrielles Zuhause. Dazu passt denn auch, dass Hunt-Hendrix seine Musik intensiv zu theoretisieren beliebt. Aus einem akademischen Elternhaus stammend, hielt er 2009

Abb. 14: Cover des „Liturgy Manifesto", 2009

beim Symposium Hideous Gnosis in Brooklyn einen poetisch-theoretischen Vortrag mit dem Titel „Transcendental Black Metal. A Vision of Apocalyptic Humanism" (Abb. 14). Heute wird dieser Vortrag auch als „Liturgy-Manifest" bezeichnet. Hunt-Hendrix fordert darin, der von ihm begründete „Transcendental Black Metal" müsse die Regeln des Black Metal aus dem Black Metal heraus zerstören.[157] Diese Regeln nämlich seien europäischen Ursprungs. Im 21. Jahrhundert gelte es, einen wahrhaft amerikanischen Black Metal zu schaffen. Dabei differenziert Hunt-Hendrix zwischen amerikanisch und US-amerikanisch. Es sei ihm nicht um eine US-amerikanische Ästhetik im patriotischen oder nationalistischen Sinne zu tun, sondern um eine amerikanische Ästhetik im metaphorischen Sinne. „Amerika" solle ewige Ideale von „Würde", „Hybridisierung" und „kreativer Evolution" repräsentieren, aber auch Ausdruck einer freudigen Existenzerfahrung sein – wofür es bei so viel Universalismus überhaupt noch den Zusatz „amerikanisch" braucht, erschließt sich aus seinen Ausführungen nicht.

Hunt-Hendrix fordert eine „frische Erkundung der Essenz des Black Metal". Weg mit den Konventionen, mit der Starre, mit dem Rigorismus und dem Purismus, der sich um den Black Metal der 1990er-Jahre sedimentiert hat! Die freizulegende Essenz ist, folgt man dem Autor, im eigentlichen Sinne eine Antiessenz: „solar, hypertrophisch, mutig, endlich und vorletzt [penultimate]". Der skandinavische Black Metal hingegen, den Hunt-Hendrix auch als „Hyperborean Black Metal" bezeichnet, sei „lunar, atrophisch, verkommen, unendlich und rein".[158] Die vitalistische Komponente in Hunt-Hendrix' Argumentation liegt auf der Hand. Der Musiker assoziiert seine persönliche Variante des Black Metal mit der Fülle des Lebens, mit Entwicklung, Offenheit und Dynamik, den skandinavischen Black Metal indes mit dem Tod. Das Leben ist endlich, der Tod ist unendlich. Das Leben ist Sonne. Der Tod ist Mond. Das Leben ist Wachstum. Der Tod ist Verfall. Das Leben ist Bewegung. Der Tod ist Stillstand.

In musikalischer Hinsicht soll Hunt-Hendrix' transzendentaler Black Metal den kontinuierlichen, an seinen Geschwindigkeitsexzessen erstickenden Black-Metal-Blastbeat durch den „Burst Beat" ersetzen. Stagniere der klassische Blastbeat bei höchster Geschwindigkeit – was freilich nicht bei allen Black-Metal-Bands der zweiten Welle der Fall ist –, so zeichne sich der von Liturgy verwendete Burst Beat durch das Wechselspiel von Beschleunigung und Entschleunigung, von Bruch und Kontinuität aus: „Dieser Fluss spiegelt das Leben und stimuliert das Leben. Er dehnt sich aus und zieht sich zusammen wie die Flut, die Wirtschaft, Tag und Nacht, Ein- und Ausatmen, Leben und Tod."[159] Der Burst Beat erfordert also Aufmerksamkeit und Achtsamkeit, er reagiert auf Veränderungen der Melodie, er spielt mit variierenden Intensitäten. Auf diese Weise, so Hunt-Hendrix, verhalte er sich nicht nihilistisch gegenüber der Dynamik des Lebens, sondern bejahend: „Was wir bejahen, ist die Faktizität der Zeit und die Offenheit der Zukunft. Unsere Bejahung ist die Weigerung zu leugnen."[160] Deshalb auch das Adverb „penultimate" („vorletzt") in Hunt-Hendrix' Definition des Transcendental Black Metal: „Es gibt nichts Vollständiges; es gibt nichts Reines."[161]

Die beiden aufeinanderfolgenden Songs „Kel Valhaal" und „Follow II" vom Album *The Ark Work* bieten in der Zusammenschau ein gutes Beispiel für den Burst Beat und die Kritik der Reinheit. „Kel Valhaal" ist ein nervöses Stakkato aus Anti-Grooves, umhüllt von dissonanten, scheinbar aus futuristischen Dudelsäcken stammenden Harmonien sowie durchgängigem Gruselglöckchengeklingel. In den letzten Minuten mischen sich

Sprechgesänge und Popharmonien in das nervenzermürbende akustische Flimmern. Der Pop bleibt jedoch Zitat, wie auch die Elemente aus der Neuen Musik nie zu völliger Dominanz gelangen. Das strömende „Follow II" hingegen ist stärker am klassischen Blastbeat und dem symphonischen Black Metal Skandinaviens orientiert, nicht aber ohne ein paar rhythmische Variationen einzustreuen und mit experimenteller elektronischer Musik à la Autechre zu flirten.

So universalistisch Hunt-Hendrix sich auch gibt, so typisch US-amerikanisch ist seine Haltung letztlich. Es ist frappant, wie stark die Parallelen zwischen Hunt-Hendrix' Manifest und jenen Thesen sind, die der Maler und Vertreter des Abstrakten Expressionismus Barnett Newman in seinem einflussreichen Essay „The Sublime Is Now" (1948) vertrat. Die Weite, das Existenzielle, das Offene, das Emotionale und der Traditionsbruch sind wesentliche Merkmale von Newmans Kunsttheorie, die sich, wie die Black-Metal-Theorie von Hunt-Hendrix, dezidiert von europäischen Vorläufern abgrenzt. Da Hunt-Hendrix Philosophie studiert hat und sich in Künstlerkreisen bewegt, sind solche Parallelen nicht weit hergeholt.

Ein Auszug aus Newmans Essay mag genügen, um die Kontinuitäten des US-amerikanischen Diskurses zwischen Kunst und Black Metal aufzuzeigen, wobei natürlich – die Texte stammen aus unterschiedlichen Zeiten, aus unterschiedlichen Kontexten, von unterschiedlichen Autoren – auch so manche Differenzen bestehen. Hier aber soll es um die Gemeinsamkeiten gehen. Bei Newman heißt es also: „Wir bekräftigen unser natürliches menschliches Verlangen nach dem Erhabenen, nach absoluten Emotionen. Wir sind nicht angewiesen auf die abgenützten Requisiten einer verloschenen und antiquierten Legende. Wir schaffen Bilder, deren Realität selbstverständlich ist und ohne Stützen und Krücken oder Assoziationen mit veralteten Bildern, sublimen oder schönen auskommen. Wir entledigen uns des Ballastes des Gedächtnisses, der Assoziation, Nostalgie, Legende, des Mythos oder was auch immer die Errungenschaften der europäischen Malerei waren. Anstatt Kathedralen aus Christus, dem Menschen oder dem Leben zu machen, schaffen wir Bilder aus uns selbst und aus unseren eigenen Gefühlen."[162] Bezeichnenderweise war Newman ein Bewunderer des US-amerikanischen transzendentalistischen Schriftstellers Henry David Thoureau (1817–62). Bei Liturgy wird der europäische Black Metal der 1990er-Jahre zu jener „verloschenen und antiquierten Legende", die es durch den Transcendental Black Metal neu zu beleben gilt.

Der Literaturwissenschaftler Sascha Pöhlmann geht so weit, die 2002 gegründete US-amerikanische Post-Black-Metal-Band Wolves in the Throne Room als Teil einer „transzendentalistischen Konstante" zu deuten, die sich über Thoreau und den philosophischen Schriftsteller Ralph Waldo Emerson (1803–1882) sowie den Dichter Walt Whitman (1819–1892) bis hin zum Black Metal des 21. Jahrhunderts erstrecke.[163] Hatte sich der Black Metal in den 1990er-Jahren von England und den USA nach Skandinavien verlagert und dort ideologische – etwa satanistische, nativistische, sozialdarwinistische oder ethnochauvinistische – Formen angenommen, so spricht Pöhlmann Wolves in the Throne Room das Verdienst zu, durch eine „ökologische, universelle, globale Ausrichtung ... dem Genre des Black Metal sein politisches Potential jenseits reaktionärer Ideologien zurückgegeben zu haben".[164] Was die Autoren der amerikanischen Romantik mit der aus Olympia, Washington stammenden Band verbinde, sei die „Betonung des freien Individuums in Abgrenzung zur Gesellschaft, de[r] Drang nach Grenzüberschreitung, die Faszination des Irrationalen, Fantastischen, Spirituellen und Primitiven sowie eine mystische Überhöhung der Natur".[165] Im Fall von Wolves in the Throne Room haben die Bandmitglieder und Geschwister Nathan und Aaron Weaver sogar eine Farm bezogen und betreiben dort ökologische Landwirtschaft. Damit knüpfen sie implizit an das Selbstexperiment von Henry David Thoreau an, der sich zwei Jahre lang lesend, schreibend und sich selbst versorgend in eine Waldhütte zurückgezogen hatte. Ihre neue Basis haben die Weaver-Brüder nach einer Muse der griechischen Mythologie benannt: Calliope (deutsch: Kalliope). Kalliope ist zuständig für Dichtung und Wissenschaft – das ist doch ein deutlich anderer Fokus als der auf Satan oder auf jene Figuren der nordischen Mythologie, die spätestens von Manowar mit ihrem Album *Sign of the Hammer* (1984) im Metal-Genre verankert worden ist: „Thor the mighty, Thor the brave / Crush the infidels in your way / By your hammer let none be saved / Live to die on that final day / Gods, monsters and men / We'll die together in the end" („Thor"). Mit den Alben *Blood Fire Death* (1988) und *Hammerheart* (1990) der schwedischen Band Bathory wurde Viking Metal zu einem eigenen Subgenre, das mit jüngeren Bands wie Amon Amarth Massenerfolge feiert.

Im Großen und Ganzen versucht sich „Black Metal ... als eigenständige Kunstform ... in einem Zwischenraum zwischen Rock- und Kunstmusik zu positionieren".[166] Die erste Welle (etwa Venom) steht dem Rock, die zweite Welle der Kunst, vor allem der avantgardistischen Lebenskunst, näher (etwa Burzum). Bands wie Liturgy und Wolves in the Throne Room

Abb. 15: Vasil Doiashvili von Ruins of Faith in Arbeitskleidung

könnte man zu einer dritten Welle des Black Metal rechnen: undogmatisch, experimentell, offen, kritisch und universalistisch, dabei nicht weniger radikal im musikalischen Ausdruck. Aber nicht in nur in westlichen Gegenden, auch in Osteuropa findet man Beispiele für ästhetische Radikalität ohne extremistisches Dogma – nicht erst im 21. Jahrhundert.

Im Jahr 2018 traf ich in der georgischen Hauptstadt Tiflis Vasil Doiashvili, der auch „Vater des georgischen Black Metal" genannt wird (Abb. 15). Mit Bands wie Pergamo und Ruins of Faith hat der Mediendesigner die Extreme-Metal-Szene des Landes in einem herausfordernden Umfeld seit den frühen 1990er-Jahren entscheidend geprägt: „Die georgische Szene ist klein. Wir haben einige sehr gute Bands, die auf internationalem Niveau spielen. Aber wir erhalten nicht die gleiche Aufmerksamkeit wie Bands aus dem Westen. Es gibt nicht viele geeignete Auftrittsorte. In den meisten Klubs sind der Sound und das Licht schlecht – um eine gute Metal-Show zu machen, brauchst du nun mal Geld. Es gibt hier auch keine Toningenieure, die Metal-Alben richtig aufnehmen können. Die Technik ist zwar da, aber nicht das Know-how. Die Techniker verstehen die Idee des Extreme Metal nicht. Am Ende klingt die Aufnahme wie Deep Purple. Wir haben deshalb all unsere Alben im Heimstudio aufgenommen." Anzuhören ist das dem Studioalbum *Dark Evil Illusory Substance* (2018) nicht. Ruins of Faith spielt technisch anspruchsvollen, packenden Black Metal auf hohem kompositorischen Niveau mit georgischem Lokalkolorit in Harmonien und Sampels: „Beim Intro zu *Dark Evil Illusory Substance* handelt es sich um einen Ausschnitt aus einem Gesang des georgischen orthodoxen Patriarchen", lacht Doiashvili.

Der Multiinstrumentalist entspricht in keiner Weise dem Klischee des düsteren, extremistischen, ideologisch verblendeten Schwarzmetallers. Im Gegenteil. Doiashvili lacht viel, vertritt liberale Standpunkte und kann mit Kulturpessimismus wenig anfangen – obwohl seine persönlichen Erfahrungen im postkommunistischen Georgien sicherlich härter waren als die seiner norwegischen Kollegen. Eher betrachtet er die Welt wie ein absurdes Theater und hält den Mächtigen aus Religion und Politik den Spiegel vor: „All die Dummheit ist mir so unverständlich. Ich meine die Dummheit der Massen; derjenigen, die sich von Autoritäten verführen lassen. Mir geht es aber nicht darum zu jammern – oh, alles ist so schlecht, die Probleme sind so groß! Ich lache darüber. Ich lache über das System. Ich habe schon im Jahr 1993 angefangen, Black Metal zu spielen, aber ich war nie der depressive Typ. Ich habe einfach eine abweichende Sicht auf die Welt und mache mir meine eigenen Gedanken."

Wie ich Doiashvili so zuhörte, schien es mir, als seien die norwegischen Black Metaller der 1990er-Jahre ein Kollateralschaden des skandinavischen Wohlstands und Wohlfahrtsstaates gewesen. Sie lebten wie Maden im posthistorischen Speck und konnten es sich ohne große Gefahr erlauben, Extremismus und Terror zu frönen. Norwegische Gefängnisse sind komfortabel. Draußen kümmert sich der Staat um die Arbeitslosen und Gescheiterten. Wer hier fällt, fällt weich. In den postkommunistischen Staaten mit ihrer prekären Wirtschaft, ihren schwachen sozialstaatlichen Strukturen und ihrer oft konservativen politischen Mentalität sah und sieht das anders aus. Wer hier überleben und vielleicht sogar gut leben will, muss ständig präsent und auf den Beinen sein, muss flexibel, wachsam und pragmatisch bleiben, muss multiperspektivisch denken und handeln. Nicht zuletzt erfordern Nonkonformismus und offene Kritik an Eliten wirklichen Mut. Wer hier fällt, fällt tief.

Auch was den Umgang mit Nation, Kultur, Ethnie und Geschichte betrifft, unterscheidet sich Doiashvilis Position von den nativistischen Black

Metallern der zweiten Welle: „Natürlich mag ich mein Land, meine Kultur, unsere Musik, sonst hätte ich Georgien längst verlassen. Aber das hat nichts mit irgendwelchem Nazikram zu tun. Wir hätten skandinavischen Black Metal imitieren können. Doch wer braucht schon eine Kopie? Selbst wenn ich es wollte, könnte ich diesen Metal nicht auf überzeugende Weise spielen, weil ich anders aufgewachsen bin. Mit unserer Musik wollen wir der Welt zeigen, wo wir leben – dass Georgien überhaupt existiert!" (Lacht) Gleichwohl steht Doiashvilis Schaffen im Ansatz dem transgressiven, experimentellen Charakter des norwegischen Black Metal um 1990 nahe. Mit Ruins of Faith spielt er symphonischen Black Metal, der kommerzielles Potenzial hat, in der Progressive-Black-Metal-Band Im Nebel wirkte er als Sänger an kunstvollen Kompositionen mit, für die groteske Grindcore-Band VasGorShalRud bedient er das Schlagzeug.

Der Mitte der 1980er Jahre entstandene Grindcore, eine der musikalisch extremsten, von Punk, Crustcore und Hardcore beeinflussten Hybridformen des Metal, oszilliert ähnlich wie die Wellen des Black Metal zwischen Rock- und Kunstmusik, Aktivismus und Verbalkritik. Anfänglich bildeten quasiavantgardistische Ideen oder Intuitionen von radikaler Entgrenzung und Disruption die Leitmotive der Szene, die in den Vereinigten Staaten von Amerika, England und Kontinentaleuropa primär im Umfeld linker Jugendkulturen ihre Zentren hatte und sich darin ideologisch vom skandinavischen Black Metal der zweiten Welle unterscheidet. Die Übergänge zwischen Grindcore und dem etwa zeitgleich entstehenden Death Metal waren oft fließend. Grindcore-Bands waren jedoch stärker als Death-Metal-Bands bestrebt, sich vom Heavy Metal zu distanzieren, sei es durch extreme Kürze, extreme Geschwindigkeit, extreme Lautstärke, extreme Verzerrung, extreme Unverständlichkeit der Texte, extreme politische Statements oder betont zerklüftete, diskontinuierliche, das bereits zur Folklore gewordene Headbanging-Ritual verunmöglichende Kompositionen, die sich eher wie Dekompositionen anfühlten. Genau deshalb weckte Grindcore das Interesse des britischen BBC-Moderators und DJs John Peel.

Der im Jahr 2004 verstorbene Musikenthusiast interessierte sich für die abseitigen, avantgardistischen Strömungen nichtpopulärer Popmusik, die er in seinen BBC-Sendungen ohne Rücksicht auf den Mainstreamgeschmack präsentierte. In den 1980er-Jahren kam ihm Punk bereits ausgelutscht vor, ganz zu schweigen vom Metal: „Was nötig war, so fühlten mein BBC-Radio-1-Produzent John Walters und ich, war eine Rückkehr zu mitreißender Vulgarität. Wir suchten eine Band, die, zumindest metaphorisch gesehen, ihre Fürze auf der Bühne anzündete."[167] Grindcore sollte diese Lücke füllen. Ob Napalm Death' sozialkritisches Debütalbum *Scum* (1987), auf dem mit „You Suffer" der vom Guinness Book of Records beglaubigte kürzeste Song aller Zeiten (1.316 Sekunden) enthalten ist, das monoton durch Gore- und Splatter-Fantasien klöppelnde Album *Horrified* (1989) ihrer Landsleute von Repulsion oder die neurasthenischen Soundspasmen jüngerer Formationen wie der 2001 gegründeten, nur aus Frauen bestehenden japanischen Band Flagitious Idiosyncrasy In The Dilapidation – Grindcore war und ist in musikalischer Hinsicht mehr Avantgarde als Heavy Metal, in inhaltlicher Hinsicht, vor allem in der Frühphase, politischer als Heavy Metal und in seiner Radikalität zugleich absurder, komischer, perverser, irrer und lebendiger als die mitunter an ihrer kunsthandwerklichen Professionalität erstickenden Metal-Bands.

Das Manövrieren an den Grenzen des Extremen bewirkt aber auch, dass Grindcore Gefahr läuft, in eine Sackgasse zu münden. Während der klassische Heavy Metal die Extreme andeutet, mit ihnen spielt, sie in der Schwebe hält, nie bis zum Äußersten geht, immer in einem Abstand zur Grenze verharrt – was ihm mitunter als Konservatismus oder Feigheit ausgelegt wird –, setzt Grindcore die Extreme tatsächlich um. Doch lässt sich der Blastbeat erst einmal nicht mehr schneller spielen, ohne zum bloßen Klangteppich zu werden; ist die Verzerrung erst einmal nicht mehr steigerbar, ohne in undifferenziertes Rauschen überzugehen, dann ist keine Weiterentwicklung, keine Steigerung der Intensität mehr möglich. Totale Intensität schlägt, insbesondere auf Dauer, in ihr Gegenteil um – in Gleichgültigkeit und Atrophie. Was Hunt-Hendrix über den skandinavischen Black Metal schreibt, lässt sich auch auf Teile des Grindcore übertragen: „Der reine Blastbeat ist die Ewigkeit an sich. Keine gegliederten Figuren, kein Anfang, kein Ende, keine Pausen, kein Dynamikumfang. Er ist ein Vogel, der in der Luft schwebt und sich nirgendwo auch nur für einen Moment niedersetzen kann. Was sich zunächst wie ein großer Aufruhr ausnahm, verebbt zu einem atrophierten Summen. […] Jedes statische Tempo ist ein Nullwinkel."[168]

Zum Glück ist Grindcore nicht auf Geschwindigkeitsexzesse beschränkt. Zwischen den Polen von kompromissloser Kulturkritik und einem Exzess der Perversionen ist im Grindcore alles möglich. Auf der einen Seite finden sich im Genre gänzlich ironiefrei geröchelte kapitalismus-, macht-, militär- und technologiekritische Songtexte wie die auf Napalm Death' *Scum*: „Multinational corporations / Genocide of the starving nations" („Multinational Corporations") oder „Systematic rape of nature / Profit precedes need" („Point Of No Return"). Auf der anderen Seite gibt es Grindcore-Konzerte, gegen die sich der Kölner Karneval wie ein Trauerzug ausnimmt. Als etwa Flagitious Idiosyncrasy In The Dilapidation 2018 auf dem Obscene Extreme Festival in Tschechien auftrat, verwandelte sich die Bühne in eine Freakshow. Sängerin, Illustratorin und Wrestling-Fan Makiko erschien im sexy Fitnessoutfit, während Schlagzeugerin Tomoko mit einem schlichten Napalm-Death-T-Shirt ihren Grind-Ahnen Tribut zollte. Wie es auf Hardcore-Konzerten üblich ist, gesellten sich diverse Gäste zur Band auf die Bühne, darunter ein Punk mit nacktem Hintern, ein stämmiger Typ mit Wrestlingmaske, eine Schönheit im grünen Bikini, ein Kerl im klassischen 8oer-Jahre-Metal-Look, eine sich dezent in den Hüften wiegende junge Frau mit Handtasche, ein Mann – oder war es eine Frau? – im Hai-Kostüm, ein anderer mit einer über die Schulter geworfenen Sexpuppe und noch ein anderer mit Cowboyhut, auf einem grünen Gummi-Tyrannosaurus über die Bühne reitend.

Bei der deutschen Deathgrind-Band Japanische Kampfhörspiele (gegründet 1998 in Krefeld) verbindet sich ernsthafte Kritik an Politik und Wirtschaft mit künstlerischem Anspruch, Lust am intellektuellen Spiel und Freude am Absurden. Der Text des Songs „Wenn die Menschen einmal nicht mehr sind" (vom Album *Kaputte nackte Affen*, 2011) zählt zum Besten, was das Grindcore-Genre hervorgebracht hat: „Wenn die Menschen einmal nicht mehr sind / Wer soll dann die Atome spalten? / Wenn die Menschen einmal nicht mehr sind / Wer soll dann die Welt verwalten? / Wer soll dann besser dämmen? / Nichts Fossiles mehr verbrennen? / Wer soll dann Bus und Bahn benutzen? / Um die Luft nicht zu verschmutzen / […] Setzt den Menschen auf die Liste der bedrohten Arten / Seht ihr nicht, wie er sich dem Abgrund nähert / Seine zum Teil erstaunlichen Methoden, mit dem Leben klarzukommen / Sind doch erhaltenswert!" Hier wird gänzlich auf den erhobenen Zeigefinger und die apokalyptische Politpanik verzichtet – die souveränste Form der Kritik, so scheinen die Musiker nahelegen zu wollen, besteht darin, sich mit Humor über den bleiernen, lähmenden Ernst zu erheben.

Ausgerechnet in Nashville, Tennessee, dem Zentrum der kommerziellen US-amerikanischen Countrymusik, zeigt sich, welche unwahrscheinlichen Wandlungen Grindcore durchlaufen hat und welche unwahrscheinlichen Wege dem Genre noch offenstehen. Die in Nashville lebende afroamerikanische Sängerin der Grindcore-Band Bleed the Pigs Kayla Phillips bewegt sich zwischen Welten, die vordergründig weit auseinanderliegen: der von radikalem politischen Grindcore und der von Fashion,

Beauty, Kosmetik. Eigentlich hatte Phillips für dieses Buch ein Interview zugesagt, verschwand dann jedoch in der Versenkung.

Bleed the Pigs spielt hyperaggressiven, kompromisslosen Grind- und Crustcore mit Anleihen bei Powerviolence, Black Metal und Post-Metal à la Neurosis. Der Bandname ist denn auch von Neurosis' Song „Bleeding the Pigs" (2012) inspiriert. Die düsteren Texte Phillips' handeln, typisch für Grindcore, von Themen wie Verzweiflung, Hoffnungslosigkeit, sexuellem Missbrauch, struktureller Gewalt und White Supremacy. Phillips bezeichnet sich selbst als „Womanist", ist Veganerin, reizt die Grenzen des Hörbaren mit dem experimentellen Noise-Projekt Pulsatile Tinnitus aus, verficht einen intersektionalen Umgang mit Diskriminierung und beklagt, dass ihre Hautfarbe keine Selbstverständlichkeit im Metal-Genre sei: „Ich werde definitiv zuerst als schwarze Frau gesehen. Das spüre ich definitiv."[169]

Phillips' Beispiel ist ein weiterer Beleg dafür, dass kritische linke Intellektuelle und Künstler sich vor allem in Punk-inspirierten Metal-Subgenres wohlfühlen, während der als unpolitisch und eskapistisch empfundene Heavy Metal bislang eher zum ironischen Spleen taugte (siehe Kapitel „Desecrators of the New Age"). Die eloquente Sängerin vertritt Positionen, die in den 1980er- und 90er-Jahren von der akademischen Kulturlinken vor allem an US-amerikanischen Hochschulen entwickelt wurden und seitdem weltweit in Popkultur und Massenmedien einsickern. All diese Positionen waren und sind anschlussfähig an den linksaktivistischen und radikalen Grindcore der 1980er-Jahre, wo Genderfragen, Polizeigewalt, Rassismus, Vegetarismus und Veganismus von Beginn an wichtige Rollen spielten, allerdings unter weniger akademischen Vorzeichen. Die Mitglieder der 1985 gegründeten Liverpooler Grindcore-Band Carcass beispielsweise, mit deren Werk Phillips vertraut ist, waren Vegetarier und Veganer.[170] Ihre betont ekligen Splatter- und Gore-Texte können rückblickend als raffinierter Versuch gelesen werden, den Hörern jegliche Formen des Fleisches buchstäblich madig (engl. „maggoty") zu machen, ohne sie dabei mit dem erhobenen Zeigefinger zu behelligen: „Maggots and grubs bore into the mouldy remains / Masticating lymph, caked blood and cankered decay / Maturating brains play host to the grisly fete / Stuffed anal passage, served on a plate" („Maggot Colony", 1988). Wer nach Carcass-Songs noch Lust auf Fleisch hat, lässt sich wohl von nichts den Appetit verderben.

Auf der anderen Seite ist Phillips selbstständige Unternehmerin im Kosmetikbereich. Sie stellt unter anderem Seifen, „Bath Bombs", Shampoos, Parfüms, Gesichtscremes sowie Duschgels her und vertreibt sie in ihrem schick designten Internetshop. Für die frühe Grindcore- oder Death-Metal-Szene wäre das, gelinde gesagt, unüblich gewesen. Grindcore und Beauty? Come on! Bei genauerer Betrachtung wird jedoch klar, wie Phillips die Ideale von Punk, Hardcore und Grindcore in Produktlinien übersetzt. All ihre Artikel sind vegan und werden in Handarbeit gefertigt. Der für die genannten Genres und Szenen essenzielle D. I. Y.-Gedanke steht im Vordergrund, wie die gebürtige Texanerin auf der Internetseite ihres Shops betont: „Ja, ich mache bei Foxie Cosmetics alles ganz alleine! Von den Produkten selbst, den originären Ideen, Beschriftungen und Fotos bis hin zu den Beschreibungen."[171]

Die Produktnamen und -beschreibungen bilden ein so humorvolles wie kontroverses Mosaik aus Mainstreamwellness und Metal-Hölle. Einerseits ist da der Badezusatz *Bed of Flowers*: „Blütenblätter zum Mittanzen in deiner Badewanne".[172] Alles sehr harmonisch, romantisch, gefühlig. Doch nur einen Klick weiter lauert der Badezusatz *HELL I – Infernus*: „Wirf das in deine Badewanne, lausche der Band HELL, zünde eine Kerze an und entspanne dich, während das tiefe Burgunderrot und das Violett deine Wanne füllen. Die Hölle auf Erden wird sich wahrscheinlich nie wieder so gut anfühlen."[173] Die nach „warmem Honig und Tabak" duftende Seife *Cool Ghoul* kommt in Totenkopfform daher, dem unheilvollen Duschgel *Cursed* wird die wenig fluchbeladene Wirkung „detoxing" zugeschrieben. Der Schriftzug des Parfüms *Pink Slime* erinnert an die Typografie des Schriftzugs der Hardcorepunk-Band The Accüsed, während der Name *Sunn* für eine Sonnencreme wohl auf die avantgardistische Drone-Doom-Band Sunn O))) verweist. Phillips kennt und schätzt das Duo.[174] Im Shop wie im Gesamtwerk der 27-Jährigen ist, wenn man so will, die Gleichzeitigkeit von Grindcore und ‚Kindcore', von Wellness und Hellness angesagt.

Auch Phillips' Instagram-Account bietet ein gutes Beispiel für einen Lebensstil der Nichtausschließlichkeit und des gelebten Pluralismus. Hier kommt alles zusammen, was für Traditionalisten und Puristen nicht zusammengehört, ja sich im Grunde ausschließt. Phillips in Black- und Death-Metal-T-Shirts beim heiteren Selfie-Schießen. Fotos im Influencer-Stil, sexy Posen, eine Fülle von Outfits: Side Boob Dress, Choker, Grunge-Look, tiefe Dekolletés, pinkfarbener Afro, blauer Lippenstift, unrasierte Achselhöhlen, rasierte Achselhöhlen, Nasenring, Intellektuellenbrille, Tattoos. Cute Look, Innocent Look, Angry Look. Tiere. Blumen. Landschaften. Hunde. Kosmetikartikel. Keine Katzen. *Keine Katzen!* Konzertflyer im Punk- und Black-Metal-Stil. Urlaubsfotos und Fotografien aus Kunst und Mode, darunter Aufnahmen von Man Ray und Erwin Blumenfeld. Aquarellzeichnungen aus der Hand von Phillips: „Monsters in Love", „Uncomfortable Yet Scary Rabbit Boy", irgendwo zwischen Pop-Art, Comic und Art brut. Ein Konzertfoto von Bleed the Pigs, überlagert von fetten weißen Buchstaben: „Grind Down Patriarchy". Philipps schüchtern lächelnd vor dem Geburtshaus von Kurt Cobain, Phillips in Hotpants und BH schreiend auf der Bühne, Phillips einer anderen Frau einen Kuss auf die Wange hauchend, Phillips am Strand, vor dem kalten Wasser zurückschreckend, Phillips auf der Kunstmesse Art Basel Miami Beach.

In diesen eigenartigen Verquirlungen zeigt sich das transgressive Wesen des Metal wie selten zuvor. Manowars Credo „Heavy metal or no metal at all / Whimps and posers leave the hall" spielt keine Rolle mehr. Metal-Identitäten sind nun so divers, wie die Ästhetik des Metal es immer schon war. Grindcore und Influencer, Black Metal und Beauty, Business und Nonkonformismus, Kunst und Kulturindustrie, *Vogue* und Fanzines, Eros und Thanatos – Phillips gehört zu einer Generation, für die es keinen Widerspruch mehr darstellt, sich einerseits als kommerzielle Marke zu begreifen und sich andererseits aktivistisch zu engagieren; einerseits im Modemainstream mitzuspielen und andererseits den Extremen zu frönen. Ist das beliebig? Eher hat das weltfremde Prinzip „Entweder-oder" ausgedient. Wenn sich Phillips in einem Artikel für das *Vice Magazine* mit der Black-Lives-Matter-Bewegung solidarisiert und Kritik an ihren „White Peers" in der Metal-Szene übt, trägt sie auf einem Instagram-Foto gleichwohl ein T-Shirt der Hardcore-Band Minor Threat, die den im Kapitel „Into the Pandemonium" erwähnten kontroversen Song „Guilty of Being White" schrieb.[175] Ambivalenz, Pluralismus und Diversität sind nichts, was sich nur zwischen Gruppen abspielt. Sie kennzeichnen auch komplexe Einzelpersonen. Dass sich Metal für solche Personen geöffnet hat, ist ein gutes Zeichen. Wo aber bleibt da die Kapitalismuskritik? Für die jüngere akademische Kulturlinke tritt sie tendenziell in den Hintergrund. Vielleicht ist sie ja ermüdet davon, dass Kritik am Kapitalismus vom Kapitalismus regelmäßig vereinnahmt wird. Also kann man Kritik auch gleich mit kapitalistischen Mitteln üben – natürlich kombiniert mit D. I. Y.-Praktiken, die wenig mit Corporate America zu tun haben. Kapitalismus ist ein dehnbarer Begriff. Und überhaupt können sich nur diejenigen, die andere für sich arbeiten lassen, den Luxus leisten, ihre Haut nicht zu Markte zu tragen.

Die ersten, Anfang der 1980er-Jahre erschienenen und über Tape Trading verbreiteten Demos von Grindcore-Bands wie Extreme Noise Terror, Napalm Death, Siege oder Repulsion waren weniger kompromissbereit, modisch, divers und pluralistisch. Musikalisch sind sie stark im Hardcorepunk verwurzelt. Einen wichtigen Einfluss auf das neue Genre übte die 1977 gegründete britische Hardcore-Band Discharge aus. Das Cover ihrer EP *Why* (1981) zeigt Schwarz-Weiß-Fotografien des Massakers von Nanking (1937/38), das japanische Soldaten an der chinesischen Zivilbevölkerung und an chinesischen Soldaten verübten: Leichen, wie Abfall verstreut auf einer Freitreppe, manche entblößt, vergewaltigt, blutend, darunter auch Kinder. Auf einer weiteren auf dem Cover abgebildeten Fotografie kniet eine weiße Frau neben einer bis zur Unkenntlichkeit entstellten Leiche und hebt ihre Handflächen in einer Geste der Hilflosigkeit empor. Hier kann sie nichts mehr ausrichten. Auch diese Geste scheint „Warum?" zu fragen. Die Antwort liefert ein Satz in der rechten unteren Ecke des Covers: „In order to satisfy their mania for conquest lives are squandered."

Am Discharge-Cover wird die Differenz zwischen dem klassischen Metal einerseits, Hardcorepunk und Grindcore andererseits sinnfällig. Auf den Metalalben der späten 1970er- und frühen 80er-Jahre waren Rasierklingen und Maschinenadler (Judas Priest), Hämmer und Blutlachen (Metallica), Zombies und Flammen (Iron Maiden), nächtliche Wälder und Science-Fiction-Krieger (Black Sabbath), im Chaos versinkende Bandprobenräume (Raven), Muscle Cars (Girlschool), Ambosse und Winkelschleifer (Anvil) abgebildet. Alles eher unspezifisch, was Politik und Geschichte betrifft. Auf *Why* hingegen sind die Bildmotive ähnlich direkt und krass wie die Songs selbst. Legte die NWOBHM Wert auf Virtuosität und Originalität, so verschob sich mit Discharge der Fokus auf Energie und Intensität. Die körperliche Komponente war entscheidend, nicht die gute Form. Geschwindigkeit als solche war gefragt – sie sollte so lange gesteigert werden, bis, frei nach Friedrich Engels' *Dialektik der Natur*, Quantität in neue Qualität umschlägt. Aus den Texten verschwanden die mythologischen und apokalyptischen Chiffren der NWOBHM, die ihr einen artifiziellen Charakter verleihen. Die in Hardcorepunk-Texten artikulierte Angst ist so nackt wie das Leben jener, die auf den Schlachtfeldern entmenschlicht, auf reine „Biomasse" (Giorgio Agamben) reduziert werden: „My head is filled with fear of war / Fear and threat of war / Horrific disturbing visions of war / Fill my head" (Discharge, „Visions of War", *Why*). Der Krieg erscheint in den Songtexten auf *Why* als das, was er faktisch ist: nicht als die noble „einzige Hygiene der Welt", von der die Faschisten der 1920er-Jahre träumten, sondern als sinnloses „Massacre Of Innocence" (Discharge). Die kunstvolle Stilisierung von britischen Metal-Bands wie Judas Priest oder Iron Maiden war nicht vereinbar mit der explosiven Stimmung der Hardcorepunks. Kunsthaftigkeit musste ihnen als biedere Verbrämung erscheinen. Doch bald schon wurde die Kluft zwischen Underground und Kunst schmaler.

Die schweizerische Grindcore- und Noiseband Fear of God (gegründet 1986) war laut ihrem Sänger Erich Keller „gegen alles und vor allem gegen Hippies. Die musikalische Konsequenz lag auf der Hand. Wie [der Gitarrist] Tschösi es immer ausdrückte: ‚Wir müssen die Musik zerstören. Nach Fear of God muss das alte Konzept der Musik überwunden sein.' So naiv und lächerlich es auch klingt, das war Fear of God, das war unser Selbstverständnis, ob es funktioniert hat oder nicht, obliegt nicht mir zu sagen."[176] Im Jahr 1988, dem Jahr ihrer Auflösung, konzertierte Fear of God in Fribourg (CH) mit Caspar Brötzmann, der in seinem Avantgarde-Rock-Trio Caspar Brötzmann Massaker die Härte des Metal, das stoische Stampfen der Rockmusik und die Radikalität des Free Jazz kombinierte. Einen wichtigen Einfluss bildete dabei sein Vater, der aus der Fluxus-Szene stammende Saxofonist Peter Brötzmann. Dieser war in den 1980er-Jahren bereits eine internationale Größe und trat nicht nur in kleinen Szeneklubs, sondern auch auf renommierten Festivals in Erscheinung. Caspar Brötzmann war zudem über die Einstürzenden Neubauten mit der alternativen Kunstszene Berlins verbunden. Mit dem Aufeinandertreffen von Bands wie Fear of God und Caspar Brötzmann Massaker öffnete sich die Tür vom Grindcore-Underground zu den Milieus von Experimentaljazz und Neuer Musik einen Spalt weit.

Dieser Spalt vergrößerte sich im selben Jahr, als der Avantgarde-Saxofonist und frühere Kompositionsstudent John Zorn in New York City die Band Naked City gründete. Neben Jazz, Free Jazz, Country, Rock 'n' Roll und unzähligen weiteren Genres verquirlte sie auch Metal und Grindcore zu einem so heiteren wie herausfordernden Potpourri. Auf dem ersten Album *Naked City* (1990) wechseln konventionelle, den westlichen Radiohörern bestens vertraute Klänge mit Blastbeasts, Keifen, Gegurgel und dissonanten Totalzusammenbrüchen.

Ist der klassische Metal mit seinen Reihungen modularisierter, wiederkehrender Riffs und betont maschinellen Rhythmen von einem Geist der Linearität wie auch Kontinuität geprägt, so finden im Zirkus von Naked City gefühlt mehrere, in sich diskontinuierliche Vorstellungen gleichzeitig statt. Das für den Metal charakteristische Prinzip der Überwältigung und Überforderung erfährt eine Aktualisierung mit neuen Mitteln. Auch auf dem 1991 veröffentlichten, selbstbetitelten Debütalbum der kalifornischen Avantgarde-Rockband Mr. Bungle um den Sänger Mike Patton (Faith No More) ist dies der Fall. Da wirbeln die Subgenres des Metal wie in einem Konfettiregen mit Myriaden anderer Popschnipsel durcheinander. Hörspielartige Einschübe, futuristische Klangmontagen wie in der Musique concrète, zynisch eingestreute Kirmesklänge und abrupte Rhythmuswechsel verunmöglichen konstantes Headbangen, wie es im klassischen Metal gepflegt wird. Wenn Naked City ein Zirkus ist, dann ist Mr. Bungle eine Freakshow. Das trifft auch auf Pattons Nachfolgeprojekt Fantômas mit seinem verwirrenden Gemisch aus Noise, Metal, Hardcore und B-Movie-Soundtracks zu. Doch der Anschein von Chaos und improvisatorischer Offenheit trügt. Jeder der meist weniger als eine Minute kurzen Songs ist sorgsam auskomponiert und wird auf der Bühne originalgetreu reproduziert. Naked City atmete noch die Offenheit des Free Jazz. Bei Fantômas hingegen ist das Chaos in der Struktur aufgegangen. In dieser Hinsicht stehen die Kompositionen dem kontrollverlustfreien Metal näher als Noise und Free Jazz.

Die zweite Hälfte der 1980er-Jahre war eine Zeit des optimistischen Anything Goes. Heavy Metal war „zur vorrangigen Ausdrucksmöglichkeit für fremde und interessante Sounds geworden".[177] Den Kombinationsmöglichkeiten schienen keine Grenzen gesetzt. Naked Citys Zapping durch die Musikkanäle entsprach dem aufkommenden Geist der liberalkapitalistischen Nachgeschichte (posthistoire): Du kannst leben, wie du willst, du kannst sein, wer du willst, du kannst tun, was du willst, solange du es professionell machst und eine Marktnische dafür findest. Entweder-oder war gestern. Low ist das neue High und umgekehrt. Die alten Werte zählen nicht mehr, es geht um Freiheit, Experiment und Intensität! In gewisser Hinsicht zeichnete sich in den Nischen der Popmusik ein ähnlicher Prozess ab wie jener, der in der Klassik in den 1950er-Jahren stattgefunden hatte. Damals stritten Komponisten darüber, ob abstrakter (nur auf Musikinstrumenten erzeugter) oder konkreter (etwa aus aufgezeichneten Alltagsgeräuschen montierter) Musik die Zukunft gehöre und welche von beiden als die progressivere einzustufen sei. Karlheinz Stockhausen entschloss sich, beide zu kombinieren, anstatt einem in der Postmoderne obsolet gewordenen Purismus zu frönen. Die extreme Pop- und Kunstmusik à la Naked City und Mr. Bungle machte eine solche Kombination auch dem nichtakademischen Publikum zugänglich.

So strömte in den 1980er-Jahren denn alles zusammen – Metal, Jazz und Neue Musik, Entertainment und Kunst, Pop und Avantgarde. Amüsant ist, dass Celtic Frost, die schweizerischen Pioniere des Avantgarde und Extreme Metal, ausgerechnet 1988 eine Kehrtwende vollzogen und sich dem Glam Metal zuwandten. Während sich Fear of God in schöpferischer Zerstörung übte, besorgte sich Celtic Frost ein paar Flaschen Haarspray und tat so, als stammten sie aus Los Angeles. Aber vielleicht war das ja die ultimative Avantgarde-Geste, insofern sie nicht einmal als eine solche erkannt werden sollte.

Die Ausdifferenzierung des Extreme Metal, ob in Grindcore, Death Metal oder Black Metal, wird nicht nur in der transgressiven, etwa in die Bereiche von Ambient, Drone oder Folk ausgreifenden Instrumentalmusik (siehe unter anderem die Entwicklung der Band Ulver), sondern auch in Gesangsformen und Songtexten sinnfällig. Die Bedeutung dessen, was die Sängerinnen und Sänger von sich geben, kann seit den 1980er-Jahren akustisch zugänglich sein, muss es aber nicht. Dass Popstars wie Elvis oder Nancy Sinatra Unverständliches ins Mikrofon gegrunzt und damit denselben Erfolg wie mit ihren Singalong-Texten genossen hätten, ist unwahrscheinlich. Ein Text wie „uargh, groooo, rchssss, uargh!, uargh!" zu den Akkorden von „In the Ghetto" hätte Elvis wohl um grob 99 Prozent seiner Fans gebracht.

Mit dem Extreme Metal verhält es sich anders. Growlenden Death- und keifend-knurrend-kreischenden Black-Metal-Sängerinnen und Sängern steht es spätestens seit Possesseds *Seven Churches* frei, ihre Stimmen in einem breiten Spektrum zwischen Atmosphäre und Bedeutung, Rhythmus und Melodie, Verständlichkeit und Unverständlichkeit einzusetzen. Was der Gitarre mit Verzerrer und Palm-Mute-Riffs widerfahren war, widerfährt nun auch der Stimme: „Eine Idee des Extreme-Metal-Gesangs ist es, dass die Stimme einen instrumentalen Charakter annimmt. Sie ist dann eher ein Rhythmusinstrument als ein Melodieinstrument. Das Ziel ist es, einen Klang zu erreichen, bei dem man keine konkreten Noten, keine konkreten Töne mehr hört, sondern nur noch Verzerrung. Man verzerrt die Stimme, ähnlich wie es passiert, wenn man wütend ist, wenn man jemanden anschreit. […] Es ist hilfreich, den Klang, der aus dir herauskommt, noch zu verstärken, also die Verzerrung zu verstärken, und die Frequenzbereiche, in denen noch effektiv eine Note mitschwingt, zu minimieren", erläuterte Chrigel Glanzmann, Sänger der Folk-Metal-Band Eluveitie, 2018 in einem Seminar an der Zürcher Hochschule der Künste. Wenn die Stimme als weiteres Rhythmusinstrument eingesetzt wird, entsteht auch eine Nähe zum Sprechgesang des Hip-Hop – mit dem Unterschied, dass im Rap die „Message" meist vernehmlich bleibt.

Im Extreme Metal wird die menschliche Stimme somit zum doppelt codierten Instrument: Ihr lassen sich sowohl verbale als auch rein akustische Äußerungen entlocken. Auf den ersten Alben von Obituary improvisiert Sänger John Tardy mit gegrowlten Wortfetzen, anstatt, wie im Metal üblich, ausformulierte Texte wiederzugeben. Der Obituary-Bassist John Watkins sagte 2007 in einem Interview: „Na klar gibt es da ‚Worte', aber definitiv keinen Sinn! Die Vocals sind bei Obituary wie ein weiteres Instrument. In der Verwendung der Vocals stehen wir ziemlich einzigartig da. Sie bringen zudem eine Art von Mystik in die ganze Sache, mit der wir die Leute auf eine mystische Wanderschaft schicken wollen."[178]

Vor allem in Produktionen des Black Metal wird die Stimme zudem oft in den Hintergrund gemischt, von wo aus ihre ohnehin schwer verständlichen, weil gekeiften oder gekreischten kulturkritisch-spirituellen Botschaften wie aus mehreren labyrinthartig miteinander verschränkten Grüften herüberwehen. Bei den einen sorgt für das Unverständnis: Warum überhaupt Songtexte, wenn sie nicht verstanden werden können? Bei anderen Hörern stimuliert der Zug zum Abstrakten und Konkreten ihren hermeneutischen Sportsgeist. Im Song „Subterreanean Initiation" (2011) von Wolves in the Throne Room, um nur ein Beispiel von vielen zu nennen, scheint die Stimme selbst aus „unterirdischen" Tiefen zu stammen. Das lädt ein zum Recherchieren und Spekulieren, ähnlich wie vor einem – imaginären – Werk der konkreten Kunst, bei dem zwei rote Vierecke unter dem Titel „Skepsis und Transzendenz" firmieren. Was mag der Zusammenhang zwischen Formen und Titel sein? Diese Gleichzeitigkeit von Bedeutungsoffenheit in der ästhetischen Form und Bedeutungsgebung im verbalen Kontext zeichnet auch viele Kompositionen des Black Metal aus. Mit der abstrakten Kunst teilt er überdies die Wurzeln im Spirituellen, Okkulten und Esoterischen, waren Künstler wie Wassily Kandinsky oder Hilma af Klint doch stark von theosophischen und spiritistischen Lehren wie auch Praktiken beeinflusst.

Bei NWOBHM-Bands wie Judas Priest und Power-Metal-Bands wie Metallica ist fast jedes Wort verständlich. Ihre Songtexte können wie herkömmliche Gedichte interpretiert werden. Die verbale Bedeutung geht dabei Intonation und Expression voraus, solange die Hörer der jeweiligen Sprache mächtig sind. Bei Wolves in the Throne Room und verwandten Black-Metal-Bands ist es genau umgekehrt: Intonation und Expression gehen der verbalen Bedeutung voraus. Die Annäherung findet in diesem

Fall auf zwei Ebenen statt: zum einen mithilfe der unter Umständen abgedruckten Songtexte, zum anderen wie bei besagten Werken der abstrakten und konkreten Kunst durch offenes Assoziieren, Projizieren und anschließendes Recherchieren, Kontextualisieren, Spekulieren, Kombinieren. Bleiben die Texte obskur, geben vielleicht die visuelle Gestaltung des Albums oder Interviews Aufschluss über die weltanschauliche Stoßrichtung.

Ein interessanter Grenzfall ist Kvelertak aus Norwegen. Die Band singt in ihrer Muttersprache, also für Norweger verständlich – wenn sie denn genau hinhören. Auf den Studioalben ist die Stimme des Sängers irgendwo zwischen der klaren Verständlichkeit des Heavy Metal und den obskurantistischen Mixen des Extreme Metal angesiedelt. Für die zahlreichen internationalen Kvelertak-Fans, die des Norwegischen nicht mächtig sind, bleiben die Wörter indes reine Klänge. Kvelertaks optimistisch-aggressive, sportlich-ekstatische, vom dichten Sound dreier Gitarren geprägte Mischung aus melodischem Power Metal, Rock 'n' Roll und Black Metal überzeugt sie dennoch. Das Beispiel Kvelertak zeigt erneut, dass Metal auch als Instrumentalmusik bestehen kann. Ohnehin existieren im Metal mittlerweile so viele verschiedene Gesangstechniken, dass auch hier Pluralismus das bestimmende Charakteristikum ist: vom Schreien in bestimmten Tonlagen über Techniken, bei denen die Stimmbänder primär als Verzerrer eingesetzt werden, bis hin zu Deathcore-Varianten, bei denen beim Schreien nicht aus-, sondern eingeatmet wird.

So entfernt sich Extreme Metal noch weiter vom Rock als der Heavy Metal und nähert sich der Neuen Musik, also der avantgardistischen Kunstmusik, an. In den 1990er-Jahren setzte sich dieser Prozess mit Bands wie The Dillinger Escape Plan, die im engeren Sinne nicht dem Metal angehören, aber auch nicht *nicht* dem Metal angehören, fort (siehe Interview mit Ben Weinman). Die Intensität, die technische Virtuosität, die Härte, das Pathos, das Drama, die hohe Geschwindigkeit, die Laut-leise-Kontraste, die verzerrte Stimme – all das ist bei der im Jahr 1997 in New Jersey gegründeten und 2017 aufgelösten Band gegeben, ebenso wie die Fuck-you-Attitüde des Punk und jene anabole Ästhetik des Hardcore, die Anfang der 1980er-Jahre den Thrash Metal inspiriert hatte. Doch The Dillinger Escape Plans verwirrende Songstrukturen, die polyrhythmischen Exzesse, die dissonanten Harmonien und die Ehrfurcht gebietende Professionalität der Darbietung selbst bei ihren legendären Bühnenshows, die an MTV-Jackass-Stunts erinnerten, haben eine eigene Qualität.

Den Math Core von The Dillinger Escape Plan muss man sich ungefähr so vorstellen, als hätten jazzliebende Quantenmechaniker ihre Liebe für

Metal, Hardcore, Grindcore und Punk entdeckt und ihre Anzüge gegen Streetwear und Tattoos getauscht. Math Core ist Brachialpop für Hochbegabte, Furorjazz für Arithmetiker. Was zunächst wie ein Fliegerangriff auf einen Vergnügungspark klingen mag, sind de facto ausgeklügelte, nachgerade akademisch anmutende Kompositionen. Und wenn sich Weinman zu seinem Schaffen äußert, dann formuliert er hintersinnige Sätze, die so gar nicht zum unterstellten Dummsprech des Rockzirkus passen wollen: „Wir wollen niemals ein Fließband für Riffs sein. In Wirklichkeit ist das Leben ein Auf und ein Ab, es ist chaotisch, und alles, was man tun kann, ist, mit ihm zu jammen. [...] Spiel Jazz mit ihm und verbessere dich und versuche, etwas Cooles aus allem zu machen, was dir begegnet."[179] Mit dem Begriff „Fließband" spielt Weinman vermutlich auf klassische Metal-Kompositionen an: „Die vorherrschende formale Struktur ist die Reihung von Gitarrenriffs."[180]

Albentitel wie *Calculating Infinity* (1999) oder *Ire Works* (2007) deuten darauf hin: Kalkül und Grenzenlosigkeit, Wut und Arbeit sind für die Musiker von The Dillinger Escape Plan jeweils die zwei Seiten einer Medaille. Auf dem willkürlich aus der Diskografie herausgegriffenen Album *One Of Us Is The Killer* (2013) sind alle Standards der E-Musik inklusive des Jazz versammelt, nur eben in den höchsten Härtegraden der eingeschränkt populären U-Musik: vertrackte Tempi- und Taktwechsel, Pendelbewegungen zwischen Unisono- und vielschichtigen Frickel-Passagen, Variationsreichtum in der Dynamik, improvisatorische Einwürfe in Nachbarschaft zu monotonen Antigrooves und eingängigen Emo-Core-Melodien, subtile Soundcollagen bis hin zum Ambient. Und immer wenn es allzu verkopft zu werden droht, prügeln ein paar Punkakkorde oder ein Metalriff die ganze Sophisterei zu Klump.

Die Komplexität, Schnelligkeit, Überreiztheit und Aggressivität, aber auch die Energie, Kreativität und Freiheit des Lebens in den urbanen Zentren wurden wohl selten besser zur Darstellung gebracht als in dieser Musik. Im Math Core von The Dillinger Escape Plan treffen jene beiden Grundelemente zusammen, die für das Leben in den modernen, städtisch geprägten Gesellschaften typisch sind. Einerseits das, was Oswald Spengler die „reine Zivilisation" nannte: die Herrschaft des Anorganischen, Abstrakten, Technischen, Inhumanen, Numerischen. Andererseits das, was die US-amerikanische Kultur der Postmoderne mit sich brachte: der Kult des Vitalen, Entgrenzten, Individuellen, Experimentellen.

Die Vielzahl der Kontexte, die die Band dabei aufruft, spiegelt nicht zuletzt den liberalen US-amerikanischen Pluralismus innerhalb der Band wieder. Während der bodenständige Familienvater Weinman ein Vegetarier und Abstinenzler mit ausgeprägtem Bewusstsein für Ethik ist, konsumiert Sänger Greg Puciato Fleisch und Drogen, betreibt intensives Bodybuilding und war mit der Pornodarstellerin Jenna Haze liiert. Der „überlappende Konsens" (John Rawls) zwischen den Musikern besteht im Interesse am musikalischen Experiment und im Willen zur Zusammenarbeit. The Dillinger Escape Plan zeigt aber nicht nur eindrucksvoll, dass für gelingende Zusammenarbeit keine Homogenität erforderlich ist, sondern auch, dass der Pop der Jahrtausendwende längst mehr ist als Jugendkultur und Party. Pop kann auch die Überwindung und die Totenmesse seiner selbst sein, ein ätzender Abgesang auf die süßen Verheißungen der Spaßgesellschaft – bezeichnenderweise gründete The Dillinger Escape Plan eigens für die Veröffentlichung ihrer Musik eine Plattenfirma mit dem Namen Party Smasher Inc. Die alte Party ist tot, nun ist eine neue Party im Gange, bei der alle miteinander tanzen. Die heiteren Gespenster des Jazz, die Untoten des Metal, die sentimentalischen Gemüter des Emo-Core, die kunstaffinen Intellektuellen. Mit The Dillinger Escape Plan bewahrheitet sich, was der Kunsthistoriker Beat Wyss einmal über die Popkultur als solche schrieb: „Pop braucht keine Kunst, da er die Kunst ersetzt."[181]

Durch die extreme Aufmerksamkeit, die der Extreme Metal seit den 1990er-Jahren erfährt, wird der Metal im Allgemeinen zunehmend von seinen Rändern her wahrgenommen (siehe Rolf Poschardts Lob auf den Black Metal im Kapitel „Happy Metal?"). Waren in den 1980er-Jahren chartsgeadelte und arenenerfahrene Bands wie Metallica die Taktgeber des Genres, sind es derzeit Subgenres aus dem Untergrund. Diese Entwicklung spiegelt die Entwicklungen in der digitalen Medienlandschaft, wo vermehrt Blogger, Twitterer und Instagrammer Gehör finden, während die etablierten „Leitmedien" an Bedeutung eingebüßt haben. In der Metal-Forschung genießt insbesondere der Black Metal nicht zuletzt aufgrund der Affinität seiner Protagonisten zu den großen, tiefschürfenden Fragen des Lebens immense Aufmerksamkeit. Aber auch die Weiterentwicklung innerhalb des Metal empfängt ihre wichtigsten Impulse nicht mehr nur aus den angloamerikanischen Schaltzentralen. Gerade Skandinavien war, sieht man einmal von ABBA ab, vor der Entstehung von Death Metal und Black Metal eher eine popkulturelle Provinz. Heute ist dieser bevölkerungsarme Teil Nordeuropas ein bedeutender Exporteur harter, gitarrenbasierter Musik und ihrer experimentellen Derivate.

Mit der wachsenden Bedeutung seiner Ränder folgt der Metal einer allgemeinen geopolitischen Tendenz. Die Machtzentren der Moderne (seit ca. 1800) sind im Begriff, sich aufzulösen. Westeuropa und die USA, die Heartlands des klassischen Heavy Metal, sind längst nicht mehr die unbestrittenen Anführer der Welt. Die Rede geht um von der Provinzialisierung des Westens, vom Ende des Gegensatzes von Zentrum und Peripherie, vom Anbrechen eines multipolaren, unübersichtlichen, hybriden Zeitalters. Wie ich weiter oben bemerkt habe, entsprach die zurückgehaltene Energie im Heavy Metal der Ära des Gleichgewichts des Schreckens zwischen dem kapitalistischen und dem kommunistischen System unter den Vorzeichen der nuklearen Katastrophe. Der klassische Heavy Metal basiert auf einer Ästhetik und Ethik, die die Unterlassung dessen, was in Songtexten und in der visuellen Ästhetik heraufbeschworen wird, erfordert („Containment"). Mit der Practice-what-you-preach-Haltung im Black Metal der zweiten Welle, aber auch im eng mit linken aktivistischen Milieus verbundenen Grindcore wurde diese Ethik-Ästhetik partiell aufgekündigt. Gleichzeitig wurde Metal immer unübersichtlicher und hybrider, bis das komfortable zweipolige Ordnungsraster „Heavy Metal und Extreme Metal" nicht mehr genügte. Bands wie Sunn O))) (Drone Doom, USA) oder Boris (Avantgarde Rock und Metal, Japan) lassen sich nicht nur in keine herkömmlichen Metal-Schubladen packen. Boris wechselt die Schubladen obendrein unablässig. Bezeichnenderweise trugen beide Bands zum Soundtrack von Jim Jarmuschs Film *The Limits of Control* (2009) bei. Andererseits sind die Vertreter der alten Metal-Ordnung längst nicht verschwunden, ja im neuen Jahrtausend hat sich eine Renaissance insbesondere des Thrash und Power Metal ereignet (siehe Kapitel „Mental Floss for the Globe). Für den Metal gilt somit, was in den Worten des polnischen Künstlers Artur Żmijewski für die heutige Weltlage als solche gilt: „Noch leben wir in einem hybriden Schwellenzustand. Wir verlieren die alten Koordinatensysteme, und die neuen funktionieren noch nicht. Es fällt mir schwer, diese Situation zu beschreiben. Etwas ist verloren gegangen. Und die neue Realität ist noch nicht da."[182]

„Reines Chaos beeindruckt mich nicht"

Interview mit Ben Weinman (The Dillinger Escape Plan), 2016 (Abb. 16)

Jörg Scheller: The Dillinger Escape Plan wurde 1997 gegründet. Mit dem Album *Dissociation* (2016) besiegelt ihr nun eure Karriere und geht auf internationale Abschiedstournee. In einem Interview hast du gesagt, dass euch die „Zweifel" abhandengekommen seien. War das der Hauptgrund? Muss eine gute Band an sich zweifeln?

Ben Weinman: Als Individuen haben wir diese Band benutzt, um erwachsen zu werden und einen bestimmten Platz zu erreichen, an dem wir eine Mitte fanden. Wenn man jung ist und eine Band gründet, zeigt man mit dem Finger auf die Welt, man schreit ihr ins Gesicht. Eine Bandgründung ist ein großartiges kathartisches Medium, wenn du ein frustrierter Jugendlicher bist. Nun waren wir viele Jahre mit der Band aktiv und sind in vielerlei Hinsicht dieselben geblieben. Doch die Welt um uns herum hat sich verändert. Wir machen Pläne, schreiben Songs, nehmen Alben auf, gehen auf Tour. Dieser extreme Lebensstil hat uns die Möglichkeit gegeben, mit wirklich harten Umständen klarzukommen, was zwischenmenschliche Beziehungen anbelangt. Doch es ist schwer, deine Beziehung zu deinem Zuhause zu wahren. Vor allem Greg [Puciato, Sänger von The Dillinger Escape Plan] und ich haben in den letzten drei Jahren in uns selbst hineingeblickt und mehr über uns selbst erfahren. Unser Album *Dissociation* ist also eher ein Blick nach innen und weniger ein Ausdruck der Wut über äußere Zustände wie früher. Es geht um das in uns, was wir nicht kontrollieren können. Es fühlt sich fast so an, als hätten wir damit einen Abschluss gemacht („it's almost like we've graduated"). Und nun ist es an der Zeit, etwas anderes zu machen.

Abb. 16: Ben Weinman (rechts) mit The Dillinger Escape Plan

JS: An anderer Stelle hast du gesagt, ihr hättet euch für die Auflösung der Band entschieden, weil ihr jetzt noch die Kontrolle über euer Schicksal hättet. Mich interessiert die Bedeutung von Kontrolle für The Dillinger Escape Plan. Menschen, die nicht mit eurer Musik vertraut sind und keinen Zugang zu extremer Ästhetik haben, empfinden eure Musik wohl als verwirrend, ja als chaotisch. Tatsächlich ist sie sehr kalkuliert und strukturiert.

BW: In der Kunst erfordert jede Form von Chaos eine Intention. Chaos als solches hat nichts mit Kunst zu tun. Reines Chaos beeindruckt mich nicht. Kunst bedeutet zu wissen, was man tut. All die Typen, die nur in einer Band sind, um in einer Band zu sein, sind für mich keine Künstler. Und all die Typen, die einfach nur Tonnen von Noten runterschrubben, um ihr Virtuosentum zu demonstrieren, sind auch keine Künstler für mich. Deshalb würde ich The Dillinger Escape Plan als kontrolliertes oder organisiertes Chaos beschreiben. Und so hat man uns ja auch oft beschrieben. In vielerlei Hinsicht ist das, was wir tun, unvorhersehbar, sowohl die Musik als auch die Auftritte und die Tourneen. Aber alles hat einen Grund und einen Zweck. Jede Note, die wir spielen, hat einen Zweck. Genauso verhält es sich auch mit der Auflösung der Band. Wir gehen einer ungewissen Zukunft entgegen – aber mit einer klaren Intention. Mehr Dillinger geht eigentlich gar nicht (lacht).

JS: Du bezeichnest The Dillinger Escape Plan als Punkband. Welche Definition von Punkrock liegt dem zugrunde, und warum hebst du gerade Punk hervor? Hardcore und Metal sind doch ebenfalls wichtige Komponenten eurer Musik.

BW: Zum Punk gehört für mich eine gewisse Anarchie. Punk richtet sich gegen das, was die Gesellschaft als normal und unbedenklich erachtet. Punk bedeutet auch, unberechenbar zu sein. So betrachtet, kann vieles Punk sein – vom frühen Jazz über den Punkrock der 1970er- und 80er-Jahre bis hin zu The Dillinger Escape Plan.

JS: Metal, Punk und Hardcore haben sich zwar im Laufe der Zeit vermischt, weisen aber weiterhin Unterschiede auf. Wie erlebst du die jeweiligen Szenen?
BW: Das ist eine schwierige Frage. Für mich hat alles mit der abweichenden Haltung zu tun, über die wir gerade gesprochen haben. Es gibt Bands, die sehr eingängig und melodisch sind, aber in ihrer Haltung dem Punk nahestehen. Und dann gibt es Bands, die als „Heavy Metal" gelten, aber völlig berechenbar und schablonenhaft sind. Verzerrung und Double-Bassdrumming alleine machen den Heavy Metal nicht aus. Metal war mal in erster Linie eine Musik, die deine Eltern nicht mochten (lacht). Was ich persönlich als Punk oder Metal bezeichne, würden andere Leute ganz anders bezeichnen. Es hängt alles davon ab, was man welchem Genre zuordnet. Aus meiner Sicht gibt es sehr viele Grauzonen.

JS: Im Vergleich zu den 1960er-, 70er- und 80er-Jahren, als Metal entstand, bringen heutige Eltern extremer Musik tendenziell mehr Verständnis entgegen. Extreme Metal wird auch an Musikschulen unterrichtet. Ist das eine begrüßenswerte Entwicklung oder einfach nur eine sanftere Strategie, Rebellion zu ersticken?
BW: Für mich ergibt diese Entwicklung Sinn. Auch Extreme-Metal-Fans werden Eltern und geben ihre Musik an ihre Kinder weiter. Hinzu kommen die hohen spieltechnischen Anforderungen des Metal. Gerade was die Virtuosität betrifft, ähnelt er der klassischen Musik. Außerdem sind heutige Kinder viel Gewalt in den Medien ausgesetzt, man denke nur an *The Walking Dead*. All das wird mittlerweile als legitime Kultur akzeptiert. Da empfindet man auch Musik wie die von Cannibal Corpse nicht mehr als so extrem wie früher. Gleichzeitig fühlt es sich ein wenig surreal an, an der Musikschule „Hammer Smashed Face" zu lernen (lacht).

JS: Jazz und elektronische Musik spielen eine wichtige Rolle in eurer Musik. Wie gelangten sie in den Kosmos von The Dillinger Escape Plan?
BW: Als wir The Dillinger Escape Plan gründeten, war ich schon ziemlich abgestumpft, was harte Musik betrifft. Ich hatte alle extremen Bands gehört, die ich auftreiben konnte. Immer war ich auf der Suche nach extremer Musik, durchstöberte Plattenläden und Kataloge, borgte mir Platten von den älteren Brüdern meiner Freunde. Irgendwann entdeckt man nichts Neues mehr in diesem Bereich. Also erkundete ich Fusion und experimentelle elektronische Musik. Eigentlich habe ich nur noch diese Genres gehört, als es mit The Dillinger Escape Plan losging. Andererseits schätzte ich

weiterhin die kathartische Wirkung von harter Musik. Das ist wohl der Grund, warum unsere Musik klingt, wie sie klingt.

JS: Würdest du zustimmen, dass The Dillinger Escape Plan ein Soundtrack des modernen Großstadtlebens ist, eine Art akustisches Gemälde der Komplexität und Dynamik unserer Zeit?
BW: Ich bin da nicht gerade objektiv (lacht). Und ich kann nichts darüber sagen, wie unsere Musik auf andere Menschen wirkt. Was ich sagen kann, ist, dass ich eines an dieser Band und dieser Musik immer geliebt habe: Sie haben mich mit vielen unterschiedlichen Kulturen und Welten in Berührung gebracht, sei es in sozioökonomischer oder in geografischer Hinsicht. Das macht die Band für mich im Kern aus: Sie hat meine Welt erweitert. Die Annahme, dass unsere Möglichkeiten unbegrenzt sind, hat sich für mich dadurch bestätigt.

JS: Über die Musik bist du auch in die Straight-Edge-Szene gelangt, allerdings bereits vor der Gründung von The Dillinger Escape Plan.
BW: Ich mag keinen Gruppenzwang. Als ich jung war, setzte ich mir in den Kopf, nicht das zu tun, was alle tun. Ich hatte lange Haare, ich trug Cannibal-Corpse-T-Shirts, ich schlief in der Schule über meinen Büchern ein, weil ich die ganze Nacht Gitarre geübt hatte. Da vermutet man natürlich, dass dieser Kerl Alkohol trinkt und Drogen nimmt, oder? (Lacht) Gegen diese Stereotypisierung habe ich rebelliert. Ich nahm keine Drogen und trank nicht, stattdessen vertiefte ich mich in die Musik und fuhr Skateboard. Irgendwann traf ich Leute aus einer anderen Gegend, die sich „Straight Edge" nannten. Wie ich lehnten sie Alkohol und Drogen ab. Zum ersten Mal hatte ich Gleichgesinnte gefunden. Wir hingen zusammen ab, und ich lernte Underground-Punk-Musik kennen. Für mich war das eine Horizonterweiterung.

JS: Verkehrst du noch in der Straight-Edge-Szene?
BW: Nein, nicht wirklich. Meine Musik passte auch nicht wirklich zu Straight Edge. Ich mochte die frühen Straight-Edge-Bands, ihre Frische und Energie, weniger die Bands der 1990er-Jahre. Als ich mit The Dillinger Escape Plan unterwegs war, gaben viele meiner Bekannten den Straight-Edge-Lebensstil auf und folgten irgendeinem anderen Trend, der typischerweise auch Alkohol und Drogen beinhaltete. Nur sehr wenige sind immer noch Straight Edge. Ich habe nie eine große Sache aus meinem Straight-Edge-Lebensstil gemacht. Für mich ist Straight Edge eine Wahl, die man für sich selbst trifft. Mich interessiert nicht, was andere tun. Ich verurteile keine Menschen, die nicht Straight Edge sind, und habe dies auch nie getan. Kurz gesagt, bin ich nie tief in die Straight-Edge-Kultur eingetaucht – aber ich bin einer der wenigen, die ich kenne, die den Lebensstil beibehalten haben (lacht).

JS: In den letzten Jahren begegnet man immer mehr Frauen in der harten Rockmusik und im Extreme Metal. Wie haben sich die Szenen dadurch verändert?

BW: In den Szenen, in denen ich verkehre, bin ich *immer* Frauen begegnet. Auch in der frühen Hardcore-Szene hat es immer Bands mit Sängerinnen gegeben. Eine meiner Lieblingsgruppen, die Hardcore-Band Shift, hatte eine Schlagzeugerin. Die Straight-Edge-Hardcore-Band Doughnuts aus Umeå, Schweden, bestand nur aus Frauen. Im Metal haben Frauen eher Neuigkeitswert als in Hardcore und Punk. Sie werden aber weiterhin stark sexualisiert. Die meisten Metal-Bands mit weiblicher Besetzung tauchen in irgendwelchen „Women in Metal"-Features auf. Viele Leute interessieren sich offenbar mehr für die attraktiven Sängerinnen als für die Musik. Das ist schon ironisch, gerade im Metal.

2.7 Mental Floss for the Globe. Crossover und Renaissance des klassischen Metal

In Virginie Despentes' Romantrilogie *Das Leben des Vernon Subutex* (2015–2017) spielt Musik eine wichtige Rolle. Despentes' Figuren, die jeweils ein Fragment der auseinanderdriftenden französischen Gesellschaft des 21. Jahrhunderts repräsentieren, vom obszön reichen Spekulanten über den Anhänger der identitären Neuen Rechten bis hin zur Obdachlosen, vertreten zugleich diverse Popmusikgenres und damit verbundene Lebensstile. Im ersten Band kommt die Rede auf die Veränderungen in der harten Rockmusik der 1980er-Jahre. Wenn sich Despentes' Protagonist Vernon Subutex spätnachts lebendig fühlen möchte, geht er raus, „um zu laufen. Das hatte er sich Ende der Achtziger angewöhnt, als die Rocker anfingen, Hip-Hop zu hören. Public Enemy und Beastie Boys waren beim selben Label wie Slayer, das hatte einen Bogen geschlagen."[183] Vielsagend ist, dass das Crossover aus Rap und harter Rockmusik in Verbindung mit „Leben" gebracht wird. Der frühe Metal spendete seinen Hörern zwar durchaus Kraft und Energie, doch stets in Verbindung mit Morbidität, Pessimismus, Angst, Weltflucht. Rapmusik hingegen ist Empowerment von der Straße für die Straße, ein Aufbauprogramm des Lebens (siehe Kapitel „Desecrators of the New Age").

Mit dem Trend zum Crossover aus Metal und Hip-Hop Mitte der 1980er-Jahre begegnete die erhabene Apokalyptik des Metal der ermächtigenden „Positivity" der Rapmusik. Der Begriff „Crossover" ist jedoch nicht auf diese Kombination beschränkt. Bereits Anfang der 1980er-Jahre hatten Bands wie D. R. I. Hardcorepunk und Thrash Metal kombiniert – bezeichnenderweise trägt ein D. R. I.-Album den Titel *Crossover* (1987). Nicht nur in der Instrumentalmusik, auch in den Songtexten dieses Albums wird die Hybridisierung von Metal und Hardcorepunk deutlich. Da sind Aufrufe zu Geschlossenheit, wie sie für den Hardcore typisch sind („We must fight together if we want to grow stronger"), da ist der schwarze Humor des Punk („I tell you goodbye / And you ask me why / Guess I'm just shy / Go die!"), da sind die bildgewaltigen Weltuntergangsszenarien, wie man sie aus dem Metal kennt: „The city is melting, the sky burns red / The ocean is boiling, we'll soon be dead."

Die erste publikumswirksame Kooperation zwischen einer Rap- und einer Rockgruppe stammt aus dem Jahr 1986. Damals spielte das Hip-Hop-Trio Run-DMC, gegründet 1982 in New York City, mit Mitgliedern der 1970 in Boston, Massachusetts gegründeten Hardrockband Aerosmith deren Song „Walk this Way" (1975) neu ein. Die Single wurde zum Verkaufsschlager. Strippenzieher im Hintergrund war, wie so oft in der experimentellen und zugleich kommerziell erfolgreichen jüngeren Popgeschichte, der Produzent Rick Rubin. Viele Zeitgenossen bezeichnen ihn als „Guru". Angesichts seines Hangs zu Religion, Spiritualität und New Age, seines monumentalen Vollbarts und seiner Fähigkeit, sich meditativ wie auch analytisch in Popmusik jeglicher Art zu versenken, ist das nicht weiter verwunderlich.[184]

Das Musikvideo zu „Walk this Way" (1986) verschaffte Hip-Hop den Durchbruch auf MTV. Zu sehen sind zwei Probe- oder Studioräume. In einem Raum halten sich ausschließlich weiße Menschen auf. Wenig überraschend, ist das der Raum, in dem die Aerosmith-Musiker Steven Tyler (Gesang) und Joe Perry (Gitarre) den Song „Walk this Way" spielen. Ebenso wenig überraschend, halten sich im zweiten, vom ersten durch eine Wand getrennten Raum ausschließlich schwarze Menschen auf. Hier spielt Run-DMC denselben Song. Offenbar sind beide Bands wenig entzückt ob der lauten Performance ihrer Nachbarn. Nachdem Steven Tyler die Wand wutentbrannt mit seinem Mikrofonständer durchbrochen hat, kommt es trotz der – historisch verbürgten – Skepsis seitens Run-DMC zu einem gemeinsamen Konzert. Diesmal sind es die Rapper, die eine Wand durchbrechen, um die ihrerseits skeptisch dreinblickenden Luftschmiede mit ihrem Auftritt zu überzeugen. Am Ende performen die beiden Gruppen einträchtig „Walk this Way" vor einem, soweit sich das erkennen lässt, mehrheitlich weißen Publikum.

Bestimmend für den Aufbau des Clips ist das Prinzip von These (Hardrock), Antithese (Rap), Synthese (Crossover). Die Rapper erscheinen dabei im dezenten schwarzen Outfit mit weißen Sneakern. Steven Tyler präsentiert sich im genderfluiden Glam- und Sleaze-Rock-Outfit der 1980er-Jahre, einer manieristischen Version des Hardrock-Looks, wie ihn Bob Seger 1973 im Song „Turn the Page" besang: „Well you walk into a restaurant strung out from the road / And you feel the eyes upon you as you're shakin' off the cold / You pretend it doesn't bother you but you just want to explode / Most times you can't hear 'em talk, other times you can / All the same old chliches, ‚Is that a woman or a man?'"

Auf den ersten Blick illustriert das Musikvideo die aus heutiger Sicht irrige Annahme, zwei voneinander völlig getrennte ethnische Gruppen fänden endlich zueinander. Wie ich oben gezeigt habe, spielten im Hardrock und frühen Metal Schwarze de facto, ob in England oder den Vereinigten Staaten von Amerika, eine wichtige Rolle. Doch diese Annahme greift nur auf der visuellen Ebene. Was die Musik betrifft, spielen beide Parteien bereits den gleichen Song, noch bevor sie einander körperlich begegnen. Über die Musik sind sie miteinander verbunden, ohne einen gemeinsamen Raum zu teilen. Die Kunst nimmt hier das soziale Leben vorweg, anstatt es zu „repräsentieren". Musik erscheint nicht als verlängerter Arm von Gruppenidentitäten, vielmehr überschreitet Musik die Identität. Gruppenidentität ist tendenziell statisch und sortiert Menschen wie auch Künste in Schubladen ein, aus denen so schnell kein Entkommen ist. In der Offenheit des Ästhetischen sind die Identitäten jedoch immer schon fluide, hybrid und transkulturell. Genau diesen Zustand der Offenheit, diesen utopischen Vorschein der sozialen Realität im Ästhetischen bringt das Video auf den Punkt.

Auch in der Musik selbst ist die transkulturelle Komponente angelegt. Schon der trockene Beat, die funky Bassläufe und der Sprechgesang in den Strophen des Originalsongs von Aerosmith sind nicht so weit vom Hip-Hop entfernt. Das Album Run-DMCs, auf dem „Walk this Way" erschien, trug den Titel *Raising Hell* (1986) – er würde zu so ziemlich jedem Metal-Album passen und böte sich auch als Metapher für jenen Höhenflug an, zu dem Metal mit *Master of Puppets* im selben Jahr ansetzte. Produziert wurde *Raising Hell* von den Def-Jam-Gründern, dem Afroamerikaner Russell Wendell Simmons und Rick Rubin. Aus einer jüdischen Familie stammend, hatte Letzterer als Weißer schon früh mit schwarzen Hip-Hop-Künstlern wie L L Cool J zusammengearbeitet: „Ich war schon immer ein Außenseiter. Als Kind machte ich als einziger Zaubertricks. Als ich mit Johnny Cash arbeitete, war ich in Nashville völlig fehl am Platz. Und als ich Def Jam gründete, war ich der einzige Weiße in der Hip-Hop-Welt."[185]

Es war jedoch nicht Rick Rubin, der Run-DMC mit den harten Varianten der Rockmusik bekannt machte. Auch hatte die Gruppe „Walk this Way" nicht erst für das Album *Raising Hell* entdeckt. Im Jahr 2016 berichtete Darryl McDaniels von Run-DMC in einem Interview mit *Loudwire* über die Vorgeschichte der Kooperation mit Aerosmith: „Wir liebten es immer, auf Block- und Parkpartys über ‚Walk this Way' zu rappen. Wir wussten nicht einmal, dass es sich um ‚Walk this Way' handelte. Es hieß immer nur: ‚Jay, nimm das Toys-in-the-Attic-Album und spiel Nummer vier' [...] Den Text haben wir nie gehört. Die DJs spielten die Platte nie lange genug."[186] Rubin knüpfte somit an einen Transfer zwischen Rock und Rap an, der schon etabliert war. Nirgends wird das deutlicher als auf Run-DMCs Vorgängeralbum *King of Rock* (1985).

Nicht nur treffen da harte Gitarrenriffs auf Hip-Hop-Beats und Sprechgesang. Im Musikvideo zur Single „King of Rock" machen die Rapper auch deutlich, dass sie einen gesellschaftspolitischen Auftrag zu erfüllen haben. In der ersten Szene des Clips betreten Joseph „Run" Simmons und McDaniels das fiktive „Museum of Rock ’n’ Roll". Sogleich baut sich ein älterer weißer Aufseher mit einer lächerlich großen militärischen Schirmmütze vor ihnen auf und weist sie zurecht: „Das ist ein Rock-’n’-Roll-Museum! Ihr gehört hier nicht rein! Hahahaha!" Die Botschaft von Run-DMC ist klar: Im Jahr 1985 ist Rock ’n’ Roll museal, nur noch ein Spleen weißer Senioren. Run-DMC schickt sich an, den Rock ’n’ Roll zu überwinden, wie sich Chuck Berry in „Roll Over Beethoven" (1956) einst anschickte, die Klassik zu überwinden.

Den Aufseher links liegen lassend, begeben sich Simmons und McDaniels auf einen Rundgang durch die Ausstellung und demonstrieren, dass Rap der neue Rock sei: „I'm the king of rock, there is none higher / Sucker MC's should call me sire / [...] We'll reign on your brain and rock your knot / When it comes to rock, give it all we got." Ihre Kleidung unterstreicht diesen Anspruch auf gewitzte Weise. Über schwarzen Adidas-Sportjacken tragen sie schwarze Ledersakkos, zu schwarzen Glattlederhosen weiße Adidas-Sneaker („Shell Toes"). Mit sauber getrimmten Bärtchen und Koteletten unterscheiden sie sich klar vom damals überwiegend bartlosen Metal-Personal. Hinzu kommen Run-DMCs Markenzeichen, die schwarzen Fedora-Filzhüte. Fedoras haben eine lange und widersprüchliche Geschichte kultureller Aneignung hinter sich – vom Hut der Frauenbewegung um 1900 über den Gangsterhut der 1920er-Jahre bis hin zum Hut des Gangsterjägers James Bond, verkörpert von Sean Connery. Die Musiker von Run-DMC schlugen das nächste Kapitel im Buch der „Cultural Appropriation" auf und prägten mit Hut, schwarzem Leder und Sportswear den Look des „Hard-Rock-B-Boys. [...] Sie sahen böse und cool aus und hatten Swag", erinnert sich der prominente Musikagent Dante Ross an seine ersten Begegnungen mit Run-DMC[187]

Im Ausstellungsraum befinden sich unter anderem E-Gitarren, Goldene Schallplatten, perückenbesetzte Nippesbüsten der Beatles sowie das von Jamie Reid gestaltete Cover für die Sex-Pistols-Single „God Save the Queen" (1977) in opulenter Rahmung – auch Punk wird von Run-DMC also zum Museumsobjekt erklärt. Vor einem Schwarz-Weiß-Fernseher machen Simmons und McDaniels halt. Auf dem kleinen Bildschirm ist ein TV-Auftritt Buddy Hollys zu sehen. Die beiden Rapper mokieren sich über die steifen Bewegungen des Rock-’n’-Roll-Musikers – Vergangenheit! Die darauffolgende Aufnahme von Little Richard am Piano kommentieren sie mit einem bedeutsamen Blick in die Kamera – Wegbereiter! Ein Konzert von Jerry Lee Lewis' wiederum verfolgen sie kopfschüttelnd, mit verschränkten Armen, bevor sie den Stromstecker ziehen – peinlich! Eine vierte und letzte Filmaufnahme zeigt Run-DMC selbst. Wenig überraschend, begleiten Simmons und McDaniels ihre eigene Darbietung mit wohlwollendem Kopfnicken – Zukunft! Auch der Museumswärter hat mittlerweile die Seiten gewechselt und stimmt in das Kopfnicken ein. Damit spielt er eine ähnliche Rolle wie der zum Metal bekehrte Sicherheitsmann in Judas Priests Video zu „Breaking the Law" (siehe Kapitel „Desecrators of the New Age"). Zugleich antizipiert seine ‚Konversion' jene Annäherung von Schwarzen und Weißen im Musikbusiness, die die Kooperation zwischen Run-DMC und Aerosmith im darauffolgenden Jahr besiegeln sollte.

Nun waren die Schleusen geöffnet. Die Conscious-Rap-Gruppe Public Enemy sampelte ein Riff aus Slayers „Angel of Death" für ihren medienkritischen Song „She Watch Channel Zero" (1988) und spielte mit der Crossover-Gruppe Living Colour die Single „Funny Vibe" (1988) ein. Im Jahr 1991 arbeitete Public Enemy mit den Thrash Metallern von Anthrax zusammen. Anstatt einen Hardrocksong neu einzuspielen, wie bei der Kooperation zwischen Aerosmith und Run-DMC, nahmen sich die beiden Bands Public Enemys Song „Bring the Noise" (1988) an – eine subtile Verschiebung der Machtverhältnisse hin zu mehr Egalität. Mit den jeweiligen Musikvideos verhält es sich ähnlich. Das Video zu Aerosmith' und Run-DMCs „Walk this Way" zeigt die Gruppen zunächst im Wettstreit, dann erst in Zusammenarbeit mit klarer Aufgabenteilung: Simmons und McDaniels rappen die ersten zwei Strophen des Songs alleine, die dritte mit Steven Tyler zusammen. Das Singen des Refrains bleibt Tyler vorbehalten. Im Video zu „Bring the Noise" hingegen befinden sich beide Bands von der ersten Sekunde an auf einer gemeinsamen Bühne. Tatsächlich bestritten Anthrax und Public Enemy 1991 eine viel beachtete Tournee gemeinsam.

Weniger bekannt ist, dass Anthrax bereits 1988 mit der New Yorker Hip-Hop-Combo UTFO kooperierte. Der Rapsong „Lethal" vom gleichnamigen UTFO-Album (1988) ist ein heiteres Spiel mit Metal-Klischees. „Lethal" enthält nicht nur ein Metal- oder Hardrockriff, wie es bei Public Enemy der Fall ist, sondern gleich mehrere sowie ein Gitarrensolo. Bemerkenswert ist die inhaltliche Metamorphose im Text. Grob die ersten drei Viertel des Textes beinhalten neben der Hip-Hop-typischen Selbstfeier vor allem sozialkritische Kommentare: „Pull out the tools, kill all the fools / And all those suckers sellin' drugs in schools / The White House is unaware / Anthrax! What's the word? / Drop the axe on all the political people / Killing the poor like a junkie with a needle." Einzelne Wörter wie „Lethal" oder Zeilen wie „Kill the Beast" werden dabei im Metal-Stil über einen ostinaten Beat und funky Bassläufe tremoliert. Während Run-DMC davon absah, sich auch stimmlich dem Metal zu nähern, wagte UTFO dieses Experiment. Im letzten Viertel des Textes erfolgt eine direkte Bezugnahme auf das Metalgenre: „I'm lethal and my venom can kill / There ain't a graveyard I can't fill / With bodies I've tortured, ripped in two / Why? Cause I had nothing better to do / If you ask me again, you'll regret it / My name is Kangol, don't forget it / This message is for the illiterate people / What are we, Anthrax? We're lethal! Solid like rock, above yo level / Lethal like a bomb, heavy like metal." Die Message lautet: Auch Hip-Hop ist heavy, ja tödlich wie Metal!

Zugleich zeigt sich hier die Differenz zwischen Hip-Hop und Metal wieder einmal auf exemplarische Weise (siehe Kapitel „Desecrators of the New Age"). Die erste zitierte Textpassage handelt, typisch für Hip-Hop, von konkreten Zuständen auf Schulhöfen und in der Politik. Die zweite zitierte Textpassage ist eher Geisterbahn als Sozialkritik und politisch unverbindlich: „I had nothing better to do." An die Stelle des Drogenhandels auf Schulhöfen treten Friedhofsgrusel und Splatter-Fantasien. Metal erscheint als eskapistischer Budenzauber auf dem Jahrmarkt der Rockmusik.

In Cypress Hills Musikvideo zur Single „Rock Superstar" (2000) wird die Allegorie der Geisterbahn aufgegriffen. Ein weißer Jugendlicher findet eine Eintrittskarte in eine Geisterbahn namens „Rock Superstar". An verschiedenen Stationen erlebt er die stereotypen Starepisoden: steiler Aufstieg, sexy Frauen, teure Klamotten, Kämpfe mit Anwälten, beginnender Wahnsinn, Flucht vor fanatischen Fans. Die Botschaft ist eine moralische Warnung an die Hip-Hop-Community: Begeht nicht die gleichen Fehler wie die von Geld und Ruhm geblendeten, egozentrischen und verantwortungslosen Rockmusiker! „You wanna be a rock superstar in the biz? / And take shit from people who don't know what it is / I wish it was all fun and games but the price of fame is high / And some can't pay the way." Die komplementäre Single „Rap Superstar" (2000) verbreitet dieselbe Moral aus Hip-Hop-spezifischer Sicht und ohne die verzerrten Gitarren, die „Rock Superstar" beigemischt sind: „When you sign to a record label / You don't know you sign your life over / And these whiteboys don't care about you / Cuz the minute you fall off / They'll find another Noreaga /

And they'll find another Capone-n-Noreaga / And they'll find another B-Real / So you need to just keep / Stack your chips up."

Im Crossover-Boom der 1990er-Jahre wurde Rap-Metal massenkompatibel. Es war die euphorische Zeit nach dem Fall der Berliner Mauer, als überall neue „Alternative"-Genres aus dem Boden schossen, Grunge zum neuen großen Ding wurde, Folk und Pagan Metal mit Bands wie Skyclad oder Skyforger an den Rändern des Mainstreams für Bewegung sorgten, Metalcore coole Härte mit verschwitzter Athletik verband und die Groove-Metaller von Pantera sich von den schal gewordenen Geschwindigkeitsexzessen des Extreme Metal verabschiedeten. Crossover-Bands wie Faith No More, KoЯn oder Rage Against the Machine aus den Vereinigten Staaten, Urban Dance Squad aus den Niederlanden, Fédération Française de Fonck aus Frankreich, Clawfinger aus Schweden/Norwegen oder Such a Surge aus Deutschland brachten nicht nur wachsende musikalische Diversität, sondern auch die Durchmischung dessen, was man „ethnische Gruppen" nennt. Der konstruierte Gegensatz zwischen Hip-Hop als der ‚authentischen' Musik unterprivilegierter Afroamerikaner und Metal als der ‚authentischen' Musik weißer Industriearbeitersöhne wurde vollends hinfällig. In puncto Musik aber galt weiterhin, in den Worten von Ian Christe: „Obwohl die Pfade der Alternative-Metal-Bands scheinbar mit einem Mischmasch an Stilen gepflastert waren, führten sie doch immer wieder zu Black Sabbath und Metallica zurück."[188] Ein Foto auf dem Instagram-Account von Kayla Phillips wirkt wie ein Symbolbild für diese Rückbindung. Die Sängerin von Bleed the Pigs ist darauf zu sehen, wie sie unter einer Betonbrücke steht und ihren pinkfarbenen Afro in Richtung eines Sprayings wendet, das aus einem einzigen Wort besteht: „Ozzy".[189] Als ich im September 2019 ein Konzert von Warbringer und Enforcer im Klub Whisky A Go Go in Los Angeles besuchte, traten im Vorprogramm diverse US-amerikanische Newcomerbands auf. Obwohl ihre Fans jung waren, trugen sie Bandshirts, die wir schon als Teenager in den 1990er-Jahren getragen hatten: Metallica. Motörhead. Obituary. Iced Earth. Celtic Frost. Slayer. Ganz zu schweigen davon, dass schon Teenager in den 1980er Jahren dieselben T-Shirts derselben Bands getragen hatten.

Erinnert werden sollte daran, dass die kalifornische Hardcore- und spätere Metal-Band Suicidal Tendencies bereits Anfang der 1980er-Jahre nicht nur Brücken zwischen weißen, lateinamerikanischen und afroamerikanischen Bevölkerungsschichten, sondern auch zwischen den Subkulturen von Skateboarding und Metal geschlagen hatte. Mitte der 1980er-Jahre spielten bei Suicidal Tendencies neben dem weißen Sänger Mike

Muir unter anderem ein afroamerikanischer Gitarrist (Rocky George) und ein Bassist mit mexikanischem, wie man sagt, ‚Migrationshintergrund' (Louiche Mayorga). Mit dem 1989 gegründeten Funk-Metal-Seitenprojekt Infectious Grooves schlug Muir zudem einen musikalischen Bogen zu einer der historischen Säulen des Hip-Hop. Auch in dieser Gruppe spielten und spielen Weiße, Afroamerikaner und Lateinamerikaner. So sah und so sieht das wahre Amerika aus.

Allein, ist das Identifizieren nach Hautfarben und Familienstammbäumen nicht auch problematisch? Verstärkt es nicht sogar, mit besten progressiven Absichten, rassistische Stereotype? In einem ersten Schritt ist ein Bewusstsein für Identitäten und ihre besonderen Schicksale wichtig – immerhin ist es schlichtweg falsch, dass „alle gleich" sind und „alle gleich" behandelt werden. Doch Ziel sollte es sein, nicht beim Identifizieren und damit beim Istzustand zu verharren, sondern in einem zweiten Schritt zum Imaginieren überzugehen. Menschen sind mehr als ihre Vergangenheit und ihre Gegenwart. Sie sind Möglichkeitswesen. Was wir sein wollen, was wir sein könnten, wie wir gerne wären, bestimmt unser Leben mindestens genauso stark wie unsere biografischen Prägungen, unsere Körper, unser Aussehen und die Kultur, in der wir aufwachsen. Identifizieren ist statisch. Imaginieren ist dynamisch. Deshalb passt die Imagination besser zur Dynamik des Pop. Die postmoderne Popkultur unterscheidet sich von der älteren Volkskultur dadurch, dass von Letzterer erwartet wird, der authentische Ausdruck eines bestimmten Volkes und seiner Identität sein. In der idealtypischen Volksmusik singen polnische Frauen alte polnische Lieder und deutsche Männer alte deutsche Lieder. Wenn Afrikaner in Europa auftreten, erwartet das Publikum authentische Darbietungen dessen, „was wir hier nicht haben". Chinesische Zirkusartistinnen haben die Aufgabe, nicht nur beeindruckende Kunststücke, sondern auch ‚echte', jahrtausendealte Traditionen zu performen. Popmusik hingegen ist an keine Volksgruppe gebunden. Sie steht allen offen. Auf eine Formel gebracht, ist Popmusik volkstümliche Musik ohne Volkstum. Künstlerische Ausdrucksformen an bestimmte Hautfarben, Geschlechter oder Herkünfte, also: an bestimmte Identitäten zu binden ist deshalb der Tod der Popkultur. Ebenso ist es abwegig, auf naive Weise die harmonische Begegnung „ethnischer Gruppen" und ihrer Musikkulturen zu feiern. Diese Feier kann den Irrglauben verstärken, besagte Gruppen seien wie in sich geschlossene Kugeln, die fröhlich aneinanderklacken: Weiße treffen auf Schwarze! Rap trifft auf Rock! Funk trifft auf Metal!

In der Popmusik birgt das offene, neugierige und selbstverständliche Miteinander unterschiedlicher Gruppen wie auch Individuen das größte Potenzial. Es wäre fatal, wenn Bands beginnen würden, Musiker nach Hautfarbe oder Herkunft zu rekrutieren, um sich einen progressiven Anstrich zu geben, oder von anderen Bands zu fordern, sich gezielt zu „diversifizieren"; ebenso wie es fatal wäre, in der eigenen sozialen Gruppe zu versumpfen oder sich gegen Durchmischung abzuschotten. Um eine lebendige Durchmischung zu erreichen, sind Neugier und Offenheit besser geeignet als starre Theorien und Ideologien. Sonst sehen am Ende zwar alle unterschiedlich aus, denken jedoch gleich. Auch medienwirksame, aber unverbindliche Selbstgeißelungen und scheinheilige Schuldbekenntnisse führen zu nichts. Kayla Phillips bringt es auf den Punkt: „Solidarität hat nichts mit weißer Schuld und Entschuldigungen dafür, weiß zu sein, zu tun. Niemand bittet darum. Solidarität bedeutet Bewusstsein und die Fähigkeit, auch wirklich zuzuhören, wenn man angibt, es zu tun. Sie bedeutet, neben mir oder hinter mir, nicht vor mir zu stehen. Sie bedeutet die Fähigkeit, sich selbst anzusehen und verinnerlichte Probleme aufzuschlüsseln, anstatt jemanden zu tokenisieren [im Original „tokenizing": die nur symbolpolitische Repräsentation von Minderheiten, um sich einen progressiven Anstrich zu geben]."[190]

Jede Entgrenzung hat ihre Schattenseiten. Im klassischen Heavy Metal war es das Spiel mit kontroversen Symbolen und Themen, ohne dabei eine verbindliche politische Haltung zu beziehen – die These, dass dadurch bestimmte Inhalte verharmlost oder salonfähig gemacht würden, ist weder völlig überzeugend noch völlig von der Hand zu weisen. Im Black Metal der zweiten Welle waren es identitäre Ideologien und Extremismus, die zu lokal und zeitlich begrenztem Terror führten. Im Crossover der 1990er-Jahre wiederum waren es seichte Vorstellungen von Multikulturalismus und politischer Korrektheit, die sich als anschlussfähig an eine spalterische Identitätspolitik erwiesen. Ein Album der deutschen Crossover-Band Headcrash trägt den vielsagenden Titel *Direction of Correctness* (1994).

Was die Musik als solche betrifft, verschwimmen im transgressiven Extreme Metal die Grenzen zwischen den Genres, während sie im Crossover tendenziell gewahrt werden: Aha, ein Hip-Hop-Beat trifft auf ein Metal-Riff! Aha, Rapgesang trifft auf Blastbeats! Aha, ein Element aus der keltischen Folklore trifft auf einen Thrash-Metal-Basslauf! Alles soll klar benennbar sein, wie auch Identitäten und Kulturen identifizierbar bleiben. Wenn man so will, folgen Heavy Metal und Extreme Metal der

Abb. 17: Ice-T (Zweiter von rechts) mit Body Count

Logik des Transkulturellen, während Crossover der Logik des Multikulturellen folgt. Transkulturalität bedeutet, dass Kulturen oder kulturelle Äußerungen per se nicht klar voneinander abgrenzbar, sondern durch kontinuierliche Übergänge verbunden sind. Kulturen sind immer und unausweichlich hybrid; auch dann, wenn sie sich als rein, homogen und geschlossen ausgeben oder so interpretiert werden. Deshalb das Präfix „trans" – „durch, hindurch, jenseits". Multikulturalität hingegen geht von grundlegenden Differenzen aus, die aber harmonisch koexistieren sollen. Wolfgang Welsch schreibt treffend über den Multikulturalismus, dieser sehe „die Partialkulturen innerhalb einer Gesellschaft noch immer wie Kugeln oder Inseln an und befördert dadurch tendenziell Ghettoisierung. Darin schlägt die Erblast des antiquierten Kulturverständnisses durch – Kugelkulturen haben das Ghetto nicht zum Negativbild, sondern zum Ideal."[191] Weder die NWOBHM noch der Extreme Metal entsprechen diesem Kugelkulturverständnis. Wie ich im Kapitel „Desecrators of the New Age" argumentiert habe, zeichnet Metal im Kern ein Durch-einander, ein In-einander, gewissermaßen ein Trans-einander aus. Crossover hingegen folgt dem Prinzip der Addition: Rap plus Metal plus Funk plus Folk usf.

Mit dem Album *Bloodlust* seiner Rap-Metal-Band Body Count lieferte Ice-T im Jahr 2017 einen überzeugenden Kommentar zur wohlmeinenden Renaissance des Identifizierens (Abb. 17). Als Reaktion auf die Bewegung Black Lives Matter, die er unterstützt, schrieb er den Song „No Lives Matter". Eigentlich, so Ice-T in seinem Text, gehe es nicht um Hautfarbe und Rasse („Race"). Sondern um Geld, Macht und die soziale Frage. Schwarze seien in der Geschichte – gemeint ist wohl die westliche Moderne – stets die Ärmeren gewesen: „Black or brown skin has always meant poor." Rassismus ist der ideologische Überbau des Versuchs, diesen Zustand zu konservieren. Und Geld verschafft Menschen die Macht dazu, nicht zuletzt die juristische: „You never see them pulling rich people out of their cars in their neighborhoods, because they know they got lawyers. They know they'll sue their ass."

Es ist bemerkenswert, dass Ice-T im Grunde marxistisch argumentiert. Rassismus erscheint in seinem Song als die rechtfertigende Ideologie für ökonomische Ausbeutung und Marginalisierung an der Basis, als zynisches Mittel zum Zweck. Der aus Los Angeles stammende Rapper spricht bezeichnenderweise von „basic shit". Um Menschen versklaven oder ihnen den Zugang zu Produktionsmitteln und Kapital, auch kulturellem und sozialem, erschweren zu können, wird nicht nur Gewalt, sondern auch ein Diskurs benötigt. Dieser Diskurs ist der Rassismus. Die Hautfarbe und damit verbundene rassistische Zuschreibungen sind also nur ein Vorwand. In einem Interview mit TMZ Live sagte Ice-T im Jahr 2017: „Rassismus ist ein Teil des Armseins. Wenn schwarze Menschen immer die wohlhabendsten Menschen auf Erden wären, sähe die Sache anders aus. Ich denke, es ist alles Teil ein und desselben Problems. Ich glaube nicht, dass die Bullen einfach rausgehen und schwarze Kinder aussuchen, um sie zu töten. Aber ich denke, dass ihnen im Ghetto der Finger am Abzug lockerer sitzt als in einer bewachten Wohnanlage […] Wenn du arm bist, interessiert sich niemand wirklich für dich. Ich bin heute ein anderer Mensch. Sie behandeln mich jetzt anders. Ice-T besitzt mittlerweile ein paar Dollar. Ich bin nicht mal mehr schwarz, ich bin jetzt so etwas wie grün."[192] Natürlich greift diese Analyse des Rassismus zu kurz. Juden erfahren Rassismus, weil sie manchen per se als reich gelten und finanzpolitischer Verschwörungen verdächtigt werden. Den Tutsi in Ruanda wurden 1994 von den Kolonialmächten gezielt geförderte Privilegien zum Verhängnis. Ice-T bleibt eben immer auch Provokateur und Populist, er ist kein sachlicher Wissenschaftler. Gleichwohl ist seine Analyse von nicht zu unterschätzender Bedeutung für die oftmals verkürzt geführte Rassismusdiskussion.

In einem zweiten Schritt ruft Ice-T in „No Lives Matter" zur Geschlossenheit im Kampf gegen die ungerechte Macht auf. Anstatt auf identitätspolitisches Klein-Klein hereinzufallen, das letztlich zur Ausspielung von Schwarzen gegen Weiße, Frauen gegen Männer, Cis-Menschen gegen Queere führen kann, betont er die gemeinsamen Anliegen jener, die Ungerechtigkeit erfahren und unter Perspektivlosigkeit leiden: „But honestly it ain't just black / It's yellow, it's brown, it's red / It's anyone who ain't got cash / Poor whites that they call trash." Vom gewaltverherrlichenden Song „Cop Killer" (1992) zur zwar popkulturell überspitzten, aber im Kern differenzierten Sicht auf soziale und politische Verwerfungen in „No Lives Matter" hat Ice-T einen beeindruckenden Weg zurückgelegt. Während der pöbelnde, lügende und spaltende Donald J. Trump präsidiale Qualitäten vermissen lässt, gewinnt ausgerechnet der Gangster-Rapper Ice-T an quasipräsidialer Statur, bietet sich als Kritiker und Versöhner an.

Noch eine Form des Crossover hat Einzug gehalten im jüngeren Metal: eine medienökonomische. Sie kristallisiert sich exemplarisch im Spätwerk von Metallica heraus und vollzieht sich parallel zur Renaissance des klassischen Metal, die ich zunächst umreißen möchte. Ob Iron Maiden, Metallica, Kreator oder Motörhead – im 21. Jahrhundert feiern die in den 1990er-Jahren oft totgesagten „Dinosaurier" des Metal überraschende Erfolge. Motörhead überwand ihr Tief der 90er-Jahre, steigerte die Albumverkäufe und wurde in Talkshows eingeladen. Lemmy Kilmister referierte sogar im Parlament von Wales als Experte für Drogenfragen. Kreator erreichte mit dem Album *Gods of Violence* (2017) erstmals die Spitze der deutschen Charts. Auch Doro Pesch belegte mit traditionellen Metal- und Hardrockalben wie *Fear No Evil* (2009) und *Forever Warriors – Forever United* (2018) vordere Chartsplätze in mehreren Ländern. Im Jahr 2000 wiederbelebte Sabina Classen ihre wegweisende, 1980 gegründete Thrash-Metal-Band Holy Moses und meldete sich ein Jahr später mit der gelungenen EP *Master of Disaster* zurück. Auch Black Sabbath veröffentlichte 2013 nach 18 Jahren Studioabsenz ein neues Album *(13)*, stürmte die Spitze der US- wie auch diverser anderer Charts und ging 2017 auf große Abschiedstournee.

Im frühen 21. Jahrhundert wurde von Journalisten die „New Wave of American Heavy Metal" (NWOAHM) ausgerufen. Ausschlaggebend war die Beobachtung, dass Extreme Metal, Grunge und Nu Metal ihren Zenit überschritten hatten. Das Publikumsinteresse am in Vergessenheit geratenen klassischen 1980er-Jahre-Metal hingegen wuchs. Die Journalistin und Sängerin Annick Ciroux erinnerte sich 2019 in einem Interview: „Vor 15 Jahren, als ich die kanadische Szene der Ostküste frisch kennenlernte, standen alle auf technischen Death Metal und symphonischen Black Metal. Es herrschten dunkle Zeiten für traditionellen Heavy Metal, er galt regelrecht als uncool."[193] Heute sind US- und nordamerikanische Bands wie Night Demon, Visigoth oder Gatekeeper mit traditionellem Speed, Thrash, Power, Epic und True Metal erfolgreich. Auf den Plattencovern kehren jene Ritter, Sagengestalten und Fantasylandschaften zurück, die auf viele Extreme Metaller der 1990er-Jahre einfach nur peinlich und eskapistisch gewirkt hatten. Der Sound ist transparent und luftig. Tiefer gestimmte Gitarren sind kein Muss. Unverzerrter, theatralischer Gesang löst das Growling ab. Heraus kommt eine handwerklich hochstehende und ästhetisch wenig innovative Musik. Doch diesen Bands geht es gar nicht um Fortschritt. Eher zelebrieren sie ihr Fandom, indem sie ihren Vorbildern als Edelepigonen nacheifern: „Wir sind keine Band, die Genregrenzen einreißen oder gängige Vorstellungen von Heavy Metal revolutionieren möchte", bekannte Phil Pendergast von Khemmis 2019 freimütig.[194]

In einer Zeit, die „Grenzen einreißen" und lebenslanges Experimentieren erst romantisiert und dann kommerzialisiert hat, bildet dieser aufgeklärte Konservatismus einen durchaus legitimen Gegenpol. Auch der Motörhead-Hype im 21. Jahrhundert dürfte auf einem Überdruss am Kreativitäts- und Originalitätsdruck in den postindustriellen Gesellschaften beruhen. Vor dem Hintergrund der von Künstlern und Intellektuellen wie Kenneth Goldsmith initiierten Gegenbewegung der Postoriginalität, des Recyclings und des Appropriierens, ja überhaupt des „Lobs der Kopie" (Dirk von Gehlen) erscheinen Kilmister & Co. als Wegbereiter der Skepsis gegenüber dem Neuen. Wenig verwunderlich, dass selbst die Tourtagebücher der Intellektpopper Tocotronic von einem Motörhead-Zitat eingeleitet werden, verkündet deren Sänger Dirk von Lowtzow doch im Song „Monchichi" (2013): „Befreit mich von der Barbarei der kreativen Energie, es leben Fälschung und Kopie!" Ein netter, aber immer noch ziemlich origineller Versuch. Motörhead war längst dort, wo Tocotronic noch hinwill.

Mit dem Album *Death Magnetic* (2008) entdeckte auch Metallica ihre Thrash-Wurzeln wieder. Hatte die Band ihre Gitarren auf dem Album *St. Anger* (2003) bis auf C heruntergestimmt, wurden die neuen Songs mit der in den frühen 1980er-Jahren gebräuchlichen Standardstimmung A-440 eingespielt.[195] Sogar das alte Bandlogo wurde im Sinne eines kohärenten Corporate Designs reaktiviert. Auch Gitarrensoli waren wieder zu hören. Für *St. Anger* waren diese aus dem Repertoire verbannt worden. Im Dokumentarfilm *Some Kind of Monster* (2004) hatten die Bandmitglieder ihre internen Zerrüttungen bei den Arbeiten an *St. Anger* publikumswirksam ausgeschlachtet. Der Film segelt hart am Winde des Trends zur öffentlichen Selbstentblößung, wie er für die Zeit von Reality-TV typisch ist. Damit trägt er aber auch zur Entmystifizierung des Metal bei. Wenn James Hetfield seine Bandkollegen informiert, sein Therapeut habe ihn angewiesen, die Aufnahmesessions jeweils am Nachmittag pünktlich zu verlassen, trägt das mehr zur Dekonstruktion von Geschlechterstereotypen in der Medienöffentlichkeit bei als mehrere Laufmeter Genderliteratur. Zugleich unterstreicht die Band auf diese Weise ihre Souveränität: Seht her, obwohl wir unsere Probleme offenbaren, sind wir immer noch – Metal! Ja, ist es nicht der Beweis wahrer Härte, sich öffentlich eine Blöße zu geben, sich verwundbar zu zeigen und trotzdem weiterzuthrashen? Nur wer sich seiner selbst wirklich sicher ist, auch in Phasen der Unsicherheit, präsentiert sich auf diese Weise in der Öffentlichkeit.

Geschäftstüchtig wie eh und je, versündigte sich Metallica einerseits am Reality-TV und leistete zugleich Ablass durch die Besinnung auf ihre Wurzeln. Was aber um *Death Magnetic* herum veranstaltet wurde, hatte mit dem Metal-Underground der 1980er-Jahre wenig zu tun und lässt sich als medienökonomischer Crossover beschreiben. Metallica und ihr Management setzten auf den Trend zu Retro, Reboot, Remake und Franchiseprodukten, wie man ihn aus der Welt des jüngeren Blockbusterkinos kennt. Der Filmkritiker Georg Seeßlen stellt fest: „Ein Blick auf die Zuschauerzahlen zeigt: Was nicht Sequel, Reboot, Franchise und Remake ist (um in der Sprache der Fan-Presse zu sprechen), hat [im Jahr 2018] wenig Aussicht auf einen der vorderen Plätze bei Zuschauerzahlen und Gewinn. [...] Die Kunst des Trailers ist mindestens so wichtig wie die des Filmemachens selbst. Das ‚Anfüttern' der Fans ist der eigentliche Inhalt der einschlägigen Presse und der sozialen Medien. Der Film ist im Grunde nur noch eine Pflichterfüllung gegenüber den Produktionsgerüchten, den Trailern und den Marketingwolken. Er darf und kann noch dies und das, nur überraschen darf er nicht mehr."[196] Da im 21. Jahrhundert keine Genres, keine Milieus, keine Stile, keine Medien, keine Technologien mehr isoliert voneinander bestehen und Metallica seit jeher zu einem gewissen Zeitgeistopportunismus neigt, überrascht es nicht, dass sich die Band um den patenten Lars Ulrich dem Megatrend des Cross-Marketings und des multimedialen World-Buildings angeschlossen hat.

Death Magnetic wurde von einem aufwändigen Trailer angekündigt, Pre-Releases einzelner Songs dienten dem „Anfüttern der Fans", eine Guitar-Hero-III–Version und eine Wii-Version machten die Kompositionen partizipativ erfahrbar, Limited Deluxe Coffin Boxsets wärmten die Sammlerherzen, und wer sich als Zirkel eines exklusiven Klubs fühlen wollte, konnte eine Platinum Membership Card für die Internetseite missionmetallica.com erwerben. Läuteten die Songs eine musikalische Flurbereinigung ein, ging die Band mit Blick auf die von Seeßlen beschriebenen „Produktionsgerüchte", „Trailer" und „Marketingwolken" genau umgekehrt vor. Opulenz statt Purismus, Futurismus statt Nostalgie.

Mit einem Marketingbegriff lässt sich hier von einer „Paradessenz", einer „paradoxen Essenz", sprechen. Metallica versprach ihren Fans mit *Death Magnetic* einerseits eine Reise in die gute alte Zeit, als Metal – angeblich – klar, direkt, unmissverständlich war. Davon zeugt nicht nur die Musik, sondern auch das reduzierte Coverdesign mit drei Key Visuals. Vor einem weißen Hintergrund schweben das Bandlogo, ein sargförmiges Motiv, das zugleich ein Grab aus der Vogelperspektive darstellt, sowie ein dynamisches Liniengeschwader. Letzteres erinnert an die bekannten Eisenfeilspäneexperimente aus dem Physikunterricht, allerdings handelt es sich bei den sich von der Sarg-Grab-Form lösenden Spänen offenbar um Erdpartikel, in diesem Fall wohl um metallhaltige. Auch die Zentralperspektive, die auf dem Cover von *Master of Puppets* auf nachgerade didaktische Weise inszeniert war und die auf dem monochromen Cover von *Metallica* (1991) auf ebenso nachgerade didaktische Weise verschwunden war, ist zurück. Logo und Sargform verweisen somit auf die glorreiche Vergangenheit der Band, die in der Ära der Retrotrends aufs Neue eine magnetische Wirkung, symbolisiert durch die Feldlinien, erzielen soll. Eine einfache, klare, selbstbezügliche Botschaft. Anderseits bettet Metallica das Motiv der Rückkehr in ein Promo-, Marketing-, Branding- und Inszenierungskonzept ein, das absolut zeitgeistgemäß und zukunftsbezogen ist. Damit verspricht die Band ihren Fans: Bei uns könnt ihr alles gleichzeitig haben! Das Beste von gestern und das Beste von heute, ja von morgen!

Metallica scheint nicht mehr an jene durchschlagende Wirkung ihrer Musik zu glauben, welche sie in den 1980er-Jahren durch ihr optisches Understatement ex negativo unterstrich und so dem Metal den Glam austrieb. War der klassische Metal ein Genre, in dem die bestmögliche Liveumsetzung eines bestmöglich eingespielten Studioalbums das höchste Gut war, so hat sich Metallica im neuen Jahrtausend zu einem Produktpluriversum entwickelt, das in Richtung *Star-Wars*-Franchise weist. Diese Entwicklung ist nicht überraschend. Kaum eine Band kann in der schnelllebigen Konsumkultur über Jahrzehnte hinweg ein konstantes Faszinationslevel aufrechterhalten und dabei „einzig durch die Musik überzeugen". Um nicht unterzugehen, bedarf es einiger nichtmusikalischer Extras.

Die aufwändige *Death-Magnetic*-Kampagne lässt sich einerseits als Marketingzynismus gieriger Metal-Millionäre kritisieren, die ihre Anhängerschaft schamlos ausnehmen und Zielgruppenmaximierung betreiben. Auch bietet sie Raum für Spekulationen: Waren sie auch in den frühen 1980er-Jahren nichts als Zeitgeistsurfer? War Metallica gar nicht „true", um Manowars Kategorie zu bemühen? Aus einem anderen Blickwinkel könnte man einwenden, dass die Band nun mal nicht naiv ist. Naiv, ja utopisch wäre es, tatsächlich auf allen Ebenen in die frühen 1980er-Jahre zurückkehren zu wollen oder eine „reine" Metal-Identität zu leben. Die Wiederkehr der Vergangenheit ist zudem ein normaler Zug des Älterwerdens und betrifft nicht nur Metal-Superstars, sondern schlicht alle Menschen. Anstatt also naiver Nostalgie zu frönen, so würden die Verteidiger Metallicas argumentieren, setzt die Band auf Nichtausschließlichkeit. Musikalische und visuelle Ästhetik von früher, kombiniert mit den Technologien und Medien von heute, was ist dagegen einzuwenden? Auch das ist eine Form des Crossover – über Zeiten, Szenen, Technologien, Medien, Ideologien hinweg. Gerade diese undogmatische Haltung des Metal ist es, die sein Überleben sichert. Was sich nicht wandelt, wird zum Museumsobjekt oder verschwindet. Metallica tourt immer noch.

„Ich bin ein unverbesserlicher Utopist"

Interview mit Mille Petrozza (Kreator), 2017 (Abb. 18)

Jörg Scheller: Du beschäftigst dich seit Langem mit Autoritarismus, Totalitarismus, politischer Gewalt und Ungerechtigkeit. Die düsteren Texte des Kreator-Albums *Gods of Violence* (2017) sind zwar allgemein gehalten. Dennoch werden viele Menschen tagespolitische Bezüge darin finden und beispielsweise an ISIL, Boko Haram, Erdogan oder Trump denken.
Mille Petrozza: Für mich ist die Tagespolitik eine Inspirationsquelle. Ich versuche, all die grauenhaften Dinge, die gerade passieren, metaphorisch in Worte zu fassen. Ein gutes Beispiel ist der Song „World War Now". Er wurde vom Terroranschlag des Islamischen Staates auf den Klub Bataclan im Jahr 2015 inspiriert. Aber es handelt sich nicht um einen Song über den Anschlag. Meine Texte beschäftigen sich eher mit der menschlichen Psyche als mit den konkreten Dingen, die wir gerade durchleben. Ich versuche, diese auf eine Ebene zu bringen, die auch in fünf oder zehn Jahren noch relevant ist. Das Album *Enemy of God* lässt sich ebenfalls auf die heutige Zeit beziehen.

JP: Im Song „Side by Side" wirst du jedoch ziemlich explizit, was das Politische anbelangt: „as we crush homophobia". Das ist wohl keine Metapher, oder?
MP: Ich fand es sehr wichtig, mal dieses Statement zu machen. Ich glaube, die Metal-Szene ist eigentlich sehr tolerant, was Homosexualität betrifft. Aber dennoch gibt es Unsicherheit und Phobien. Auf der Demoaufnahme war mir das Statement noch zu direkt, nicht metaphorisch genug. Also habe ich es verändert. Dann kam mein Produzent und hat gefragt: „Wo ist denn die Textzeile hin?" Er hat mich davon überzeugt,

"Ich bin ein unverbesserlicher Utopist" 177

Abb. 18: Mille Petrozza von Kreator

dass der Song genau diese Direktheit braucht. Und er hatte recht. Unlängst gab es einen Bericht in einem Schwulenmagazin über uns – die haben sich total gefreut, dass eine Metal-Band das Thema überhaupt anspricht. Aber eigentlich wollte ich gar keinen Song darüber schreiben, weil Homosexualität für mich einfach normal ist. Und ich finde es immer doof, wenn man Leuten Aufmerksamkeit verschafft, die sie eigentlich nicht verdient hätten, in diesem Fall rückwärtsgewandten, homophoben Idioten. Trotzdem glaube ich, dass das Statement an der Zeit war.

JS: Im Song „Totalitarian Terror" findet man auch positive Botschaften: „We will survive totalitarian terror." Die Frage ist: *Wie* werden wir überleben?
MP: In der Geschichte der Menschheit gab es immer Bewegungen nach rechts und Bewegungen nach links. Ich habe vor Kurzem mit einem Politiker gesprochen. Er erklärte mir, dass wir gerade an einem Punkt sind, an dem die Gesellschaft wieder stärker nach rechts tendiert, was daher kommt, dass vorher vieles eher links ausge-

richtet war. Das pendelt sich irgendwann wieder ein – hoffe ich! Wie wir jetzt damit umgehen, tja – ich kann nur sagen, dass es noch genug Leute gibt, die nicht rechtskonservativ denken und sich nicht von Populisten einfangen lassen. Zurzeit sind die Stimmen Letzterer leider lauter.

JS: Kreator steht im Metal-Spektrum verhältnismäßig weit links. Wie fühlt es sich für dich an, in einem Genre unterwegs zu sein, das sich betont unpolitisch gibt? Oft wird dem Metal auch Konservatismus attestiert.

MP: Natürlich ist Metal in Teilen konservativ. Aber das ist der Punk auch (lacht). Wie in allen Subkulturen sind die Protagonisten des Metal nun mal Menschen aus der Gesellschaft, in der wir alle leben. Metal ist ein Spiegel der Gesellschaft. Da gibt es liberale Menschen genauso, wie es konservative Menschen gibt. Unser Konsens ist der Musikgeschmack.

JS: Wie gehst du persönlich mit rechten Tendenzen im Metal um?

MP: In jüngeren Jahren dachte ich: Das kann doch gar nicht sein – wir sind doch alle Metal-Fans geworden, weil es keine Regeln geben soll! Jetzt hast du innerhalb des Genres plötzlich Regeln, nicht nur auf der musikalischen Ebene. Da sind Leute, die schreien herum: Wir wollen unpolitisch sein, aber wir wollen unsere Werte und unsere Kultur wahren! Was für ein Schwachsinn. Mit den Jahren habe ich gelernt, damit zu leben. Ich möchte niemandem sagen: Ihr müsst denken, was ich denke. Der Grund, warum wir diese Musik so lieben, ist der freiheitliche Gedanke. Und das bedeutet auch Toleranz anderen Haltungen gegenüber. Zurzeit gibt es viele Ängste in der Gesellschaft, die Leute dazu bringen, ihre Grundhaltung zu verändern und Sachen zu sagen, die man sich vor fünf Jahren nicht hätte vorstellen können. Auch bei intelligenten Menschen entwickeln diese Ängste eine unglaubliche Kraft, und sie beginnen, irgendwelchen Schwachsinn nachzuplappern.

JS: Eigentlich ist Metal eine gute Immunisierungstherapie gegen Ängste. Wenn man mit dem Genre sozialisiert wurde, hat man ohnehin ein etwas düsteres Weltbild. Schwächelt die Wirtschaft oder bahnt sich eine politische Krise an, bricht unter den Happy-Go-Lucky-Fellows jeweils schnell Panik aus. Die Metal-Fans hingegen wussten immer: Armageddon is near!

MP: Genau! Wir sollten uns nicht über ‚böse' oder ‚korrupte' Politiker wundern und so tun, als wäre das etwas Neues. Die gab es schon immer, nicht erst seit Trump. Es gab Reagan, es gab Bush [...] Natürlich hebt Trump all das noch mal auf eine andere Ebene. Aber wir leben ja auch in einer anderen Zeit.

JS: Von welchem „Satan" handelt der Song „Satan Is Real"? Und von welcher „Temptation" (Versuchung)?
MP: Es geht um genau das, worüber wir gerade gesprochen haben. Menschen folgen plötzlich wieder jemandem. Zum Beispiel Trump. Oder der AfD. In den 1980er-Jahren dachte ich: Ich werde zu einer Generation gehören, die Religionen als das begreift, was sie sind – eine Orientierungshilfe aus der Vergangenheit. Aber heute erlebt das eine totale Renaissance. Religionen sind vielleicht relevanter denn je, und viele Menschen radikalisieren sich. Terrorismus beruft sich ja auch auf Religionen, wobei man nicht genau weiß, ob das nicht doch einfach nur Verrückte sind. „Satan" ist eine überspitzte Metapher für die „Versuchungen", denen die Gesellschaft heute gegenübersteht. Dabei geht es um jede Gruppierung, der man sich anschließt und der man blind folgt. Das kann die AfD sein, das kann eine Religion sein, das kann aber auch dogmatischer Veganismus sein (lacht).

JS: Wir sollten hinzufügen, dass du seit Langem Veganer bist. In deinen Texten fällt auch der Begriff „Anarchie". Geht es Kreator primär um Redefreiheit, Ausdrucksfreiheit, Kunstfreiheit?
MP: Ich bin ein unverbesserlicher Utopist. Ich glaube daran, dass die Menschheit irgendwann aufwacht und denkt: Mist, wir hätten die ganze Zeit schon ein viel besseres Leben haben können. Aber wir machen uns abhängig von Materiellem. Wir denken, wir müssten das neueste Auto haben, das größte Haus. Das wirft uns in ein Gefängnis, in dem wir nur dafür arbeiten, den ganzen Scheiß abzubezahlen. Darum geht es im Leben doch nicht. Leben bedeutet nicht, dass du ein Sklave bist. Du solltest frei sein. Damit unsere Gesellschaft so funktioniert, wie sie funktioniert, braucht es leider diese Versklavung. Der Grund, warum wir überhaupt unseren Wohlstand genießen können, liegt darin, dass wir die Dritte Welt ausbeuten. Wir versklaven sie, und dann versklaven wir uns selbst, um uns das alles leisten zu können. Ich schließe mich da gar nicht aus. Wir hängen alle in diesem Hamsterrad drin.

JS: Setzt du deine Kritik in die Praxis um? Engagierst du dich sozial oder politisch?
MP: Ich engagiere mich für die PETA. Nicht nur, weil ich Tierfreund bin, sondern weil ich Menschenfreund bin – man weiß ja, was die Ausbeutung der Tiere für unsere Umwelt bedeutet. Und dann bin ich Mitglied bei Amnesty International und spende für Flüchtlinge, aber das sind alles Kleinigkeiten. Ich engagiere mich ungern öffentlich und tue das lieber im Privaten, da ich mich nicht gerne vor einen Karren spannen lasse. Ich habe [der Partei] Die Linke mal ein Interview gegeben. Plötzlich war ich auf dem Titel einer Parteibroschüre. Das sah aus, als wäre ich der Posterboy der Linken. Das fand ich doch ein bisschen bescheuert. Zwar würde ich mich als Linksorientierter bezeichnen, aber ich gehöre keiner Partei an. Und das werde ich auch nie tun. Bei al-

lem Respekt vor bestimmten Ideen – ich kann mich nicht eindeutig positionieren. Es gibt viele Dinge, die ich an den Linken super finde, aber auch viele, die ich bescheuert finde. Als Musiker unterbreite ich keine Lösungsvorschläge für die Probleme dieser Welt. Es gibt keine Formel, um die Welt zu retten. Allerdings bin ich der Meinung, dass der erste Schritt zur Veränderung darin besteht, sich überhaupt darüber im Klaren zu sein, dass bestimmte Dinge schieflaufen. Wenn ich einen Text schreibe, der, oberflächlich betrachtet, nur auf Vernichtung herausläuft, dann bedeutet das nicht, dass das passieren soll. Sondern dass es passieren könnte, wenn sich nichts ändert.

JS: Du hast die „Vernichtung" angesprochen. Wörter, die in deinen Texten häufig auftauchen, sind „Apokalypse" und „Armageddon". Was fasziniert dich am Weltuntergang?
MP: Ich vergleiche das immer gerne mit Malerei. Wenn ich ein Bild von Hieronymus Bosch sehe, denke ich nicht: Wow, das handelt vom Weltuntergang! Der Künstler benutzt vielmehr Symbole, die einem ein Gefühl vermitteln, das man als apokalyptisch bezeichnen kann. Wenn man nun Songs schreibt, muss man Worte benutzen, um in die Psyche von Menschen einzudringen und dort solche Bilder zu erzeugen. Der Song „Death Becomes My Life" beispielsweise beschreibt eine Nahtoderfahrung. Ich hatte noch nie eine Nahtoderfahrung, aber ich habe mich sehr damit beschäftigt. Es geht mir darum, dass die Leute eine Erfahrung nachvollziehen können, ohne sie selbst gemacht zu haben. Und apokalyptisches Vokabular eignet sich im Metal dafür sehr gut, weil das starke Worte und Bilder sind.

JS: Haben die für den Metal typischen apokalyptischen Gewaltszenerien nicht Abstumpfung zur Folge?
MP: Ob man nun ins Fitnesscenter geht und sich auf den Stepper stellt oder ob man durch die Nachrichten zappt – ständig sieht man Gewalt. Dadurch stumpft man tatsächlich ab, das ist nichts Neues. Man erkennt nicht mehr, was Gewalt wirklich ist. In den Medien wird sie wie nebensächlich erwähnt – bei einem Terroranschlag im Krisengebiet XY sind siebzehn Leute gestorben und so weiter. Das hört sich immer so statistisch an, doch in Wirklichkeit hängen da menschliche Schicksale dran. Das sind Tragödien. Und die müsste es heute nicht mehr geben. Der Science-Fiction-Autor Isaac Asimov hat viele Dinge korrekt vorausgesagt, darunter die Entstehung des Internets. Mit einer Aussage aber lag er falsch: dass alle Probleme im Jahr 2000 gelöst seien. Wir singen über Gewalt, weil sie etwas Reales, Grauenhaftes ist.

JS: Was ist Metal heute eigentlich? Früher wurde er als Jugendkultur bezeichnet. Aber dafür umfasst er mittlerweile zu viele Altersgruppen. Für eine Subkultur ist er zu weit

in den Mainstream gerückt. Eine Gegenkultur ist er zumindest hierzulande nicht. Was ist er dann?
MP: Metal lässt sich nicht auf einen Begriff bringen. Mit Metal verhält es sich wie mit Jazz oder Blues. Es ist eine traditionsreiche Musik. Was die Jugendkultur betrifft – ich glaube, Metal-Menschen sind im Herzen jung (lacht). Die Szene altert zwar. Das Gute am Metal ist – und das gilt auch für Jazz, Blues oder Punk –, dass die alten Bands immer noch da sind und respektiert werden, während junge Bands ebenfalls eine Chance erhalten. Warum sich die Mainstreammedien heute so intensiv mit Metal befassen, kann ich dir nicht sagen. Wenn das nicht in reißerischer Form passiert, wenn reflektiert und fair über Metal berichtet und nicht nur auf das Feiern fokussiert wird – schau mal, wie die auf der Full Metal Cruise in den Swimmingpool springen! –, finde ich das gut. Schlammschlachten in Wacken hat man nun zur Genüge gesehen. Schön und gut, aber darum geht es im Metal nicht wirklich.

JS: Oft wird über die Metal-Szene als soziales Phänomen berichtet, aber die Musik kommt zu kurz. In den Mainstreammedien wird sie kaum je ernsthaft analysiert. Alben werden nicht gehört, Texte werden nicht gelesen, stattdessen geht es um lange Haare und Bier.
MP: Das ist natürlich immer eine Geschmackssache. Viele Leute in den Medien können mit der Musik schlicht nichts anfangen. Für andere war Metal „nur eine Jugendsünde". Das ist so, als ob ich sagen würde: „Früher habe ich Hermann Hesse gelesen, das war so eine Jugendsünde von mir." Als wäre Hermann Hesse plötzlich schlecht geworden. Nur weil man älter ist und sich mit anderen Autoren befasst, heißt das doch nicht, dass die Vergangenheit lächerlich gemacht werden muss. Ich finde das traurig. Wenn man etwa mit Iron Maiden sozialisiert worden ist, kann man sich doch erhobenen Hauptes daran erinnern und sagen: „Früher war ich totaler Maiden-Fan!" Das ist nichts Schlimmes oder Lächerliches.

JS: Apropos Jugendsünden und Alter: Wie hat sich das Publikum des Metal verändert?
MP: In den 1980er-Jahren war Heavy Metal eher eine Musik der Arbeiterklasse. Dann rückte er in die Mitte der Gesellschaft. Trotzdem gibt es weiterhin Leute, die ihn als „Lärm" empfinden. Das hat viel mit musikalischer Wahrnehmungsfähigkeit zu tun. Wenn du die Musik als Krach empfinden möchtest und darüber das Filigrane und Künstlerische vergisst, dann kann dir auch keiner helfen. Dabei ist doch gerade das Merkmal von Metal: Er ist laut, brutal und düster, gleichzeitig aber komplex und virtuos.

JS: Bei der Bewerbung des Ruhrgebiets zur Kulturhauptstadt 2010 traten Metal-Musiker, darunter auch du, als Botschafter der Region in den Medien auf. Vor dreißig Jahren wäre das kaum denkbar gewesen.

MP: Man hat sich im Jahr 2010 auf alles gestürzt, was irgendwie nach Kultur roch. Das ist ein ganz netter Effekt gewesen. Allerdings war der Prozess nicht nachhaltig. Kulturförderung sieht für mich anders aus. Man hätte mehr Geld in die Jugendförderung stecken müssen. Viele von diesen kunstvollen Ideen, die da erarbeitet wurden, waren teuer, haben aber nicht viel gebracht. Da ging es vor allem darum, ein bestimmtes Bild nach außen zu projizieren. Man wollte schöne Bilder durch die Welt schicken. Man hätte das Geld besser für ein Musikzentrum oder Probenräume ausgeben sollen – für irgendetwas, das Bestand hat.

Musiktheoretische Analyse 3:
Behemoth – O Father O Satan O Sun!

Ein Lichtmoment
Von Dennis Bäsecke-Beltrametti

Black Metal mit seiner Verwurzelung in satanistischer und okkulter Praxis ist dasjenige Metal-Subgenre, welches sich am explizitesten mit Glaubensfragen auseinandersetzt. Es ist also naheliegend, musikalische Parallelen zwischen Black Metal und anderen spirituellen Musikformen anzunehmen.

Der Song „O Father O Satan O Sun!" der polnischen Band Behemoth gestaltet das Ritual einer Teufelsbeschwörung musikalisch besonders griffig nach. In sonderbarer Schieflage gliedert sich der Track in zwei Hauptteile. Der erste Teil folgt dem zu erwartenden Schema eines Metal-Songs mit abgesetzter Einleitung, Strophen und Chorus. An dem Punkt, wo eine Bridge ihren Platz hätte, zerschneidet ein brachialer Riss die Dramaturgie des Songs und führt in den zweiten Teil, der lediglich aus einem viertaktigen Loop besteht, über das ein gesprochenes ‚Gebet' gelegt wird. Die Ereignisdichte nimmt ab. Statt eines Prozesses wird hier eher ein kontemplativer Zustand dargestellt. Die Idee eines harmonisch schwankenden Loops, über den ein Gebet gesprochen wird, ist aus verschiedenen religiösen Kontexten bekannt, zum Beispiel aus Taizé. Wenn die erste Phase das Ritual der Beschwörung als inszenierte Abfolge von Handlungen (musikalischen Abschnitten) repräsentiert und der zweite Teil den erlebten Zustand der

184 Musiktheoretische Analyse 3: Behemoth – O Father O Satan O Sun!

Begegnung mit einer spirituellen Kraft, so muss der kurze viertaktige Trennabschnitt dazwischen für die eigentliche Erscheinung Satans stehen. Nach 16 Takten obskurer Atmosphäre der abgesetzten Einleitung findet sich ein erster viertaktiger Einschnitt, der den vorwärtsdrängenden Puls des Songs etabliert. Der folgende A-Teil dauert mit seinem Ablauf von Strophe, Chorus und Solo 56 Takte, bevor nach der ebenfalls viertaktigen ‚Erscheinung' der B-Teil in einer Länge von 48 Takten erklingt. Eine genaue Symmetrie von A und B wird also um 8 Takte verfehlt. Diese acht Takte sind die Länge des Gitarrensolos, welches sich wiederum genau in der Mitte des A-Teiles – also im Zentrum des Rituals – ereignet. Durch diese symmetrische Konzeption ‚landet' das Solo überraschend früh in der Dramaturgie. Dass sich im Solo ein Individuum aus der Gemeinschaft der Band exponiert, wird durch das „zu früh" zusätzlich betont. Im Zentrum des Rituals steht also das Individuum, wie es die satanistische Denkweise fordert. Frei nach dem geflügelten Wort Aleister Crowleys: „Tu, was du willst, soll sein das ganze Gesetz."

Für das Intro nutzt Behemoth einen schwer lastenden Cis-Powerchord, der auf ebendiesen Ton heruntergestimmten Gitarren und eine Quintmixtur, welche sich vom A zum Gis herabschiebt. Es entsteht ein flächiges Cis-Moll mit starker Färbung durch die None. Eine ähnliche Klangstruktur finden wir in der Eröffnung von Carl Orffs „Carmina Burana" als Anrufung der Fortuna. Auch dort wird mit diesen Mitteln eine feierlich dunkle und diffus spirituell aufgeladene Atmosphäre konstruiert.

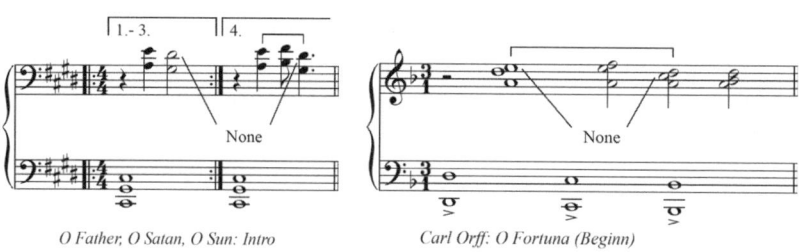

O Father, O Satan, O Sun: Intro   *Carl Orff: O Fortuna (Beginn)*

Zu Beginn der ersten Strophe singt ein Chor im Unisono mit dem Behemoth-Frontmann Nergal über einem Cis-Orgelpunkt. Nach acht Takten löst sich der Chor vom Leadsänger und singt ganztaktig wechselnde Akkorde. Durch diese rhythmische Entkopplung und die Chorklangfläche entsteht eine zusätzliche Dimension der Weite in der Musik, die als Befreiung oder als spiritueller Moment empfunden werden kann.

Im Moment des Auftritts Satans fokussieren die Gitarren in einem treibenden Rhythmus die None Cis-D. Das D wird dabei jeweils oktaviert und die Oktave durch ein in der Mitte liegendes Gis symmetrisch geteilt. Ganz direkt wird hier also das tatsächliche Erscheinen Luzifers mit dem musikalischen Zeichen des Tritonus als Teufelsintervall verknüpft.

"Erscheinen des Teufels" in O Father, O Satan, O Sun!

Der Loop des B-Teils ist ein Cis-Dur-Akkord, welcher durch chromatische Nebennoten in fast barockem Leidensgestus verziert ist und abwechselnd auf Fis und D innehält. Wir befinden uns nun quasi in Cis-Dur. Diese Tonart gilt in der Tradition der Tonartendeutung als Lichttonart und erscheint somit als schlüssige tonale Heimat des Lichtbringers Luzifer.

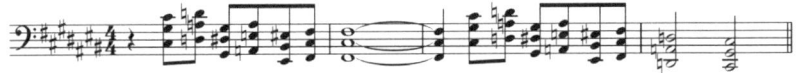

Riff aus Teil B

3. The God That Failed. Metal und Religion

Es begab sich aber zu der Zeit, dass die christliche Religion in den westlichen Staaten an Glanz verlor. Der Zweite Weltkrieg war eben zu Ende gegangen und der Glaube an einen guten Gott wieder einmal erschüttert worden. Die Idee vom Abendland als Speerspitze der Zivilisation war Geschichte. Auch hatte sich gezeigt, dass die totalitären Ideologien, ob Faschismus, Nationalsozialismus oder Kommunismus, ihrerseits religiöse Züge trugen – sie machten Heilsversprechen, verhießen irdische Erlösung und wucherten mit Sinnangeboten für verlorene Seelen. Nicht umsonst hatte Adolf Hitler von seinem „Kampf" als „Vorsehung" gesprochen und sich erhabene religiöse Begriffe wie das „Tausendjährige Reich" für seinen innerweltlichen Größenwahn geborgt. Mit einiger Berechtigung interpretieren manche sogar den atheistischen Bolschewismus als „eine säkularisierte Religion, ... die andere Religionen nicht neben sich ertragen konnte".[197]

Wenn die so verstandene Religion zu Unheil apokalyptischen Ausmaßes führen konnte, war es nur folgerichtig, fortan nicht mehr auf heiligen Ernst, sondern auf Coca-Cola und Popmusik, auf Spaß und Erotik, auf Pragmatismus und Geschäftssinn zu setzen. Genau das geschah im angloamerikanischen Popzeitalter, das in den 1950er-Jahren, dem Jahrzehnt des Rock 'n' Roll und der ersten Welle der Pop-Art, seinen Anfang nahm und bis in den 90er-Jahre währte, um dann in den Post-Pop überzugehen. Die liberale Konsumkultur knüpfte an den Traum der französischen Aufklärung an, dem zufolge die Erde sich in ein irdisches Paradies verwandeln lasse – ein Paradies, in welchem die Lust am Leben und die Vermeidung von Schmerz höchste Priorität haben. Kurz, die Zeichen standen nicht gut für die leidfixierte christliche Religion. Sie drohte aufs Abstellgleis zu geraten. Wäre da nicht der Heavy Metal gewesen.

Der Heavy Metal? Das klingt überraschend, ja widersinnig. Gängigen Lesarten zufolge steht Metal Religionen kritisch-skeptisch bis ablehnend gegenüber. Ob Metallica, Slayer, Deicide oder Morbid Angel – Metal-, vor allem Extreme-Metal-Bands äußern sich oft religionskritisch in Interviews, verfassen religionskritische Songtexte und verwenden religionskritische Symbole. Zwar geht es dabei selten so radikal zur Sache wie in Nuclear Assaults Song „Hang the Pope" (1985): „Let's go to the Vatican, get him out of bed / Put the noose around his neck and hang him till he's dead." Doch bis zur Globalisierung des Metal in den 1990er-Jahren, als das Genre auch in Ländern Fuß fasste, in denen Religion nicht so gefahrlos kritisiert werden kann wie im säkularen Westen, überwog im Metal der Ausdruck des Unbehagens gegenüber Religionen. Im klassischen Metal sind Texte, die Religionsmissbrauch, Hörigkeit gegenüber religiösen Autoritäten und naiven religiösen Glauben im Allgemeinen anprangern, allgegenwärtig. Accepts „Heaven Is Hell" (1986) bietet hierfür ein gutes Beispiel: „We swear it on the bible / If wanted on the Koran / It's always good for trouble / To have a holy ghost / […] I'm sure we all know them / Those perverts, they're everywhere / We're talking straight about facts / You know deep inside what's right or wrong."

Bereits an diesen wenigen Beispielen, die exemplarisch verstanden werden können, sollte aber auch deutlich werden, dass Religion ein überaus prominentes Thema im Metal ist. Ob Bandnamen wie Judas Priest oder Metal Church, Songtitel wie „Walls of Jericho" (Helloween) oder „The IVth Crusade" (Bolt Thrower), Schriftzüge mit integrierten Kreuzsymbolen (Atheist), Bühnenbauten mit Versatzstücken aus gotischen Kathedralen (Iron Maiden) oder Cover mit altägyptischen religiösen Symbolen (Nile) – das Metal-Genre erweist sich als Wunderkammer voll religiöser Kuriositäten für entzauberte Zeiten. Songtitel wie „Heavy Metal Sacrifice", „Reborn in Steel", „Blessed by the Gods", „Wargods of Metal", „Sacred Warriors of Steel", „Crucified in Heaven", „The Chains of the Nazarene", „Descent of a Lost Soul", „The Torch of Sin", „Denial of Judas (Heaven Betrayed)", „No God / No Religion", „The Darkness of Angels", „Under the Banner of Blasphemy" oder „Journey into Purgatory" sprechen für sich. Sogar der Titel von Judas Priests epochemachendem Album *Stained Class* (1978) ist eine Anspielung auf die Buntglasfenster („stained-glass windows") der gotischen Kirchenarchitektur. K. K. Downing erinnert sich, wie es zum Albumtitel kam: „Ich glaube, es war Rob, der sagte: ‚Wie wär's mit ‚Buntglas'?' ‚Das könnte cool sein', antwortete ich. In meiner Vorstellung bot die Idee der Glasmalerei mit ihren offensichtlichen religiösen Konnotationen Raum für Bilder, die gut zu den Songs selbst und zu dem, was ich für die Identität von Judas Priest hielt, passten: Dunkelheit, religiöser Zweifel, Verrat." An Glas schätzte Downing überdies, dass es sich um ein vielseitiges Material handelt: „etwas, das zerbersten kann, durch das man hindurchblicken kann und das Licht brechen kann".[198] Es ist bezeichnend, dass Downing neben religiösen Assoziationen den im Kapitel „Desecrators of the New Age" postulierten Pluralismus des Metal betont.

Typisch für den klassischen Metal ist, dass seine meist allgemein gehaltene Religionskritik im Geist der Aufklärung des 18. Jahrhunderts formuliert wird. „Selberdenken" (Immanuel Kant) und „gesunder Menschenverstand" (Paul Henri Thiry d'Holbach) zählen bis heute zu den Kardinaltugenden des Metal (siehe Kapitel „Metal Is the Law"). Während Spiritualität und Transzendenz im Metal durchaus Wertschätzung entgegengebracht wird, erfährt die organisierte und institutionalisierte Religion überwiegend Ablehnung. Das prominenteste Beispiel dafür ist der Gitarrist von Slayer, Kerry King. Seit Jahrzehnten wiederholt er seine Kritik an organisierter Religion in Songtexten und Interviews. Nach dem islamistischen Terroranschlag auf das Konzert der Eagles of Death Metal im Pariser Klub Bataclan 2015 sagte er: „Ich habe viele Lieder über den negativen Einfluss der organisierten Religion geschrieben. Was in Paris geschah, ist wieder mal ein Beispiel dafür. Ich glaube nicht an das, an was ISIS – oder ISIL oder wie man sie heutzutage nennen muss – glaubt, also muss ich sterben. Das ist das Lächerlichste, was ich je in meinem Leben gehört habe. Menschen töten sich seit Jahrhunderten gegenseitig wegen der organisierten Religion."[199] Für King ist Religion nur eine „Krücke" für Menschen, die zu schwach sind, es aus eigener Kraft durchs Leben zu schaffen.[200] Sogar Dave Mustaine von Megadeth, der zum christlichen Glauben gefunden hat und mit der patriotisch-christlichen Rechten sympathisiert, sagte im Jahr 2017: „Religion ist etwas für Menschen, die Angst haben, in die Hölle zu kommen, und Spiritualität ist etwas für Menschen wie mich, die dort waren."[201]

Der Grund für das Misstrauen gegenüber organisierter und institutionalisierter Religion liegt erneut auf einer Linie mit der Aufklärung des 18. Jahrhunderts. Hinter der trügerischen Fassade des Weihevollen und Heiligen, so meinten die kritischen Philosophen Europas, verberge sich ein profaner, zynischer Macht- und Herrschaftsapparat („Priesterbetrugstheorie"). Genau solchen als scheinheilig empfundenen Machtapparaten stellen Accept und andere Metal-Bands das mündige, freie, von Natur aus mit Vernunft begabte Individuum gegenüber: „You know deep inside what's right or wrong."

Selbst wenn klassische Metal-Songs wie die von Iron Maiden oder Judas Priest nicht explizit religionskritisch sind und religiöse – oder damit verbundene philosophische – Fragen nur aufgreifen, dürften die wenigsten dieser Songs vom Publikum als religionsbefürwortend wahrgenommen werden – Ausnahmen wie der christliche White Metal, der jedoch ein Randphänomen geblieben ist, bestätigen die Regel. Stattdessen zieht sich ein ambivalenter Umgang mit religiösen Begriffen und Symbolen, eingebettet in Atmosphären des Unbehagens und des Unheimlichen, seit den ersten Songtexten und Bandfotos von Black Sabbath als roter Faden durch die Geschichte des Metal. Von Beginn an pflegte Black Sabbath mit Passionskreuzhalsketten zu posieren, was Irritationen hervorrief. Heute bezeichnet Gitarrist Tony Iommi sein Kreuz als „Glücksbringer". Er persönlich glaube an Gott „und daran, dass der Teufel in uns allen existiert".[202] Als Black Sabbath um 1970 reüssierte, wurden reflexhaft Satanismusvorwürfe laut. Das ist umso befremdlicher, als sich die Band gerade *nicht* eindeutig in diesem Sinne positionierte. Der katholische Theologe Sebastian Berndt stellt denn auch klar, dass sich im frühen Metal, von Black Sabbath bis hin zu Iron Maiden, „überhaupt keine klar als satanistisch zu bezeichnenden Elemente [finden lassen]. Weder im populären noch im theologischen Sinn ist von Satanismus zu sprechen."[203]

Bis in die 1990er-Jahre wurde Satan im Metal allenfalls symbolisch beschworen, um sich von der Mehrheitsgesellschaft abzugrenzen. In einem Interview mit Ian Christe gestand sogar Quorthon, Multiinstrumentalist der schwedischen Extreme-Metal-Band Bathory, mit bemerkenswerter Offenheit ein: „Nach einer Weile stellten wir fest, dass sich die Leute wegen des geheimnisvollen Aspekts für die Band interessierten. [...] In Wirklichkeit waren Bathory eine Mischung aus Kate Bush und dem Schlagzeugspiel eines Freundes, wobei die Drums mit einer Computersnare ein bisschen zusammengeflickt wurden. Das wollen die Leute nicht – das ist so, als würde man den Glauben an den Weihnachtsmann verlieren. Jedes Mal, wenn ich darüber rede, töte ich einen kleinen Teil von mir und der Band."[204]

Metal als Weihnachtsmann also, wer hätte das gedacht. Dabei ist die Analogie nicht weit hergeholt. Der Weihnachtsmann ist eine eher prosaische, im Klerus umstrittene Erweiterung des christlichen Bodenpersonals. Ausgerechnet die unheiligen Musiker von Motörhead posierten 1980 auf dem Cover der 12-Inch-Weihnachtssingle ihres Albums *Ace of Spades* in Nikolauskostümen. Die für Bandverhältnisse unübliche Kostümierung begründete Lemmy Kilmister 2010 auf reichlich säkulare Weise. Die Antwort auf meine Frage, ob er Gott, Jesus oder Santa Claus – also den Weihnachtsmann – bevorzuge, kam wie aus der Schneekanone geschossen: „Santa. Er bringt den Leuten am meisten. Nämlich Geschenke."[205]

Dem extremistischen Black Metal der 90er-Jahre genügte dieser aufklärerische Humor nicht mehr. Die Kritik wurde immer radikaler, unbarmherziger, verließ den symbolischen Bereich: Es brannten Kirchen. Auf diese Weise nimmt Religionskritik ihrerseits religiöse, genauer gesagt: fundamentalistische Züge an. Sie schlüpft ins Gewand der Inquisition und jagt alle, die sich der Häresie verdächtig machen. Die extremistischen Black Metaller Skandinaviens ähnelten darin ausgerechnet den frühen Christen, deren terroristische Umtriebe jüngst durch das Buch *The Darkening Age. The Destruction of the Classical World* (2018) wieder ins öffentliche Bewusstsein gerückt wurden. Die britische Journalistin Catherine Nixey beschreibt darin den Furor, mit dem Christen in der Antike ihre Gegner verfolgten, diffamierten, sogar ermordeten und versuchten, die Kultur der Polytheisten auszuradieren – oft mit Erfolg: „Es ist bemerkenswert, dass der IS den Statuen in Palmyra 600 Jahre später exakt dieselben Verletzungen zufügte wie die frühen Christen. In den Statuen würden Dämonen wohnen, sagt der IS, die zerstört werden müssten."[206] Im Metal ist diese allzu oft ausgeblendete blutige Frühgeschichte des Christentums stets lebendig geblieben, etwa in Behemoth' Song „We Are the Next 1000 Years" aus dem Jahr 2018 („Fallen, but we re-write history with blood / We are the next 1000 years!") oder in diversen Songs über die Kreuzzüge: „Vanquished in the name of your God / One of the same to whom we all pray" (Bolt Thrower, „The IVth Crusade", 1992).

Metal-Musiker hätten durchaus darauf verzichten können, sich überhaupt mit Religion zu befassen. Diese war bereits geschwächt, man hätte sie – im doppelten Wortsinne – links liegen lassen und sich anderen, profaneren Themen zuwenden können. Stattdessen beschritten die Adepten des Metal den Weg der kritischen Faszination. Sie exhumierten die Religion wieder und wieder. Bei aller Ablehnung gestanden sie implizit zu, dass die Religion ein faszinierendes Phänomen ist und ein paar verdammt gute Geschichten hervorgebracht hat, die sich gut weiterspinnen lassen.

Vielleicht ahnten einige der Musiker ja auch, dass das, was als überwunden gilt und in Vergessenheit gerät, genau dann wiederkehrt?

Wenn man so will, hat sich Metal im Laufe der Jahrzehnte zu einem popkulturellen Archiv des Religiösen, insbesondere des Christentums, entwickelt. Im Zuge der beschleunigten Globalisierung seit den 1990er-Jahren trifft man vermehrt auch auf Bezüge zu nichtwestlichen Religionen aus den entsprechenden Herkunftsländern, etwa bei Chthonic (Taiwan, gegründet 1995) oder The Down Troddence (Indien, gegründet 2009). Ob man sich mit Interpretationen der Lazarus-Legende beschäftigen (Chimaira), den unwahrscheinlichen Aufstieg des Christentums zur Weltmacht nachverfolgen (Behemoth), sich mit altägyptischen Symbolen vertraut machen (Nile), Ehrfurcht gebietende theologische Begriffe wie „Eschaton" studieren (Manilla Road), sich mit dem vielarmigen indischen Gott Shiva auseinandersetzen (The Down Troddence), die mystischen Konzepte Tzimtzum, Schvirat ha-Kelim und Tiqqun des Rabbiners Isaak Luria erkunden (Necros Cristos) oder die Beziehungen zwischen den drei abrahamitischen Religionen Judentum, Christentum und Islam besser verstehen möchte (Orphaned Land) – im Archiv des Metal wird man fündig.

Archive haben keine eindeutige Botschaft, wenngleich sie immer tendenziös bestückt sind. Auch wenn Archiven der Ruf des Statischen anhaftet, sind sie in Wahrheit dynamische Orte, an denen Materialien sortiert, markiert, analysiert und interpretiert werden. Nicht zuletzt sind Archive Orte der Zukunft, nicht nur der Vergangenheit. Ihnen zugrunde liegen Entscheidungen darüber, was als erinnerungswürdig gelten darf, und somit auch darüber, woran die Zukunft sich orientieren wird, worauf sie wird aufbauen können. Was ins Archiv gelangt, ist zum Überleben bestimmt und verdammt. Das trifft auch für die Religion im Metal-Archiv zu. Selbst wenn Metal-Musiker die Religion kritisieren und die in ihrem Namen begangenen Gräuel besingen, bleiben sie der Religion verbunden und sorgen dafür, dass ihre Begriffe, Mythologien, Symbole, Erzählungen und Genealogien im Umlauf bleiben. Während also im Westen die religiösen Symbole und Rituale zunehmend aus dem Alltag verschwanden, die Spannungen zwischen den Konfessionen nachließen und die Kirchen sich langsam leerten, hielt der Metal das religiöse Erbe auf kritisch-ambivalente Weise am Leben.

Ohne dass sie es geplant hätten, betätigten sich die oft noch jugendlichen, von wenig mehr als pubertärer Lust an der Rebellion bewegten Anhänger des Metal als kritische Archivare, deren Sammlungsschwerpunkt die Schattenseiten der Geschichte der Religionen bildeten. Sie drehten die Kreuze um, aber es blieben Kreuze. Sie identifizierten sich mit Satan als Gegenspieler Gottes, doch auch der Satan ist eine biblische Figur. Sie gaben sich dem Faszinosum hin und wahrten doch Distanz. Anziehung und Abstoßung stehen, wie so vieles im Metal, auch hier in einem unauflöslichen Spannungsverhältnis.

Ganz in diesem Sinne beschreibt der Journalist Raphael Smarzoch sein erstes Hörerlebnis von Kataklysms Album *Sorcery* (1994) als 14-Jähriger: „Diese Musik macht mir Angst und fasziniert mich zugleich. Ein einschneidendes Erlebnis, das aus heutiger Perspektive betrachtet vielleicht einer religiösen Erfahrung ähnelt."[207] Hier nimmt der religionskritische Metal selbst die Züge einer religiösen Erfahrung an. Zur näheren Bestimmung dieser Erfahrung greift Smarzoch auf den Begriff des „Numinosen" zurück, den der Religionswissenschaftler Rudolf Otto zu Beginn des 20. Jahrhunderts in seiner Schrift *Das Heilige* (1917) entwickelte. Otto definiert das Numinose als „das Heilige minus seines sittlichen Moments", als „mysterium tremendum", als ein Gefühl des schauervollen Geheimnisses, welches etwa die Betrachtung religiöser Denkmäler und Bauten hervorruft. Das Gefühl des Numinosen stellt sich ein, wenn Menschen dem „ganz Anderen" begegnen, also eine Erfahrung des Göttlichen machen. Otto zählt zu diesem Schauer die Momente des Kreaturgefühls, des Tremendums, des Übermächtigen („Majestas"), des Energischen, des Mysteriums, des Fascinans und des Ungeheuren. Im Zentrum steht also das Emotionale.

Nun ist Metal gewiss nicht das „ganz Andere", alleine schon aufgrund seiner Verwobenheit in die popkulturelle Ökonomie. Aber es ist wohl nicht übertrieben zu sagen, dass Metal an die emotionale Erfahrung des Numinosen anknüpft und zumindest Teile von ihr in die Popkultur hinüberzuretten versucht. Nicht das Schöne und Gefällige, sondern das Schroffe, Verstörende und Erhabene stehen, zumindest beim Erstkontakt mit dem Metal, im Vordergrund. Metal soll überwältigen und faszinieren, er soll wie ein zürnender Gott mit ungeheurer Energie über das Publikum kommen und den Boden der Konzerthalle mitsamt den Menschen darin zum Zittern bringen. Dabei soll er nicht einfach nur abschrecken, sondern, wie das Numinose bei Otto, zugleich faszinieren, also anziehen. Diese Anziehung nimmt teils bizarre Züge an. Über die 2017 veröffentlichte *Expanded Edition* von Voivods Album *Dimension Hatröss* (1988) schrieb ein begeisterter Käufer in einer Onlinerezension: „Kenne die Platte schon seit ihrem ursprünglichen Erscheinungsdatum und muss sagen, dass ich mir so die

Hintergrundmusik in einem Himmel vorstellen würde, für den sich der Mensch bisher keinen Gott ausgedacht hat und dessen Rolle von einem extraterrestrischen Roboter mit dem Bewusstsein wahrgenommen wird, dass dieser Job leider zeitlich unbegrenzt sein wird."[208] In einem eher traditionellen Sinne berichtet Gerrit Mutz, Sänger von Sacred Steel, von einem quasireligiösen Metal-Erlebnis als Teenager: „Ich habe nachts um zwölf, als 14-Jähriger, das Licht in meinem Zimmer ausgemacht, ‚Don't Break the Oath‘ aufgelegt, laut aufgedreht und symbolisch meine Seele verkauft. Ich bin ja nicht religiös und war es auch damals nicht – aber trotzdem hat mich diese Nacht für mein Leben geprägt."[209] Solche Aussagen erinnern an die Berichte von Mönchen über ihre Erweckungs- und Offenbarungserlebnisse, die zu einer tief greifenden Wende in ihrem Leben führten. Ob es sich bei diesen und ähnlichen Berichten um nachträgliche Konstruktionen handelt oder nicht, sei dahingestellt. Wenn sich die Religion der großen und tiefschürfenden Fragen des Lebens annimmt, dann überrascht es jedenfalls nicht, dass der ebenfalls aufs Große und Ganze fixierte Metal Überschneidungen mit ihren Zuständigkeitsbereichen aufweist.

Die süße Popkultur kann dem Metal in seiner Suche nach dem Großen, Erhabenen und Numinosen, aber auch nach – einer zumindest formalen – Identität und – einem zumindest symbolischen – Sinn nicht genügen. Hatte die christliche Religion ihren Anhängern bei guter Führung ein Paradies nach dem Tode versprochen, so verspricht die liberaldemokratische Konsumkultur ihren Kunden das oben erwähnte Paradies auf Erden – ein Leben, das in den Worten des britischen Dramatikers Mark Ravenhill um „Shopping and Fucking" kreist. Das menschliche Bedürfnis nach Sinn und Werten gerät dabei, so zumindest die Wahrnehmung antikapitalistischer Kulturkritiker wie auch religiöser Konservativer, aus dem Blick. Metal lässt es sich nicht nehmen, dieses Bedürfnis wenn nicht zu befriedigen, so doch an es anzuknüpfen. Entsprechend verlautbart die schwedische Doom-Folkband Apocalypse Orchestra auf ihrer Internetseite: „Apocalypse Orchestra blickt immer nach vorne wie auch ins Innere, um Antworten auf einige der größten Fragen der Geschichte zu finden …"[210] Ein französischer Pfarrer sieht das ähnlich und schrieb 2014 in einem christlichen Magazin: „Wenn es sich um Fragen nach Leben und Tod handelt, finden gewisse Wahrheiten einen authentischeren Ausdruck im Geschrei des Metal als in den Harmonien eines Lobgesangs. Selbst wenn Metal Gott die Schuld gibt (und das ist nicht gerade selten der Fall), stellt er Fragen, die im fundamentalen Sinne wahr sind."[211]

Die politische Linke steht dem Metal deshalb oft skeptisch gegenüber. Aus ihrer Sicht hat das Genre nie wirklich mit der Religion, die sie im marxistischen Sinne als „Opium fürs Volk" ablehnt, gebrochen. In einer Sendung von Radio Corax hieß es 2013: „Im frühen Punk wurde ein explizites Transzendenzverbot ausgerufen; das bewegungslinke Lager denunzierte das Ausklinken als konterrevolutionär [...]" Metal aber bringe Religion zurück in den Pop und verkläre ein „negatives Christentum".[212] „Negatives Christentum" – das trifft es tatsächlich. Zu allem Überfluss lehnt Metal auch das kulturindustrielle Spektakel nicht rundheraus ab. Metal ist zumeist Show, große Geste, große Bühne, großer Apparat, audiovisuelle Materialschlacht. Derlei Spektakel hat die Frankfurter Schule als Nachfolger der Religion gedeutet. Gestern wie heute, so die These Adornos und Horkheimers aus der *Dialektik der Aufklärung* (1944), würden Individuen manipuliert und verblendet – mal mit Gott, mal mit Popmusik. Kurz gesagt, haben viele Linke so ihre Probleme mit Metal und bevorzugen, wie im Kapitel „Into the Pandemonium" erläutert, Punk-inspirierte Subgenres wie Grindcore. Die Kryptoreligiosität ihrer eigenen Überzeugungen wird dabei vornehm übergangen. Wer versucht, Religion ‚aus der Welt zu schaffen', versucht, aus der Geschichte an sich auszusteigen. Das ist zum einen ein zutiefst religiöser Wunsch, zum anderen schlicht unmöglich. Religion hat die menschliche Geschichte über Jahrtausende geprägt. Selbst wenn man sie ablehnt, ist es klüger, ihre historische Prägekraft ernst zu nehmen und sie in Kunst und Kultur weiterhin zu verhandeln. Metal bietet dafür ein Medium. Die vulgärlinke Sehnsucht nach einem „Ende der Religion" ist eschatologisch, also ihrerseits religiös geprägt und knüpft, ohne es sich einzugestehen, an das Narrativ vom Paradies an. Die Sehnsucht nach dem neuen Menschen ist nicht fern von der Sehnsucht nach dem Neuen Jerusalem. Wer nach Erlösung strebt oder Erlösung verspricht, versagt meist schon bei der Lösung.

Mit einem Romantitel von Milan Kundera ließe sich spekulieren, dass die Entstehung des Metal nicht zuletzt eine Erwiderung auf jene „unerträgliche Leichtigkeit des Seins" war, die Werbung und Massenmedien seit der Nachkriegszeit in den westlichen Konsumkulturen propagieren (siehe Kapitel „Back to the Primitive"). Wenn Spaß zur Pflicht wird, ist Widerstand angesagt. Metal wollte raus aus dem konsumistischen „Candy Jail" (The Silver Jews). Noch 2012 sagte mir Mille Petrozza im Interview: „Die Leute, die sich im Kino ausschließlich Feel-good-Filme anschauen, werden auch weiterhin keinen Heavy Metal hören."[213] Auch die christliche Religion deutet die Existenz des Menschen von Leid und Schmerz her, verkörpert in Hiob und im gekreuzigten Christus. Wie der polnische Philosoph Leszek Kołakowski in den 1970er-Jahren richtig bemerkte, wandte sich die christliche Kirche in der Postmoderne von diesem Prinzip ab und verlor so eine ihrer unbequemen Kernbotschaften. Gleichzeitig betonte Kołakowski, dass der Kult des Leidens lange von den Kirchenfürsten missbraucht worden sei, um die niederen Klassen zu unterdrücken.[214] Die Betonung des Leids wie auch die Kritik an Unterdrückung sowie die Solidarisierung mit den „Underdogs" sind wiederkehrende Elemente des Metal. Was im Christentum an Bedeutung verlor, fand im Metal eine neue, unwahrscheinliche Heimat. Der im vorigen Absatz erwähnte Begriff „negatives Christentum" bietet sich als Umschreibung dieser unheimlichen Heimat an und rückt Metal zugleich in eine überraschende, spannungsvolle Nähe zur Frankfurter Schule, für die „Negativität" ein Schlüsselbegriff war, etwa in Adornos „Negativer Ästhetik".

Hätte sich Metal in seinen Anfängen eindeutig positioniert, etwa prochristlich oder satanistisch, hätte das Publikum vielleicht bald schon das Interesse an ihm verloren. Was nur polarisiert, fasziniert schneller, langweilt aber auch schneller. Weil Metal in all seiner Kritik ambivalent geblieben ist, weil er ein Spannungsfeld von Skepsis und Faszination erzeugt hat, das sich nicht so einfach in Schwarz oder Weiß, Gut oder Böse, Bejahung oder Verneinung auflösen ließ, ist er über Jahrzehnte hinweg attraktiv geblieben. In dieser Hinsicht ähnelt der Metal als historisch gewachsenes Gesamtphänomen den Gemälden des niederländischen Künstlers Hieronymus Bosch (1450–1516) – jenen Gemälden, die auch einige Metal-Cover zieren, beginnend mit dem Proto-Metal von Deep Purple auf *Deep Purple* (1969) über den frühen Extreme Metal von Celtic Frost auf *Into the Pandemonium* (1987) bis hin zum Technical Death Metal der russischen Band Hieronymus Bosch auf *The Human Abstract* (1995). Auch verbale Bezugnahmen auf Bosch sind gängig, etwa im Song „The Garden of Earthly Delights" von Apocalypse Orchestra (2017) oder im Interview mit Mille Petrozza im vorliegenden Buch. Auf dem Blog *Awkward* schrieb der Autor Jim Rowley einmal pointiert: „Im Grunde malte [Bosch] Cover für Slayer-Alben, 500 Jahre bevor Heavy Metal erfunden wurde."[215] Was Bosch bis heute zu einem Publikumsmagneten macht, ist das Rätselhafte und Ambivalente seiner Kunst. Würden wir einen Schlüssel zu *dem* Verständnis der Bosch'schen Wimmelbilder finden; könnten wir jedem Bildelement eine Bedeutung zuweisen und sie lesen wie Gebrauchsanleitungen, würden wir ihrer wohl bald überdrüssig.

Die Analogie zwischen Metal und dem Renaissancekünstler Hieronymus Bosch ist nicht die einzige und nicht die älteste aus dem Bereich der Kunstgeschichte. Eine noch überraschendere, noch unwahrscheinlichere Analogie hat der US-amerikanische Kunsthistoriker Robert Bork entdeckt, nämlich zwischen Metal und Gotik. Vermittels eines nonchalanten, Raum- und Zeitgrenzen überwindenden Vergleichs weist er zahlreiche Übereinstimmungen zwischen gotischer Sakralarchitektur und Heavy Metal nach.[216]

Was Metal und die gotische Kathedrale verbindet, sind aus Borks Sicht zum einen formale Strukturen, zum anderen deren beabsichtigte psychologische Wirkung. Beide Stile haben zum Ziel, „Ehrfurcht" zu erwecken, anstatt komfortable Einfühlung zu ermöglichen. Das deckt sich mit der oben erwähnten Diagnose Smarzochs. Die Kirchenbesucher soll erhabener Schauer erfassen, sie sollen sich überwältigt fühlen, sie sollen eine Transzendenzerfahrung machen. Dafür bedienten sich die Baumeister der gotischen Kathedralen eines architektonischen Stilmittels, das Bork „Verzerrung" („Distortion") nennt. Die Kathedralen lösen sich vom menschlichen Maß der Klassik und schießen geradezu in schwindelerregende Höhen – vergleichbar mit den in die Vertikale verzerrten, spitz zulaufenden Anfangs- und Endbuchstaben der Metallica-Wortmarke, könnte man hinzufügen. Tatsächlich rahmen das „M" und das „A" die Buchstaben „etallic" wie Strebebögen die Außenwände einer Kathedrale. Den Zug ins Vertikale vergleicht Bork wiederum mit dem Ausklingverhalten („Sustain") der verzerrten elektrischen Gitarre. Verstärker und Verzerrer ermöglichen es, Klänge in die Länge zu ziehen, während es Strebebögen in der Architektur ermöglichen, Bauwerke in die Höhe zu ziehen.

Wie Metal Schluss macht mit der Rockbehäbigkeit, so macht Gotik Schluss mit der Romanikgemütlichkeit, diagnostiziert Bork: „Die transzendente, übermenschliche Abstraktion von Gothic und Metal markiert die Abkehr von den bodenständigeren, menschenzentrierten Stilen, die ihnen vorausgingen, nämlich dem römischen Klassizismus und dem Blues; in dieser Analogie stellt die frühmittelalterliche Architektur die gleiche Stufe der formalen Transformation dar wie der frühe Rock 'n' Roll. [...] In gotischen Figurenprogrammen und Heavy-Metal-Texten steht das Übernatürliche im Vordergrund, wobei Gott und Teufel die Hauptrollen im kosmischen Drama spielen."[217] Tatsächlich ist Metal die Kathedrale der Popmusik – ein in durchbrochener Erhabenheit aufragendes, so hyperbolisches wie spleeniges Gebilde, das Transzendenz verspricht und sich für die Erfüllung dieses Versprechens in irdische Materialschlachten stürzt.

Mehr noch bedarf es für die angestrebte numinose Erhabenheit nüchterner technischer Planung und Berechnung. Die komplexe Struktur der gotischen Kathedrale basiert auf standardisierten geometrischen Elementen, die man als Riffs des Sakralbaus bezeichnen könnte. Metal wiederum zeichnet sich durch die Reihung modulartiger Riffs und strenges kompositorisches Kalkül aus.

Nicht zuletzt war die Gotik eine urbane Erscheinung, wie auch Metal untrennbar mit Großstädten verbunden war und ist (siehe Kapitel „Back to the Primitive"). Die Gotik der Île-de-France um 1200 und der Metal in Birmingham um 1980 richteten sich beide an ein urbanes Publikum, das nicht so leicht zu beeindrucken war wie ein ländliches. Um dieses anspruchsvolle, vielgestaltige Publikum in die Kirchen oder in die Konzerthallen zu locken, bedurfte es neuer Special Effects: durch mystisch glimmende Buntglasfenster durchbrochene Wände und himmelwärts strebende Rundpfeiler seitens der Kirche, durch infernalische Lautstärken und überlebensgroße musikalische Gesten seitens des Metal.

Als sei sie sich dieser Analogien bewusst geworden, hat die christliche Kirche in vielen westlichen Staaten ein entspannteres Verhältnis zum Metal entwickelt, als es früher der Fall war. Zumindest sind reflexhafte Pauschalverurteilungen seltener geworden. In Zeiten des Mitgliederschwunds kehren Demut und Pragmatismus ein. Man nutzt jede Gelegenheit zur Kundenakquise – wenn die Kathedrale von Rochester in Südengland mit einer 9-Loch-Minigolfanlage im Kirchenschiff um das Publikum buhlt (2019), warum dann nicht auch mit Metal?[218] Ist Iron Maidens golfender und betender Schlagzeuger Nicko McBrain nicht das beste Beispiel für die real existierende Dreieinigkeit von Christentum, Golf und Metal?[219]

Das beste Beispiel für diese Entwicklung im deutschsprachigen Raum ist das Wacken Open Air. Zwar wird dort – noch – nicht Golf gespielt. Doch im Jahr 2018 trat die dem Esoterischen nicht abgeneigte Metal-Sängerin Doro Pesch in der örtlichen Heiligen-Geist-Kirche auf, wo seit 2013 ein Metal-Gottesdienst stattfindet.[220] Auf dem Festivalgelände ist jeweils ein Seelsorgerteam mit Metal-Bibeln unterwegs, falls Satan sein rein symbolisches Mandat doch einmal überschreiten sollte. In der Dorotheenkirche der niedersächsischen Gemeinde Nortrup wurden 2014 und 2015 ebenfalls Metal-Gottesdienste mit der Band Solution Cycle abgehalten; bereits seit 2013 organisiert der Pfarrer und Organisator Uwe Brand ebendort einen Gothic-Gottesdienst. „In den normalen Gottesdienst sonntags um zehn Uhr kommen ja diese Leute nicht. Die haben ein Recht darauf, und wenn sie das Bedürfnis haben, dann sollte man ihnen ein Angebot machen, und da ich ja selber Spaß an der Sache habe, wäre es ja blöd, wenn ich es nicht täte", sagte Brand 2015 im Interview mit SAT1 Regional.[221] Am Ende der Sendung erklärte die Großmutter des Sängers von Solution Cycle, was für ein lieber Enkel er sei. Küsschen.

In der Schweiz ist Samuel Hug als „Metal-Pfarrer" unterwegs und organisiert Metal-Gottesdienste. Jesus zu dienen und dafür Metal als Instrument zu benutzen ist für ihn kein Widerspruch. Kerry King und Lemmy Kilmister wären da anderer Meinung – Rockmusik, und insbesondere Metal, würden sie im liberalen oder libertären Sinne als Ausdruck einer Haltung deuten, die sich keiner metaphysischen Obrigkeit untertan macht. Hug aber steht in einer Tradition der Mission, für die gilt: Gottes Wort muss überall verkündet werden. Und muss es nicht gerade da verkündet werden, wo man ihm keinen Glauben schenkt?

In einem Interview bestätigt Hug die oben erwähnte These, dass Metal wie kaum eine andere Form der Popmusik eine Affinität zur Religion aufweise und somit, Kritik hin oder her, anschlussfähig an sie sei: „Natürlich geschieht dies schwergewichtig in einer kritischen oder sogar ablehnenden Haltung gegenüber dem christlichen Glauben und vor allem gegenüber den verfassten Kirchen. Doch man muss differenziert hinsehen! Denn wo Menschen sich ernsthaft mit Themen beschäftigten und suchen, gehen auch Türen auf."[222] In diesem Sinne äußerte sich auch ein Vertreter der Organisation Christ und Jurist, den ich 2015 im Nachtzug zwischen Basel und Poznań kennenlernte. Der äußerlich keine Anzeichen für eine Nähe zum Metal aufweisende Dr. iur. Ingo Friedrich entpuppte sich als Metal-Fan, was zu einem E-Mail-Dialog über Gott, die Welt und harte Musik führte. Wir publizierten den Austausch 2016 im Musikmagazin *Norient*. Während ich die Position des Agnostikers, Anhängers der Aufklärung und Kritikers organisierter Religionen vertrat, machte sich Friedrich für die Auffassung stark, Metal könne wie das berühmte Messer zum Brotschneiden oder zum Töten eingesetzt werden. Warum also nicht auch für das Missionieren, und sei es auf subtile Weise? Auf meine Frage, was denn aus seiner „Bindung an Jesus Christus" mit Blick auf Metal folge, antwortete er: „Daraus folgt der Wunsch, der gleichzeitig Gottes Auftrag ist, andere Menschen höflich werbend mit seiner Liebe bekanntzumachen, und zwar auch durch Heavy Metal. Christen, die als Musikgeschmack das Harte mögen, überlegen sich deshalb auch, ob es ihr Auftrag sein könnte, andere Metalfreaks durch das Medium Heavy Metal zu erreichen."[223] Einen ähnlichen Weg hat der 1946 geborene italienische Kapuziner Cesare Bonizzi eingeschlagen. Der „Metal-Mönch" oder „Fratello Metallo" aus Mailand veröffentlichte mit *Misteri* (2008) ein durchaus ernst zu nehmendes Metal- und Rockalbum. Live trat der Sänger mit dem Rauschebart stets im Ordenshabit auf. Aus wohlmeinender Sicht könnte man anerkennen: Die Christen sind offener und toleranter geworden! Aus skeptischer Sicht könnte man sagen: An die Stelle von Diffamierung und Skandalisierung treten Infiltrierung, Instrumentalisierung, Missionierung.

Während im Westen – vielleicht nur vorübergehend? – Metal mit Samthandschuhen angefasst wird, leben Metal-Fans und -Musiker in anderen Weltgegenden, beispielsweise im Nahen Osten, weiterhin gefährlich. Im Westen konnte die christliche Kirche in der Nachkriegszeit Metal verbal als „Teufelszeug" verunglimpfen. Über viel mehr Machtmittel als das des verbalen Prangers verfügt sie in liberalen, säkularen oder laizistischen Staaten nicht. In einigen islamisch geprägten Ländern wie Syrien oder Saudi-Arabien, aber auch in manchen Ländern mit christlich-orthodoxer Tradition stehen den politisch-religiösen Autoritäten andere Mittel zur Verfügung. Neben verbalen Invektiven gehen sie mit physischer Gewalt gehen Metal und seine Anhänger vor.[224] Noch im Jahr 2016 stürmten radikale Christen ein Metal-Konzert in der georgischen Hauptstadt Tiflis.[225] Insbesondere dort, wo die Todesstrafe wegen Gotteslästerung verhängt werden kann, leben Metal-Fans permanent unter einem Damoklesschwert. An all jenen Orten, an denen sich die Politik auf höhere Mächte beruft oder sich im Gleichschritt mit dem einzig wahren, dem heiligen Fortschritt wähnt, ist politische Systemkritik implizit Gotteskritik oder Fortschrittskritik und vice versa. Da Metal gemeinhin keine Jubelpresse ist, gilt er den politisch-religiösen Eliten besagter Orte per se als systemkritisch, mithin als gottes- oder fortschrittslästerlich.

All jenen im Westen, die Metal heute als peinlichen, unpolitischen oder kryptoreligiösen Budenzauber abtun, sollte dies zu denken geben. Nicht vergessen werden sollte auch, dass Metal sozialistischen und kommunistischen Ideologen, beispielsweise in der DDR, ebenfalls als Medium der Zersetzung galt. Im real existierenden Sozialismus war Optimismus Staatsdoktrin. Zombies und Grabkreuze passten da nicht wirklich ins Bild. In seiner lesenswerten Dissertation über Metal in der DDR schreibt Wolf-Georg Zaddach: „Heavy Metal war eine dieser Dissonanzen aus dem Westen, die sich in den 1980er Jahren [in der DDR] rasant ausbreitete. Heavy Metal war dabei, so für einige Zeit die Auffassung von Partei und MfS [Ministerium für Staatssicherheit], nicht einfach nur Musik, sondern eine ‚Waffe des Feindes', um die Jugend zu untergraben, ideologisch für sich zu gewinnen."[226] Kurz vor dem Ende der DDR erfolgte ein strategischer Versuch der Eingemeindung, nicht zuletzt weil der zwar rebellische, aber im Grunde unpolitische Charakter des Metal wie auch seine feste Verankerung in der ostdeutschen Jugendkultur erkannt worden war: „Die Jugendkultur Metal war in der zweiten Hälfte der 1980er Jahre in der DDR offenbar derart verbreitet, dass eine fortwährende Marginalisierung und Ausgrenzung schlichtweg nicht mehr möglich war."[227] So ging man denn von der Stigmatisierung zur Subventionierung über. Merke: Wenn du deinen Gegner nicht besiegen kannst, musst du ihn eben umarmen, um ihn bewegungsunfähig zu machen. Das ist, nebenbei gesagt, die Taktik des Neoliberalismus.

Bassem Deaibess, Sänger der libanesischen Thrash-Metal-Band Blaakyum, hat eine Erklärung dafür, warum einige heutige arabische Staaten so nervös auf eine Handvoll Langhaariger reagieren: „Ein Pfeiler des arabischen Minderwertigkeitskomplexes ist die Angst, der korrumpierte und sexuell freizügige Westen wolle die arabischen Werte zerstören."[228] Diese Angst herrscht(e) auch in kommunistischen Regimen vor. Generell leben alle Regime, die sich auf Ideen von Reinheit und Ausschließlichkeit berufen, in ständiger Angst, sich zu beschmutzen und zu infizieren. Liberale Gesellschaften hingegen nutzen Kunstformen wie Metal zur Immunisierung oder als Sparringspartner: Es gilt, am Widerständigen zu wachsen. Um hier nicht in kulturelle Überlegenheitseuphorie zu verfallen – der liberale, aufgeklärte Westen gegen den rückständigen Osten! –, sollte man sich vor Augen führen, dass die Ablehnung des Metal wie auch anderer nichtkonformistischer Künste in der westlichen, christlich geprägten bürgerlichen Mittelschicht bis vor Kurzem noch alltäglich war. Diese Ablehnung kann jederzeit reaktiviert werden; vor allem dann, wenn wie im heutigen, seine eigene Schwäche als Stärke verbrämenden Rechtspopulismus Verfallsängste geschürt werden, Dekadenzkritik geübt und kultureller Niedergang prognostiziert wird.

Schon das frühe Christentum und später die Protestanten brachten sich mit populistischen Invektiven gegen die als dekadent, korrupt, zügellos, amoralisch und frivol empfundene römische Gesellschaft – oder wahlweise gegen die katholische Kirche – in Stellung. Sie verfochten einen angeblich asketischen, demütigen und ‚reinen' Lebensstil. Zur diskursiven Strategie gehörte dabei stets der Vorwurf an die Gegner, nur leere, oberflächliche oder substanzlose Positionen zu vertreten. Ähnliche Muster lassen sich in der Romantik des 19. Jahrhunderts, in den Kulturkämpfen des Kalten Krieges und in den heutigen „Culture Wars" zwischen kosmopolitischen Linksliberalen und Neuen Rechten nachweisen. In der Apokalyptik manifestiert sich die Sicht der tatsächlichen oder imaginierten Underdogs auf das jeweilige ‚Imperium' oder ‚die Elite' besonders eindrücklich. Die Vision vom Weltende dient der wenig demütigen Sehnsucht nach Bestätigung der eigenen Verfallsdiagnose durch niemand Geringeren als Gott persönlich. Vielsagend ist, dass die vermutlich im ersten Jahrhundert nach Christus verfasste *Offenbarung des Johannes* zu den am häufigsten im Metal verarbeiteten apokalyptischen Texten zählt. Metal ist nicht nur Gegenstand religiöser Dekadenz- und Verfallskritik, er betreibt auch selbst Dekadenz- und Verfallskritik. Dabei lässt er sich von der Apokalyptik inspirieren, wird selbst zum apokalyptischen Medium.

Die *Offenbarung des Johannes* ist das letzte Buch des Neuen Testaments. Wohl vor dem Hintergrund des Ohnmachtsgefühls der Christen gegenüber dem polytheistischen römischen Imperium verwendet der im Exil auf Patmos schreibende christliche Autor schillernde, ja nachgerade psychedelische Metaphern, um seine Anliegen zu chiffrieren: „Und [einer der sieben Engel] brachte mich im Geist in die Wüste. Und ich sah eine Frau auf einem scharlachroten Tier sitzen, das war voll lästerlicher Namen und hatte sieben Häupter und zehn Hörner. Und die Frau war bekleidet mit Purpur und Scharlach und geschmückt mit Gold und Edelsteinen und Perlen und hatte einen goldenen Becher in der Hand, voll von Gräuel und Unreinheit ihrer Hurerei, und auf ihrer Stirn war geschrieben ein Name, ein Geheimnis: Das große Babylon, die Mutter der Hurerei und aller Gräuel auf Erden." (Offb 17,3–5) Die Nähe zwischen dem „gewaltige[n] Bildreservoir" der Apokalyptik und dem gewaltigen Bildreservoir des Metal ist offensichtlich.[229]

Apokalyptische Texte sind, wie unter anderem Hartmut Böhme und Hans Magnus Enzensberger erläutert haben, meist auch verdeckte Sozial- und Herrschaftskritik, vom Buch Daniel des Alten Testaments über Johannes, dessen spektakulär verklausulierte Sprache sich mit hoher Wahrscheinlichkeit gegen die römischen Machthaber richtete, bis hin zum ägyptischen Islamisten Sayyid Qutb (1906–1966), einem Stichwortgeber islamistischer Terrororganisationen wie Al Kaida. Auch Friedrich Engels interpretierte die *Offenbarung* in diesem Sinne, nämlich als protorevolutionären Text, dem es gewissermaßen noch an materialistisch-dialektischer Einsicht gebrach: „Das Christentum ergriff die Massen genauso, wie es der moderne Sozialismus tut, in Gestalt mannigfaltiger Sekten und noch mehr durch widersprechende individuelle Meinungen – manche klarer, manche verwirrter, wobei die letzteren die große Mehrheit bildeten –, aber alle sind dem herrschenden System, ,den bestehenden Mächten', feindlich gesinnt."[230] Andererseits streben diese „Sekten" erfahrungsgemäß früher oder später selbst nach der Herrschaft, wie die Geschichten von Christentum und Sozialismus gezeigt haben. Auch Metal wandte sich wenigstens in der Anfangszeit und wenigstens in Form von apokalyptisch inspirierten Lippenbekenntnissen gegen das „herrschende System", bevor er sich in Richtung „Happy Metal" aufmachte.

Wie bereits erwähnt, sind auf Black Sabbath' genrebegründendem Album *Black Sabbath* (1970) zahlreiche Anspielungen auf die *Offenbarung* enthalten. Hat Jesus in der *Offenbarung* „Augen wie Feuerflammen" (*Offenbarung* 2,18b), so erscheint bei Black Sabbath Satan „with eyes of fire" (Titeltrack). Auch das im selben Jahr veröffentlichte Album *Paranoid* strotzt nur so vor apokalyptischen Begriffen, die jedoch auf innerweltliche Ereignisse und Entwicklungen, vornehmlich Kriege und Technisierung, bezogen werden: „Now in darkness, world stops turning / Ashes where their bodies burning / No more war pigs have the power / Hand of God has struck the hour / Day of Judgement, God is calling / On their knees the war pigs crawling" („War Pigs"); „And so in the sky shines the electric eye / Supernatural king takes earth under his wing / Heaven's golden chorus sings, Hell's angels flap their wings / Evil souls fall to Hell, ever trapped in burning cells!" („Electric Funeral").

Iron Maiden wiederum leitet einen ihrer bekanntesten Songs, „The Number of the Beast" (1982), mit ausführlichen Zitaten aus der *Offenbarung* ein, genauer gesagt: mit *Offenbarung* 12,12b und 13,18: „Woe to You Oh Earth and Sea / For the Devil sends the beast with wrath / Because he knows the time is short / Let him who hath understanding / Reckon the number of the beast / For it is a human number / Its number is six hundred and sixty six." Auch auf Metallicas Debütalbum *Kill 'Em all* (1983) wird im Song „The Four Horsemen" direkt auf die *Offenbarung* Bezug genommen: „You know it has all been planned / The quartet of deliverance rides / A sinner once a sinner twice / No need for confession now / Cause now you have got the fight of your life / The Horsemen are drawing nearer / On the leather steeds they ride / They have come to take your life." Im Jahr 1987 besang die brasilianische Speed-Metal-Band Viper „four rider beasts [who] ride the sky" („Knights of Destruction"). Viele aktuellere Beispiele, etwa Behemoth' Song „We Are the Next 1000 years" (2018) oder die vier Zombiepferde auf dem Cover von Kreators Album *Phantom Antichrist* (2012), ließen sich aufführen.

Gibt Iron Maiden die Apokalypse im Wortlaut wieder, so passt Metallica sie ihren Bedürfnissen an. Einerseits wird auf das Unausweichliche und auf den ‚großen Plan' der Apokalypse verwiesen („you know it has all been planned"). Dass es sich beim letzten ‚Gericht' de facto um ein Standgericht handelt, bei dem nicht verhandelt wird, entspricht der *Offenbarung* („no need for confession now"). Andererseits wird die Apokalypse, bei der ja kein Widerstand mehr möglich ist, in bester US-amerikanischer Manier zu einem „fight of your life" umgedeutet – selbst im Untergang ist Eigeninitiative gefragt; selbst das Ende ist eine Challenge. Die Hörer erhalten obskure Marschbefehle, die sie selbst paradoxerweise in die Position der apokalyptischen Reiter versetzen: „So gather round young warriors now / And saddle up your steeds." Hierbei handelt es sich wohl um eine Botschaft an die Metal-Bruderschaft mit der Aufforderung, sich entweder den Reitern in den Weg zu stellen oder sich ihnen anzuschließen und das apokalyptische Recht in die eigene Hand zu nehmen.

Somit liegen im Heavy Metal nicht nur „kupierte Apokalypse[n]", also Endzeitnarrative ohne Heilsperspektive, vor.[231] Das Heil im Heavy Metal mag nicht mehr – zumindest nicht zwingend – transzendenter Art sein. Aber Handlungsoptionen und Hoffnung bestehen durchaus, in „The Four Horsemen" wie auch in Kreators Song „Your heaven, my hell" (2012). In Letzterem folgt auf die Zerstörung sogleich die Schöpfung: „Let this last farewell be heard across all countries, all cultures no more cholera messiahs / Embrace the dawning of a new earth, unlike the first, so let them bleed, as a new light shines / Let's kill all gods, let's crush the hypocrisy / My eyes are open wide / My eyes are open wide / Your heaven, my hell. I, destroyer / Your heaven, my hell. I creator." Und wenn gar nichts mehr hilft, bleibt immer noch die basale Selbstreferenz: „Heavy Metal Is the law" (Helloween), „The Gods made Heavy Metal" (Manowar) oder „Metal is forever" (Primal Fear). Metal *ist* hier die Hoffnung.

Während viele Metal-Songs einerseits auf Leid und Not, auf Tod und Weltende fixiert sind, laden sie andererseits zur Selbstermächtigung ein und vermitteln ein Gefühl von Stärke, ja Macht. Apokalyptische Texte haben eine vergleichbare Doppelfunktion. Sie beschwören das Ende, um einen Neubeginn zu initiieren. Mit Hans Magnus Enzensberger gesprochen, ist die Apokalypse „Aphrodisiakum" und „Angsttraum" zugleich. „Let's celebrate the apocalypse" – Kreator bringt diese Janusköpfigkeit in „Your Heaven, My Hell" auf den Punkt: Der Weltuntergang ist zugleich Weltaufgabe. Mitnichten verleitet die Apokalypse also zu Passivität oder gar zu Fatalismus. Im Gegenteil – das bevorstehende, in drastischen Bildern ausgemalte Jüngste Gericht soll die Gläubigen dazu bringen, ihr Leben zu überdenken und zu besseren Menschen zu werden. Und sei es nur für kurze Zeit.

Mit Blick auf die *Offenbarung* wie auch die Apokalypsefaszination des Metal ist es offensichtlich, dass Apokalyptiker eine beträchtliche ästhetische Lust am Entwerfen ihrer Visionen und Allegorien des Weltgerichts und insbesondere der vorangehenden Zeit der Plagen, der Gewalt und des Leids empfinden. Ich möchte diese Lust eine „negative Lust am Erhabenen des Untergangs" nennen: Faszination und Horror gehen Hand in Hand. So nehmen in der *Offenbarung* die fantasyfilmreifen Schilderungen blutiger Exzesse deutlich mehr Platz ein als das unspektakuläre Jüngste Gericht oder das Neue Jerusalem. Johannes skizziert Letzteres eher lustlos als einen kitschig designten Tempel der ewigen Langeweile, wo nicht einmal mehr Pest, Cholera oder Glaubenskriege für ein wenig Abwechslung sorgen. Der ästhetisierende Blick auf die Welt, der sich hier zeigt, setzt voraus, dass die Betrachtenden nicht direkt in die Geschehnisse verwickelt sind, die sie thematisieren. Apokalyptik ist eine Weltanschauung und erschafft Weltbilder. Erst aus der Distanz entfaltet sie ihre Wirkung. Johannes verfasste seine Apokalypse im Exil auf Patmos. In der Theologie ist umstritten, ob er selbst Repressalien erlitt. Die *Offenbarung* nennt nur einen einzigen konkreten Märtyrer. Auf ähnliche Weise operiert Metal aus einer – kritischen – Distanz, die es ihm erlaubt, das große Ganze in den Blick zu bekommen und bildgewaltig zu erfassen.

Auf ein Gemälde übertragen, ergäben Johannes' fantastische Szenerien ein treffliches Metal-Plattencover – so monströs wie rätselhaft, so explizit wie chiffriert. In einem Interview im Jahr 2014 betonte Mille Petrozza von Kreator, dass auch er seine düsteren, apokalyptisches Vokabular aufgreifenden Texte bewusst offenhalte: „Wir verallgemeinern Dinge eher und versuchen eher, sie zu metaphorisieren, als irgendwelche politischen Gruppierungen anzugreifen und explizit Dinge zu benennen, die in der Politik oder im Weltgeschehen passieren. Ich werde oft von politischen Ereignissen inspiriert, aber du wirst es nicht merken. Der Text von ‚Phantom Antichrist' [2012] beispielsweise ist auch politisch inspiriert, aber er verrät das nicht. Du musst es entschlüsseln."[232] Auf ähnliche Weise lässt sich die *Offenbarung* als verdeckte Kritik am Römischen Reich deuten (siehe oben).

Wenn in den Texten Petrozzas einmal unumwunden von Revolution und Widerstand die Rede ist, führt der Verfasser dies nicht auf den Metal, sondern auf seine Sozialisierung in Punk und Hardcore zurück: „Textlich beeinflusst worden [bin ich] von Jello Biafra, Bad Religion und politischen Hardcore-Bands wie Minor Threat. Ich habe schon immer mit Do It Yourself, Hardcore und Punk sympathisiert, weil mir Metal manchmal ein bisschen zu unpolitisch war."[233] Damit ist die Aufgabenteilung klar. Das verbindliche, politisch-agitatorische Vokabular entstammt Punk und Hardcore, das unverbindlich-atmosphärische, apokalyptische dem Metal. Deshalb legt Metal wie die *Offenbarung* eine allegorische Auslegung nahe und lädt zur Kontextualisierung ein. Das gilt auch für die Texte und Interviews von Lemmy Kilmister. Seine anarchistischen Grundüberzeugungen entwickelte er im Hippie- und Punk-Milieu. Sein apokalyptischer Blick auf das Weltgeschehen hingegen ist typisch für Metal: distanziert, generalisierend, dunkel raunend, voll heimlicher Faszination am nahenden Untergang. Im Jahr 2014 sagte er mir: „Wenn Sie Optimist sind, dann werden Sie das nicht mehr lange sein. Schauen Sie doch nur, was wir angerichtet haben. Wir haben die eine Hälfte der Welt zerstört, und nun sind wir dabei, die andere zu zerstören. Wir killen die Meere, Teile davon sind bereits verödet. Jede freie Fläche übergießen wir mit Beton. Wir haben's verbockt, Mann. Wir haben die falsche Abzweigung genommen. Eigentlich ist die Erde ja ein ganz netter Ort, um darauf zu leben. Wir aber sind nichts weiter als eine Seuche auf ihrer Oberfläche. Je schneller wir verschwinden, desto besser für die Erde."[234]

In seinen Songs aber pries Kilmister Rock 'n' Roll als Religion der Hoffnung an und sang: „Rock 'n' Roll music is the true religion / Never let you down, you can dance to the rhythm / Stay home and watch it on your television, walk out across the sky / Rock 'n' Roll even gonna set you free / Make the lame walk and the blind to see" („Rock 'n' Roll Music", 2010). Das war nicht ironisch gemeint. So religionskritisch sich der agnostische Priestersohn auch gab, so offensichtlich war sein Verlangen nach Sinn, Identität, Ordnung und ja, auch Transzendenz – mithin nach Werten, die traditionell von der Religion vermittelt werden. Dass Transzendenzerfahrungen nicht nur durch Götter, sondern, wie im Falle Kilmisters, auch durch Drogen wie Acid ermöglicht werden können, ist nichts Neues. Mit Blick auf die *Offenbarung* wurde in der Forschung immer wieder der Verdacht geäußert, die psychedelischen Visionen des Johannes könnten nicht nur durch göttliche Eingebungen, sondern auch durch ein paar Tässchen Stechapfeltee oder Tollkirschensud verursacht worden sein.

„Wer für die Freiheit der Musik kämpft, kämpft für die Freiheit der Bürger"

Interview mit Freddy Lim (Chthonic), 2016 (Abb. 19)

Jörg Scheller: Wie war es, als Metal-Teenager in Taiwan aufzuwachsen?
Freddy Lim: Zunächst mal ging man in die normalen Plattenläden, um sich über Neuigkeiten aus der westlichen Musikszene zu informieren. Etwa über Michael Jackson und die Rockbands aus Los Angeles wie Guns N' Roses, die sogenannten Hair-Metal-Bands. Damals galt das Gesetz, dass alles, was in Taiwan veröffentlicht wird, von der Regierung genehmigt werden muss. Also erhielt man in den offiziellen Plattenläden nur solche Alben und Informationen, die der Regierung genehm waren. Doch das Personal vermittelte einen weiter an Piratenshops in irgendeiner Wohnung oder einem Keller, wo die Zensur umgangen wurde. Diese Läden importierten Musik aus den USA oder Japan und kopierten sie für die Kunden. Man erhielt dort auch Informationen über Anthrax, Megadeth, also über die härteren Sachen. Und dann ging man in Konzertklubs. Es gab da ein paar taiwanesische Metal-Bands, die Coverversionen westlicher Bands wie Megadeth oder Helloween spielten. Und natürlich Mainstreambands wie Bon Jovi oder Guns N' Roses. So war das, als ich auf die Highschool ging.

JS: Wie hat sich die Rezeption von Metal in Taiwan im Lauf der Jahre verändert?
FL: In der ersten Phase, den 1980er-Jahren, war es das Hobby einer Minderheit. Das begann sich in den 1990er-Jahren zu ändern. Aber die Leute nahmen Metal zunächst nicht ernst. Sie nahmen ihn nicht als Kultur wahr. Sie hatten die einfache Vorstellung, es handle sich um eine Musik, die irgendwas mit Drogen und Satan zu tun hat. Im

Abb. 19: Freddy Lim (Mitte) mit Chthonic

frühen 21. Jahrhundert veränderte sich der Umgang mit der Rock- und Bandkultur im Allgemeinen. Sie wurde positiver wahrgenommen. Und das hatte wohl damit zu tun, dass sich die Rock- und Bandkultur mit der Demokratie- und Unabhängigkeitsbewegung vermischte. Viele Rockmusiker entschieden selbst, welche Songs sie schreiben und worüber sie singen wollten. Deshalb verband sie mehr mit der Unabhängigkeitsbewegung als mit der offiziellen Kultur.

JS: In seinen Anfängen war Metal im Westen zwar kritisch, vermied es aber, sich politisch zu positionieren. In Teilen Ostasiens scheint das anders zu sein.
FL: Für Japan oder Korea gilt das so nicht, aber auf Taiwan im Speziellen trifft es zu. Hier haben die Bürger gegen die Zensur gekämpft. Wenn man das Recht auf freie Rede vertrat und Rockmusiker unterstützte, war man automatisch gegen die Regierung. Allein schon deshalb waren die politische Bewegung und die Musik eng miteinander verbunden. Mitte der 1990er-Jahre gab es hier sogar eine Bewegung, die hieß „Seine eigenen Lieder schreiben".

JS: Auch in Indonesien gehen Metal und Politik Hand in Hand. Der amtierende Präsident Joko Widodo ist Metal-Fan. Im Wahlkampf wurde er von der Band Burgerkill unterstützt.
FL: In Hongkong ist es ähnlich. Und auch in Thailand gibt es viele Rockbands, die mit politischen Bewegungen verbunden sind – allerdings auf andere Weise, als es im Wes-

ten üblich ist, also nicht wie bei U2 (lacht). Im Westen war Rockmusik nicht verboten, die Situation war also eine ganz andere als hier. Die Erfahrung, die ich in Taiwan gemacht habe, ist: Wer für die Freiheit der Musik kämpft, kämpft für die Freiheit der Bürger.

JS: Was passiert, wenn Metal ins Zentrum der Gesellschaft rückt? Ist er dann noch „heavy"?
FL: (lacht) Kennen Sie den Song „The Metal" von Tenacious D? Im Text heißt es, dass sich Metal verwandeln und unter allen Bedingungen überleben könne. Metal durchläuft eine permanente Evolution. Aber er nennt sich weiterhin „Metal". Der Metal der 1970er-Jahre mit Bands wie Deep Purple oder Black Sabbath ist völlig verschieden von dem, was wir heute unter Metal verstehen. Und dennoch ist es Metal. Manchmal war Metal Mainstream, etwa der Hair Metal der 1980er-Jahre. Später kam die Zeit von Grunge und Alternative Rock. Metal war wieder auf sich alleine gestellt. Aktuell spielt Metal wieder vorne mit und wird von mehr und mehr Menschen wahrgenommen, man spricht über ihn, man diskutiert über ihn.

JS: Wie erklären Sie es sich, dass Metal über Generationen hinweg Zuspruch erfährt?
FL: Aus meiner Sicht ist Metal ein Genre, das Wut oder allgemein starke Gefühle ausdrückt – unabhängig davon, ob ihn Wissenschaftler gerade analysieren oder nicht. Und ganz egal, in welcher Ära man gerade lebt – es gibt immer Teenager, die ihrer Wut Ausdruck verleihen möchten. Es existieren Formen von Wut, die Hip-Hop oder Dance nicht transportieren können. Aber Metal kann das. Und er wird sich aus sich heraus immer weiterentwickeln.

JS: Wie in einer Familie. Es kommen immer neue Mitglieder dazu, die alten sterben, aber die Familie bleibt.
FL: Genau – und auf Festivals feiern die jungen Metal-Kids immer noch die Old-School-Bands. Sogar Ozzy Osbourne!

JS: Was hat Asien zur Weiterentwicklung des Metal beigetragen?
FL: Das ist schwer zu sagen. Denn natürlich unterscheiden sich die Länder sehr – Japan ist etwas ganz anderes als Taiwan. Aber die asiatischen Metal-Bands haben auf alle Fälle neue Melodien in den Metal gebracht. Das zeigt sich etwa im Extreme Metal oder im Folk Metal. Vor allem der asiatische Folk Metal unterscheidet sich deutlich vom westlichen Folk Metal. Wir haben unsere eigenen Traditionen, etwa was die Pentatonik-Tonleiter anbelangt. Aber im asiatischen Raum gibt es auch andere Inhalte und Konzepte. Die meisten asiatischen Metal-Kids stiegen über den Extreme Metal ins Genre ein, über satanistischen Black Metal und die westliche Mythologie, Vampire

und solche Dinge. Manche asiatischen Metal-Bands gehen diesen Weg weiter. Viele andere stellten fest, dass diese Mythologien nichts mit ihnen zu tun haben. Mit Chthonic haben wir begonnen, verstärkt unsere eigenen Konzepte, unsere eigene Geschichte in das Genre einzubringen. Auf unserem Album *Relentless Recurrence* etwa setzen wir uns mit Himmel und Hölle aus asiatischer Sicht auseinander. Und da bilden sie keine Gegensätze. Manchmal verbünden sie sich sogar und versuchen, etwas gemeinsam zu erreichen. Im Austausch mit unseren westlichen Fans hingegen stelle ich fest, dass sie Himmel und Hölle immer als Gegensätze begreifen. Und genau in solchen Zusammenhängen können asiatische Metal-Bands zu einem Kulturaustausch beitragen.

JS: Sie setzen auch traditionelle Instrumente wie die Erhu in Ihren Songs ein.
FL: Im Taiwanesischen nennen wir sie „Hena". Als ich 1997 begonnen habe, die Hena einzusetzen, gab es das Genre Folk Metal in seiner heutigen Form noch nicht. Ich schrieb damals ein paar Melodien, bei denen ich das Gefühl hatte, man würde ihnen weder auf der E-Gitarre noch auf dem Keyboard gerecht werden. Ich spürte, dass ich etwas anderes brauchte. Die Hena wird in der taiwanesischen Oper seit Jahrhunderten gespielt. Mit meiner Großmutter ging ich als Kind in die Tempel Taiwans, um dort Opernaufführungen zu sehen, bin also seit Langem mit der Hena vertraut.

JS: Nicht nur manche Instrumente, auch die Songthemen von Chthonic sind taiwanspezifisch. Oft geht es um die Geschichte, die Kultur und die Mythen des Landes. Spüren Sie ein Interesse seitens des westlichen Publikums, sich mit diesen Themen auseinanderzusetzen?
FL: Ja, absolut! Manche Fans setzen sich sogar so intensiv damit auseinander, dass sie neue Facetten der Themen entdecken und ich von ihnen lerne. Sie hören irgendetwas über Taiwan in der Schule, sie recherchieren im Internet und schreiben uns – stimmt das eigentlich? Oder sie erkunden Orte mit großer kultureller Bedeutung für Taiwan und befragen mich dazu. Ein gutes Beispiel ist unser Album *Takasago Army* (2011) [„Takasago Army" bezieht sich auf indigene taiwanesische Soldaten, die im Zweiten Weltkrieg in der kaiserlichen japanischen Armee dienten]. Beim Lesen der Songtexte merken die Fans, dass wir weder Anhänger des japanischen Imperiums noch der westlichen Alliierten sind. Um was also geht es? Sie wollen mehr wissen, weil der Songtext die Geschichte natürlich nur verkürzt wiedergibt. Und stellen dabei fest, dass es in der Geschichte nicht nur zwei Seiten gibt: hier Japan, dort die USA. Oder: hier die Achsenmächte, dort die Alliierten. Es gibt auch ein Dazwischen.

JS: Ein Dazwischen, das Schwarz-Weiß-Denken erschwert.
FL: Ich freue mich immer, wenn wir auf Tournee sind und die Fans nicht nur Autogramme wollen, sondern sich mit mir über ernste Themen austauschen. Ich lerne viel

von ihnen. In Tschechien, Finnland oder Österreich etwa wurde mir klar, dass all diese Länder Wert auf ihre eigene Geschichte legen. Viele Österreicher meinen, dass ihre Geschichte nicht von Deutschland repräsentiert werden kann. Die Finnen wiederum wollen sich nicht von Schweden oder Russland repräsentieren lassen. Darüber tauschen sich die Fans mit mir aus und entdecken Ähnlichkeiten zwischen ihrer und unserer, der taiwanesischen Geschichte.

JS: Die Musik von Chthonic ist meist sehr symphonisch und dicht. Lassen Sie sich von klassischer symphonischer Musik oder von der Oper inspirieren?
FL: Schwierige Frage. Ich weiß es nicht. Was ich weiß, ist, dass ich immer schon diesen orchestralen Sound und die taiwanesische Oper mochte. Im Alter von vier Jahren habe ich mit dem klassischen Klavierspiel begonnen. Sechzehn Jahre lang habe ich klassische Musik gespielt und Orchesterwerke gehört. Ich war auch der Pianist im Schulchor. Und als ich später in den Metal einstieg, hörte ich bald schon immer härtere und gewaltigere Sachen. Den symphonischen Metal, vor allen den symphonischen Black Metal, mag ich einfach sehr. Etwa Dimmu Borgir. Mir scheint, dass groß angelegte und komplexe Kompositionen große und komplexe Emotionen am besten transportieren können.

JS: Metal ist ein Genre, in dem Kompromisslosigkeit einen hohen Stellenwert genießt. In der Kunst, im Ästhetischen, hat man die Freiheit, extrem sein zu dürfen – ohne Rücksicht auf Verluste. In der Politik hingegen, zumindest in Demokratien, muss man ständig Kompromisse schließen. War es eine große Umstellung für Sie, als Metal-Musiker in die Politik zu gehen?
FL: Als Musiker kann man sich frei ausdrücken. Aber man muss seine Ideen nicht in die Tat umsetzen. Man setzt sich vielleicht für bestimmte Anliegen ein, aber der Job besteht primär darin, Songs zu schreiben und eine gute Show abzuliefern. In Organisationen wie Amnesty International wiederum versucht man, Leute für seine Sache zu gewinnen und auf Menschenrechtsverletzungen überall auf der Welt aufmerksam zu machen. Aber auch da muss man keinen wirklichen Plan ausarbeiten, wie man die Probleme zu lösen gedenkt. Als Politiker hingegen musst du einen konkreten Plan vorlegen: Was will ich in soundso vielen Jahren erreichen, und wie werde ich es erreichen. Ich habe einen Sitz im Parlament, aber insgesamt gibt es 113 Sitze. Also muss ich mitbedenken, wie sich meine Vorhaben zu den Positionen der anderen verhalten. Wer sind meine Verbündeten? Meine Partei, die New Power Party, hat fünf Sitze [im Jahr 2016]. Wer könnte uns noch unterstützen? Wer sind unsere Gegner? Für mich hat das nichts mit „Kompromissen" zu tun. Leider glauben manche Leute, dass du all ihre Probleme löst, wenn sie dich wählen. Das ist natürlich unrealistisch. Ich bin realistisch, erarbeite Pläne und versuche, sie Schritt für Schritt umzusetzen.

JS: Immer wenn ich Lemmy Kilmister von Motörhead auf Politik ansprach, winkte er genervt ab: bloß keine Politik! Du musst deine Seele verkaufen, und am Ende vermasseln sie's alle, ob rechts oder links.

FL: Das trifft nur dann zu, wenn du Berufspolitiker werden möchtest. Was mich anbelangt, so will ich auch in der Politik ich selbst bleiben. Ich trenne nicht zwischen Freddy, dem Musiker, und Freddy, dem Politiker. Und all meine Freunde wissen, dass ich ein Typ bin, der gerne plant. Als Mitglied der Band habe ich Freude daran, Tourpläne zu machen. Was das Songwriting betrifft, habe ich sehr genaue Pläne, wann wir den Prozess abgeschlossen haben und mit den Aufnahmen beginnen. Kurz, ich mag es zu planen. Das setze ich nun auf natürliche Weise in der Politik ein. Und keinesfalls werde ich versuchen, mich an meinem Sitz im Parlament festzukrallen. Ich weiß zwar nicht, wann ich die Arena der Politik wieder verlassen werde. Aber ein Berufspolitiker wird aus mir wohl nicht werden.

Musiktheoretische Analyse 4:
Metallica – Master Of Puppets

Diktatur der E-Saite
Von Dennis Bäsecke-Beltrametti

Ist es möglich, mit rein musikalischen Mitteln eine Ideologie oder ein politisches System zu versinnbildlichen? Was ist beispielsweise das musikalische Abbild der Demokratie? Es gab Stimmen, die nach dem Zweiten Weltkrieg diese Frage beantworteten, indem sie eisern die Kompositionstechnik der Zweiten Wiener Schule verfochten.

Die Argumentation lautete in etwa so: Da in der reinen Zwölftontechnik kein Ton wiederholt werden darf, bevor alle zwölf Töne erklungen sind, hat jeder Ton eine gleichbedeutende Stimme, und die Diktatur des Grundtones wird aufgebrochen. Die zwölf Töne befreien sich aus dem Joch des funktional tonalen Bezugsnetzes, sind quasi frei und verschaffen sich Gehör – wenn auch in umso strengerer zeitlicher Organisation.

Die derartige Eliminierung des tonalen Zentrums führt also zur ‚Freiheit' des individuellen Tones. Gleichzeitig birgt sie durch ebendiesen Entzug des gewohnten Strukturfundaments eine Unbehaglichkeit, die bis heute zwischen der Zwölftonmusik und dem breiten Publikum steht. Freiheit kann Angst machen.

Ein ähnliches Konzept von Übertragung einer gesellschaftlichen Situation auf Tonmaterial finden wir im Metal-Klassiker „Master Of Puppets" quasi in seiner Umkehrung.

Betrachten wir das Hauptriff rein statistisch, so herrscht hier eindeutig der Ton E vor. Das ist nicht überraschend, da es sich um die leer angeschlagene tiefste Gitarrensaite handelt, die in repetitivem Anschlag die Basis fast aller Metalriffs bildet. Der so entstehende Pedalton fällt dem Ohr kaum noch auf, da er ein fixer Stiltopos ist. Interessant ist, was in „Master of Puppets" dann geschieht.

In den ersten 23 Sekunden des Songs bildet sich eine Tonkette, die vom kleinen E chromatisch absteigt und dabei immer wieder vom tiefen E unterbrochen wird. Metallica landen jeweils auf dem Fis. Erst nach viermaligem Abstieg erscheint im nächsten Riff das F als zwölfter Ton. Damit finden wir eine Art durch das E perforierte Zwölftonreihe vor, die eine zur Stimmung des Songs passende apokalyptische Abwärtsspirale beschreibt.

Metallica: Master Of Puppets

Die Chromatik bestimmt das Material in „Master Of Puppets" auch im weiteren Verlauf wesentlich. Wo sich die Richtung dieser Chromatik nach oben kehrt, könnte man eine mögliche Auflehnung gegen die erzwungene Abwärtsgeste aus der Musik lesen.

Das Riff, welches jeweils unmittelbar vor den Strophen auftaucht und welches das F als zwölften Ton einbringt, wodurch eine grundsätzliche Umkehrung der Chromatik vom E aus streng genommen überhaupt erst möglich wird, bewegt sich von der Quinte h chromatisch nach oben, kehrt aber nach zwei Schritten wieder zur sicheren Quinte des Powerchords zurück – ein Aufbegehren also, welches quasi durch die ‚Gravitation' des Grundtones niedergedrückt wird.

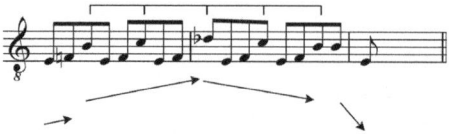

Noch deutlicher kann dieses Drücken der Chromatik von unten im Refrain bei den Rufen „Master! Master!" gehört werden, die von schweren Powerchords auf E und F begleitet werden, woraufhin das Riff direkt wieder zum E zurückkehrt. Das Gewicht des Grundtones drückt die aufkeimende musikalische Bewegung zu Boden.

Wenden wir nun die zu Beginn dargestellte Denkweise an, hören wir eine umfassende Gemeinschaft aller zwölf Töne, die jedoch nicht frei und gleichwertig nebeneinanderstehen, sondern dem Diktat des Orgelpunkts unterworfen sind. Die wohlige Vertrautheit eines stabilen Grundtones schlägt um in eine unerbittliche Diktatur. Die elf Töne tanzen sinnbildlich an den Fäden des Meisters „Grundton". Direkter wäre der Text wohl kaum zu vertonen gewesen.

4. Heavy Metal Is the Law. Metal und Politik

Wenn ich mit Menschen über Metal spreche, die weder mit der Musik noch mit der Szene vertraut sind, kommt immer mal wieder die Frage auf: Ist Metal nicht irgendwie rechts? Die Frage zeugt von einem Ruf des Metal, den Laina Dawes in *What Are You Doing Here?* auf den Punkt bringt: „Heavy-Metal-Musik wie auch Rock 'n' Roll und Country waren dafür bekannt, mit Rassisten identifiziert zu werden."[235] Wie in den bisherigen Kapiteln klar geworden sein dürfte, ist Metal jedoch ein komplexes, ambivalentes, wandelbares Phänomen. Auch lässt sich keine politische Ideologie mit einer bestimmten ästhetischen Form identifizieren. Im Nationalsozialismus wurde rechte Ideologie unter anderem in Form klassischer Musik verbreitet, man denke nur an das 1944 uraufgeführte Chorwerk Gottfried Müllers *Führerworte* op. 7, dem Texte Adolf Hitlers zugrunde lagen. Heute schmettert der NPD-Liedermacher Frank Rennicke rechtsextremistische Botschaften zu politisch unverdächtigen Lagerfeuerakkorden. Neurechte Aktivisten wie Melanie Schmitz von der Identitären Bewegung schätzen Indierockbands wie The Smiths. Andererseits kommt die Frage nicht überraschend. Die Härte. Die Strenge. Die Kraft. Das Martialische. Das Monumentale. Das Pathos. Gehört all das nicht zu den Standards rechtsradikaler und rechtsextremistischer Gesinnung? Ist Metal für die Popmusik nicht das, was Josef Thorak für die Bildhauerei war?

Einmal davon abgesehen, dass auch kommunistische Regime auf eine ähnlich monumentale, heroische Ästhetik setz(t)en wie die Nazis und der Faschismus der 1920er-Jahre wiederum mit experimenteller Avantgardekunst einherging, ist die Engführung einer Ästhetik der Härte, der Strenge, der Kraft, des Monumentalismus und des Pathos mit einer rechten Gesinnung nur dann berechtigt, wenn sie mit entsprechenden politischen Bekenntnissen einhergeht. Dass Metal in Südamerika oft Ausdruck linker Kritik und in Taiwan eng mit der demokratischen Bürgerrechtsbewegung verbunden ist, spricht für sich. Zu den Verdiensten der Popkultur gehört es, mit der naiven Vorstellung gebrochen zu haben, Inhalte wohnten Formen inne wie Geister Flaschen. Die Popkultur ist, mit dem im Intro „Happy Metal?" erwähnten Friedrich Schiller gesprochen, ein „Reich des Spiels und des Scheins, worin er dem Menschen die Fesseln aller Verhältnisse abnimmt und ihn von allem, was Zwang heißt, sowohl im Physischen als im Moralischen entbindet".[236]

Konkret bedeutet das, dass es in der Popkultur möglich ist, mit Inhalten, Symbolen, Ästhetiken zu spielen, ohne sich mit ihnen identifizieren zu müssen – was nicht heißt, dass man sie nicht auch zur Identifikation verwenden kann. Während manche Popgenres, etwa der Black Metal der zweiten Welle, Punk, Hardcore, aber auch Reggae und Teile des Folk, ein möglichst stabiles Verhältnis zwischen Ästhetik und Lebenspraxis, Form und Inhalt anstreben, ist dies im archaischen und klassischen, aber auch in weiten Teilen des ‚hellenistischen' Metal nicht der Fall. Im Metal ist es möglich, sich der unleugbaren Faszination des Bösen, Brutalen, Gewaltsamen, aber auch des in Misskredit geratenen Mächtigen, Monumentalen und Pathetischen für eine begrenzte Zeit hinzugeben, ohne damit ein politisches oder ideologisches Bekenntnis abzulegen. Faszination sticht Identifikation. Das, und nicht eine bestimmte ideologische Gesinnung, macht den Metal zu einem so kontroversen und ambivalenten Phänomen. Metal ist kein Terrain, auf dem man sich sicher fühlt. Die Geister der Vergangenheit sind allgegenwärtig. Gewalt lauert hinter jeder Ecke. Das Mystische und Esoterische sind nicht überwunden. Fragwürdige, verstörende Symbole zirkulieren allerorten. Die Härten des Lebens scheinen im Ästhetischen auf wie Warnungen an die Bewohner der Wohlfühlwelten. So betrachtet, ist Metal immer auch ein Memento.

Dass Metal anschlussfähig ist an rechte Ideologien, dass Rechte im Metal aktiv sind, steht außer Frage. Doch Rechte tragen auch Anzüge, ohne dass der Anzug ein rechtes Kleidungsstück wäre. Rechte zitieren Goethe, ohne dass Goethe ein rechter Autor wäre. Rechte schreiben Bücher, stellen Hüpfburgen auf, arbeiten in bürgerlichen Berufen, engagieren sich in Sportvereinen, ohne dass all das automatisch rechts wäre. Sogar der für

Rechte so wichtige Begriff „Stolz" wird heute von LGBT-Communitys verwendet.

Blickt man nüchtern auf den Metal als Gesamtphänomen in den, je nach Periodisierungsmodell, vierzig bis fünfzig Jahren seines Bestehens, so gelangt man zu einem überraschenden Schluss: Im Politischen steht Metal weder dem Rechten noch dem Linken, sondern dem Liberalismus am nächsten. Damit ist nicht gemeint, dass alle Metal-Musiker liberal sind. Sondern dass Metal als historisch gewachsenes System Liberalität begünstigt, da er zwar formale und ästhetische Anforderungen stellt (Härte, Schwere, Intensität, Monumentalität etc.), nicht aber moralische, weltanschaulich-ideologische Leitplanken errichtet. Innerhalb des Rahmens der „Heavyness" besteht der erstaunliche ästhetische und thematische Pluralismus, den ich im Kapitel „Desecrators of the New Age" beschrieben habe.

Was Metal zusammenhält, ist Freiheit. In Dawes' *What Are You Doing Here?* beispielsweise ist immer wieder von Freiheit durch Metal die Rede: „Ich ermunterte andere, diese Musik zu benutzen, um sich persönliche Freiheit zu verschaffen."[237] Das mag in den Ohren mancher widersinnig klingen. Zeichnet sich Metal nicht gerade durch Grenzen und Strukturen aus? Und ist Freiheit überhaupt Metal-spezifisch? Immerhin wird auch im Schlager die Freiheit besungen, handeln Soulsongs von Freiheit, besingen Folkmusikerinnen Freiheitsbewegungen, definieren Punkrocker ihre Musik als Hort der Freiheit. All das trifft zu. Doch das Thema der Freiheit hat im Metal eine andere Qualität, weil es in einem besonderen Spannungsverhältnis zum Image der Metal-Szene sowie der Härte der Musik steht. Es ist doch ein ziemlicher Unterschied, ob Reinhard Mey zur Akustikgitarre „Über den Wolken muss die Freiheit wohl grenzenlos sein" singt oder ob eine Metal-Band durch die schiere Intensität ihrer Musik demonstriert: Wir beanspruchen einen Raum für uns selbst. Einen Raum, in dem es den meisten Menschen zu laut, zu hart, zu krass ist. Die körperliche Intensität des Metal bei Livekonzerten und die Dichte des verzerrten Sounds (auch auf Tonaufnahmen) schaffen einen solchen Freiraum. Dabei verstärkt die maschinelle Härte das Freiheitsbegehren dialektisch, wie ein dunkler Hintergrund helle Pinselstriche in der Malerei betont. Härte grenzt nach außen ab und integriert nach innen. Ohne eine übergreifende Ideologie bleibt sie gleichwohl offen. Wird Freiheit noch in Songtexten, Interviews, Symbolen und Bildern zum Thema gemacht, dann verbindet sich das für den Metal zentrale Streben nach Macht („Power") – als Freiheit und Selbstermächtigung – mit der Kraft, die der ästhetischen Erfahrung der Musik zugeschrieben wird.

Bereits auf Judas Priests *Stained Class* (1978), dem mutmaßlich ersten Album, auf dem Metal in Klang und Bild zu seinem prägnanten Image findet, handelt der Song „Savage" vom Freiheitskampf. In Halfords Text klagt das lyrische Ich eine nicht näher bestimmte moderne Kolonialmacht an, dem eigenen, in einem Dschungel lebenden Stamm die Freiheit geraubt zu haben: „To you it's a jungle, to me it's a kingdom / Where my people are free there to roam / [...] But you rupture the forests, our gardens / And fill them with filth from your cities unheard." Während Iron Maiden im Song „Run to the Hills" (1982) spezifisch die brutale Kolonisierung Nordamerikas durch weiße Siedler und die Leiden des indigenen Volks der Cree thematisiert, lässt sich Judas Priests Song als allgemeine Kritik an Kolonialisierung und erzwungener Modernisierung verstehen. Ist der Text auch unspezifisch, können die Bluesrhythmen des Songs doch als nichtverbale Bezugnahme auf die Geschichte der Afroamerikaner gedeutet werden. In „Run to the Hills" werden die Positionen beider Konfliktparteien einander gegenübergestellt, „Savage" hingegen ist unmissverständlich aus Sicht der Unterdrückten geschrieben. Es liegt nahe zu vermuten, dass sich die Musiker von Judas Priest mit dem besungenen Stamm solidarisieren, da sie sich selbst und ihre Subkultur als unterdrückte Freiheitskämpfer wahrnehmen (siehe Kapitel „Desecrators of the New Age"). Auch Iron Maiden begann ihre Karriere mit einem Song über Freiheit, in diesem Fall sogar als Singleauskopplung: „Running Free" (1980).

Der Metal, vor allem der klassische, ist der mitunter etwas halbstark wirkende und unter teils drastischen Stimmungsschwankungen leidende, von der Backstageparty direkt zur Apokalypse übergehende popkulturelle Bruder des politischen Liberalismus. Die Rede ist hier nicht vom seit den 1970er-Jahren grassierenden, ökonomisch verkürzten und sozialdarwinistischen Pseudoliberalismus, dessen Freiheitsverständnis vor allem darin besteht, Steuerbefreiungen für eine ausgewählte, meist ohnehin vermögende Klientel zu erwirken („Trickle down"-Prinzip). Die Rede ist von jenem klassischen angloamerikanischen Liberalismus, der sich für die Freiheit und Sicherheit Einzelner auf Basis universeller, unverbrüchlicher Rechte einsetzt. Die Sicherung Letzterer übernimmt ein „Nachtwächterstaat" (Adam Smith), also ein Minimalstaat. Autoritäre Willkür und Bevormundung sowie partikularistische Ideologien sollen darin unterbunden werden. Es waren Denker wie John Locke (1632–1704), John Stuart Mill (1806–73) und John Rawls (1921–2002), die diesen nichtvulgären, nichttrivialen Liberalismus konzipierten. Derzeit wird er unter anderem von Martha Nussbaum (geboren 1947) weiterentwickelt und mit linken Ideen kombiniert.

Der Historiker Edmund Fawcett nennt vier Grundprinzipien der modernen liberalen Haltung. Liberale gehen erstens davon aus, dass Konflikte in der Gesellschaft unvermeidlich sind und dass jeder Versuch, sie ein für alle Mal zu unterbinden, fatal ist. Stattdessen geht es um eine kluge Moderation der Konflikte. Nicht Homogenität und Harmonie, sondern ein „überlappender Konsens" (John Rawls) ist das Ziel. Sie lehnen zweitens Machtkonzentration in den Händen weniger ab und sind misstrauisch gegenüber jeglicher Zentralgewalt. Für Liberale ist eine solche mit Willkür und Steilvorlagen zum Missbrauch verbunden. Drittens glauben sie an den Fortschritt. Sie sind überzeugt, dass mit persönlichem Einsatz, kritischer Reflexion, Entwicklung neuer Technologien und gesteigerter Produktivität die Lebensqualität der Menschen verbessert werden kann. Das vierte Prinzip ist Respekt und Toleranz anderen gegenüber.[238] Hinzugefügt werden müsste ein fünftes Prinzip, nämlich die Überzeugung, dass Individuen unabhängig von Faktoren wie ihrem Geschlecht und ihrem sozialen Milieu die Freiheit haben, ihr Leben selbstständig zu verändern, dass also die äußeren Umstände und die Willkür des So-geboren-worden-Seins nicht vollständig ihr Schicksal bestimmen.

Vor allem die ersten beiden Prinzipien Fawcetts sowie das ergänzte fünfte Prinzip haben im Metal ein großes Gewicht. Das beste und bekannteste Beispiel ist Metallicas Ballade „And Nothing Else Matters" (1991). Der Text liest sich wie das Manifest einer liberalen Haltung, die auf Offenheit, Freiheit, Nonkonformismus basiert: „Never opened myself this way / Life is ours, we live it our way / All these words, I don't just say / And nothing else matters / Trust I seek and I find in you / Every day for us something new / Open mind for a different view / And nothing else matters / [...] Never cared for what they say / Never cared for games they play / Never cared for what they do / Never cared for what they know / And I know, oh, yeah." Diese Zeilen sind nur ein Beispiel aus unzähligen Metal-Texten, in denen Freiheit gefeiert wird – wenn man so will, nicht auf neoliberale, sondern auf ordoliberale Weise: mit festen Strukturen und dem Metal als stabiler Institution. Innerhalb dieses Rahmens ist Luft zum Atmen, wie Metallica-Drummer Lars Ulrich einmal betonte: „Jeder von uns hat seine eigenen politischen Ansichten, und das ist auch gut so. Aber deswegen versucht keiner, Metallica in die eine oder andere Richtung zu drängen."²³⁹ Metallicas Gitarrist Kirk Hammett sagte im Jahr 2004: „Es gibt in politischer Hinsicht keine endgültigen Lösungen."²⁴⁰

Wie mehrfach angeklungen ist, hat der archaische und klassische Metal keine (partei)politische oder ideologische Stoßrichtung. Metal ist der Minimalstaat der harten Popmusik. Er setzt ästhetische, aber verhandelbare Grenzen, innerhalb derer Freiheit möglich wird. Er misstraut der Macht, ermächtigt aber die Fans. Er ist kritisch und skeptisch, aber nicht aktivistisch. Kritik wird im Metal oft über Umwege vermittelt – als probten die Musiker für Zeiten von Zensur und Repression. Wenn etwa King Diamond auf seinem Konzeptalbum *Abigail* (1987) eine im 18. und 19. Jahrhundert spielende, von unehelich geborenen Kindern handelnde Horrorgeschichte inszeniert, dann „im Bewusstsein, dass [das Wort ‚Hexe'] in vielen Teilen Europas im neunzehnten Jahrhundert schlicht auf unverheiratete Frauen angewendet wurde" und dass Reste dieser Haltung bis heute fortbestehen.²⁴¹ Die Gegenwart zu kritisieren, indem man sie in der Geschichte spiegelt, ist eine der ältesten Techniken, um Zensur zu umgehen.

Es ist bezeichnend, dass Metal oft auf diese Form der Kritik zurückgreift. Infolge des häufig im Metal geäußerten Misstrauens gegenüber den Verheißungen der westlichen Moderne ist er dafür sensibilisiert, dass das Eis der Zivilisation jederzeit brechen kann. Metal bereitet somit nicht zuletzt auf dunklere, härtere Zeiten vor. Zeiten, in denen man den Machthabern nicht so einfach ein punkiges „Fuck you!" entgegenschleudern kann, ohne Repressalien am eigenen Leib zu erleiden. Zeiten, in denen man gut daran tut, Kritik, Unbehagen und Dissens zu camouflieren, wenn man überleben möchte. Zeiten, in denen man sich nach jener Freiheit sehnt, die man im Normalzustand nicht zu schätzen wusste. Hellsichtig schrieb der Metal-Forscher und -Musiker Manuel Trummer im Jahr 2012 über die Metal-Szene im Kaukasus: „Wo europäische Bands aus der Sicherheit von 60 Jahren Demokratie heraus den Politslogan auf der Bühne zum folgenlosen Gestus entwerten, zum bierseligen ‚Nazis raus!' vor 2.000 Gleichgesinnten, werden politische Äußerungen in einer von latenten Bürgerkriegsängsten traumatisierten Gesellschaft vorsichtiger bewertet."²⁴²

Der archaische und klassische Metal weiß zwar um die Probleme der Welt. Doch nur in den wenigsten Fällen gibt er vor, sie lösen zu können, genauer gesagt: geben Musiker ihrem Publikum vor, Lösungen für sie gefunden zu haben. Schon für die Wegbereiter des Metal Black Sabbath galt: „Abgesehen von gelegentlichen Appellen an die Nächstenliebe gaben sie niemals vor, Antworten parat zu haben."²⁴³ Dass Margaret Thatcher einer Axtattacke zum Opfer fällt (auf dem Cover von Iron Maidens Single

Sanctuary, 1980) oder ein Krieger mit Gasmaske Helmut Kohl und Boris Jelzin in den Schwitzkasten nimmt (auf dem Cover von Sodoms Album *Masquerade in Blood*, 1995), sind Ausnahmen. Am unmissverständlichsten wurde der politische Nonkonformismus des Metal im Thrash Metal, also im Verbund mit Hardcore und Punk in der Reagan- und Thatcher-Ära, sowie in Südamerika, wo Metal immer schon stärker mit linker Kritik und Aktivismus verbunden war als in Europa und Nordamerika. Doch gesamthaft betrachtet, geht es im Metal eher schwammig um *die* Politiker, *die* Religion, *die* Ausbeutung, *die* Schlechtigkeit der Welt (siehe die Interviews mit Sabina Classen und Mille Petrozza). Wie Lemmy Kilmister einmal sagte: „Die Partei ist völlig egal. Sobald sie an der Macht sind, vermasseln sie's. Schauen Sie sich Hitler und Stalin an: 1939 schlossen sie einen Pakt. Plötzlich fanden sie einander großartig. Macht ist Versuchung. Und Priester und Politiker sind eben auch nur Menschen."[244] In diesem Sinne äußerte sich auch Warbringers Sänger John Kevill 2011 in einem Interview. Nur selten spreche er konkrete Ereignisse an und vermeide „zeitraumspezifische politische Angelegenheiten. [...] Das Thema der Texte im Allgemeinen ist es, menschliche Probleme auf verschiedene Weisen zu reflektieren."[245]

Wenn also keine Ideologie und keine Partei, dann Freiheit. Der metallene Faden der Freiheit zieht sich von den frühen Aufnahmen Saxons („I've got my pride / They can't take that away / I'm gonna be free / Gonna be free", „Backs to the Wall", 1979) über Manowars Song „Return of the Warlord" (1996) („Time to burn you losers better learn / No one controls our goddamn lives / We'll do just what we feel riding horses made of steel / We're here to burn up the night [...] I might stay in school or die in prison / Either way it's my decision, one more beer and heavy metal / And I'm just fine") bis hin zu Arch Enemys Song „The Eagle Flies Alone" (2017): „I, I go my own way / I swim against the stream / Forever I will fight the powers that be / The eagle flies alone." Prägend für den Metal ist dabei, mit Isaiah Berlin gesprochen, die Idee der negativen Freiheit: „Solche Freiheitskonzeptionen, die Freiheit wesentlich als die Abwesenheit von Hindernissen und Beschränkungen begreifen [...]"[246] Während positive Freiheit darauf abzielt, „bestimmte Optionen verfolgen zu können, bestimmte Fähigkeiten realisieren zu können", ist im Konzept der negativen Freiheit die Autonomie des Einzelnen wichtiger.[247] Die meist geringe politische und ideologische Verbindlichkeit im Metal zeugt von dieser Negativität. Damit entspricht das im Kapitel „The God That Failed" erwähnte „negative Christentum" des Metal der „negativen Freiheit" im Metal. Beide verstärken sich wechselseitig und bringen Menschen, die nach Elternfiguren suchen, zur Verzweiflung. Im Jahr 1996 sagte Lars Ulrich: „Ich lasse mich nicht gerne in Schubladen stecken, und ich mag es, dass man nie weiß, wo man mit Metallica dran ist."[248]

Manowars Text zu „Return of the Warlord" nennt zwar positive Elemente – die Band möchte gerne ungestört Motorradfahren und Bier trinken –, doch entscheidend ist die negative Komponente: „No one controls our goddamn lives." Nicht das Wahre, Schöne und Gute ist Ziel der Freiheit, sondern die Freiheit selbst: „We'll do just what we feel." Beim ersten Hören mag man darin nur die altbekannten Jungsfantasien vernehmen – Motorräder, Bier, Rebellion, Freiheit! Von der Tatsache, dass auch die Musiker von Manowar wohl zunächst eine Führerscheinprüfung ablegen mussten, bevor sie der großen Freiheit entgegenrollen durften, erzählt der Song nichts. Doch von weiblicher Seite haben solche einst als „typisch männlich" geltenden Fantasien längst kraftvolle Aktualisierungen erfahren. Sehnsucht nach Freiheit, Unabhängigkeit und Selbstermächtigung sind nicht geschlechtsspezifisch, geschweige denn das Motorradfahren, wie etwa der bereits 1976 in Chicago gegründete lesbische Motorradklub Dykes on Bikes zeigt. Die Manowar musikalisch nahestehende, ausschließlich weiblich besetzte schweizerische Power-Metal-Band Burning Witches hat den Metal-Oden an die Freiheit jüngst einen feministischen Twist gegeben. Im Song „Maiden of Steel" (2017) vom Album *Hexenhammer* singt Seraina Telli: „Be the master of your own mind, flesh and bone / Just a few warriors and a maiden of steel, but I'm not afraid! […] Maiden of steel / Try to destroy what you fear / Maiden of steel." Der Song mündet in die Vorhersage, am Ende würden „alle gleich" sein. Es darf davon ausgegangen werden, dass es sich nicht um Gleichheit im kommunistischen, sondern um Gleichheit im liberalen Sinne handelt – Gleichheit vor dem Gesetz, Gleichheit als Chancengleichheit, Gleichheit in Freiheit. Auch handelt es sich nicht um eine Freiheit, die einfach, entspannt und komfortabel zu erreichen ist. Anders als im Reggae vermittelt die Musik vielmehr den Eindruck, dass Freiheit ein anstrengendes, eben hartes und schweres Geschäft ist.

Was Freiheit so anstrengend macht, ist der Anspruch, selber zu denken, anstatt andere für sich denken zu lassen. Ob in Motörheads „Talking Head" (1980) oder in Arch Enemys „The Eagle Flies Alone": Immer wieder betonen Metal-Musiker die Wichtigkeit des „Selberdenkens" (Immanuel Kant). So sagte auch James Hetfield im Jahr 2007: „Letztendlich besteht unsere Philosophie darin, ‚für sich selbst zu denken' – tu das, was du für richtig hältst. Ich bin überzeugt davon, dass die Menschen überleben werden. Ich habe viel Vertrauen in die Menschheit, dass wir [Probleme] überwinden und uns anpassen werden – was auch immer es ist; ob es von Menschen, von Gott oder von der Erde/Mutter Natur gemacht ist – wir haben viele kluge Menschen auf diesem Planeten, die etwas Gutes aus dem Schlechten machen werden."[249] In diesen etwas holzschnittartig und klischeehaft formulierten Sätzen steckt vieles von dem, was Fawcett als Wesenszüge des Liberalismus definiert hat: Glaube an den Fortschritt, Ablehnung der homogenen Gesellschaft. Hinzu kommt die hohe Wertschätzung des Individuums. Auch in anderer Hinsicht verficht Metal liberale Tugenden, wie die Aufklärung des 18. Jahrhunderts sie geprägt hat, also Kritik an tradierten Dogmen, Skepsis gegenüber Autoritäten, Rufe nach Kritik und Rationalität bei gleichzeitiger Faszination an Esoterik, Mythologie und Mystik.

Mit dem Metal verhält es sich ein bisschen wie mit Napoleon. Der französische Kaiser wollte einerseits Aufklärung, Rationalität und Vernunft mit dem Schwert über Europa bringen. Andererseits lauschte er den raunenden Worten seiner Wahrsagerin Marie-Anne Lenormand. Die Freimaurer, denen auch Napoleon angehörte, verstanden sich als Speerspitze der Moderne und griffen doch auf allerlei mystische, hermetische, okkulte Traditionen zurück. Auf ähnliche Weise oszilliert Metal seit bald einem halben Jahrhundert zwischen aufklärerischen Forderungen wie „Let the sword of reason shine / Let us be free of prayer and shrine / God's face is hidden, turned away / He never has a word to say" (Motörhead, „God Was Never on Your Side", 2006) und der Hinwendung zum Metaphysischen, Magischen, Mythischen, Mystischen und Esoterischen: „Here comes Fenrir's twin / His jaws are open wide / The serpent rises from the waves / Jormungandr twists and turns, mighty in his wrath / The eyes are full of primal hate" (Amon Amarth, „Twilight of the Thunder God", 2008).

Auch der Liberalismus, der doch gemeinhin mit Rationalität, Aufklärung und Modernität assoziiert wird, hat seine mystischen Seiten. Nicht nur seine vulgäre Schrumpfform, der Neoliberalismus, ist dafür ein Beleg, träumt er doch von Grenzen- und Schrankenlosigkeit, wie es sie nur im Metaphysischen geben kann. Bereits im grundlegenden Text des modernen Wirtschaftsliberalismus, Adam Smith' *Der Wohlstand der Nationen* (1776), ist von einer „unsichtbaren Hand" die Rede, welche die Geschicke der Marktwirtschaft leite. Obwohl die Akteure auf dem Markt primär ihre Eigeninteressen verfolgten, so Smith, nutze dies der Gesamtgesellschaft eher, als wenn sie bewusst und planvoll nach dem Allgemeinwohl strebten. Der Germanist Jochen Hörisch spricht angesichts dieser doch recht mysteriösen – wenngleich bei Smith eher marginalen – Metapher von der „Theologie der Märkte", um die religiöse Grundierung des vermeintlich nüchtern-rationalistischen Wirtschaftsgeschehens zu charakterisieren: „Es ist seltsam, dass heute viele Zeitgenossen die religiöse Formel ‚Gott hat es so gewollt' seltsam, weil analytisch unbefriedigend finden, die korrespondierende ökonomische Formel [‚der Markt hat es so gewollt'] hingegen glaubensfroh akzeptieren."[250]

Der Metal konfrontiert seine Hörer immer wieder mit dieser „Dialektik der Aufklärung" (Horkheimer & Adorno). Anstatt eine eindeutige und damit komfortable Antwort zu geben, was denn nun das Erstrebenswerte sei – das Rationale oder das Magische, das Mystische oder das Vernünftige –, stößt das Genre sein Publikum in ein Moshpit der Möglichkeiten. In diesem gilt es sich selbst zu orientieren. Im einen Moment muss man dem Ellbogen eines fanatischen True-Metallers ausweichen, im nächsten Moment singt man Arm in Arm mit einem harmonieseligen Death Metaller. Vernahm man eben noch Warnungen vor dem Herdentrieb, wird gleich darauf ein Hymnus auf die Gemeinschaft angestimmt, manchmal sogar auf ein und derselben Platte. Mitunter folgt auf die Kritik der Religion ein Hoch auf den Rock 'n' Roll als neue (Zivil)Religion (siehe Kapitel „The God That Failed"). Oft ist im Metal von den negativen Folgen der Technisierung die Rede (jüngst etwa auf Sepulturas Album *Machine Messiah*, 2017), doch die verzerrten Gitarren und das getriggerte Schlagzeug sprechen eine andere Sprache, ja sie sind implizit ein Loblied auf die Technisierung.

Das Genre und die Szene ringen beständig mit sich selbst. Die Frage danach, was Metal ist, was er darf, was er soll, wo seine Grenzen liegen oder ob er überhaupt Grenzen hat, bildet den Basso Continuo der Metal-Diskurse. Ein solches Ringen mit sich selbst charakterisiert auch Liberale. Wer ein liberales Leben führt, führt unweigerlich ein unbequemes Leben. Freiheit und Autonomie müssen hart erarbeitet und verteidigt werden – gegen Angriffe aus allen Richtungen. An den politischen Rändern nehmen Ideologien die Denkarbeit ab. In der selbst denkenden Mitte ist es am anstrengendsten. Wie die Philosophin Beate Rössler überzeugend argumentiert, führt Autonomie nicht zwingend zu Glück oder Sinn: „In liberal-demokratischen Gesellschaften haben wir ein Recht auf Autonomie und darauf, unseren eigenen Sinn und unser eigenes Glück auf unsere eigene Weise zu suchen und eventuell zu finden. […] Doch auch wenn wir den Sinn unseres Lebens selbst versuchen können zu bestimmen, so heißt dies noch nicht, dass unser Leben auch glücklich ist; Autonomie bleibt eine notwendige, keine hinreichende Bedingung für das Glück und den Sinn des Lebens."[251]

Die intensive, kritische Auseinandersetzung des Metal mit sich selbst ist ein Indiz für seine im Kern liberaldemokratische, freiheitliche Verfasstheit – eine Verfasstheit, die wie in jeder Demokratie auch die Möglichkeit antidemokratischer und illiberaler Tendenzen beinhaltet. Eine solche war der radikalisierte skandinavische Black Metal der 1990er-Jahre. Alle liberalen Demokratien kennen solche autoritären Phasen – das 21. Jahrhundert erlebt sie derzeit wieder. Doch mit ihrer Dynamik, ihrer Offenheit und ihren Checks and Balances können diese auch dafür sorgen, dass jene nicht von langer Dauer sind. Darin unterscheiden sich liberale Demokratien von autoritären Systemen, welche Irrtum und Idiotie auf lange Zeit – gewaltsam – konservieren. Mit dem Metal und seinen Ausflügen ins Ideologische oder Extremistische verhält es sich genauso. Die brennenden norwegischen Kirchen sind als eine unrühmliche Episode in seine Geschichte eingegangen, wie die Präsidentschaft Trumps als unrühmliche Episode in die Geschichte der Vereinigten Staaten von Amerika eingehen wird.

Zwar ist Gemeinschaft im Metal wichtig. Aber bei dieser handelt es sich, so zumindest die Idealvorstellung, um eine Gemeinschaft mündiger Individuen, nicht um eine Herde, die sich von Hirtenhunden bewachen lässt. Wie Sebastian Berndt richtig bemerkt, ist „das Bild des starken, unabhängigen Einzelkämpfers ... zumindest als Klischee" in allen Subgenres präsent.[252] Im Metal sei „die Hochschätzung der Individualität überdeutlich", gehe es doch nicht darum, „‚cool' zu sein und die ‚richtigen' Gruppen zu hören. Der Metaller muss begründen können, warum ihm die Gruppen gefallen, die er hört. Mitläufertum ist verpönt, ein individueller Musikgeschmack hingegen gibt auch Hinweise auf die Persönlichkeit."[253] Im Jahr 1983 sagte Joey DeMaio von Manowar in einem Interview mit *Livewire*: „Wir sagen nicht, dass du auf uns schauen solltest, um dich selbst zu finden. Wir sagen, dass du auf dich selbst schauen solltest, um dich selbst zu finden. Und du musst keine Helden in dieser Welt haben, sondern dich selbst, denn alle sind in der Lage, durch harte Arbeit alles zu erreichen, was sie wollen. Nichts anderes wird dich dorthin bringen als Entschlossenheit, Ausdauer und der Wille zu gewinnen."[254]

Dass eigensinnige, freiheitsliebende Einzelne Teile von Kollektiven sein können und auf diese angewiesen sind, ist dem Liberalismus vertraut. Einzelne können nie jene Stoßkraft, die für gesellschaftliche und politische Veränderungen notwendig ist, erreichen. Sie müssen sich, zumindest temporär, zu Kollektiven zusammenschließen, um nicht als versprengter Haufen unterzugehen: von Atomen zum Molekül, wenn man so will. Deshalb organisieren sich auch Liberale, sei es in Freimaurerbünden, in Lobbyorganisationen oder in Parteien. Nehmen sie den Liberalismus jedoch ernst, werden sie dies nur insofern tun, als sie sich dem jeweiligen Kollektiv aus freien Stücken anschließen und sich von ihm nicht bevormunden lassen. Wenn liberale Kollektive unter sich verändernden Bedingungen überleben wollen, müssen sie sich immer wieder hinterfragen – dafür braucht es die kritische Initiative und den Eigensinn selbstbewusster Einzelner. Eine Identität zwischen Kollektiv und Einzelnen, wie sie totalitäre Systeme anstreben, wäre für den Liberalismus wie auch für den Metal fatal. Genau diese Nichtidentität erlaubt es, dass immer wieder neue Freigeister zur Szene hinzustoßen. Die Afroamerikanerin Laina Dawes betont denn auch, wie wichtig ihr die Individualität sei, die sie im mehrheitlich weißen und männlichen Metal Nordamerikas habe erleben können. Individualität, nicht Zugehörigkeit zu einer Gruppe oder Gruppenidentität ist das freiheitliche Moment im Metal: „Am wichtigsten war es zu lernen, dass ich ich selbst sein muss, um meinen Verstand zu bewahren und mich selbst zu lieben für das, was ich bin – egal, ob ich dadurch meinen ‚Schwarzen-Pass' [„my ‚black pass'"] verliere oder nicht."[255]

Allein schon in dieser Hinsicht ist Metal nahe dran am Liberalismus – du bist einzigartig, verlasse dich nicht nur auf andere, nimm dein Schicksal selbst in die Hand, und arbeite hart! Bezeichnenderweise verwandelt sich Shakespeares Satz „All the world's a stage, and all the men and women merely players" (*As You Like It*, 1599) im Song „Overlord" (2015) der US-amerikanischen Metalcore-Band Lamb of God in den Satz „All the world's a stage, but you're the only player". Ein praktischer Ausdruck dieser Ethik ist die D.I.Y.-Haltung, die Metal weit über seine Anfangstage hinaus geprägt hat, also die Praxis des Kassettentauschens unter den Fans bis in die 1990er-Jahre hinein, die Fanzine- und Webzine-Produktion sowie die nie versiegende, immer neue Subgenres hervorbringende Kritik an der Kommerzialisierung des Metal (siehe Kapitel „Desecrators of the New Age"). Bei Letzterer stehen weniger Breitenwirkung oder Geldverdienen als solche im Vordergrund, sondern Kontrollverlust durch Interessen, die nicht Metal-spezifisch sind. Im Metal wurden von Beginn an diejenigen unternehmerisch gefärbten Tugenden hochgehalten, die auf Eigensinn, Eigenverantwortung und Gestaltungsfreiheit abzielen. Das ist einer der Gründe dafür, warum Metal für junge, zwangsvergemeinschaftete Menschen im Ostblock so attraktiv war: „Die Belohnung der Normanpassungsbereitschaft bei gleichzeitig erfahrenen alltäglichen Widersprüchen zwischen ideologischem Anspruch und der Realität haben letztlich eine sich nur oberflächlich mit sozialistischen Werten und Idealen identifizierende Jugend zur Folge gehabt. […] Hierin lag auch eine Ursache für die Begeisterungsfähigkeit für alternative Jugendkulturen."[256]

Boygroup-Pop kommt ohne Querdenker aus und lässt sich in der Retorte designen. Im Metal indes besteht der – nicht immer der Realität entsprechende – Anspruch, dass es die Bands aus eigenem Antrieb und mit eigenen Mitteln schaffen. Casting ist verpönt. Anstatt sich in einer Talentshow anzupreisen oder einen von Ghostwriterhand verfassten schnellen Hit zu landen, sind Metal-Bands angehalten, die gesamte Ochsentour zu absolvieren – beginnend mit Auftritten in kleinen Klubs, Interviews in Fanzines und eigenständigen Social-Media-Aktivitäten. Eine der bekanntesten Punkbands aller Zeiten, The Sex Pistols, haftete der Geruch einer gecasteten und designten Bad-Boy-Band an. Eine der bekanntesten Hardrockbands aller Zeiten, Deep Purple, entstand im Auftrag von Investoren. Die bekannteste Metal-Band aller Zeiten hingegen, Metallica, erarbeitete sich ihren anhaltenden Erfolg in den ersten Jahren ihres Bestehens durch eine D.I.Y.-Ethik, unermüdliches Touren, enge Verbundenheit mit der Fanbasis und Verweigerungshaltung gegenüber den MTV-Gepflogenheiten. Gegründet im selben Jahr wie MTV (1981), veröffentlichte Metallica ihr erstes Musikvideo erst 1988 – demonstrativ in Überlänge und mit einer bedrückenden Geschichte über die Locked-in-Qualen eines Weltkriegssoldaten („One"). Später, als „The Four Horsemen" zu Celebritys mit einem riesigen Management- und Marketingapparat geworden waren, sollte das ein wenig anders aussehen (siehe Kapitel „Mental Floss for the Globe"). Doch die Anfänge von Metallica wurzeln in der Undergroundlogik des D.I.Y.

Wie im Metal trotz seines partiellen Aufgehens im Mainstream die Kritik an Majorlabels und Big Business zumindest als Lippenbekenntnis an der Tagesordnung ist, misstraut der klassische Liberalismus Zentralismus und Big Government. Föderalismus und Liberalismus stehen einander deshalb nahe. In diesem Sinne könnte man die Subgenres des Metal mit teilautonomen Staaten vergleichen, die sich zu einer Föderation verbunden haben. Mitunter gelingt es einem dieser Staaten, mehr Macht als die anderen zu erringen, beispielsweise Glam Metal oder Power Metal. Daraufhin wächst das Misstrauen gegenüber der neuen ‚Zentralgewalt', und es wird nach allen Regeln der Kunst opponiert, also durch die Gründung alternativer Subgenres wie Black Metal. Vermutlich gibt es kein anderes Genre in der Popkultur, in welchem eine vergleichbar hohe Anzahl von Subgenres existiert wie im Metal – sie zeugen allesamt vom Willen zur Pluralität, zur Dissidenz, zur Freiheit. So geht liberale Demokratie. Die jeweiligen Benennungen der Subgenres zeugen aber auch davon, dass man ein mühsam geschaffenes Kollektiv nicht leichtfertig aufs Spiel setzt. Mögen etwa Black Metaller noch so sehr auf den als dekadent empfundenen Heavy Metal schimpfen, sie behalten doch das Label „Metal" bei.

Was die Kritiker des Metal als Zeichen für Indifferenz wahrnehmen, ist den Befürwortern des Genres ein Beweis für dessen undogmatische, eben liberale Grundtendenz. Im Metal begegnet man einer komplexen Gemengelage widersprüchlicher, oft verstellter Stimmen, die neben dem Musikgeschmack eine Sensibilität für die Schattenseiten des Daseins und die extremen Aspekte des Weltgeschehens verbindet. Die Hörer werden mit den bewusst provokanten, teils existenziell beunruhigenden Eindrücken allein gelassen. Nicht weil Metal-Musiker als Bürger keine politische Meinung hätten oder ihnen Ethik fremd wäre. Sondern weil die wenigsten sich als diejenigen Schulmeister aufspielen wollen, von denen sie sich ja – in den meisten Fällen – durch Metal abgrenzen. Ihre Kunst ist nicht notwendig Ausdruck ihrer parteipolitischen Orientierung. Poesie und Politik sind im Metal nicht deckungsgleich. Damit folgt der Metal dem Grundimpuls des klassischen Liberalismus, zwischen Privatem und Öffentlichem zu differenzieren und Menschen nicht zu bevormunden.

Vielleicht ist Metal ja demokratisch im Sinne des Philosophen Jacques Rancière, der über den Schriftsteller Gustave Flaubert schrieb: „Flauberts Weigerung, der Literatur eine Botschaft mitzugeben, wird als Zeugnis für demokratische Gleichheit aufgefasst. Seine Gegner nennen ihn einen Demokraten, da er lieber beschreibt als belehrt."[257] Ein amüsantes Beispiel in diesem Zusammenhang ist der Song „Division Brandenburg" (2016) von der niederländischen Death-Metal-Band Asphyx (Abb. 20). Im Grunde handelt es sich um einen geröchelten und gewürgten Wikipedia-Eintrag zu einem Riff von tödlicher Einfallslosigkeit. Sänger Martin van Drunen erzählt, was die NS-Spezialeinheit im Zweiten Weltkrieg so machte. Der Text ist bar jeder moralischen Wertung. Weder verherrlicht er noch prangert er an. Nur die Textzeile „Bleeding to death / And bled dry again" sticht ein wenig aus den buchhalterisch anmutenden Ausführungen heraus: „Specialized in foreign languages / For infiltration and espionage / Outstanding in hand-to-hand combat / Experts in sabotage." Aus einer linken Perspektive könnte man sagen: Hier fehlt die Kritik! Aus einer

Abb. 20: Asphyx mit klassischem Metal-Instrument

rechtsextremen Perspektive könnte man sagen: Hier fehlt die Würdigung! Aus einer liberalen Perspektive könnte man sagen: Hier sind ein paar Informationen. Interessante Geschichte, oder? Recherchiere weiter, vertiefe dich in das Thema, mache dir ein eigenes Bild!

Ähnlich wie dem Metal heute manchmal der Vorwurf gemacht wird, er stehle sich aus der Verantwortung, lege sich nicht fest, halte sich alle Optionen offen und verberge seine Unsicherheit hinter kraftmeierischem Auftreten, wurde dem Liberalismus im frühen 20. Jahrhundert von rechts außen – etwa vom NS-Juristen Carl Schmitt – wie auch von links außen – etwa von den Bolschewiki – vorgeworfen, er sei nichts als Leere. Doch was als Nachteil ausgelegt werden kann, erweist sich aus einem veränderten Blickwinkel als Vorzug. Metal indoktriniert und bevormundet seine Anhänger nicht, abgesehen von ein paar sektiererischen Subgenres. Er konfrontiert sie stattdessen mit den Extremen der Existenz, vor allem den abgründigen, und ermutigt sie dazu, sich selbst eine Meinung zu bilden.

Im Liberalismus wie im Metal ist das Recht von Einzelnen oder Gruppen, abweichende, verstörende oder sogar radikale Sachverhalte frei zur Sprache zu bringen, ein hohes Gut. Nicht Verdrängung und Unterdrückung, sondern offene Auseinandersetzung noch mit dem Abseitigsten kennzeichnet die Welt des Metal. Ob Kindsmord, Nekrophilie oder Atomkrieg – kein Thema ist zu verstörend, um im Metal nicht verhandelt zu werden. Und zwar auf eine Weise, die auch in ästhetischer Weise nichts beschönigt. Was grausam ist, das klingt auch grausam. Was aggressiv ist, das klingt auch aggressiv. Was hart ist, das klingt auch hart.

Wie Metal mit sozialdemokratischen oder rechtskonservativen Haltungen kompatibel ist, so lässt sich der Liberalismus mit diversen anderen politischen Systemen kombinieren. Solange Gerechtigkeit, Wahlfreiheit, Partizipation am politischen Prozess, Rede- und Meinungsfreiheit, uneingeschränkter Zugang zu Wissen und Information gegeben ist, kann sich Liberalismus mal in eine rechte, mal in eine linke Richtung bewegen. Er kann sich aber weder zum Rechts- oder Linksextremen noch zu sonstigen Formen von Extremismus und Autoritarismus bekennen, ohne sich selbst zu zerstören.

Der Selbstentfesselungskünstler Harry Houdini (1874–1926) zeigte in seinen Performances, dass Freiheit nicht die Vermeidung aller Fesseln meint, sondern das trickreiche Abschütteln der Fesseln – um sich wieder neue anlegen zu lassen. Houdini ließ sich fesseln, um frei werden zu können. Frei sein zu können ist eine Illusion. So hält es auch der Metal.

Freiheit im Metal meint weder den Ausstieg aus der Geschichte noch die permanente Revolution, noch die Abwesenheit von Grenzen, Strukturen und Regeln. Sie meint vielmehr einen speziellen Umgang mit und ein spezielles Verhältnis zu ihnen. Freiheit kann bedeuten, Grenzen, Strukturen und Regeln selbstständig und mündig wählen sowie mitgestalten zu können, sie aber auch mit den Bedürfnissen anderer abzustimmen, damit es nicht zu Kämpfen kommt, die wiederum Freiheit einschränken. Ein Mensch kann sich frei dafür entscheiden, ein biederes Leben zu führen, und er kann infolge von Zwängen eine abenteuerliche Existenz führen, genauer gesagt: führen müssen.

Im Ästhetischen ist Metal damit eine liberale Volkspartei für extreme Gemäßigte und gemäßigte Extreme. Er ist links wie auch rechts, rebellisch wie auch angepasst, konservativ wie auch progressiv. Ob Veganer oder Fleischermeisterin, Feinmechanikerin oder Zwangseintreiber, Lehrerin oder Trucker – Metal ist das Refugium derjenigen, die sich anders fühlen und anders denken wollen, ohne gleich anders sein zu müssen. Der Popkulturtheoretiker Martin Büsser bemerkte in diesem Zusammenhang spöttisch: „Alles [im Metal] bleibt Show, sosehr diese auch ins Privateste dringt und sein Extrem bei Metallern findet, die nie ohne Kutte und Gitarren-Schlumpf ins Bett gehen. ‚Metal ist eine Lebenseinstellung', hört man es raunen. Naja, aber für und gegen was? Mit welchem Inhalt? Gerade weil es innerhalb der Metal-Szene keine tiefer verwurzelte Systemkritik gibt, kein nennenswertes oder gar gemeinschaftliches politisches Bewußtsein, verwischen die Grenzen von rechts und links je nach musikalischen Vorlieben."[258] Büsser hat durchaus recht. Doch gerade weil es im Metal nicht „den" Inhalt oder „die" Kritik gibt, öffnet sich ein Raum der Freiheit, des „Spiels und des Scheins" (Schiller). Wohl auch deshalb scheut Metal in seinem Hang zum comicartig Überzeichneten weder Lächerlichkeit noch Peinlichkeit. Schon Napoleon wusste: „Vom Erhabenen zum Lächerlichen ist es nur ein Schritt." Was er nicht wissen konnte, ist, dass er damit die perfekte Umschreibung für den Metal lieferte.

„Es geht auch darum zu leben"

Interview mit Prika Amaral (Nervosa), 2018 (Abb. 21)

Jörg Scheller: Der Titel eures Albums *Downfall of Mankind* (2018) tönt ziemlich pessimistisch. Warum habt ihr euch für ihn entschieden?
Prika Amaral: Der Titel steht für eine Grundstimmung, die alle Texte durchzieht. Sie handeln von Politik, etwa von Korruption. Die politische Lage in Brasilien ist haarsträubend. Wir sind eines der korruptesten Länder überhaupt. Derzeit befinden wir uns in einer verwirrenden Phase, es gab ein langwieriges Amtsenthebungsverfahren gegen Dilma Rousseff [2016], der frühere Präsident Luiz Inácio Lula da Silva sitzt im Gefängnis [2018], und niemand weiß so recht, wie es weitergehen wird. Deswegen verspüren wir viel Hass. Und dieser Hass, ja alle unsere negativen Gefühle fließen in die Texte ein. Ich liebe mein Land. Ich liebe die Menschen, ich liebe die Kultur. Aber die Politik ist ein Trauerspiel, und Gewalt ist allgegenwärtig. Man muss wissen, dass wir erst in den 1980er-Jahren unseren ersten demokratisch gewählten Präsidenten hatten. Demokratie ist noch etwas Neues für uns.

JS: Der Song „Raise Your Fist" wird von Samples aus Reden von politischen Aktivisten eingeleitet, darunter Martin Luther King und Mahatma Gandhi. Seid ihr selbst Teil aktivistischer Bewegungen oder auf andere Weise mit ihnen verbunden?
PA: Nein, das sind wir nicht. Allerdings versuchen wir, mit diesem Song diejenigen zu unterstützen, die für ihre Rechte kämpfen. In Brasilien ist es noch nicht selbstverständlich, für etwas zu protestieren. Das ändert sich gerade. Weil die politische Situation so verfahren ist, machen sich die Menschen mehr Gedanken über Politik,

Abb. 21: Prika Amaral von Nervosa

schließen sich zu Bewegungen zusammen, gehen auf die Straße. Wir wollen ihnen die Kraft geben, die sie dazu brauchen.

JS: Seid ihr von Punk und Hardcore inspiriert? Die progressiven Anliegen, die du gerade geschildert hast, sind typisch für diese Genres.
PA: Ja, aber in Brasilien sind sie auch typisch für die Metal-Szene. Seit jeher bildet diese ein Sprachrohr dafür. Weil die Lebensrealität so hart für uns ist, können wir gar nicht anders, als uns in unserer Musik damit auseinanderzusetzen. Das gilt sowohl für die Death-Metal- wie auch für die Thrash-Metal-Szene in weiten Teilen Südamerikas. Metal ist eng verbunden mit Hardcore und Punk – irgendeinen Vorteil muss es ja haben, dass wir so leiden (lacht).

JS: „Bleeding" handelt von Hyperaktivität, Überreiztheit, Schlaflosigkeit. Was ist der Hintergrund dieses Songs?

PA: In Zeiten des Internets hat sich alles beschleunigt. Wir schlafen weniger, wollen mehr arbeiten, wir sind einer Flut von Informationen ausgesetzt. Das macht die Leute krank und schnürt ihnen die Luft ab. Sie leiden unter Schlaflosigkeit und unter dem Druck, am Morgen trotzdem fit sein zu müssen. Es handelt sich keineswegs um Einzelfälle, wie ich aus meinem Bekanntenkreis weiß. Diesem Leiden möchten wir Ausdruck verleihen. Es geht doch nicht nur darum zu arbeiten, sich unablässig fortzubilden, immer mehr Geld anzuhäufen und dann immer mehr Angst zu haben, es zu verlieren – es geht auch darum zu leben!

JS: Auf den ersten Blick ist es seltsam, ausgerechnet in einem Metal-Song dieses Thema aufzugreifen. Metal kann ja als Ausdruck der Nervosität und Überreiztheit des modernen Lebens verstanden werden. Du hingegen scheinst im Metal ein Antidot zu sehen.

PA: Ja, absolut. Musik ist die beste Therapie. Zu aggressiver Musik kommt man zusammen, um gemeinsam negative Energien rauszulassen. Man kann natürlich auch ruhige Musik hören, um sich zu beruhigen. Therapeutisch wirksam ist es in jedem Fall.

JS: „And Justice for Whom" ist einer der wenigen Metal-Songs, die ich kenne, in dem der Begriff „Gender" explizit genannt wird.

PA: Wir führen dieses Interview an einem besonderen Tag, denn wir treten heute mit einer weiteren Metal-Band auf, die nur aus Frauen besteht [den schweizerischen Burning Witches, Anm. J. S.]. Sie sind fantastisch! Auch in Brasilien sind viele Frauen in der Metal-Szene aktiv, und es werden immer mehr. Die Entwicklung geht in die richtige Richtung – vor allem weil Frauen im Metal nichts Exotisches mehr sind. Dass Frauen Metal spielen, ist normal. Mittlerweile shouten und growlen wir auch. Aber wir brauchen mehr Schlagzeugerinnen im Metal! Daran mangelt es noch. Vielleicht weil das Equipment so schwer und so teuer ist. Aber wenn erst mal ein paar anfangen, werden andere folgen, da habe ich keine Zweifel. Ansonsten handelt der Text allgemein von der Frage, für wen das Recht gilt und für wen nicht. In Brasilien entscheidet sich das nach dem Kontostand. Wer Geld hat, kann sich alles erlauben. Und ich meine: alles. Du kannst jemanden umbringen und wirst keine Probleme bekommen, wenn du nur genügend Geld hast, um dich freizukaufen.

JS: Im Song „Kill the Silence" geht es um Missbrauch. Interessant ist, dass aus dem Text nicht eindeutig hervorgeht, ob die Missbrauchsopfer Frauen, Männer oder Drittgeschlechtliche sind. Zwar ist anfänglich von „ihm" als Täter die Rede, doch könnte es sich auch um Missbrauch von Männern an Männern handeln. Im Text reduzierst du die Opfer nicht auf ihren Opferstatus. Vielmehr ermutigst du sie dazu, den Kokon aus Angst und Scham zu durchbrechen: „You have the power / Just scream out louder / Kill the silence!"

PA: In diesem Song geht es weniger um physischen als vielmehr um psychischen Missbrauch. Gerade der ist weit verbreitet, in unterschiedlichen Graden. Zum Glück sprechen Frauen heute immer häufiger öffentlich darüber, ja wir müssen öffentlich darüber sprechen! Mit unserem Song rufen wir den Frauen zu: Ihr seid nicht alleine! Wir sind mit euch, erhebt eure Stimmen! Zugleich muss man sehr behutsam sein, wie man etwas sagt, für wen man spricht. Dieser Song bedeutet mir viel. Wenn man in der Öffentlichkeit steht, trägt man eine besondere Verantwortung. Dabei sollte nicht übersehen werden, dass es natürlich auch verrückte Frauen gibt, die ihren Männern Schlimmes antun.

JS: Die brasilianische Thrash- und Death-Metal-Band Sepultura ist heute eine nationale Galionsfigur, ja eine unwahrscheinliche Nationalheilige. Sogar der Autobauer Volkswagen macht Werbung mit der Gruppe. Habt auch ihr das Gefühl, Brasilien zu repräsentieren?

PA: Sepultura ist die wohl wichtigste Band Brasiliens überhaupt. Ich wurde 1985 geboren, und sie war schon groß, als ich ein Kind war. Es gibt viele weitere tolle Metal-Bands in Brasilien, aber die meisten schaffen es nicht über Brasilien hinaus. Mit Nervosa haben wir das seltene Privileg, ein- oder zweimal pro Jahr in Europa touren zu können. Dadurch haben wir aber auch mehr Verantwortung als andere Bands. Worüber wir sprechen, wie wir uns verhalten – all das trägt zu einem bestimmten Bild von Brasilien bei. Es gibt viele junge Mädchen, die Metal spielen wollen. Gerade für die müssen wir ein gutes Vorbild sein.

JS: Wie kam es zu deiner Faszination für harten, rohen Thrash Metal?

PA: Das war ein ganz natürlicher Prozess. Meine Mutter hatte einen gewissen Einfluss, denn sie hört Rockmusik – zwar keinen Metal, aber Hardrock, etwa Led Zeppelin oder Deep Purple. Als ich das erste Mal Slayer, Sepultura und Morbid Angel hörte, hat das mein Leben verändert. Oh mein Gott, so viel Kraft und so viel Aggression! Ich wusste sofort: Das will ich, das muss ich auch spielen! Ich habe diese Musik ganz einfach tief empfunden. Dabei hatte ich keine Ahnung, wovon die da eigentlich singen. Bis heute liebe ich die Bands, die ich damals entdeckte, ob Slayer, Morbid Angel, Cannibal Corpse oder Napalm Death. Metal ist mir nie langweilig geworden. Allerdings muss ich sagen, dass ich nicht gerade eklektizistisch veranlagt bin. Ich höre Blues und Rock im Allgemeinen, vor allem Bands aus den 1970er-Jahren, und Metal im Speziellen.

JS: Zu deinen Inspirationen zählt auch Jimi Hendrix. Gerade im Metal-Kontext wird er häufig übersehen – dabei hatte er gewaltigen Einfluss auf die Entstehung des Genres.

PA: Absolut! Und nicht zu vergessen Buddy Guy. Ich verehre beide. Jimi Hendrix hat etwas ganz Eigenständiges in den Rock gebracht. Für rebellierende Teenager ist das eine große Inspiration. Es ist nicht wichtig, dass man ‚richtig' Gitarre spielt. Es ist wichtig, dass man *anders* spielt! Gerade in dieser Hinsicht hat Hendrix dem Metal die Türen geöffnet. Er hat die Lautstärke seines Verstärkers aufs Maximum gedreht, hat andere Röhren eingesetzt, hat die Lautsprecher modifiziert, um einen stärker verzerrten Gitarrensound zu erhalten – und die verzerrte Gitarre ist nun mal das wichtigste Merkmal des Metal. Wenn du keine Double-Bassdrum hast – kein Problem. Aber ohne die verzerrte Gitarre handelt es sich nicht um Metal. Auch seine Spielweise war sehr einflussreich, etwa was den Einsatz des Tremolos und des Vibratos betrifft – das hört man bis heute bei Slayer! Oder denken wir an Dimebag Darrell, das ist Hendrix für die 1990er-Jahre.

JS: Sollte Metal an Schulen und Hochschulen gelehrt werden? Wenn ich Seminare über Metal halte, fühle ich mich immer etwas unwohl.
PA: Was den Instrumentalunterricht betrifft, ist das doch toll für die Musiker. Denn Metal ist nun mal keine Musikrichtung, die einfach zu spielen ist. Es ist wie im Sport, du musst dafür trainieren! Du brauchst eine gute Muskulatur für Metal (lacht). Der Körper muss auf Metal vorbereitet werden. Andererseits tut es der Metal-Szene gut, wenn sie im Untergrund bleibt und nicht auf die Massenmedien angewiesen ist. Es ist von Vorteil, wenn sie ihre eigenen Kommunikationskanäle hat. Wenn wir das verlieren, werden wir nicht mehr dieselben sein.

Musiktheoretische Analyse 5:
Amon Amarth – Twilight of the Thundergod

Dialektische Materialkonfrontation
Von Dennis Bäsecke-Beltrametti

In Bezug auf die klassische Sonatenhauptsatzform wurde früher häufig dem Hauptthema ein männlicher und dem Seitenthema ein weiblicher Charakter zugeschrieben. Das Hauptthema galt dabei als kraftvoll, entschlossen und durchsetzungsfähig, das Seitenthema hingegen als eher lyrisch, introvertiert oder tänzerisch. Letzteres stand in der Exposition von Dur-Sätzen meist in der Dominanttonart und in Moll-Sätzen in der Paralleltonart.

Neben der Tatsache, dass dies ein eindrucksvolles Abbild patriarchaler Sprach- und Denkstrukturen ist, zeigt sich hier, dass sich ein angenommener Dualismus musikalisch durch kontrastierende Materialien nicht nur manifestieren, sondern bereits in der klassischen Sonate auflösen lässt. Denn entscheidend ist, dass beide Themen oder musikalischen Strukturen in der Durchführung in ein dialektisches Verhältnis treten, welches die Unterschiede relativiert und die Materialien in eine neue Beziehung zueinander setzt. Im handelsüblichen Sonatenhauptsatz endet dieser Prozess bezeichnenderweise damit, dass das ‚weibliche' Thema dem ‚männlichen' tonartlich in der abschließenden Reprise unterworfen wird.

Wenn jedoch aus dem dialektischen Prozess eine wirkliche Synthese – also etwas Drittes aus der wechselseitigen Durchdringung zweier verschiedener Elemente – entstünde, so könnte er uns zeigen, dass der anfängliche Kontrast eher als Teil eines Spektrums von Möglichkeiten denn als Dualismus zu denken ist.

Gibt es ähnliche Phänomene in der musikalischen Sprache des Metal? Ich denke, dass wir im Subgenre Melodic Death Metal fündig werden. Hier berühren kantige, auf halbtonschrittaffinen Skalen basierende Riffs und der ‚tonlose' gutturale Gesang strahlende, häufig heroische Melodien, die nicht selten auf klassischen funktionsharmonischen Modellen beruhen. Hier prallen also unleugbar stark kontrastierende musikalische Materialien aufeinander.

Halten wir diesen typischen Gesangsstil als einen von zwei Polen fest. Interessanterweise verwischt diese Gesangstechnik durch den Verzicht auf die herkömmliche Verwendung des eigenen Tonhöhenumfangs, durch die Reduktion auf die rhythmisch sprachliche Ebene sowie tonhöhenunabhängige klangfarbliche Nuancen der menschlichen Stimme deren genderspezifische Eindeutigkeit, wenn sie sie ihr nicht sogar entzieht. Das Material besitzt eine große klangliche Schärfe und ist texttragend.

Der zweite Pol ist die von den Gitarren gespielte, hymnische Melodie. Im Gegensatz zum gutturalen Gesang ist sie eher weich – wenn auch verzerrt –, tonal deutbar und klar. Zudem ist sie nicht texttragend.

Dies sind zwei musikalisch kontrastierende Ideen, die aufgrund ihrer unterschiedlichen, einander teils ausschließenden Attribute RepräsentantInnen eines dualistischen Spannungsverhältnisses sein könnten. Eine Geschlechtszuordnung wollen wir uns hier ersparen.

In vielen Melodic-Death-Metal-Songs stehen diese musikalischen Strukturen zeitlich nebeneinander oder in einer polyphonen Struktur. Treten sie direkt in eine Beziehung zueinander, geschieht dies meist im Refrain und ist dem Bedürfnis geschuldet, diesen mitsingbar zu gestalten. Dafür wird die Melodie häufig rhythmisch mit dem Gesang gekoppelt, wodurch eine Art Metastimme aus Gitarren und Gesang konstruiert wird. Die Melodie erhält eine schärfere Färbung und vor allem einen Text, während der Gesang die weichen, melodischen Eigenschaften eines „Mitsingparts" bekommt, ohne sich hierfür anpassen zu müssen. Beide Ebenen bleiben für sich bestehen, und es entsteht aus der Kombination etwas Drittes, das gewissermaßen frei beweglich auf dem Spektrum zwischen den beiden Polen angesiedelt ist.

Ein konkretes Beispiel verdeutlicht diese allgemein gehaltenen Überlegungen. Im Song „Twilight of The Thundergod" von Amon Amarth verläuft das melodisch und rhythmisch prägnante Hauptriff in den Strophen rhythmisch unabhängig vom Gesang. Beide Ebenen stehen unvermittelt nebeneinander und schlagen sozusagen ihre jeweils eigene Schlacht.

Im Refrain werden beide Ebenen wie oben beschrieben gekoppelt. Das Ergebnis ist eine kraftvolle Vereinigung, die den Refrain als gesteigerten Formteil hervortreten lässt und dem Publikum die Möglichkeit gibt, den nicht tonal gebundenen Gesang tonal gebunden mitzusingen (die mit der eckigen Klammer verbundenen Töne sind als Melisma auf einer Textsilbe zu verstehen). Somit verbinden sich die zwei kontrastierenden Pole eines Dualismus und gehen eine Synthese ein, durch die ein Drittes, eine Art Zwitter, auf einem Kontinuum zwischen den beiden musikalischen Positionen entsteht.

5. I'll Be Your Sister. Metal und Gender

Als ich 2019 bei strömendem Regen im Berliner Olympiastadion stand, um Metallica auf ihrer *Hardwired*-Tour zu erleben, war auf der gigantischen Videoleinwand kurz ein Close-up der Hände von James Hetfield (Gesang, Gitarre) und Kirk Hammett (Gitarre) zu sehen. Links im Bild bearbeiteten Hetfields Hände die Gitarre. Raue, kräftige Männerhände, von Tattoos überzogen. Hände, die gut zum öffentlichen Bild des Metal als einer Machobastion passen. Rechts im Bild glitten Hammetts Hände über das Griffbrett. Filigrane Hände, keine Tattoos, lackierte Fingernägel. Die Gegenüberstellung dieser Hände wie in einem Diptychon hat sich in meine Erinnerung eingebrannt. Zum einen erschien sie mir wie das perfekte Sinnbild für die in den Massenmedien wenig beachtete, im vorigen Kapitel erläuterte Liberalität des Metal. Bei Metallica ist Platz für vier sehr unterschiedliche Charaktere. Hetfield, der gemäßigte Redneck, Mitglied der National Rifle Association, Autonarr, Jäger. Ulrich, der strategische Geschäftsmann, Kunstsammler und einstige angehende Tennisprofi. Robert Trujillo, der sportliche Buddy-Typ, Skater und Funkliebhaber. Hammett, der androgyne Surfer, Comicsammler, Vegetarier und ehemalige Dreadlocksträger aus San Francisco. Zum anderen erschien mir in diesem Moment die These, Metal sei immer schon ein bisschen queer gewesen, ohne dass es jemals an die große Glocke gehängt worden wäre, schlüssig. Metallica bietet in diesem Zusammenhang und überhaupt für das komplizierte Verhältnis zwischen Metal und Gender eine erhellende Fallstudie.

Dass Hammett seine Fingernägel lackiert und Eyeliner verwendet, ist bei Metallica nicht weiter der Rede wert. Es ist einfach so. Hammetts Job ist es, Gitarre zu spielen. Ob er seinem Instrument die passenden Töne mit lackierten oder, wie Hetfield, mit unlackierten Fingernägeln entlockt, ist zweitrangig. Es ist, als wollte Metallica demonstrieren, dass auch im Metal des 21. Jahrhunderts die Musik im Vordergrund steht und dass diese Musik genügend Raum für eine Vielzahl von Selbstentwürfen bietet, ob queere Counterculture oder Hetero-Redneck. Ähnlich wie Rob Halfords Outing als Schwuler in den 1990er-Jahren nichts an seinem Status als ‚Metal God' geändert hat, ändert Hammetts für Thrash Metal ungewöhnliches Fingernageldesign nichts an seinem ikonischen Status als ‚Guitar Hero'.

Schon die Glamrocker und Glammetaller der 1980er-Jahre hatten sich geschminkt, sich die Haare toupiert und ihre Fingernägel lackiert. Wie zum Ausgleich schrieben sie jedoch sexistische Songtexte. Bei Metallica ist das nicht der Fall. Im Video zur Coverversion von Bob Segers „Turn the Page" (1998) thematisiert die Band vielmehr Prostitution und sexualisierte Gewalt. Männer tauchen darin nur als schäbige Voyeure und Schläger auf. Zwar wurde nach der Veröffentlichung des Videos Kritik von Interessengruppen laut, Metallica sei nicht die richtige Band, um diese Themen glaubwürdig in der Öffentlichkeit zu verhandeln. Doch immerhin – die Band zeigte die dunkle Seite der Sexarbeit, anstatt wie viele Glamrocker schmierige Männerfantasien zu bedienen.

Der Plot des Videos handelt von einer – offenbar alleinerziehenden – Mutter, die als Stripteasetänzerin und Prostituierte arbeitet, um sich und ihre kleine Tochter über Wasser zu halten. In einer Szene wird sie von einem Freier in einem Motel vergewaltigt, während ihre Tochter im Nebenraum wartet. Brisant ist, dass die Mutter von Pornodarstellerin Ginger Lynn gespielt wird, die in den 1980er-Jahren ein Star der Branche war. Um es vorsichtig auszudrücken, drehte Lynn Pornofilme, die alles andere als „female friendly" waren. Bei der Hauptdarstellerin des Videos handelt es sich also um eine Frau, die die Sexindustrie, wenngleich einen anderen Bereich als den der Prostitution, aus der Innenperspektive kennt.

Man kann diese Besetzung aus zwei Perspektiven deuten: aus einer identitätspolitischen und einer medienkritischen. Im Verständnis der Identitätspolitik sollten Rollen stets an Schauspieler vergeben werden, die sie glaubhaft vertreten können. Schwarze Charaktere sollten von Schwarzen gespielt werden, Frauen von Frauen, Transvestiten von Transvestiten und so weiter. Von der Problematik der Identitätspolitik war an anderer

Stelle schon die Rede (siehe Kapitel „Mental Floss for the Globe"). Unabhängig von der Bewertung ist Lynn im identitätspolitischen Sinne die richtige Besetzung, da sie über Street Credibility verfügt. Anders als etwa in *Pretty Woman* wird die Sexarbeiterin von einer Sexarbeiterin gespielt; mit der Einschränkung, dass Pornodrehs nicht mit Prostitution gleichgesetzt werden können. Aus medienkritischer Sicht könnte indes moniert werden, Metallica wolle auf sensationalistische Weise von Lynns Ruhm als Pornostar profitieren. Warum wird Lynn nackt gezeigt? Ist das wirklich nötig? Hätten Andeutungen nicht genügt? Ist es nicht didaktisch, eine Prostituierte mit einer Frau zu besetzen, die äußerlich dem Klischee einer ‚Sexbombe' entspricht? Exploitation-Vorwürfe aus medienkritischer Sicht sind somit angebracht.

Wie es im Metal meistens der Fall ist, öffnet das Video de facto einen Raum der Ambivalenz, der nicht zum Identifizieren, sondern zum Reflektieren, Diskutieren und Weiterdenken einlädt. Dazu trägt nicht zuletzt der fragmentierte Aufbau des Videos bei. In den ersten Sekunden, noch bevor die Musik beginnt, spricht Ginger Lynn wie in einem TV-Zeitzeugeninterview zu einem unsichtbaren Gesprächspartner: „Ich war schon immer eine Exhibitionistin. Ich würde wohl sagen, dass ich immer schon in der Unterhaltungsbranche sein wollte, ohne dass es mir bewusst war. Und das bin ich jetzt." Sie trägt eine grüne Bluse, Ohrringe und dezente Schminke, während sie in den Folgeszenen, die sie als Prostituierte und Stripteasetänzerin zeigen, in legerer Kleidung, Reizwäsche oder, in der unzensierten Version, gänzlich nackt zu sehen ist. In einer Zwischensequenz, die sie wieder in ‚anständiger', ‚bürgerlicher' Kleidung zeigt, sagt sie: „Ich mache es wegen des Geldes. Und ich kann mein Leben ändern, und ich kann so sein, wie mich die Gesellschaft will, und ich kann meine Tochter genauso gut erziehen wie jede andere auch." Die letzten Sekunden des Videos zeigen sie erneut in der Interviewsituation: „Wenn ich mein Leben noch einmal von vorne anfangen könnte, würde ich genau die gleichen Entscheidungen treffen, die ich getroffen habe. Ich denke, ich würde es wegen der Frau, die ich bin, und der Dinge, die ich aus meinen Entscheidungen gelernt habe, machen. Ich bin stolz darauf, wer ich bin." Zwischen diesen Einblendungen entspinnt sich die oben erwähnte Erzählung.

Insbesondere durch die erste Interviewszene stellen Regisseur Jonas Åkerlund und Metallica einen Zusammenhang zwischen Sexindustrie und Entertainmentindustrie her. Sie geben der auf den ersten Blick willkürlich anmutenden Kombination von Bob Segers Text über die Einsamkeit und Banalität des Tourlebens mit der tragischen Geschichte der

Prostituierten einen Twist, der sich bei einer rein moralischen oder interessegeleiteten Bewertung nicht erschließt. Das Wechselspiel von Erzählung, Bandperformance und Interviewsituation lädt zum vergleichenden Sehen und Hören und damit zur Reflexion des Status der Musiker ein. Sind nicht auch Rockmusiker wie Prostituierte, da sie ihre Körper an ein Publikum verkaufen, zur Projektionsfläche für Fantasien werden und ihren Kunden für kurze Zeit die Illusion eines anderen, freien, enthemmten Lebens verschaffen? Sind sie nicht wie Stripteasetänzer(innen), die sich auf der Bühne zur Schau stellen und einer mal kleineren, mal größeren Gruppe von Menschen, die sie nicht persönlich kennen – und meist auch nicht persönlich kennenlernen wollen –, die Illusion einer intimen Begegnung vermitteln? Sind nicht auch männliche Rock- oder Metal-Stars sexualisierte Figuren, die mit ihren Körpern wuchern und klischierten Vorstellungen von Erotik, nur eben von männlicher, entsprechen?

In weiteren Zwischensequenzen sind die Musiker von Metallica beim Performen des Songs zu sehen. Im Zentrum Hetfield, breitbeinig, kraftvolle Schläge auf die Saiten, intensives, aber kontrolliertes Mienenspiel. Posen der Stärke, der Macht. Auffällig ist, dass sich die Band in einem dunklen, gewissermaßen abstrakten Raum befindet, während sich die Protagonistin des Plots mit einem konkreten Raum auseinandersetzen muss: dem modernen, urbanen Amerika. Zum einen scheint hier die typische entrückte Position des Metal auf. Er ist dem, was er kritisiert, nicht direkt ausgesetzt; er verbleibt in einer mediatisierten Distanz (siehe Kapitel „The God That Failed"). Zum anderen scheinen die Musiker die illusorische Position eines reinen, aus der realen Geschichte und dem realen Raum entrückten Subjekts einzunehmen. Dieses Subjekt war lange Zeit mit dem Mythos des genialischen männlichen Subjekts verbunden. Während man Frauen als hilflose Gefangene des Materiellen und des realen Raums betrachtete, sollte es doch wenigstens den brillanteren unter den Männern möglich sein, sich über die Niederungen des Realraums zu erheben und einen Idealraum von Vernunft, Rationalität, Logik zu erreichen. Die kühle, abstrakte Leere des Raums um Metallica und die bedrohliche, erdrückende Fülle des Raums um die von Lynn gespielte Prostituierte legen eine solche Sicht nahe. Diesem Gegensatz entspricht das Verhältnis zwischen der körperlich distanzierten Position von Rockstars – die Musiker erhaben auf der Bühne, das Publikum durch einen Graben von sich getrennt – und der körperlich distanzlosen Position von Prostituierten (erotische Berührungen bis hin zur Penetration). Und dennoch: Die Eingangssequenz rückt die Entertainer von Metallica in die Nähe von

Prostituierten und Stripteasetänzerinnen und damit in den Realraum, wo die Dinge den Menschen auf den Leib rücken, konkret werden. Natürlich ist der Vergleich zwischen Rockstars und Prostituierten irreführend, ja zynisch, auch wenn er eine lange Tradition hat. Die frühen Christen beispielsweise setzten in ihrer Dekadenzkritik Entertainer mit Prostituierten gleich. Doch Prostituierte wählen ihre Tätigkeit selten freiwillig. Rockmusiker hingegen entscheiden sich aus freien Stücken für ihren Beruf und müssen ihre Körper keinen anderen Körpern direkt ausliefern. Im Rockmusiker verkörpert sich der Traum von Freiheit und Selbstbestimmtheit. Prostitution ist in den meisten Fällen mit dem Verlust von Freiheit und Selbstbestimmtheit verbunden. Auch ist Rockmusiker allen noch immer kursierenden Klischees und Stigmatisierungen zum Trotz ein romantisierter Traumberuf, der – potenziell – mit Anerkennung durch eine größere Öffentlichkeit einhergeht. Auf die Prostitution trifft das so nicht zu, auch wenn einige wenige privilegierte Prostituierte wie die *Welt*-Kolumnistin Salomé Balthus versuchen, Sexarbeit zu einem erfüllenden, prestigeträchtigen Beruf umzudeuten. Der Vergleich zwischen Rockstars und Stripteasetänzer(innen) hingegen ist stimmig. Rockmusiker sind Entertainer, erotische Projektionsfiguren und Sexsymbole.

Elvis hat die Rolle des männlichen Rockstars erotisiert und sexualisiert – auf eine Weise, die jenseits der Konventionen steht. Auch Marlon Brando, der in der Nachkriegszeit etwa im Film *The Wild One* (1953) den Biker-Outlaw mimte und ein neues, rebellisch-subkulturelles Männerbild zu etablieren half, war ein Sexsymbol. Der neue, sexualisierte Mann wurde von Vertretern der bürgerlichen Mehrheitsgesellschaft anfänglich abgelehnt. Die Gründe hierfür sind wenig überraschend. Die von Brando dargestellten rauen, harten Machos fanden Anklang in der Schwulenszene, während dem bartlosen, hüftschwingenden, geschminkten Elvis an prominenter Stelle der Status als „echter Mann" abgesprochen wurde, obwohl auch er in der maskulin konnotierten Lederjacke auftrat. Im Jahr 1956 identifizierte ein Autor der *New York Times* Elvis mit Burlesque-Tänzerinnen: „Eine Spezialität [von Elvis] ist eine akzentuierte Bewegung des Körpers [...], die wir primär aus dem Repertoire der blonden Sexbomben von den Laufstegen der Burlesque kennen."[259] Die *New York Daily News* zogen im selben Jahr einen Vergleich zu Prostituierten: „Elvis, der sein Becken rotieren lässt [...] gab eine Darbietung, die anzüglich und vulgär war, geprägt von jener Art des Animalischen, die sich auf Spelunken und Bordelle beschränken sollte."[260]

Exakt die beiden Tätigkeiten der Protagonistin im Video zu „Turn the Page", Prostitution und erotischer Tanz, wurden dem männlichen Wegbereiter der Rockmusik als Massenphänomen angelastet. So schließt sich auch der Kreis zu Bob Segers Songtext, in dem es über Rockmusiker heißt: „Most times you can't hear 'em talk, other times you can / All the same old chliches, ‚Is that a woman or a man?'" (Siehe Kapitel „Mental Floss for the Globe")

Zwar performt und inszeniert sich Metallica, insbesondere Hetfield, anders als Elvis. Der erotische, genderfluide Hüftschwung hält sich in Grenzen. Das Metallica-Image der 1980er-Jahre ist eher kompatibel mit heterosexistischen Vorstellungen von Männlichkeit, obschon sich deren „animalische Seite" doch, bitte schön, auf gelegentliche Bordellbesuche beschränken soll, wie die *New York Daily News* im Jahr 1956 anmerkte. Wie ich oben erläutert habe, gibt es mit Hammett jedoch mindestens eine Person unter den Metallica-Musikern, die nicht ins Raster stereotypischer Heteromännlichkeit passt. Spannungsvolle und liberale Vielfalt, nicht politisch korrekte Homogenität, lautet das Prinzip von Metallica. Darüber hinaus öffnete sich Metallica in den 1990er-Jahren mit Alben wie *Load* (1996) oder *Reload* (1997) nicht nur musikalisch ‚softeren' Einflüssen. Auf einem Foto aus den 90er-Jahren ist ein ähnliches Spannungsverhältnis zu sehen wie 2019 beim Close-up auf Hetfields und Hammetts Hände in Berlin. Links im Bild steht Hetfield im Unterhemd und raucht eine Zigarre. Um den Hals trägt er eine Kette mit Totenkopfanhänger, an seinem Gürtel ist eine Brieftaschenkette befestigt („Bikerbörse"). Rechts von ihm steht Ulrich, stark geschminkt, Ringe in den Ohren, das Hemd weit geöffnet. Die Rollen des Biker-Machos und die des androgynen Gothic-Manns werden hier nicht als einander ausschließend, sondern als einander ergänzend präsentiert. Auch ließen sich Ulrich und Kirk Hammett bereits mehrmals einander küssend fotografieren – mit Zungenkontakt, wohlgemerkt. Mit dem im Kapitel „Mental Floss for the Globe" erwähnten Dokumentarfilm *Some Kind of Monster* (2004) und der darin gezeigten Bandtherapie rückte die Band noch weiter vom Machoimage ab. Metal(l) lässt sich nun mal schmelzen.

Jüngst hat Metallica im Video zum Song „Halo on Fire" (2016) erneut eine Frau in den Vordergrund gerückt. Die Band engagierte dafür Jesper Carlsen und Dimitri Scheblanov aka Herring & Herring. Die beiden Regisseure und Fotografen haben unter anderem für Marken wie Gucci, Magazine wie *Playboy* und *GQ*, Verlage wie Penguin Random House, Firmen wie Sony und Stars wie Beyoncé, Kate Hudson, Gavin Rossdale oder – Metallica gearbeitet. Längst spielt die Band in der Celebrity-Liga mit. Während der selbst aus der Metal-Szene stammende Jonas Åkerlund die von Ginger Lynn gespielte Hauptfigur des Videos zu „Turn the Page" in der Vergewaltigungsszene als Opfer zeigte, brechen Herring & Herring in „Halo on Fire" mit dieser durch die Massenmedien verfestigten Erwartungshaltung. Zunächst werden die Betrachter auf eine falsche Fährte gelockt. Eine schöne junge Frau (Jana Knauerova) mit Blessuren im Gesicht – da kann es sich doch nur um ein Opfer häuslicher Gewalt handeln! Ihr Mann schlägt sie, die Herrschaft des Patriarchats ist ungebrochen! Im Laufe der Handlung erweist es sich jedoch, dass die Protagonistin an brutalen Mixed-Martial-Arts-(MMA-)Kämpfen teilnimmt und dort gegen Frauen wie auch Männer antritt.

Die Tschechin Jana Knauerova ist im wahren Leben Model. Anders als Lynn ist sie nicht im Geist der Identitätspolitik gecastet worden – zumindest ist nichts über eine MMA-Karriere Knauerovas bekannt. Das ist doch eine deutlich andere Botschaft als die von „Turn the Page". Und noch etwas hat sich verändert. Erneut ist Metallica im Musikvideo beim Performen des Songs zu sehen. Im Gegensatz zu „Turn the Page" befindet sich die Band bei „Halo on Fire" jedoch im selben Raum wie die Kämpferin und ihr Publikum, das zum Konzertpublikum wird. Metallica, so könnte ein möglicher Subtext lauten, ist der Komfortzone der Abstraktion entronnen und mischt wieder im echten Leben mit. Im Realraum. Im *Meat Space*. Wer möchte, kann darin einen Kulturfortschritt sehen. Böse Zungen würden entgegnen, dass sich Metallica einfach mal wieder dem Zeitgeist angepasst hat. Gegen diese These spricht jedoch, dass das Video 2016, also ein Jahr vor #MeToo, veröffentlicht wurde. 2016 war kein Schlüsseljahr des Feminismus. Metallica surfte diesmal nicht auf der Zeitgeistwelle. Sie nahm sie vorweg.

Das Beispiel Metallicas, mithin der weltweit bekanntesten, einflussreichsten sowie einer der langlebigsten Metal-Bands überhaupt, zeigt, dass das Verhältnis von Metal und Gender vielschichtig ist. Andrew L. Cope stellt überzeugend fest: „Der Inbegriff von Opposition und Nonkonformität … ist das lyrische Kennzeichen des Heavy Metal, und dies im Gegensatz zum Hardrock, wo sich Themen der Misogynie mit dem Patriarchat synchronisieren."[261] Mit vereinfachenden Zuschreibungen wie „Metal ist sexistisch!", „Metal ist so ein Männerding!" oder „Metal ist der Verstärker des Patriarchats!" kommt man nicht weiter. Doch genau solche Vereinfachungen prägen den öffentlichen Diskurs über Metal.

Im Jahr 2019 twitterte der Zürcher Blogger Andreas Gossweiler, Bezug nehmend auf Verhaftungen von Metal-Musikern im Nahen Osten: „Ich wäre auch dafür, dass Heavy-Metal-Musiker verhaftet werden. Musik, die mit männerlastiger Ästhetik die Frauen gezielt ausschließt, seit 40 Jahren immer gleich klingt, deren Gitarren wie mittelalterliche Äxte aussehen. (Achtung Ironie)."[262] Wenn Ironie als Ironie ausgewiesen wird, ist sie meist nicht ironisch. Gossweilers Kritik am Metal, die er zuvor schon an anderer Stelle formuliert hatte, war durchaus ernst gemeint. Was aber soll eine „männerlastige Ästhetik" sein? Lange Haare? Enge Hosen? Hohe Schreie? Der Metal-Forscher Florian Heesch sagte in diesem Zusammenhang 2012 treffend: „Was soll denn das sein, eine ‚Metal-Männlichkeit'? Manowar zum Beispiel sind immer so das Stereotyp der Metal-Muskelmänner. Wenn du die dir aber mal anschaust; die sind glattrasiert, singen hoch, übernehmen zwar gewisse Klischees, aber andere auch nicht. […] Ich glaube, dass es, genauso wie es nicht ‚die' Männlichkeit gibt, es auch nicht ‚die' Metal-Weiblichkeit gibt. Aber ich glaube schon, dass Frauen es nach wie vor schwerer haben im Metal. Das hängt auch mit diesem Klischee-Bild ‚Metal ist männlich' zusammen."[263] So betrachtet, führt gerade die kritisch gemeinte Zuschreibung „Metal ist männlich" dazu, dass Metal ‚männlich' bleibt.

„Metal ist männlich" gilt immer dann, wenn gängige historische Maßstäbe des Männlichen affirmativ angelegt werden. Die Soziologin Eva Illouz umreißt diese Maßstäbe wie folgt: „Wer ein wahrhafter Mann sein will, muß Mut, kühle Rationalität und disziplinierte Aggressivität zur Schau stellen."[264] Metal kann vor diesem Hintergrund sogar als prototypische Kultur der Männlichkeit interpretiert werden. Er erfordert(e) einen gewissen Mut, weil ihn die Mehrheitsgesellschaft ablehnt(e). Die Meisterung der hohen spieltechnischen Herausforderungen, das Studium von Skalen und die dafür benötigte Disziplin können „kühler Rationalität" zugeordnet werden. Der Metaller beherrscht überdies den technischen Apparat. Wie ein Dompteur gebietet er über die Maschine und bringt sie dazu, beeindruckende Kunststücke aufzuführen. Last, but not least kontrolliert er seine zur Schau gestellte Aggressivität, wie das Zitat von Bruce Dickinson aus dem Kapitel „Back to the Primitive" besagt: „Es gibt Aggression [im Metal]. Aber sie ist eingedämmt, und sie wird kontrolliert, und sie ist fokussiert." Allein, historische Konnotationen des Männlichen sind weder natürliche noch ewige Konnotationen des Männlichen. Auch ist die Attraktivität dieses ‚Männlichen' nicht auf Männer beschränkt. So schreibt Laina Dawes über ihre Jugend: „Ich lebte in einer ländlichen Gegend, wo mehrere der Nachbarn Teenagersöhne hatten, die sich für klassischen Metal interessierten. [...] Diese Jungs fand ich zwar einschüchternd, aber ihr raues Äußeres war aufregend. Ich wollte mehr wie sie sein und nicht nur ein ängstliches kleines Mädchen – auch wenn ihre bösartigen rassistischen Bemerkungen darauf hindeuteten, dass ich nie zu ihnen gehören würde. Dennoch fühlte ich mich zu ihrer Musik hingezogen."²⁶⁵ Diese Differenzierung ist elementar: Soziales Milieu, Geschlecht und Musik stehen in keinem natürlichen, überzeitlich stabilen Verhältnis zueinander. Metal öffnete für Dawes, die als schwarzes Adoptivkind in einer weißen Familie in Kanada aufwuchs, einen Raum, in dem sie ihre Individualität frei ausleben konnte.²⁶⁶ Nicht nur, aber auch als Frau. Nicht nur, aber auch als Schwarze. Metal kann zwar ausgrenzen, wie jede andere Szene auch – schließlich sind Szenen dadurch definiert, dass sie von anderen Szenen unterscheidbar sind. Szenen müssen sogar ausgrenzen, wenn sie ihre psychosoziale Funktion erfüllen wollen, nämlich alternative Räume zu bilden. Als solche sind sie für jene attraktiv, die sich in der Mehrheitsgesellschaft nicht willkommen fühlen. Über die schwarze, lesbische Sängerin Camille Atkinson schreibt Dawes: „Von der Metal-Szene angezogen zu werden milderte den Druck, der auf ihr lastete, als sie ihr Coming-out als Lesbe hatte, und half ihr, ihre Individualität zu formen."²⁶⁷

Sogar die Harmonik des Metal widerspricht der Männlichkeitsthese. Wie im Kapitel „Back to the Primitive" erwähnt, sind verzerrte, abgedämpfte Powerchords ein zentraler Bestandteil des Metal. Erst mit Metal wurden Powerchords überhaupt zum Erkennungsmerkmal eines musikalischen Genres. Aus musikwissenschaftlicher Sicht sind Powerchords geschlechtslos, weder Dur noch Moll. Die für das sogenannte Tongeschlecht entscheidende Terz entfällt. Die in Text und Bild erzeugten, zwischen Aufbruch und Zusammenbruch oszillierenden Atmosphären des Heavy Metal werden in ihrer Mehrdeutigkeit durch Powerchords unterstützt. Verstärkt wird diese Ambiguität noch durch den für den Extreme Metal typischen Einsatz chromatischer Skalen. Wie Powerchords sind auch diese ‚geschlechtslos'. Sowohl die Rhythmusgitarren wie auch die Sologitarren sind im Metal damit in einem nichtbinären Bereich angesiedelt, was traditionelle Unterscheidungen wie „Dur und Moll" betrifft.

Kurz gesagt, ist weder klar, welche Charaktereigenschaft genuin „männlich" und welche genuin „weiblich" ist, noch wie ein kulturelles Phänomen, also der Metal, pauschal einem Geschlecht zugeordnet werden könnte. Und wie hätten Metal-Musiker Frauen „gezielt ausschließen" (Gossweiler) können? Durch das Verbot, in Bands zu spielen? Durch ein Gesetz, das es Frauen untersagt, Plattenfirmen zu gründen? Und wie könnte man angesichts der zahllosen Metalmorphosen ernsthaft behaupten, Metal klinge „seit 40 Jahren immer gleich"? Zwischen Saxons „Princess of the Night" und Extreme Noise Terrors „Holocaust in Your Head" (1989) liegen Welten. Populistische Polemik ist ein Zeichen argumentativer Schwäche.

In einer Hinsicht aber liegt Gossweiler nicht ganz falsch. Metal hat insbesondere in den 1970er-, 80er- und 90er-Jahren weniger weibliche Stars hervorgebracht als Genres wie Soul oder Elektropop. Es gibt im Metal keine Frau, deren Bedeutung für das Genre mit der von Aretha Franklin für den Soul oder mit der von Madonna für den Elektropop vergleichbar wäre. Selbst Doro Pesch, die seit den frühen 80er-Jahren in der Szene aktiv ist, bei Warlock sang und heute solo Chartserfolge feiert, reicht an die genannten Popstars nicht heran. Wie man es auch dreht und wendet – was die nackten Zahlen betrifft, ist Metal eine Männerdomäne. Metal hat keine Lady Gaga, keine Beyoncé. Die erste Metal-Platte wurde auch nicht von einer Frau veröffentlicht, wie es im Hip-Hop mit dem auf Sylvia Robinsons Plattenlabel Sugarhill Records erschienenen Album *Rapper's Delight* (1979) der Fall war. Und auf Metal-Konzerten dominieren weiterhin Männer. Von kategorischem oder gar strukturellem „Ausschluss" kann jedoch keine Rede sein. Ein kurzer Blick in die Metal-Geschichte zeigt, dass die aktive Beteiligung von Frauen im Metal bereits früh möglich und alltäglich war.

Ob die bereits erwähnte Doro Pesch oder Lita Ford, die bei der US-amerikanischen Hardrockband The Runaways spielte und danach eine Glam-Metal-Solokarriere einschlug, die britischen Musikerinnen von Girlschool, Sabina Classen, die bereits als Teenagerin Sängerin der deutschen Thrash-Metal-Vorreiter Holy Moses wurde, Jo-Anne Bensch von der britischen Death-Metal-Band Bolt Thrower, Katrien „Kate" de Lombaert von den belgischen Thrashern Acid, Sussie Berger und Kattis Lammi von der schwedischen Death-Crust-Band Society Gang Rape, Tatiana Shmaylyuk von der ukrainischen Metalcore-Band Jinjer, Sabine Scherer von der deutschen All-Vegan-Death-Metal-Band Deadlock, Alissa White-Gluz von der schwedischen Melodic-Death-Metal-Band Arch Enemy, Idil Cagatay von der türkischen All-female-Heavy-Metal-Band Kırmızı, die Musikerinnen von der niederländischen All-female-Black-Metal-Band Asagraum, Christina Scabbia von der italienischen Gothic-Metal-Band Lacuna Coil oder Anahid M. O. P. von der iranischen Eastern-Oriental-Metal-Band – im Metal war immer Platz für Frauen, wenngleich die Spitzenplätze von Männern besetzt wurden. Schaut man auf die Businessseite, wird man auch dort fündig.

Angela Gossow managt heute Arch Enemy, die Band, mit der sie früher den weiblichen Growl-Gesang revolutionierte. Gloria Cavalera ist nicht nur Managerin ihres Ehemanns Max Cavalera (früher Sepultura, heute unter anderem Soulfly), sondern prägt Cavaleras Projekte auch inhaltlich. Antje Lang wirkt als CEO von Century Media, einem der wichtigsten Metal-Labels. Ute Kromrey war die Managerin von Motörhead; ihr habe ich mehrere Interviews mit Lemmy Kilmister zu verdanken. Fanzines, Webzines und Internetseiten wie *Endemoniada*, Metalmaidens.com oder metaladies.com widmen sich ausschließlich Frauen im Metal. Die Magazine *Metal Hammer* und *Metal Maniacs* hatten schon in den 1990er-Jahren Chefredakteurinnen: Andrea Nieradzik leitete den *Hammer* von 1993 bis 1998, Katherine Ludwig war 1989 Mitgründerin von *Metal Maniacs* und Chefredakteurin des Magazins in den 90er-Jahren. Die 2015 verstorbene Autorin sagte 2012 in einem Interview: „Viele Leute erzählen mir, dass sie sich durch *Metal Maniacs*, weil es nicht eindimensional war, weniger allein fühlten. Als wären sie nicht der einzige Metalhead der Welt, der nicht sexistisch war und Bücher las und tatsächlich Autoritäten infrage stellte, anstatt sich nur darüber zu beschweren. Diese Leute haben mir gesagt, dass sie durch das Magazin Vegetarier, Veganer oder Feministin geworden sind oder begonnen haben zu wählen."[268] Ludwig brachte ihre linke Haltung – manche würden sagen: Political Correctness – in den Mainstream-Metal-Journalismus ein, der bis anhin eine (vermeintlich) unpolitische Haltung verfochten hatte. Manche sahen darin eine gesinnungsethische Verengung.[269] Da *Metal Maniacs* weder Anspruch auf Alleinvertretung des Metal noch eine marktbeherrschende Stellung hatte und in Magazinen wie *Rock Hard* auch rechtslastige Bands zu Wort kamen, war Ludwigs Profilierung jedoch unproblematisch. Sie machte Hardcore- und Punk-Sichtweisen, die in Metal- und Crossover-Subgenres immer schon eine wichtige Rolle gespielt hatten, in der Metal-Publizistik stärker sichtbar. Wem das nicht passte, konnte zu einem anderen Magazin greifen.

Ian Christe, der in seinen Schriften zu Metal häufig eine feministische Sicht einnimmt, betont, dass gerade die frühe Metal-Szene „eine progressive Bewegung [war] und sehr viel weniger sexistisch als die Rockmusik insgesamt".[270] Anstatt also dramatisierend von „Ausschluss" zu fantasieren, sollte man präziser von niedrigeren und höheren Hürden sprechen, die vor allem mit ästhetischen Mitteln errichtet werden: Härte, Schwere,

Düsternis, Intensität. Für Frauen waren und sind die Hürden beim Eintritt in die Metal-Szene höher als für Männer, im Westen wie auch in anderen Weltgegenden (Tendenz im Westen abnehmend). Der Grund dafür liegt in historisch gewachsenen Rollenklischees, die weder popmusik- noch metalspezifisch sind: Metal ist hart, Frauen galten oder gelten als ‚weich'. Metal steht für Kraft und Macht, Frauen galten oder gelten als „das schwache Geschlecht". Metal lockt mit öffentlicher Auflehnung gegen Konventionen und Ordnung, Frauen galten oder gelten als Hüterinnen von Konvention und Ordnung im Privaten: „Und drinnen waltet / Die züchtige Hausfrau, / Die Mutter der Kinder, / Und herrscht weise / Im häuslichen Kreise / Und lehret die Mädchen / Und wehret den Knaben / Und reget ohn' Ende / Die fleißigen Hände / Und mehrt den Gewinn / Mit ordnendem Sinn" (Friedrich Schiller, *Lied von der Glocke*, 1799).

Daraus zu schließen, die Metal-Szene und ihre Subszenen wären per se frauenfeindlich, ist absurd. Ist Autofahren per se eine frauenfeindliche Tätigkeit, weil es Frauen in Saudi-Arabien bis vor Kurzem nicht erlaubt war? Mitnichten. Ist Politik per se eine frauenfeindliche Domäne, weil Frauen lange Zeit von ihr ausgeschlossen waren? Mitnichten. Man stelle sich vor, jemand hätte im 19. Jahrhundert argumentiert: Frauen werden aus der Demokratie ausgeschlossen, also ist die Demokratie frauenfeindlich und muss bekämpft werden! Gerade jene Bereiche, die für bestimmte Gruppen durch hohe Hürden schwer zugänglich sind, haben ebendiesen Gruppen oft viel zu bieten. Gerade weil Metal der Ruf einer Männerbastion anhaftet, ist der Reiz zur Eroberung derselben hoch. Zudem sollte wenigstens die Möglichkeit in Betracht gezogen werden, dass nicht nur „die Metal-Szene ein Frauenproblem" hat, wie Gossweiler meint, sondern dass auch Frauen ein Metal-Problem haben könnten.[271] Bei wem liegt die Bringschuld, bei wem liegt die Holschuld?

Diese Sichtweise mag unpopulär sein. Im 21. Jahrhundert hat die US-amerikanisch und skandinavisch geprägte Haltung, für alle Menschen müsse der Zugang zu allen Bereichen der Kultur möglichst niederschwellig gestaltet werden, an Bedeutung gewonnen. Alles soll sich in einfacher Sprache vermitteln lassen. Alles soll interessant und relevant für alle sein. Inklusion ist vor allem eine Bringschuld. Ich teile diese Einstellung mit Blick auf Kunst und Kultur nur bedingt. Der Reiz vieler Bereiche von Kunst und Kultur besteht darin, dass sie schwer zugänglich sind, sich einer für Außenstehende unverständlichen Sprache bedienen (siehe etwa das „Signifying" im Hip-Hop) und einen hohen persönlichen Einsatz jener erfordern, die im jeweiligen Bereich mitwirken wollen. Kunst und Kultur sind kein Ikea-Regal. Sie sind auch keine „Spiegel der Gesellschaft", denn Spiegel verdoppeln nur das Bestehende. Kunst und Kultur sollten der Allgemeinheit vielmehr das zeigen, was *nicht* ist, was sein *könnte*, was sein *sollte*, was *nicht* sein sollte. Kunst und Kultur dürfen der Gesellschaft auch den Mittelfinger zeigen und sagen: Lasst uns verdammt noch mal in Ruhe.

Wenn zur Teilhabe an so verstandener Kunst und Kultur eine gewisse Selbstüberwindung nötig ist, ist das nichts Schlechtes. Man wächst eher an Kunst und Kultur, wenn diese Hürden – nicht aber Barrikaden! – errichten, als wenn sie ihr Publikum wie Kindergärtner an die Hand nehmen und möglichst freundlich, sicher und unkompliziert zur Erfüllung geleiten. Als ich als Teenager begann, Metal zu hören und Metal-Magazine zu lesen, erschien mir die Kultur des Metal unendlich fremd, fern, feindlich, abseitig, elitär und zugleich anziehend, verheißungsvoll. Wäre Metal ein sonniges Bullerbü voll vollendet vernünftiger, gütiger, hilfsbereiter, gut gelaunter und kundenfreundlicher Menschen gewesen, hätte er mein Interesse wohl nicht geweckt. Unerlässlich hingegen ist, dass der Zugang zu Kunst und Kultur für alle Menschen möglich ist, dass also niemand wegen seines Alters, seiner Hautfarbe, seines Geschlechts, seiner Bildung oder aus sonstigen Gründen per se ausgeschlossen wird; sowie dass Anstrengungen unternommen werden, damit alle ihre Chancen auch tatsächlich wahrnehmen können, wenn sie es denn wollen. Das ist im Metal grundsätzlich möglich. Wer eine Band, einen Klub, ein Label gründen oder Konzerte besuchen will, kann das im Rahmen seiner Möglichkeiten tun. Aber nicht jede(r) muss es wollen. Es ist völlig in Ordnung, wenn Menschen Metal ablehnen. Sie sollten es nur nicht auf dümmliche und blasierte Weise tun. Es ist auch völlig in Ordnung, wenn nicht alle Bevölkerungsgruppen gleichmäßig in allen Bereichen von Kunst und Kultur repräsentiert sind, solange die Zugänge zu den Bereichen prinzipiell offen bleiben.

Gerade im Metal als einer Kultur der Extreme und des – zumindest ästhetischen – Nonkonformismus, die in sich sehr divers und liberal ist, ist Chancengleichheit anstelle des Phantasmas faktischer Gleichheit geboten. In diesem Zusammenhang stellte Joey deMaio von Manowar 1983 klar: „[Metal] ist definitiv nicht für alle da. Heavy Metal ist Heavy Metal und spricht ein ausgewähltes Publikum an."[272] Präzisierend ließe sich sagen, dass Metal niemanden ausschließt, aber auch nicht aktiv einschließt. Das „ausgewählte Publikum" ist nicht zuletzt Resultat ästhetischer Radikalität. Metal-Musiker dimmen ihre Songs nicht auf eine Intensität herunter, die für alle verträglich ist. Sie wählen keine Themen, die möglichst unkontrovers sind. Sie schreiben keine Songs, die sich nach den Gepflogenheiten des Radiopop richten. Und wenn sie es einmal tun, dann unter entrüsteten „Sellout!"-Vorwürfen der Fans. Idil Cagatay von Kırmızı führt den geringen Frauenanteil im Metal denn auch darauf zurück, dass „Metal-Musik generell einen sehr rauen Sound hat – und mit ‚rau' verbindet man eher Männlichkeit als Weiblichkeit. Das bedeutet aber nicht, dass die Szene grundsätzlich sexistisch ist." Die meisten Metal-Männer behandelten die Frauenband Kırmızı respektvoll. Hürden bestünden zwar, doch ließen sich diese nicht auf das Geschlecht reduzieren: „Wichtig ist, dass man gut ist und etwas Neues schafft, sonst hat man keine Chance. Wir probieren mit Kirmizi [sic] immer gerne neue Sachen aus und arbeiten sehr hart – und das verschafft uns Respekt."[273]

Metal kann für Frauen – oder für andere Minderheiten im Metal – gerade deshalb attraktiv sein, weil er keinen Schmusekurs und keine unterwürfigen Existenzen vorsieht. Wenn Frauen im Metal Rollenvorbilder finden, dann solche, die nichts mit Heidi Klum, shareholderhörigen Managerinnen oder spätviktorianischen „Angels of the House" zu tun haben. Man kann die viel beschworenen „starken Frauen" zwar in Popsongs à la Sarah Connor besingen. Die Ästhetik dieser Songs verbleibt jedoch im Rahmen dessen, was man traditionell von einer Frau erwarten oder zumindest tolerieren würde – nicht zu extrem, nicht zu exzentrisch, nicht zu aggressiv. Wenn Frauen hingegen im Metal aktiv werden, ist die Form zugleich Inhalt. Die Ästhetik des Metal ist nicht gefällig. Traditionell sind Frauen angehalten, gefällig zu sein. Alleine schon die Intensität der musikalischen – und oft auch visuellen – Ästhetik im Metal ist deshalb ein Statement der Transgression. Bei Frauen fällt dieses Statement umso nachdrücklicher aus. Ian Christe zitiert Maria Ferrero, die erste Angestellte von Megaforce Records, mit den Worten: „Ich hatte nie das Gefühl, dass mich die Tatsache, dass ich eine Frau war, von irgendetwas abgehalten hat oder dass man mich deswegen anders angesehen hätte. Ich fühlte mich eher stärker, weil ich mit dem ganzen Kram [Metal] zu tun hatte und viele andere Frauen nicht."[274] Im Vergleich mit Punk, der von Anfang an mit Konzept, Theorie, Kunst und Mode einherging, stellt Metal sogar ein doppeltes Wagnis dar, weil er bis vor Kurzem nicht über einen vergleichbaren adelnden Überbau verfügte. Punk war schon immer irgendwie sexy. Metal galt eher als peinlich. Punk war etwas für Aktivisten und Künstler. Metal war etwas für Stubenhocker und Miesepeter. Genau deshalb ermöglicht Metal, in Abwandlung eines Begriffs von Hannah Arendt, Emanzipation ohne Geländer.

Abb. 22: Kristin Hayter aka Lingua Ignota

Im Metal haben Frauen die Möglichkeit, sich auf Weisen auszudrücken, die gemeinhin nicht für Frauen vorgesehen waren, die als „unweiblich" galten oder immer noch gelten. Jüngst hat dies die Sängerin, Multiinstrumentalistin, Performerin und Alumna der renommierten School of the Art Institute of Chicago Kristin Hayter mit ihrem Projekt Lingua Ignota eindrücklich unter Beweis gestellt (Abb. 22). Hayter spielt zwar keinen Metal im traditionellen Sinne. Eher ließe sich ihre Musik den zerfransten Rändern des Post-Metal zuordnen: „Ich benutze viele Mittel aus den Bereichen Noise, Metal, Grind, Hardcore, Industrial, aber auch aus der klassischen Musik oder bestimmten Formen der volkstümlichen Musik. Ich denke, dass scharfe Gegenüberstellungen sehr destabilisierend sein können, und das ist ein Effekt, den ich oft anstrebe", sagte Hayter 2018 in einem Interview.[275] Zentrales Thema von Hayters Debütalbum *All Bitches Die* (2017) ist sexualisierte und häusliche Gewalt. Die Platte beinhaltet eine Sammlung verstörender, quälender Antiballaden zwischen Noise, Ambient, Industrial, Gothic, Darkwave, elektronischer Musik, Klassik und Black Metal. Bei Hayters ekstatischen Livekonzerten verschwimmen die Grenzen zwischen experimenteller Kunstperformance und Popshow, auch was das Publikum betrifft. Conrad Thomas „Cronos" Lants

Diagnose „Frauen treten in die Fußstapfen der verrückten Frontmänner", erfährt dadurch eine Bestätigung (siehe Interview mit Conrad Thomas „Chronos" Lant).

Was die Härte anbelangt, übertrifft Lingua Ignota den klassischen Metal in gewisser Hinsicht, weil Hayter nicht auf verkrampfte, comicartige, ritualisierte Inszenierungen von Härte setzt. *All Bitches Die* beginnt mit teils unverständlichen Black-Metal-Schreien über einem schleppenden Beat und bedrohlichen Industrial-Sounds: „Woe to all […] / On the day of my wrath […] / Go and hide yourselves […] / Who among you will be able to stand?" („Woe To All (On The Day Of My Wrath")). Im Mittelteil wechselt die in klassischer Musik ausgebildete Sängerin zur Form des abendländischen Kunstliedes und singt zu spärlich gesetzten Pianotönen: „My master pulled me from my bed / Ripped every curl from out my head / Held me down to strip me bare / Said ,Hell is real, I'll take you there'."

Ein Vergleich mit Tori Amos' A-Cappella-Stück „Me and a Gun" (1991), das die Vergewaltigung der 21-jährigen Musikerin durch einen ihrer Konzertbesucher zum Thema hat, liegt nahe. Amos' Song ist gerade in seiner Kargheit und Subtilität radikal. Die musikalische Form dient als Kontrast zur geschilderten Grausamkeit und Brutalität. Im Sinne Theodor W. Adornos könnte man sie dahingehend interpretieren, dass nichts in der Lage ist, dem Grauen wirklich Ausdruck zu verleihen, weshalb Reduktion oder „Negativität" angebracht sind. Was an „Me and a Gun" so heavy ist, ist die Entscheidung, nicht heavy zu sein. Amos selbst sieht ihren Triumph darin, sich trotz des Erlebten ihre Verletzlichkeit bewahrt zu haben.[276] Hayter geht einen Schritt weiter und kombiniert zwei kontrastierende Ebenen. Im 15-minütigen „Woe To All (On The Day Of My Wrath)" trifft die Amos'sche poetische Subtilität auf eine ästhetische Radikalität, wie sie für den Extreme Metal typisch ist: Schreie, Verzerrung, Dichte, Schwere, Heavyness. Auch im Text geht Hayter weiter als Amos. Nach der Evokation der Hölle durch ihren Peiniger („Hell is real, I'll take you there") schlüpft Hayter in die Rolle eines endzeitlichen Racheengels und bedient sich jener apokalyptischen, von der *Offenbarung* des Johannes inspirierten Sprache, die ich im Kapitel „The God That Failed" als Leitmotiv des Metal beschrieben habe: „I bring the end / I bring the end to all things / I crush the seven golden stars / In my rotten right hand / The teeth of seven thousand men / Adorn my silver crown / Where'er I walk / Ten thousand flies precede me / Where'er I walk / Ten thousand serpents follow at my feet / My tongue is an axe, and a sword, and a five pointed dagger." So werden die Perspektiven von Opfer und Survivor um die der Rächerin ergänzt.

Auf die Frage, ob sie das Gefühl habe, als Frau im Musikgeschäft unter größerem Druck zu stehen als Männer, antwortete Hayter 2019 in Dan Donnarummas Podcast *Create and Destroy*: „Auf jeden Fall. Ich habe das Gefühl, dass ich es besser machen muss, als alle anderen es je gemacht haben, was unmöglich ist. Die Leute sind nur allzu bereit, mich abzuweisen, weil ich eine Frau bin, oder mich in eine bestimmte Schublade zu stecken […] Ich will nicht hören: ‚Oh, Kristin ist eine verrückte wütende Frau', was ich schon ziemlich oft gehört habe."[277] Zwar ist es schwierig, Gefühle zu vergleichen – wer weiß schon, was Männer fühlen, wie sie fühlen? –, aber es trifft sicherlich zu, dass die Auseinandersetzung mit Frauen, die extreme Musik spielen und ihren extremen Erfahrungen Ausdruck verleihen, für viele Menschen neu ist. Entsprechend werden überkommene Vorstellungen auf jüngere Phänomene projiziert und Unsicherheiten mit vorschnellen Zuschreibungen überspielt. Allerdings machen andere Frauen im Metal andere Erfahrungen als Hayter, etwa Obscura von der Black-Metal-Band Asagraum. Die Frage, ob es eine Band mit weiblicher Besetzung im Black Metal besonders schwer habe, verneinte sie: „Eigentlich ist es ein Vorteil, wir heben uns optisch von der Masse ab, und das hat uns sehr geholfen, ein Publikum zu gewinnen."[278]

Die Behauptung Donnarummas im Gespräch mit Hayter, Männer würden im Gegensatz zu Frauen nicht als „wütend" bezeichnet, ist falsch. Mit „Angry Young Men" gibt es sogar eine eigene journalistische Kategorie für, nun ja: wütende junge Männer in der Kunst. Im Zusammenhang mit Metal-Bands wie Slipknot wird die Kategorie „wütend" regelmäßig verwendet.[279] Viele Männer im Rockbusiness eignen sich Begriffe wie Wut und Hass bewusst an, am unmissverständlichsten wohl Gary Stephen Anderson, aus dem Rose Tattoos „Angry Anderson" wurde. Auch die These, Männer stünden nicht oder unter geringerem Druck als Frauen, ist problematisch. Eher müsste man sagen: Sie stehen unter einem anderen Druck. Die Rockgeschichte ist voll von Männern, deren Kunst Ausdruck des Versuchs ist, sich dem Druck ihrer Familien, insbesondere ihrer Väter, der Gesellschaft oder religiöser Gemeinschaften zu entziehen. Gerade Metal war in den 1970er- und 80er-Jahren ein Aufbegehren gegen die Vätergeneration. Allerdings ist das Aufbegehren der Männer heute einigermaßen etabliert und normalisiert, während es bei den Frauen wohl noch etwas dauern wird.

Im Jahr 2015 sprach ich mit Alissa White-Gluz von Arch Enemy über diese Themen. In der Sicht der kanadischen Sängerin, Veganerin, Tier- und Menschenrechtsaktivistin dominierte die liberale Perspektive, die meiner eigenen, entschieden pluralistischen Sicht auf den Metal sehr nahe ist: „Ich erinnere mich, wie ich mit dem Metal-Gesang anfing. Damals dachte ich noch: Wenn ich so schreie, wird das ziemlich hässlich wirken. Aber das änderte sich schnell. Mir ist egal, ob andere ihn hässlich finden, ich finde diesen Gesang cool und attraktiv. Frauen hinterlassen ihre Spuren nun in einem männlich dominierten Genre. Ihren Ausdrucksmöglichkeiten sind keine Grenzen gesetzt. Einige geben sich sexy und genießen das, andere entscheiden sich dagegen und konzentrieren sich ganz auf eine solide aggressive Performance. Und dann gibt es noch alles Mögliche dazwischen. Ich finde, dass keine Frau für das, was sie tut, pauschal kritisiert werden sollte. Metal ist immer noch Neuland für uns. Wir zeigen, dass wir Seite an Seite mit Männern stehen und Musik spielen können, die typischerweise nicht als feminin gilt, und zwar auf eine Art und Weise, die uns noch femininer, noch attraktiver, noch mächtiger als Frauen macht. Wir spielen Metal nicht, weil wir Männer sein wollen. Sondern weil wir stolz darauf sind, Frauen zu sein." White-Gluz stellte im weiteren Verlauf des Gesprächs klar, dass Metal nicht Ausdruck einer einzigen Identität sei: „Im Lauf meiner Karriere bin ich die Frontfrau von Arch Enemy geworden, aber ich habe auch eine A-Cappella-Version von Tschaikowskys *Schwanensee* eingesungen."[280]

Auf einer Linie mit dieser Bejahung des Frauseins in all seiner Vielfalt lässt sich auch das Schaffen von Sonia Anubis, der hochtalentierten Gitarristin von Burning Witches, verorten. Auf ihrem Instagram-Account ist die gebürtige Niederländerin mal beim Gymnastiktraining zu sehen, mal auf der Bühne mit ihrer Band, mal mit ihrer Mutter im Flugzeug (natürlich zu einem Annihilator-Konzert) sitzend, mal mit rosafarbenem Beinkleid vor langen Beeten roter Blumen kniend, mal in klassischer 1980er-Jahre-Metal-Garnitur im Grünen stehend: Patronengürtel, Lederjacke, lange Haare.[281] Die Hashtags weisen sie mal als „Metal Chick" oder „Metal Girl", mal als „Female Guitarist", mal als „Female Musician" aus. Mal posiert sie mit starkem Make-up, mal gilt: #nomakeup. Mal trägt sie Netzstrumpfhose und kurzen Rock, mal Hosen. Mal schwärmt sie von der Medienkünstlerin Hito Steyerl, mal von Metal-Vorbildern wie Tony Macalpine oder Terrance Hobbs von Suffocation.

Doris Yeh, die Bassistin von Chthonic, ist ein weiteres Beispiel für komplexe, auch widersprüchliche Frauenfiguren im Metal. Einerseits ließ sich die Ehefrau von Chthonics Sänger Freddy Lim, mit dem sie eine Tochter hat, für die taiwanesische Ausgabe des *FHM Magazine* in klischeehaften erotischen Posen ablichten. Andererseits ist sie Aktivistin, unter anderem für die Unabhängigkeit Tibets sowie für Frauenrechte, und übernimmt Managementaufgaben in der Band.

Frauen – aber auch Männer – werden im Metal nicht mehr zwingend in enge Rollenschubladen gepackt. Stattdessen können sie die Vielseitigkeit ihrer Persönlichkeiten ausleben. Natürlich nur, solange diese „heavy" sind. Das bedeutet nicht, dass die Differenzen zwischen den Geschlechtern, ob sozialer oder biologischer Art, vollständig aufgelöst würden. Eher werden die Differenzen komplexer, spannungsvoller, weniger klischeehaft. Auch herkömmliche Rollenbilder können weiter gepflegt werden, haben aber keinen Anspruch auf Alleingültigkeit. Stärke und Empathie, politisches Bewusstsein und Spaß, Erotik und Rebellion schließen einander nicht mehr aus, auch wenn Musikerinnen wie Hayter das Gefühl haben, noch immer stigmatisiert zu werden. Im historischen Vergleich dürfte es jedoch eher zutreffen, dass Frauen im Metal heute vermehrt Elemente des ‚Männlichen' übernehmen können, ohne als ‚unweiblich' zu gelten, während sich Männer vermehrt ihrer weiblichen Seite öffnen können, ohne sogleich als „Weicheier" diffamiert zu werden. Wie beispielsweise James Hetfield mittlerweile über seine Alkoholsucht und seine psychischen Probleme spricht, ist weit entfernt vom alten Machosprech: „Also habe ich einen Entzug gemacht, und ich wusste, dass es das Richtige war. […] Ich fing an, mein ‚Ich' zu entdecken, das ich nie gekannt habe, mir selbst zu vertrauen, zu verstehen, warum ich mich nicht mag."[282] Zur Öffnung des Metal hat jedoch nicht irgendeine pädagogische Oberinstanz, sondern die enorme Vielfalt mal konkurrierender, mal einander ergänzender Subgenres beigetragen.

In dieser Hinsicht tun sich einige unerwartete Parallelen zur experimentellen Frühphase der deutschen Romantik auf. Bis vor Kurzem schöpfte Metal vor allem aus dem Traditionsstrom der Spätromantik sowie der populären Schauerromantik.[283] Die hybride Frühromantik hingegen ist näher dran an Positionen wie denen von White-Gluz, Yeh oder Hayter. Im Jahr 1799 schrieb Friedrich Schlegel in einem Brief an seine ältere Geliebte Dorothea: „In der Tat sind die Männlichkeit und die Weiblichkeit, so wie sie gewöhnlich genommen und getrieben werden, die gefährlichsten Hindernisse der Menschlichkeit."[284] Friedrich Schleiermacher verfasste 1798 einen „Katechismus der Vernunft für edle Frauen" und hielt darin unter anderem fest: „9) Du sollst nicht falsch Zeugniß ablegen für die Männer; du sollst ihre Barbarey nicht beschönigen mit Worten und Werken. 10) Laß dich gelüsten nach der Männer Bildung, Kunst, Weisheit und Ehre."[285] Schlegel und Schleiermacher gingen zwar von natürlichen Differenzen zwischen Männern und Frauen aus, folgerten daraus jedoch nicht, dass diese Differenzen in politische oder juristische Differenzen zuungunsten der Frauen übersetzt werden sollen. Auf vergleichbare Weise plädiert White-Gluz nicht dafür, Differenzen auszublenden oder abzuschaffen – „wir spielen Metal nicht, weil wir Männer sein wollen" –, sondern sie zu feiern, ohne dass es Frauen zum Nachteil gereicht.

Amüsanterweise hat sich ausgerechnet die feministische Punkmusikerin Julie Miess von der Berliner Band Half Girl den manchen als sexistisch geltenden Metal-Wegbereiter Lemmy Kilmister als Vorbild auserkoren: „Lemmy war alles, was ich sein wollte. Stark, unabhängig, jenseits aller Bürgerlichkeit und allen Sicherheitsdenkens."[286] In Frank Schäfers Metal-Anthologie *Hear 'em All* erzählt Miess, wie sie trotz Lemmys Machoallüren versuchte, die „beste Freundin" des Rockstars zu werden und ein Treffen zu arrangieren: „Ich stellte mir vor, dass sich sehr gut mit ihm [über Feminismus] reden ließe und er sehen würde, dass Feminismus gut war, schließlich war er selbst ein Revolutionär."[287] Das Rendezvous verlief zwar ein wenig enttäuschend, führte aber immerhin zu einem gemeinsamen Foto: „Ich stellte mich wie bei einem altmodischen Familienportrait hinter den sitzenden Lemmy. Doch der Kaiser des Rock 'n' Roll drehte sich nur ganz leicht zu mir um, schüttelte sacht den Kopf und klopfte dreimal auf sein linkes Knie. Dort nahm die Popfeministin Platz."[288]

In Half Girls Song „Lemmy I'm A Feminist" (2013) singt Miess: „Lemmy, I'm a feminist, but I love you all the way / I love the way you dress and shave, and I love the way you play." Anstatt sich auf die Rolle des Opfers des Patriarchats festzulegen und damit nolens volens eine unterlegene Position zu verfestigen, eignet sich Miess Motörhead nonchalant an. Ähnlich wie die schweizerische Feministin und Gewerkschafterin Natascha Wey, die sich 2015 als Fan der sexistischen Glamrock-Band Mötley Crüe outete, setzt Miess nicht Kunst und Künstler gleich oder geht von der plumpen These aus, gewisse Formen von Kunst seien wie ansteckende Krankheiten. Vielmehr gilt: Man kann nichtfeministische, ja sogar sexistische Musik lieben und trotzdem Feministin sein. In diesem Sinne schrieb Wey 2015 über ein Mötley-Crüe-Konzert: „Den BH will ich heute nicht schmeissen. Ich suche aber auch bestimmt keinen politisch korrekten oder intellektuellen Zugang zur Musik von Mötley Crüe. Es geht um ein emotionales Erlebnis und meine Nostalgie. [...] Keinen Augenblick lang stelle ich mir vor, mit Tommy Lee hinter die Bühne zu verschwinden. Ich bin kein Groupie. Ich will nicht backstage, sondern hoch unters Hallendach – auf einem fliegenden Schlagzeug in die Felle dreschen, über der Masse, all in the Name of Rock 'n' Roll."[289]

Miess geht noch weiter als Wey. Letztere bezieht sich primär auf die positive Kraft der Musik. Miess interessiert sich auch für die positiven Seiten des Lebensstils männlicher Rocker und die Möglichkeit, sich diesen anzueignen. Weil Eigenschaften – etwa Kraft – nicht exklusiv an Identitäten – etwa männliche – gekoppelt sind, ist diese Möglichkeit gegeben. Anstatt Kilmister auf Sexismus zu reduzieren, hebt Miess die guten Charakterzüge des Motörhead-Chefs hervor, differenziert also zwischen verschiedenen Aspekten seiner Persönlichkeit. Das ist eine Haltung der Stärke. Im Musikvideo zu „Lemmy I'm a Feminist" (2013) bringt ein etwas anämisch wirkender Lemmy-Darsteller Miess Blumen vorbei, backt Kuchen für die Band, streichelt ein Kätzchen und nimmt am Ende auf Miess' Knie Platz. Beim Hören des Songs und Anschauen des Videos fühlte ich mich an Sigmund Freud erinnert, der im Jahr 1915 treffend schrieb: „Der Mensch ist selten im ganzen gut oder böse, meist ‚gut' in dieser Relation, ‚böse' in einer anderen oder ‚gut' unter solchen äußeren Bedingungen, unter anderen entschieden ‚böse'. [...] Die stärksten kindlichen Egoisten können die hilfreichsten und aufopferungsfähigsten Bürger werden, die meisten Mitleidschwärmer, Menschenfreunde, Tierschützer haben sich aus kleinen Sadisten und Tierquälern entwickelt."[290] Differenzierungen sind kein Hemmschuh auf dem Weg zur Gerechtigkeit, wie radikale Aktivisten einwenden würden. Sie sind deren Bedingung der Möglichkeit.

Kilmister verwandte sich zwar gegen den Feminismus, schrieb Zeilen wie – Achtung, Ironie und Oxymoron! – „I like a little innocent bitch", vernachlässigte seine elterlichen Pflichten und romantisierte die Prostitution („Whorehouse Blues"). In gewisser Hinsicht war er ein Sexist der alten Schule. Aber eben nur in einer gewissen. In anderer Hinsicht wird man nicht umhinkönnen anzuerkennen, dass Kilmister von klugen, starken Frauen auf der ganzen Welt respektiert und verehrt wird. Wie es dazu kommt? Anstatt sich schulmeisterlich mit akademischen Geschlechterfragen zu beschäftigen, arbeitete Motörhead bereits früh und auf gleicher Augenhöhe mit Musikerinnen zusammen. Die Band spielte Songs mit Girlschool ein, und Lemmy duettierte mit Sängerinnen wie Nina C. Alice, Doro Pesch oder Wendy O. Williams. Auch sprach er sich öffentlich dafür aus, dass mehr Frauen im Rockgenre aktiv sein sollten. In seiner Autobiografie *White Line Fever* (2002) bekennt er: „Ich schreibe ganz gern Songs für Frauen. Zwar bin ich von einigen frigiden Feministinnen – die Sorte, die das Wort ‚Mannschaftskapitän' in ‚Personenschaftskapitän' ändern wollen und so einen Mist – als Sexist bezeichnet worden, aber die wissen doch gar nicht, worüber sie reden. Ich habe Frauen im Rock 'n' Roll immer unter die Arme gegriffen. Girlschool zum Beispiel. […] Ihre Gitarristin, Kelly Johnson, konnte jedem verdammten Gitarren-Wichser, den ich bislang gesehen hatte, das Wasser reichen. […] Ich mag Frauen, die nicht auf den Mund gefallen sind und die sich selbst behaupten können."[291] So fern vom Feminismus ist das nicht.

Als Anarchist begehrte Kilmister nach persönlicher Freiheit – für sich selbst und für andere, Männer und Frauen, ob Heterosexuelle, Homosexuelle oder X-Sexuelle: „Wie Sie wissen, interessiere ich mich nicht für die sexuellen Vorlieben anderer Leute. Noch weniger dafür, wie sie sich anziehen. Phil [Campbell, Gitarrist von Motörhead] ist ganz meiner Meinung – er zieht sich selbst die Hälfte der Zeit so an, was glauben Sie, warum er auf *Bastards* ‚Stiletto Heels' genannt wird?"[292] Solche Aussagen sind nicht gerade im Sinne des Patriarchats. Wenn es konkret wurde, waren Kilmister und Motörhead in gewisser Weise fortschrittlicher als viele selbst ernannte progressive AkademikerInnen, die glauben, neue Realitäten durch ihre Sprechakte erschaffen zu können, wie Gott die Welt durch einen Sprechakt erschuf. Kilmister vermochte mit Litaneien über Integration, Vielfalt und korrektes Verhalten nichts anzufangen. Vermutlich weil sie sich nicht nach Freiheit anfühlen. Weil sie nach Eltern, Lehrern, Priestern klingen. Weil sich darin eine neue Leitkultur abzeichnet. Akademisch geprägte Political Correctness und Metal sind nicht miteinander vereinbar, und Anarchie kommt ohne Leitkultur aus. Wenn es Freiheit und Respekt, Nichtkonformität und Integrität, Humor und Toleranz, Offenheit und Kritik gibt, ändern sich die Machtverhältnisse ohnehin.

Das Metal-Genre, zu welchem Motörhead oft gezählt werden, obwohl sich Kilmister – aus guten Gründen – dagegen verwahrte, ist von einer Janusköpfigkeit, wie Robert Walser sie in seinem Buch *Running with the Devil* (1993) beschreibt: „Metal reproduziert den dominanten Sexismus der heutigen Gesellschaft, ermöglicht es aber auch, dass sich eine Art Freiraum … für und durch bestimmte Frauen, Künstler und Fans gleichermaßen öffnet. Weibliche Fans identifizieren sich mit einer Form von Macht, die in unserer Kultur normalerweise als männlich verstanden wird – denn körperliche Macht, Dominanz, Rebellion und Flirten mit der dunklen Seite des Lebens werden kulturell als männliche Vorrechte angesehen."²⁹³ Metal im Allgemeinen und Motörhead im Besonderen haben dazu beigetragen, solche Freiräume zu erschließen, von denen heute sowohl Männer als auch Frauen und Drittgeschlechtliche profitieren. Diese Freiräume können als „queer" im Sinne des Literaturwissenschaftlers Ross Chambers verstanden werden, nämlich als „Sammelpunkt [für] Zugehörigkeiten inoffizieller, nichtnationaler, nichtfamiliärer, nicht vom Staat genehmigter Art".²⁹⁴

In den letzten Jahren hat man den Begriff „queer" vor allem auf sexuelle Orientierungen bezogen. Das ist eine irreführende Reduktion, die zudem, wie Patsy L'Amour LaLove in ihrem Buch *Beissreflexe* (2017) überzeugend dargelegt hat, ihrerseits im Begriff ist, zu einer einschränkenden Identität zu werden.²⁹⁵ „Queerness" kann sich auf abweichende, „deviante" Formen von Sexualität beziehen, muss es aber nicht. Chambers' Verständnis von Queerness hat den Vorteil, dass sie auch Verhaltens- und Lebensweisen umfasst, die nichts mit Genitalien, Hormonen oder Fingernageldesign zu tun haben. „Queer" bedeutet ganz allgemein, sich gegen den Mainstream und seine Klischees zu stellen, mit alternativen Lebensformen zu experimentieren, Kraft aus der Abweichung statt der Anpassung zu schöpfen. Liebe, Erotik, Sex sind nur Facetten einer so verstandenen queeren Haltung.

In ihrem Buch *Queerness in Heavy Metal Music* (2015) porträtiert Amber R. Clifford-Napoleone die Kultur des Metal als „Queerspace". Die Autorin weist sich gleich zu Beginn als „stolze lesbische Akademikerin" aus, knüpft ihr Forschungsinteresse also an biografische, ihre Identität betreffende Quellen. Dabei vermischt sie bewusst Analyse und Aktivismus, Beschreibung und Handlung: „Meine Untersuchung in *Queerness in Heavy Metal* stellt einen Versuch dar, Heavy Metal zu *queeren*."²⁹⁶ Was frühere Autorinnen und Autoren vornehm unter dem Mantel vermeintlicher Neutralität verbargen, nämlich ihr persönliches Interesse am jeweiligen Thema, wird nun hervorgehoben. Vielleicht ist das unvermeidlich. Beim Zurückschwingen bleiben Pendel nicht in der Mitte stehen, weder konkrete noch metaphorische.

Clifford-Napoleones Fokus liegt weitgehend auf Queerness in Gender und Sexualität, also auf einer Linie mit dem Zeitgeist. Was aber sexuell queere und genderqueere Metal-Fans am Metal fasziniert, unterscheidet sich aus ihrer Sicht im Grunde nicht von dem, was Heterosexuelle und sogenannte Cis-Menschen – solche, deren Geschlechtsidentität, im Gegensatz zu Trans-Menschen, mit ihrem körperlichen Geschlecht übereinstimmen – im Metal suchen: „Macht und Wut, Kontrolle und unverhohlene

Sexualität – die gleichen Wünsche wie bei den heterosexuellen Fans des Metal, aber mit unterschiedlichen Körpern und mit unterschiedlichen Perspektiven."[297] An manchen Passagen ihres Buches ist Clifford-Napoleones Sicht auf die Queerness von Metal denn auch nahe dran an der weiten Definition von Chambers. So sieht sie im Metal „ein disruptives System jenseits des Zentrums".[298] Die im Kapitel „Desecrators of the New Age" erwähnte „outsider togetherness" der verschiedenen Metal-Szenen, die in autoritären Regimen eine noch größere Rolle spielen dürfte als in liberalen Gesellschaften, erlaubt die Koexistenz verschiedener Formen von Devianz, die sich ohne den Outsiderstatus vielleicht weniger friedlich gegenüberstehen würden. Jedenfalls begünstigt das – begründete oder unbegründete – Gefühl, von der Mehrheitsgesellschaft abgelehnt zu werden, die Toleranz nach innen. So empfindet es auch der Sänger von Life of Agony Keith Caputo, der sich 2011 in die Life-of-Agony-Sängerin Mina Caputo verwandelte. In einem Interview mit dem *Rolling Stone Magazine* sagte Caputo im Jahr 2017: „Alle haben diese Klischeevorstellung von der Metal-Szene, aber ich möchte allen beweisen, dass sie sich irren, denn die Metal-Szene, die Hardcore-Szene, die Punkrock-Szene haben sich mir gegenüber umwerfend verhalten."[299] Erneut ist es nicht eine einzige Idee des Guten, Wahren, Schönen und Gerechten, kurz: eine Norm, die Vielfalt im Metal ermöglicht, sondern die grundsätzliche Bejahung der Abweichung von der Norm. Würde sich dereinst das Genderqueere als Norm im Kleinen oder im Großen durchsetzen, so müssten wiederum Cisgender und Heterosexualität als Ausdruck von Devianz bejaht werden.

Erhellend sind Clifford-Napoleones Ausführungen zur Herkunft des für den Metal prägenden Jeans- und Leder-Looks. Nach dem Ende des Zweiten Weltkriegs gelangte ein Überschuss an Lederjacken für Soldaten auf zivile Märkte und wurde von Motorradfahrern, schwulen Subkulturen und der Rock-'n'-Roll-Szene, allen voran Gene Vincent und Eddie Cochran, aufgegriffen.[300] Mitausschlaggebend für das „böse Image" des schwarzen Leders war dessen Verbindung zur Gestapo und zur Schutzstaffel (SS). Wer provozieren wollte wie die US-amerikanischen Punkrock-Pioniere Dead Boys, eignete sich diesen Look oder die Symbole des Totalitarismus an. Lemmy Kilmister sammelte Nazidevotionalien, Slayer taufte ihren Fanklub „Slaytanic Wehrmacht". Auch die 1973 gegründete, den Metal weniger musikalisch als durch ihr visuelles Image prägende Hardrock-Band Kiss kokettierte mit Naziassoziationen, obwohl die Kiss-Masterminds Gene Simmons und Paul Stanley Juden sind und Simmons aus einer Familie von Holocaust-Überlebenden stammt. Die grafische

Gestaltung des doppelten „S" im ursprünglichen Logo von Kiss erinnert stark an das in Deutschland heute verbotene Emblem der nationalsozialistischen SS. Selbst wenn die Ähnlichkeit, wie Stanley betont hat, nicht intentional war, wurde sie doch billigend in Kauf genommen. Provokation ist Trumpf im Marketing. Wenn die Regel besagt, dies und das nicht zu tun, dann muss sie gebrochen werden: „KISS waren immer stolz darauf, anders zu sein – stolz darauf, sich über Regeln hinwegzusetzen und sich eigene aufzustellen", gibt Stanley in der Kiss-Biografie *Die Geschichte von Kiss* zu Protokoll.[301] Das gilt nicht nur für den Umgang mit kontroversen Symbolen aus der Politik, sondern auch für den Umgang mit Geschlechterrollen.

Unter der Ägide ihres homosexuellen Managers, Mentors und Finanziers Bill Aucoin griff Kiss das androgyne Image der Punkgruppe The New York Dolls auf und verwandelte es in einen Karneval für die Massen. Ähnlich wie bei The Sex Pistols oder The Beatles und anders als beispielsweise bei Iron Maiden, deren Management keinen Einfluss auf die künstlerische Seite nimmt, stand hinter Kiss eine starke Managerfigur, die entscheidende künstlerische Weichenstellungen vornahm. Vor allem Aucoins Erfahrungen im TV-Bereich haben das Image von Kiss maßgeblich geprägt. Die Queerness der Dolls wurde dafür einerseits beibehalten und andererseits für den Stadionrock auf „straight" gebürstet. So trug Kiss zwar Schminke auf. Aber: „Wir waren nicht sehr überzeugend als androgyne Jungs", meint Simmons lapidar.[302] Stanley zufolge war es für Kiss schlichtweg unmöglich, die New York Dolls auf ihrem eigenen Gebiet zu schlagen: „Frühe Fotos von KISS belegen, dass wir aussahen wie Footballer in Drag auf dem Weg zum Maskenball. Auf dem Heimweg vom Dolls-Konzert … unterhielten wir uns: ‚Lass uns die ganzen Farben weglassen und uns auf Schwarz und Weiß konzentrieren.' Und daraus wurden schließlich Schwarz, Weiß und Silber."[303] Der Look von Kiss war härter, auch populistischer, in jedem Fall wegweisend für Metal. Auf der Bühne posierte Simmons unter anderem mit einer nietenbesetzten Schamkapsel, die einerseits an die Brayette der neuzeitlichen Ritterrüstung erinnerte und andererseits als ironische Anspielung auf die Vagina Dentata verstanden werden konnte.

Wer die Massen erreichen will, muss Konzessionen an deren Vorstellungen machen, auch was Geschlechterrollen betrifft. Dessen ungeachtet schmuggelte Kiss mit Kostüm- und Schminkexzessen ein paar Restbestände der subversiven 1960er-Jahre-Counterculture in den Mainstream. Die Band war nicht revolutionär, bot aber gerade durch ihre Massenkompatibilität eine Einstiegsdroge zu ‚härterem Stoff' für Menschen aus unterschiedlichen Schichten und Milieus. So gelangte beispielsweise Laina Dawes erst über Kiss zu Heavy Metal und Extreme Metal.[304] Der Gitarrist der New York Dolls Sylvain Sylvain schätzt die Rolle von Kiss dahingehend zwar ambivalent, aber in der Konsequenz positiv ein: „Im Vergleich zu KISS waren wir viel gefährlicher. […] Die Dolls waren wie Stripper oder Club-Kids und KISS eher wie Fernfahrer, die mit Schminke hantierten. […] Ich liebte das, was KISS taten. Es ist unglaublich, wie riesig sie wurden, aber ich muss zugeben, dass ich den Blues bei ihnen vermisse – etwas, das die Dolls sehr wohl hatten. Aber ich habe stets die Tatsache anerkannt, dass sie talentiert genug waren, um alles zu verändern, und erfolgreicher waren als David Bowie, ich selbst, Iggy Pop und die [sic] Velvet Underground."[305]

Eine ähnliche Ambivalenz wie Kiss lässt sich dem Glamrock und Glam Metal der 1980er-Jahre attestieren. Obwohl Ian Christe diesen Genres wenig abgewinnen kann, würdigt er die Verdienste des Glam um das Gender Bending: „Auf merkwürdige, aber auch sehr durchsichtige Weise war der Glam Metal der Achtzigerjahre ein Experimentierfeld für den Wandel der Geschlechterrollen – oftmals wurde die Saat der sexuellen Revolution der Sechzigerjahre durch die verdrehte Fernsehlandschaft der Siebziger kultiviert. MTV stärkte dabei den Würgegriff des Metal um den Hals der Popkultur und formte aus diesen Signalen etwas, mit dem man Softdrinks verkaufen konnte. In den surrealen Metal-Videos gewannen stereotype Sitcom-Handlungsabläufe die Oberhand über anspruchsvolle Inhalte."[306]

Ein gutes Beispiel für diese Gleichzeitigkeit von Stereotypisierung (Narration) und dem Bruch mit Stereotypen (Geschlechterrollen) ist das Sitcom-inspirierte Musikvideo zu Twisted Sisters Hitsingle „We're Not Gonna Take It" (1984). Ein Jugendlicher spielt in einem typischen US-amerikanischen Mittelklassehaushalt E-Gitarre zu „We're Not Gonna Take It" und übt sich in Rockstarposen. In seinem Zimmer befinden sich unter anderem Wimpel mit Aufdrucken von Yale und Stanford, Poster von Muscle Cars und Baseballspielern, Pokale und ein Sporthelm, kurz: allerlei Insignien der heterosexistischen US-amerikanischen Mainstreamkultur. Dem Vater missfällt die Faszination seines Sohnes für harte Gitarrenmusik. Auf die – gebrüllte – Frage des Hausherrn „Was willst du in deinem Leben machen!?" antwortet der Junge mit tiefer Männerstimme: „Ich will rocken!" Er schlägt einen verzerrten Akkord an, der den tobsüchtigen Vater durch das Fenster nach draußen schleudert. Das ist die Botschaft des Metal auf den Punkt gebracht: Musik als kraftvolle Geste nonkonformistischer Macht und Medium der Selbstermächtigung. Binnen Sekunden wird aus dem Teenager der Metal-Transvestit Dee Snider. Der rituelle Vatermord führt also nicht dazu, dass der Junge einfach den Platz des Vaters einnimmt, sondern dazu, dass er eine neue, ambivalente soziale Rolle außerhalb der etablierten Ordnung findet – von einer Rückkehr ins Elternhaus erfährt man im Musikvideo nichts. Mit der Magie des Hardrocks verwandelt Snider sodann seine am Esstisch Milch trinkenden Geschwister in die restlichen Bandmitglieder von Twisted Sister. Sie begeben sich auf einen Triumphzug durch das Haus, der sie – Jump Cut – auf eine Konzertbühne vor enthusiastisch headbangende Fans führt. Vom vibrierenden, mit bloßen Fäusten bearbeiteten Schlagzeug schießt Glitter in die Höhe, die Dauerwellen wogen im Takt, die Schminke hält. Vielsagend ist, dass der Vater als Gegenspieler des Sohnes inszeniert wird, die Mutter hingegen seine Rebellion unterstützt: Nach dem Fenstersturz des Patriarchen schüttet sie diesem noch einen Eimer Wasser über den Kopf.

6. Nachwort und Dank

Vielleicht ist mir erst an diesem Sommertag im Jahr 2017 klar geworden, was Metal in meinem eigenen Leben für eine Rolle gespielt hat. Mit einer alten Bekannten und ihrem Hund unternahm ich einen Spaziergang über Felder in der süddeutschen Provinz. Wir sprachen über unsere Jugend und über deren, nun ja: härtere, dunklere Seiten. Sie erzählte mir, dass gewisse Erfahrungen sie als Teenager aus einer heilen Bullerbü-Welt gerissen hätten. Ich hatte zwar ähnliche Erfahrungen wie sie gemacht. Doch im Unterschied zu ihr war ich mit Metal aufgewachsen. Eine heile Bullerbü-Welt hatte für mich als Jugendlicher nie existiert. Im Gegensatz zu meiner Bekannten brach für mich keine Welt zusammen, als eine Welt um mich herum zusammenbrach. Metal-Kids wachsen in apokalyptisch durchpulsten Symbolwelten und Atmosphären auf. Tod, Verderben, Zusammenbruch der Ordnung sind ihre ständigen Begleiter. Im Rückblick habe ich wohl vom Metal profitiert. Erscheint Metal zwar oft als peinlich und überzogen, so ist er doch ein popkulturelles Bollwerk gegen das, was Günther Anders „Apokalypseblindheit" nannte – das Ausblenden von Gefahren durch Honigkuchenträume, naiven Fortschrittsglauben und Zweckoptimismus.

Ich habe immer mit Metal gerungen, war immer wieder seiner Klischees überdrüssig, stieß mich immer wieder an den dumpfen Ritualen seiner Szene, konnte mit Kulten um Bier und Leder nie etwas anfangen – und fand doch, nach diversen Ausflügen in den Indierock, in den Jazz, in den Krautrock und in die Klassik, stets zur Metal-Musik zurück, zu ihrer

Abb. 23: Arbeitsplatz des Autors im ländlichen Polen

spannungsvollen Gleichzeitigkeit von Freiheit und Ordnung, Rebellion und Rückzug, Skepsis und Begeisterung, Härte und Vielfalt. In kaum einer anderen Szene, weder in der Kunst noch in der Wissenschaft, noch im Sport, habe ich so viele unterschiedliche, eigensinnige und faszinierende Menschen kennengelernt wie im Metal, vom liberalen Metzger über den konservativen Architekten und den zweifelnden Gläubigen bis hin zur linken Anarchistin.

Die Entstehungskontexte des vorliegenden Buches sind ähnlich vielseitig wie der Metal selbst. Erfahrungen von Hunderten Konzerten, die ich seit Anfang der 1990er-Jahre besucht habe, flossen direkt oder indirekt in den Text ein, darunter Fantômas und Napalm Death in Stuttgart, Tomahawk in Barcelona, The Dillinger Escape Plan in München, Warbringer in Los Angeles, Nervosa in Luzern, Arch Enemy in Basel, Metallica in Berlin. Motörhead erlebte ich mehr als zehnmal live. Andererseits entstanden mehrere Kapitel des Manuskripts in einer einsam gelegenen Waldhütte im ländlichen Polen (Abb. 23). Im Laufe des Schreibprozesses verschmolz meine visuelle Wahrnehmung mit den Klängen, die täglich über Kopfhörer in meine Ohren strömten. Die regelmäßige Anordnung der endlosen Baumreihen entsprach dem endlosem Double-Bassdrumming, das Spiel des Lichts auf dem Waldboden dem Frequenzflackern verzerrter Gitarren. Beim Anblick eines alten Friedhofs am Waldrand begann meine Imagination verlässlich eine Playlist aus dem Doom- und Death-Bereich abzuspielen. Andere Teile des Buches schrieb ich übernächtigt in Zügen und auf Flughäfen, während einer Gastdozentur in der taiwanesischen Hauptstadt Taipeh, auf einer Insel im Süden Japans, in einer Pension in Sochumi, Abchasien, in einem Hotelzimmer aus der Sowjetzeit in Chișinău, in meinem Büro an der Zürcher Hochschule der Künste und in einem morbiden Casinohotel in Las Vegas. Sollte etwas von der Vielfalt dieser Orte die Vielfalt der Zugänge zum Metal in diesem Buch verstärkt haben, bin ich froh darüber – mehr aber noch über die Bekanntschaft mit jenen Menschen, die *Metalmorphosen* inspiriert haben.

Mit dem Historiker Erich Keller führte ich viele erhellende (Streit)Gespräche über Metal, Methoden und Periodisierungen. Nicht immer waren wir uns einig, und immer blieben wir im Dialog. Ihm habe ich viele Anregungen und konstruktive Kritik zu verdanken, ebenso wie der Religionswissenschaftlerin Anna-Katharina Höpflinger. Zusammen gaben wir ein Interview über Metal für die Zürcher *WOZ Die Wochenzeitung* und moderierten eine Podiumsdiskussion über Metal und Extremismus in der Schüür, Luzern. Mit Dennis Bäsecke-Beltrametti, meinem Kollegen an der Zürcher Hochschule der Künste und Autor der musiktheoretischen Analysen in diesem Buch, teile ich die kritische Faszination für Metal, die sich in vielen Gesprächen und gemeinsamen Veranstaltungen zum Thema, darunter Podiumsdiskussionen mit Musikerinnen und Musikern an unserer Hochschule, niederschlug. Auf Konferenzen wie *Metal Matters* (2010) oder *Hard Wired II* (2012) tauschte ich mich mit weiteren Kolleginnen und Kollegen aus einer Vielzahl von Disziplinen aus, etwa Dominik

Irtenkauf, der mir mehrfach mit nützlichen Hinweisen und Kontakten weiterhalf. Auch Marcus Lembach belieferte mich fürsorglich mit Links zu Texten und Songs, die mein Verständnis des Metal, insbesondere seiner Randzonen, erweiterten und über die wir beim genüsslichen Verzehr garantiert lebensverkürzender Lebensmittel räsonierten. Der Beginn meiner Freundschaft mit Jochen Neuffer aka Sumatra Bop, mit dem ich seit über fünfzehn Jahren das Vergnügen habe einen Heavy-Metal-Lieferservice zu betreiben, datiert auf ein Bargespräch über unsere Metal-Jugend im Jahr 2003. Seitdem tauschen wir uns regelmäßig bei Grüntee über unsere neuesten Entdeckungen aus und komponieren unsere eigenen Metal-Songs, die ausschließlich vom Wetter handeln. Nur zu gerne erinnere ich mich der Konzertreisen, die wir mit Pornophonique und Preslisa unternahmen, sowie unseres ersten Auftritts im Wohnzimmer unseres langjährigen Unterstützers, des Comiczeichners Christopher Tauber aka Piwi. Bernd Haasis von den *Stuttgarter Nachrichten* verschaffte mir als jungem Journalisten die Möglichkeit, viele Metal-Konzerte zu besuchen und darüber zu schreiben, worauf ich seitdem in Zeitungen und Magazinen wie *Süddeutsche Zeitung, Neue Zürcher Zeitung, Frankfurter Allgemeine Zeitung, Kunstjahr* und *Psychologie Heute* habe aufbauen können. Alex Allmann, Ute Kromrey, Jan Schueler, Luise Werlen und Hongjohn Lin danke ich für die Vermittlung von Interviews für *Metalmorphosen*. Zuletzt möchte ich Karolina Soppa danken, die Teile des Manuskripts vorab gelesen und kommentiert hat. Seit den späten 1990er-Jahren haben wir zusammen viele Metal-Konzerte besucht. Sie ist der einzige Mensch, dem ich den Satz „Dreh diesen Lärm leiser!" verzeihe.

Anmerkungen zu Zitaten und Quellen

Alle Zitate aus englisch- und französischsprachigen Aufsätzen und Interviews wurden von mir ins Deutsche übersetzt. Zitate aus Songtexten wurden in der Originalsprache belassen. Aus vier älteren Aufsätzen von mir wurden Passagen übernommen und überarbeitet: „Widerstand ist zwecklos. Heavy Metal kennt keine politischen Ideologien und pflegt neben seinen Ritualen ein fast schwäbisches Handwerksethos – so ist die Musik der großen Akkorde und noch größeren Gesten auf dem besten Wege, zu Kunst zu werden", in: Süddeutsche Zeitung, Nr. 176/2012; „Böse Menschen haben keine Lieder. The Dillinger Escape Plan erklären mit dem Album ‚One of Us Is the Killer' die Party des Pop für beendet", in: Süddeutsche Zeitung, 154/2013; „Das Lied der Verwinder. Heavy Metal als negative Lust am Erhabenen des Untergangs", in: Sebastian Baden / Christian Bauer / Daniel Hornuff (Hgg.), Formen der Kulturkritik, Paderborn: Wilhelm Fink, 2018; „Black Death: Black Death", in: Frank Schäfer (Hg.), Hear ‚em All. Heavy Metal für die eiserne Insel, Mainz: Ventil Verlag, 2018. Einige Passagen aus Metalmorphosen wurden vor der Veröffentlichung des Buches in der Zeitschrift Psychologie Heute veröffentlicht.

Anmerkungen

1. Zitiert nach: Wolf-Georg Zaddach, *Heavy Metal in der DDR. Szene, Akteure, Praktiken*, Bielefeld: transcript, 2018, S. 35.
2. Ulrich Bäumer, *Wir wollen nur deine Seele*, Wuppertal: Verlag und Schriftenmission der Evangelischen Gesellschaft für Deutschland Wuppertal, 1991, S. 90.
3. https://twitter.com/luthvind/status/1040294550143750145. Letzter Zugriff am 26.8.2019.
4. Gesehen im Bordmagazin der Austrian Airlines *Skylines*, Nr. 3/2017, S. 25.
5. Rainer Sontheimer, „Heavy Metall [sic] als Erfolgsrezept", 3.4.2018, https://www.youtube.com/watch?v=3Nxmct39mv8. Letzter Zugriff am 26.8.2019.
6. Maxomedia AG – Werbeagentur LSA, „Bern wird schneller", 25.9.2017, https://www.youtube.com/watch?v=QXZK3Kgf5J8. Letzter Zugriff am 26.8.2019.
7. Persönlich.com, „Salt startet Kampagne für Fiber-Netz", 8.3.2019, https://www.persoenlich.com/kategorie-werbung/salt-startet-kampagne-fur-fiber-netz. Letzter Zugriff am 26.8.2019.
8. https://shop.swatch.com/de_de/collections/irony-c111.html. Letzter Zugriff am 26.8.2019.
9. S. Jens Uthoff, „Die härteste Stadt der Welt", 15.5.2018, auf: https://www.zeit.de/kultur/musik/2018-05/finnland-heavy-metal-hauptstadt-wettbewerb.
10. Valio, „Valion kunnianosoitus Lemmy Kilmisterille | Tribute video for Lemmy Kilmister by Valio", 7.1.2016, auf: https://www.youtube.com/watch?v=PfgycAOToKI. Letzter Zugriff am 26.8.2019.
11. *South China Morning Post*, „Japanese motley crew wins world's first-ever Heavy Metal Knitting Championship", 12.7.2019, auf: https://www.youtube.com/watch?v=abkGXxUs-mw. Letzter Zugriff am 26.8.2019.
12. Zitiert nach: Redaktion *Gitarre & Bass*, „Die historische Form des Webens. Keith Richards über die Zusammenarbeit mit Ronnie Wood", keine Datumsangabe, 2015, auf: https://www.gitarrebass.de/stories/keith-richards-ueber-die-zusammenarbeit-mit-ronny-wood/. Letzter Zugriff am 26.8.2019.

13 Wolf Alexander Hanisch, „Gestrandet in Duisburg", 28.7.2016, auf: http://www.zeit.de/2016/32/duisburg-nordrhein-westfalen-tourismus-sehenswuerdigkeiten-gestrandet-in. Letzter Zugriff am 26.8.2019.
14 Uthoff 2018.
15 Michael Pilz, „Heavy Metal macht den Menschen gut und glücklich", 9.7.2015, auf: http://www.welt.de/kultur/pop/article143783969/Heavy-Metal-macht-den-Menschen-gut-und-gluecklich.html. Letzter Zugriff am 26.8.2019.
16 Moritz Baumstieger, „Bis Odin uns scheidet", 16.7.2015, auf: http://sz-magazin.sueddeutsche.de/texte/anzeigen/43338/Bis-Odin-uns-Scheidet. Letzter Zugriff am 26.8.2019.
17 Rosa Hecker, „Metal- und Klassik-Fans sind im Grunde identisch", 27.10.2016, auf: http://www.keyboards.de/stories/metal-und-klassik-fans-sind-im-grunde-identisch/. Letzter Zugriff am 26.8.2019.
18 laut.de, „Heavy Metal macht schlau", 22.3.2017, auf: http://www.laut.de/News/Studie-Heavy-Metal-macht-schlau-22-03-2007-4830. Letzter Zugriff am 26.8.2019.
19 Dietmar Elflein, *Schwermetallanalysen. Die musikalische Sprache des Heavy Metal*, Bielefeld: transcript, 2010, S. 241.
20 Zitiert nach: Nicholas Boyle, „Schiller und England oder Die feindlichen Brüder", in: Jan Bürger (Hg.), *Friedrich Schiller: Dichter, Denker, Vor- und Gegenbild*, marbacherschriften, neue folge 2, Göttingen: Wallstein Verlag, 2007, S. 25–41, 26.
21 Alex Ross, *The Rest is Noise. Das 20. Jahrhundert hören*, München/Zürich: Piper, 2013, S. 12.
22 Siehe den Dokumentarfilm „Botswana, die Königinnen des Heavy Metal", Arte, 2018, Regie: Sarah Vianney, https://www.arte.tv/de/videos/078156-000-A/botswana-die-koeniginnen-des-heavy-metal/. Letzter Zugriff am 26.8.2019.
23 https://www.instagram.com/p/ByPMgRairwd/. Letzter Zugriff am 26.8.2019.
24 Ross, S. 11.
25 Diedrich Diederichsen, *Körpertreffer*, Berlin: Suhrkamp, 2017, e-book, n. p.
26 Friedrich Wilhelm Schubert (Hg.), *Immanuel Kants Schriften zur Physischen Geographie*, Leipzig: Leopold Voss, 1839, S. 616.
27 Centre Phi, „In Conversation with Henry Rollins", 14.8.2016, auf: https://www.youtube.com/watch?v=8ZBzX-hcWNI. Letzter Zugriff 26.8.2019.
28 Jörg Scheller, „Metal ist ins Kulturgut übergegangen", Interview mit Mille Petrozza, in: *Stuttgarter Nachrichten*, 12.12.2012, S. 15.
29 Bruno Latour, *Das terrestrische Manifest*, Berlin: Suhrkamp, 2018, e-book, n. p.
30 Ebd.
31 Theodor W. Adorno, *Ästhetische Theorie*, Frankfurt a. M.: Suhrkamp, 1973, S. 30.
32 Frank Schäfer, „Metal on Metal. Vorrede", in: ders., S. 10.
33 Vgl. Elflein, *Schwermetallanalysen*, S. 15–24.
34 Vgl. Susan Blackmore, „Evolution und Meme. Das menschliche Gehirn als selektiver Imitationsapparat", in: A. Becker / C. Mehr et al. (Hgg.), *Gene, Meme und Gehirne. Geist und Gesellschaft als Natur. Eine Debatte*, Berlin: Suhrkamp, 2003, S. 49–89.
35 Keith Kahn-Harris, *Extreme Metal: Music and Culture on the Edge*, Oxford/New York: Berg, 2007, e-book, n. p.
36 Siehe Robert Walser, *Running With the Devil. Power, Gender, and Madness in Heavy Metal Music*, Middletown CT: Wesleyan University Press, 1993/2014, e-book, n. p., erstes Kapitel; siehe Sebastian Berndt, *Gott hasst die Jünger der Lüge. Ein Versuch*

über Metal und Christentum. Metal als gesellschaftliches Zeitphänomen mit ethischen und religiösen Implikationen, Hamburg: tredition, 2012, S. 48–51.
37 Vgl. Berndt, S. 50.
38 Deena Weinstein, „Just So Stories: How Heavy Metal Got Its Name–A Cautionary Tale", in: *Rock Music Studies*, Volume 1, 2014, Issue 1, S. 36–51, online abgerufen auf: https://www.tandfonline.com/doi/full/10.1080/19401159.2013.846655. Letzter Zugriff am 30.8.2019.
39 Siehe Andrew O'Neill, *A History of Heavy Metal*, London: Headline Publishing Group, 2017, e-book, n. p., Kapitel 4.
40 Erich Keller, „Judas Priest. Stained Class", in: Frank Schäfer (Hg.), *Hear 'Em All. 150 Platten für die eiserne Insel*, Mainz: Ventil Verlag, 2018, S. 46–47, 46.
41 Vgl. Mick Wall, *When Giants Walked the Earth. A Biography of Led Zeppelin*, London: Orion House, 2009, S. 16.
42 Jacqueline Floßmann, „She Rocks: Jinx Dawson von Coven", 2.1.2019, auf: https://classicrock.net/she-rocks-jinx-dawson-von-coven/. Letzter Zugriff am 26.8.2019.
43 Zur Glaubwürdigkeit dieser Distanzierung vgl. Andrew L. Cope, *Black Sabbath and the Rise of Heavy Metal Music*, London/New York: Routledge, 2016, S. 86: „There is a tendency for members of Black Sabbath in later, more mature life, to dismiss the early lyrics as anything other than Satanic; nevertheless, it seems that much of what they were doing was reasonably well informed. Butler was well versed in Crowley and Wheatley, Osbourne, too, had read occult books, and they were undoubtedly influenced by the occult revivals of the 1960s and 1970s. Furthermore, bootlegs reveal that the lyrics sung on stage were sometimes completely different from the album lyrics and overtly satanic."
44 Elflein, *Schwermetallanalysen*, S. 110.
45 Ebd., S. 113.
46 Siehe Cope, S. 19: „Black Sabbath formulated radical transgressions of the blues that marked their pre-1969 career resulting in a unique set of codes. For example, when writing ‚Black Sabbath' (1970) Iommi did not draw on any of the blues devices of their earlier period but, rather, drew on on a unique synthesis of multi-sectional design, unresolved tritones and Aeolian riffs."
47 Vgl. Elflein, *Schwermetallanalysen*, S. 55.
48 Vgl. ebd.
49 Ebd., S. 97.
50 Vgl. ebd., S. 27–38.
51 Vgl. Cope, S. 46–51.
52 Ebd., S. 16.
53 Vgl. Keller, „Judas Priest. Stained Class": „Auf der kurzen Japantour, mit der Judas Priest in Japan ihre neue Platte bewarben, sind sie noch in ihrem alten Outfit zu sehen, und Rob Halford bleibt ganz dem Habitus seines großen Vorbilds David Bowie verhaftet. Auf dem nächsten Album, ‚Killing Machine' (in den USA wegen eines Schulmassakers mit Verzögerung als ‚Hell Bent For Leather' veröffentlicht), erinnert nichts mehr daran. Mittlerweile hatte Halford sich in der Fetischabteilung eines Londoner Sexshops mit Lederkappe, Bullenpeitsche, Nietenbändern und Lederjacke ausstaffiert – und trug so, von den Fans lange unerkannt, die Ästhetik der schwulen Lack- und Lederszene in den Metal."
54 dpa, „Leather Rebel K. K. Downing: ‚Judas Priest waren mein Leben'", Interview, 28.2.2019, auf: https://www.sueddeutsche.de/news/kultur/musik-leather-

rebel-kk-downing-judas-priest-waren-mein-leben-dpa.urn-newsml-dpa-com-20090101-190212-99-952548. Letzter Zugriff am: 28.8.2019.
55 K. K. Downing / Mark Eglinton, *Heavy Duty. Days and Nights in Judas Priest*, London: Constable, 2018, e-book, n. p.
56 Siehe Leszek Kołakowski, *Die Gegenwärtigkeit des Mythos*, München: Piper, 1973, viertes Kapitel.
57 Siehe Zygmunt Bauman, „The Sweet Scent of Decomposition", in: Chris Rojek / Bryan S. Turner (Hgg.), *Forget Baudrillard?*, London/New York: Routledge, 1993, S. 22–46.
58 Downing/Eglinton, n. p.
59 Zygmunt Bauman, *Flüchtige Moderne*, Frankfurt a. M.: Suhrkamp, 2003, S. 144–145.
60 Vgl. Cope, Kapitel 1.
61 Erich Keller, „Black Sabbath. Sound als Revolte", 9.4.2017, auf: http://geschichtedergegenwart.ch/black-sabbath-sound-als-revolte/. Letzter Zugriff am 26.8.2019.
62 Ulrich Herbert, „Wie politische Fehlentscheidungen Krisen auslösten", in: *Süddeutsche Zeitung*, 23.3.2019, auf: https://www.sueddeutsche.de/politik/ian-kershaw-historiker-achterbahn-1.4361361. Letzter Zugriff am 26.8.2019.
63 Rolf F. Nohr / Herbert Schwaab, „Fokussierung: Politik und Kultur des Heavy Metal", in: dies. (Hgg.), *Metal Matters. Heavy Metal als Kultur und Welt*, Münster/Hamburg/Berlin/London: Lit Verlag, S. 389.
64 Günther Anders, *Die Antiquiertheit des Menschen. Über die Seele im Zeitalter der zweiten industriellen Revolution*, München: C. H. Beck, 1961, S. 154.
65 Interview mit Bruce Dickinson, auf: Sam Dunn / Scott McFayden, *Metal Evolution. Die komplette Serie*, DVD, Disc 1, 2012.
66 Anders, S. 257.
67 Deena Weinstein, *Heavy Metal: The Music and Its Culture*, Boston, Massachusetts: Da Capo Press, 2000, e-book, n. p.
68 Theodor W. Adorno, *Ästhetische Theorie*, Frankfurt a. M.: Suhrkamp, 1973, S. 39.
69 Vgl. Elflein, *Schwermetallanalysen*, S. 114–118.
70 Vgl. ebd., S. 55.
71 Cope, S. 25.
72 Laina Dawes, *What Are You Doing Here? A Black Woman's Life and Liberation in Heavy Metal*, Brooklyn/New York: Bazillion Points, 2012, S. 46.
73 Berndt, S. 57.
74 Deutschlandfunk, Thekla Jahn im Gespräch mit Wolf-Georg Zaddach, „Heavy Metal in der DDR. Erst geächtet, dann subventioniert", 17.10.2018, auf: https://www.deutschlandfunk.de/heavy-metal-in-der-ddr-erst-geaechtet-dann-subventioniert.807.de.html?dram:article_id=430790. Letzter Zugriff am 26.8.2019.
75 Downing/Eglinton, n. p.
76 Ebd.
77 Elflein, *Schwermetallanalysen*, S. 130.
78 S. ebd., S. 129–132.
79 Nohr/Schwaab, S. 389.
80 Jan Kage, *American Rap. Explicit Lyrics – US-Hip-Hop und Identität*, Mainz: Ventil Verlag, 2014, S. 28.
81 Ebd., S. 50.

82 Jörg Scheller, „Hip-Hop und Heavy Metal. Die verborgenen Hochkulturen", Deutschlandfunk Kultur, Das Feature, 27.3.2015, Manuskript abrufbar auf: https://www.deutschlandfunkkultur.de/hip-hop-und-heavy-metal-die-verborgenen-hochkulturen-pdf.media.0c6bdeef9ac5990b97a689fc5ed783f2.pdf. Letzter Zugriff am: 26.8.2019.
83 *Faceculture*, 20.12.2011, Warbringer Interview – John Kevill (part 3), auf: https://www.youtube.com/watch?v=p_HATyi9JwQ. Letzter Zugriff am 4.9.2019.
84 Kage, S. 58.
85 Telefoninterview mit Gabriele Klein am 16.2.2015, hier erstmals publiziert.
86 Vortrag „What is it that moves when music moves across cultural boundaries?" von Masahiro Yasuda auf der Konferenz „Global Pop Cultures" an der Kyoto SEIKA University, 29.7.2019.
87 Zitiert nach: David Sarasin, „,Wir schufen einen Fluchtraum'. Zwei Leben im Zeichen des Heavy Metal. Martin Stricker ist Musiker, Erich Keller Wissenschafter und Fan", 14.1.2017, auf: https://www.tagesanzeiger.ch/zucritipp/musik/wir-schufen-einen-fluchtraum/story/17054013. Letzter Zugriff am 29.8.2019.
88 Mike Seidinger, „HIRAX – Katon W. De Pena: Skin color shouldn't matter as long as the music is fuckin' heavy", 11.9.2018, auf: https://www.stormbringer.at/interviews/2084/hirax-katon-w-de-pena.html. Letzter Zugriff am 26.8.2019.
89 Ebd.
90 Dawes, S. 134.
91 Ebd., S. 26.
92 Siehe *Hideous Gnosis. Black Metal Theory Symposium 1*, Open Access, licensed under a Creative Commons Attribution-Noncommercial-No Derivative Works Attribution 3.0 United States License, abgerufen auf: http://blackmetaltheory.blogspot.com. Letzter Aufruf am 26.8.2019.
93 E-Mail-Konversation mit Samuel Morris, 16.10.2018.
94 Kahn-Harris, n. p.
95 Michael Moynihan / Didrik Søderlind, *Lords of Chaos. Satanischer Metal. Der blutige Aufstieg aus dem Untergrund*, Zeltingen-Rachtig: ProMedia, 2002, S. 14.
96 Luc Boltanski / Ève Chiapello, *Der neue Geist des Kapitalismus*, Konstanz: UVK, 2006, S. 86.
97 Kim Gordon, *Girl in a Band. Eine Autobiographie*, Köln: Kiepenheuer & Witsch, 2015, e-book, n. p.
98 Rainer Diaz-Bone, *Kulturwelt, Diskurs und Lebensstil. Eine diskurstheoretische Erweiterung der Bourdieuschen Distinktionstheorie*, Wiesbaden: VS Verlag für Sozialwissenschaften, 2010, S. 216.
99 Zitiert nach Ian Christe, *Höllen-Lärm. Die komplette, schonungslose, einzigartige Geschichte des Heavy Metal*, Höfen: Koch International GmbH/Hannibal, 2013, e-book, n. p.
100 Siehe Freddy Villano, „Lemmy Being Lemmy: A Web Exclusive Interview With the Motörhead Legend", 6.12.2015, auf: http://www.bassplayer.com/artists/1171/lemmy-being-lemmy-a-web-exclusive-interview-with-the-motrhead-legend/55402. Letzter Zugriff am 26.8.2019.
101 Elflein, *Schwermetallanalysen*, S. 220–221.
102 Vgl. ebd., S. 170.
103 Daniel Faulhaber, „Was zum Teufel das? Der Basler Manuel Gagneux ist der neue Star der Metal-Szene. Jetzt soll er auf Europatournee gehen, dabei hatte er

bis vor einigen Wochen noch gar keine eigene Band", in: *DIE ZEIT*, Nr. 8/2017, online abgerufen auf: https://www.zeit.de/2017/08/zeal-ardor-black-metal-manuel-gagneux-basel-europatournee/komplettansicht. Letzter Zugriff am 26.8.2019.
104 Gerald Raunig, *Dividuum. Maschinistischer Kapitalismus und molekulare Revolution*, Wien: transversal texts, 2015, S. 83.
105 Ebd.
106 Zitiert nach Zaddach, S. 42.
107 Wolfgang Welsch, „Was ist eigentlich Transkulturalität?", in: Lucyna Darowska et al. (Hg.), *Hochschule als transkultureller Raum?*, Bielefeld: transcript, 2010, online abgerufen auf: www2.uni-jena.de/welsch/papers/W_Welsch_Was_ist_Transkulturalität.pdf. Letzter Zugriff am 16.8.2018.
108 VH1, *Behind the Music Remastered: Judas Priest*, Episode 5, 2014.
109 Amber R. Clifford-Napoleone, *Queerness in Heavy Metal Music. Metal Bent*, New York/London: Routledge, 2015, e-book, n. p., 3. Kapitel.
110 Downing/Eglinton, n. p.
111 Bruce Dickinson, *What Does This Button Do? Die Autobiographie*, München: Wilhelm Heyne Verlag, 2018, e-book, n. p.
112 Ebd.
113 Norbert Lennarz, „Romantik im Spiegel der Kunst von Caspar D. Friedrich bis zu den Nazarenern", Online-Texte der Evangelischen Akademie Bad Boll, 2006, S. 4, auf: www.ev-akademie-boll.de/fileadmin/res/otg/470506-Lennartz.pdf. Letzter Zugriff am 26.8.2019.
114 Sam Dunn / Scott McFayden, *Metal Evolution. Die komplette Serie*, DVD, Disc 2, 2012.
115 Christe, n. p.
116 Jörg Scheller, „‚Eine echte Band muss auf der Straße sein'. Sinn für Humor: Ein Gespräch mit dem Sänger und Bassisten Lemmy Kilmister von der Gruppe Motörhead", in: *Stuttgarter Nachrichten*, 31.12.2005, S. 22.
117 Hilmar Bender, *Violent Evolution. Die Geschichte von Kreator*, Diedorf: Ubooks Verlag, 2011, S. 26.
118 Zitiert nach den Vereinsstatuten.
119 Christe, n. p.
120 Dickinson, n. p.
121 Bauman, *Flüchtige Moderne*, S. 145.
122 Ebd.
123 Diederichsen, *Körpertreffer*, n. p.
124 Zum Verkauf des Gemäldes siehe: https://www.christies.com/lotfinder/memorabilia/metallica-don-brautigam-5144942-details.aspx?from=searchresults&intObjectID=5144942&sid=227237e2-af7b-4260-bbdf-100093dd2c66. Letzter Zugriff 30.8.2019.
125 Zitiert nach: Joel McIver, *The Bloody Reign of Slayer*, London: Omnibus Press, 2009, e-book, n. p.
126 Jason Handelsman, „Reining in the Blood", Interview mit Tom Araya, 19.7.2007, auf: https://www.miaminewtimes.com/music/okeechobee-music-festival-returning-in-2020-11195078. Letzter Zugriff am 26.8.2019.
127 Christe, n. p.
128 Margret Neuss-Kaneko, „‚Patriarchat' in Japan. Anmerkungen zu einer Diskussion", in: *Nachrichten der Gesellschaft für Natur- und Völkerkunde Ostasiens E. V.*, Jg. 1996, Heft 159/160, S. 41–69, 42.

129 Christe, n. p.
130 Vgl. Dayal Patterson, *Black Metal. Evolution of the Cult*, Port Townsend: Feral House, 2013, e-book, n. p.: „The album [Venom's *Welcome to Hell*] was an undoubtedly groundbreaking affair, the primitivism and the raw barbarity of the eleven songs making it instantly memorable."
131 Vgl. ebd., Kapitel 7.
132 Kage, S. 58.
133 Zitiert nach Albert Mudrian, *Choosing Death. The Improbable History of Death Metal & Grindcore*, Los Angeles: Feral House, 2004, S. 70.
134 Zitiert nach Patterson, n. p.
135 Christe, n. p.
136 Natalie J. Purcell, *Death Metal Music. The Passion and Politics of a Subculture*, Jefferson/London: 2003, e-book, n. p.
137 Vgl. Elflein, *Schwermetallanalysen*, S. 139–141.
138 Interview mit Dominic Dillier in der Sendung SRF Focus, 27.2.2017.
139 René Scheu, „Die Sitten verwildern, die Gerechtigkeit ist obdachlos", Interview mit Peter Sloterdijk, in: *Neue Zürcher Zeitung*, 30.3.18, online abgerufen auf: https://www.nzz.ch/feuilleton/wir-erleben-ein-grosses-gleiten-ld.1370201. Letzter Zugriff am 26.8.2019.
140 Elflein, *Schwermetallanalysen*, S. 148.
141 Dietmar Elflein, „Metal", in: Thomas Hecken / Marcus S. Kleiner (Hgg.), *Handbuch Popkultur*, Stuttgart: J. B. Metzler, 2017, S. 87–91, 90.
142 Vgl. Andreas Kühn, *Anti-Rock: Avantgarde und Pop im rockfreien Raum*, Berlin: Lit-Verlag, 2013.
143 Vgl. Christe, n. p.: „Als Heavy Metal 1987 auf dem wilden Höhepunkt seiner Beliebtheit angekommen war, bestand die Fanbasis aus dem amerikanischen Durchschnittskonsumenten: Leute, die Pepsi tranken, bei Kmart einkauften, bei Burger King aßen, Disneyland besuchten und auf andere Weise die amerikanische Wirtschaft ankurbelten."
144 Patterson, n. p.
145 Siehe die Dokumentation des Podiums: https://www.youtube.com/watch?v=Upy mtlWdXHE. Letzter Zugriff am 26.8.2019.
146 Ebd.
147 Patterson, n. p.
148 Sarah Chaker, *Schwarzmetall und Todesblei. Über den Umgang mit Musik in den Black- und Death-Metal-Szenen Deutschlands*, Berlin: Archiv der Jugendkulturen Verlag, 2014, e-book, n. p.
149 Ebd.
150 Lukas Rüttimann, „,Es gibt viele liberale Denker bei den Satanisten.' Gaahl ist der Star der Black-Metal-Musik und Satanist. Vor seinem Schweizer Konzert sprach der Norweger über sein Leben als Homosexueller in einer homophoben Szene und Schweizer Vorbilder", Interview mit Gaahl in: *Tagesanzeiger*, 11.12.2012, online abgerufen auf https://www.tagesanzeiger.ch/kultur/pop-und-jazz/Es-gibt-viele-liberale-Denker-bei-den-Satanisten/story/11333186. Letzter Zugriff am 26.8.2019.
151 Vgl. Patterson, Kapitel 18.
152 Pablo Picasso, „Was ist ein Künstler?", in: Charles Harrison/Paul Wood, *Kunsttheorie im 20. Jahrhundert, Band 2*, Ostfildern-Ruit: Hatje Cantz, 2003, S. 777.

153 Robert Motherwell, „Die Welt des modernen Malers", in: Harrison/Wood, S. 774.
154 Zitiert nach Patterson, n. p., Kapitel 38.
155 Zitiert nach ebd., Kapitel 31.
156 Adam Rothbarth, „Hunter Hunt-Hendrix (Liturgy, Kel Valhaal) ‚I like to trigger emotion and undercut it at the same time'", Interview mit Hunter Hunt-Hendrix, 3.8.2016, auf: https://www.tinymixtapes.com/features/hunter-hunt-hendrix-liturgy-kel-valhaal. Letzter Zugriff am 30.8.2019.
157 Hunter Hunt-Hendrix, „Transcendental Black Metal. A Vision of Apocalyptic Humanism", in: *Hideous Gnosis. Black Metal Theory Symposium 1*, Open Access, licensed under a Creative Commons Attribution-Noncommercial-No Derivative Works Attribution 3.0 United States License, abgerufen auf: http://blackmetaltheory.blogspot.com. Letzter Zugriff am 30.8.2019.
158 Ebd., S. 54.
159 Ebd., S. 60.
160 Ebd., S. 62.
161 Ebb., S 63.
162 Barnett Newman, „Das Erhabene ist jetzt", in: Charles Harrison und Paul Wood, *Kunsttheorie im 20. Jahrhundert, Band 2* Ostfildern-Ruit: Hatje Cantz, 2003, S. 701.
163 Vgl. Sascha Pöhlmann, „Die transzendentalistische Konstante. Von Walt Whitman zu WOLVES IN THE THRONE ROOM", in: Roman Bartosch (Hg.), *Heavy Metal Studies. Band I: Lyrics und Intertextualität*, Oberhausen: Verlag Nicole Schmenk, 2011, S. 89–113.
164 Ebd., S. 111.
165 Ebd., S. 91.
166 Jabok Schermann, „Zwischen Gedächtnisform und Klanggestaltung: Musikalische Intertextualität im Black Metal", in: Sarah Chaker / Jakob Schermann / Nikolaus Urbanek (Hgg.), *Analyzing Black Metal. Transdisziplinäre Annäherungen an ein düsteres Phänomen der Musikkultur*, Bielefeld: transcript, 2018, S. 87–108, 98.
167 John Peel, „Introduction", in: Mudrian, S. 17–18, 17.
168 Hunt-Hendrix, S. 57–60.
169 Zitiert nach Laina Dawes, „Heavy Metal Feminism. Fighting for diversity in a genre mostly known for angry white men", 17.08.2015, auf: https://hazlitt.net/blog/heavy-metal-feminism. Letzter Zugriff am 30.8.2019.
170 Siehe ihren Instagram-Post vom 8.11.2014, https://www.instagram.com/p/vIUJ9GNrTA/. Letzter Zugriff am 30.8.2019.
171 https://foxiecosmetics.com/about. Letzter Zugriff am 30.8.2019.
172 https://foxiecosmetics.com/bath/bed-of-flowers?rq=bed%20of%20flowers. Letzter Zugriff am 30.8.2019.
173 https://foxiecosmetics.com/bath/hell?rq=hell%20I. Letzter Zugriff am 30.8.2019.
174 Am 19. April 2019 twitterte sie, sie werde das Konzert von Sunn O)) im Klub The Caverns in Pelham, Tennessee, besuchen. https://twitter.com/afroxvx/status/1119354926637957122. Letzter Zugriff am 30.8.2019.
175 https://www.instagram.com/p/gWMuC8trY7/. Letzter Zugriff am 30.8.2019.
176 Interview mit Erich Keller, kein Datum (2012), auf: http://www.foadrecords.it/index.php/fear-of-god-outnow/. Letzter Zugriff am 20.8.2018.
177 Christe 2003, n. p.

178 Andreas Matena, „OBITUARY – Schwatzkasten mit der Death Metal-Legende", Juli 2008, auf: https://www.musikansich.de/artikel.php. Letzter Zugriff am 30.8.2019.
179 Steven Rosen, „Dillinger Escape Plan's Ben Weinman: ‚We Never Want to Be An Assembly Line of Riffs'", Interview mit Ben Weinman, 16.4.2013, auf: https://www.ultimate-guitar.com/news/interviews/dillinger_escape_plans_ben_weinman_we_never_want_to_be_an_assembly_line_of_riffs.html. Letzter Zugriff am 30.8.2019.
180 Elflein, *Schwermetallanalysen*, S. 288.
181 Beat Wyss, *Die Welt als T-Shirt. Zur Ästhetik und Geschichte der Medien*, Köln: Dumont, 1997, S. 124.
182 Jörg Scheller, „‚Die Vereinnahmung der Kunst durch die Wirtschaft ist nichts im Vergleich zur Vereinnahmung der Kunst durch die Politik'", Interview mit Artur Żmijweski, in: *Neue Zürcher Zeitung*, 20.8.2018, online abgerufen auf: https://www.nzz.ch/feuilleton/die-vereinnahmung-der-kunst-durch-die-wirtschaft-ist-nichts-im-vergleich-zur-vereinnahmung-der-kunst-durch-die-politik-ld.1412156. Letzter Zugriff am 20.9.2019.
183 Virginie Despentes, *Das Leben des Vernon Subutex*, Band 1, Köln: Kiepenheuer & Witsch, 2018, e-book, n. p.
184 Siehe Lynn Hirschberg, „The Music Man", 2.9.2007, auf: https://www.nytimes.com/2007/09/02/magazine/02rubin.t.html. Letzter Zugriff am 6.9.2019.
185 Ebd.
186 Loudwire, „DMC: The Real Story of Aerosmith + Run-D. M. C.'s ‚Walk This Way'", 15.11.2016, auf: https://www.youtube.com/watch?v=5ikJrtxRovI. Letzter Zugriff am 8.9.2019.
187 Gianluca Quagliano, „Dante Ross: Wie Run DMC mein Leben veränderten. So haben Run DMC, die Hip-Hopper mit dem besten Logo der Musikgeschichte, den Scout beeinflusst", 19.11.2013, auf: https://www.redbull.com/ch-de/dante-ross-wie-run-dmc-mein-leben-ver%C3%A4nderten. Letzter Zugriff am 8.9.2019.
188 Christe, n. p.
189 https://www.instagram.com/p/oPCIoVNrR8/. Letzter Zugriff am 9.9.2019.
190 Kayla Phillips, „What Do Hardcore, Ferguson, and the ‚Angry Black Woman' Trope All Have in Common?", 30.11.2014, auf: https://www.vice.com/en_us/article/6x8qkw/hardcore-ferguson-and-the-angry-black-woman-essay. Letzter Zugriff am 9.9.2019.
191 Wolfgang Welsch, „Was ist eigentlich Transkulturalität?", 2010, abgerufen auf: http://www2.uni-jena.de/welsch/papers/W_Welsch_Was_ist_Transkulturalit%C3%A4t.pdf. Letzter Zugriff am 4.6.2018.
192 TMZlive, „Ice-T: No Lives Matter | TMZ Live", 27.2.2017, auf: https://www.youtube.com/watch?v=3LPCueFvX_w. Letzter Zugriff am 9.9.2019.
193 Wolf-Rüdiger Mühlmann, „Annick Ciroux: ‚Night Demon und Visigoth sind fanatische Kämpfer'", Interview mit Annick Ciroux, in: *Deaf Forever*, Nr. 24, Juli/August 2018, S. 43.
194 Manuel Trummer, „Khemmis. Lupenreiner Heavy Metal, sonst nichts", Interview mit Phil Pendergast von Khemmis, in: *Deaf Forever*, Nr. 24, Juli/August 2018, S. 41.
195 Brad Tolinski, „Interview: James Hetfield Discusses Metallica's ‚Death Magnetic'", 21.11.2012, auf: https://www.guitarworld.com/features/interview-james-hetfield-discusses-metallicas-death-magnetic. Letzter Zugriff am 27.8.2019.

196 Georg Seeßlen, „Das gibt's nur einmal? Quatsch! ‚Papillon', ‚Mary Poppins', ‚Scarface' – der Retro-Wahn des Gegenwartskinos wird immer absurder", in: *DIE ZEIT*, Nr. 31/2018, online abgerufen auf: https://www.zeit.de/2018/31/remakes-kino-retro-hollywood-papillon-mary-poppins-scarface/komplettansicht. Letzter Zugriff am 18.8.2018.

197 Jörg Baberowski, *Verbrannte Erde. Stalins Herrschaft der Gewalt*, München: C. H. Beck, 2014, e-book, n. p.

198 Downing/Eglinton, n. p.

199 James Hendicott, „Slayer's Kerry King: ‚I am surprised that it took the terrorists this long to target a rock concert'", Interview mit Kerry King, 28.11.2015, auf: https://www.nme.com/news/music/slayer-2-1189976. Letzter Zugriff am 9.9.2019.

200 http://www.blabbermouth.net/news/slayer-s-kerry-king-my-thing-is-rebelling-against-organized-religion/. Letzter Zugriff am 9.9.2019.

201 Kory Grow, „Megadeth's Dave Mustaine: My Life in 15 Songs. Singer/guitarist reflects on nearly four decades of thrash-metal masterpieces", 11.1.2017, auf: https://www.rollingstone.com/music/music-lists/megadeths-dave-mustaine-my-life-in-15-songs-118539/. Letzter Zugriff am 9.9.2019.

202 Dave Simpson, „30 Minutes with … Black Sabbath", 2.6.2016, auf: https://www.theguardian.com/music/2016/jun/02/tony-iommi-black-sabbath-final-tour.

203 Berndt, S. 113.

204 Christe, n. p.

205 Jörg Scheller, „Der Geist der bösen Weihnacht", Interview mit Lemmy Kilmister, *Frankfurter Allgemeine Zeitung*, 24.12.2010, online abgerufen auf: https://www.faz.net/aktuell/feuilleton/pop/lemmy-kilmister-der-geist-der-boesen-weihnacht-11068578.html. Letzter Zugriff am 9.9.2019.

206 Peer Teuwsen, „Sie schleiften die Tempel der ‚Heiden', trieben sie ins Exil oder töteten sie sogar. Die Londoner Historikerin und Journalistin Catherine Nixey über die Zerstörungswut der frühen Christen. Eine bis jetzt ziemlich unbekannte Geschichte", Interview mit Catherine Nixey, *Neue Zürcher Zeitung*, 13.7.2019, online abgerufen auf: https://www.nzz.ch/geschichte/sie-schleiften-die-tempel-der-heiden-trieben-sie-ins-exil-oder-toeteten-sie-sogar-ld.1494996. Letzter Zugriff am 9.9.2019.

207 Raphael Smarzoch, „Kataklysm: Sorcery", in: Schäfer, S. 183–184, 183.

208 https://www.amazon.de/gp/customer-reviews/R9RWECDBUPUBW/ref=cm_cr_arp_d_rvw_ttl?ie=UTF8&ASIN=B06XVKX2V5. Letzter Zugriff am 4.8.2017.

209 Gerrit P. Mutz im Interview mit dem Magazin *Deaf Forever*, Ausgabe November/Dezember 2016, S. 15.

210 http://apocalypseorchestra.com/biography/. Letzter Zugriff am 20.3.2019.

211 Jonathan Hanley, „Un pasteur qui écoute du Metal", in: *Croire et Vivre*, Nr. 126, Mai 2014, online abgerufen auf: https://www.croirepublications.com/croire-et-vivre/reflexion/article/un-pasteur-qui-ecoute-du-metal. Text im Original: „Or, quand il s'agit d'aborder des questions de vie et de mort, certaines vérités trouvent une expression plus authentique dans les hurlements du Metal que dans les harmonies d'un chant de louange. […] Même quand le Metal s'en prend à Dieu (et ce n'est pas rare), il exprime souvent des interrogations qui sont fondamentalement vraies." Letzter Zugriff am 9.9.2019.

212 Siehe das Oktober-Heft von Radio Corax 2013, abrufbar auf: https://issuu.com/corax/docs/corax_okt13_web. Letzter Zugriff am 9.9.2019.

213 Scheller, „Metal ist ins Kulturgut übergegangen".
214 Kołakowski, S. 113.
215 Jim Rowley, „Bring Your Nightmares to Life With Hieronymus Bosch", keine Datumsangabe, auf: http://awkward.com/bring-nightmares-life-hieronymus-bosch-figurines/. Letzter Zugriff am 9.9.2019.
216 Robert Bork, „Stairways to Heaven: Gothic Architecture, Heavy Metal, and the Aesthetics of Transcendence", 2007, auf: https://www.academia.edu/11469139/Stairways_to_Heaven_Gothic_Architecture_Heavy_Metal_and_the_Aesthetics_of_Transcendence. Letzter Zugriff am 9.9.2019.
217 Ebd.
218 BBC News, „Rochester Cathedral's crazy golf course sparks row", 30.7.2019, auf: https://www.bbc.com/news/uk-england-kent-49162116. Letzter Zugriff am 30.8.2019.
219 Greg Karlowitsch, „The Top 5 Heavy Metal Bad Boys Gone Blessed", 30.10.2017, auf: https://www.decibelmagazine.com/2017/10/30/top-5-heavy-metal-bad-boys-gone-blessed/. Letzter Zugriff am 30.8.2019.
220 Siehe Nathalie Riahi, „Besuch bei der Spezialistin. Doro: ‚Ich habe meinen eigenen Tod erlebt'", 9.4.2013, auf: https://www.express.de/duesseldorf/besuch-bei-der-spezialistin-doro---ich-habe-meinen-eigenen-tod-erlebt--5343736. Letzter Zugriff am 30.8.2019.
221 SAT1 Regional, veröffentlicht am 10.11.2015, abgerufen auf: https://www.youtube.com/watch?v=KI2xQ8fxvK4. Letzter Zugriff am 30.8.2019.
222 Daniel Gerber, „Der Hirte der ‚schwarzen Schafe'", Interview mit Samuel Hug, keine Datumsangabe, auf: https://www.jesus.ch/themen/leben/kultur_musik/musik/220975-der_hirte_der_schwarzen_schafe.html. Letzter Zugriff am 9.9.2019.
223 Ingo Friedrich / Jörg Scheller, „War Nietzsche Metalfan?", 1.6.2016, auf: https://norient.com/stories/war-nietzsche-metalfan/. Letzter Zugriff am 9.9.2019.
224 Siehe Christian Weisflog, „‚Teh-Hell-Ran' – im Nahen Osten drohen Anhängern harter Rockmusik Haft, Folter oder der Tod. In vielen islamischen Ländern gilt Heavy Metal als Teufelszeug. Im kriegsversehrten Syrien, in Saudiarabien und Iran trifft sich die Szene im Verborgenen", in: *Neue Zürcher Zeitung*, 25.7.2019, online abgerufen auf: https://www.nzz.ch/international/teh-hell-ran-oder-die-angst-vor-harter-rockmusik-im-nahen-osten-ld.1494992. Letzter Zugriff am 9.9.2019.
225 Siehe: Noisey Staff, „Der Kampf zwischen Religion und Metal ist auch 2016 nicht beendet", 7.6.2016, auf: https://www.vice.com/de/article/69w8wd/georgien-festival-orthodoxe-christen-beendet. Letzter Zugriff am 26.8.2019.
226 Zaddach, S. 10.
227 Ebd.
228 Zitiert nach Weisflog.
229 Michael Tilly, *Apokalyptik*, Tübingen/Basel: UTB, 2012, S. 51.
230 Friedrich Engels, „Das Buch der Offenbarung", in: *Karl Marx/Friedrich Engels: Werke*, Band 21, Berlin: Karl Dietz Verlag, 1975, S. 9–15, 9–10.
231 Klaus Vondung, „Die Faszination der Apokalypse", in: Alexander K. Nagel/Bernd U. Schipper / Ansgar Weymann (Hgg.), *Apokalypse. Zur Soziologie und Geschichte religiöser Krisenrhetorik*, Frankfurt a. M. / New York: Campus Verlag, 2008, S. 192.
232 Interview mit Mille Petrozza am 14.12.2014 in Pratteln, hier erstmals publiziert.
233 Ebd.

234 Scheller, Jörg, „So here we are again!, Jörg Scheller trifft Lemmy Kilmister", in: *Schweizer Monat*, Nr. 1019, September 2014, S. 81–87, 84.
235 Dawes, S. 34.
236 Zitiert nach: Arthur Jung (Hg.), *Schiller's Briefe über die ästhetische Erziehung des Menschen*, Leipzig: Teubner, 1875, S. 369.
237 Dawes, S. 46.
238 Siehe Edmund Fawcett, *Liberalism. The Life of an Idea*, Princeton: Princeton University Press, 2015, e-book, n. p.
239 Zitiert nach: ebd.
240 Zitiert nach: Steffan Chirazi, *So What! The Good, the Mad, and the Ugly. Die offizielle Metallica Chronik*, München: Heyne, 2004, S. 52.
241 Christe, n. p.
242 Manuel Trummer, „Heavy Metal Kaukasus. Wie rockt man in Georgien, Armien und Aserbaidschan?", in: *Rock Hard*, Nr. 305, Oktober 2012, S. 36–40, 38.
243 Christe, n. p.
244 Scheller, „Der Geist der bösen Weihnacht".
245 *Faceculture* 2011.
246 Beate Rössler, *Autonomie. Ein Versuch über das gelungene Leben*, Berlin: Suhrkamp, 2017, e-book, n. p.
247 Ebd.
248 Zitiert nach: Chirazi, S. 77.
249 Blabbermout.net, „James Hetfield Says Metallica Is Focusing On Feeling Around ‚Master Of Puppets' For New CD", 14.7.2007, auf: https://www.blabbermouth.net/news/james-hetfield-says-metallica-is-focusing-on-feeling-around-master-of-puppets-for-new-cd/. Letzter Zugriff am 9.9.2019.
250 Jochen Hörisch, *Man muss dran glauben. Die Theologie der Märkte*, München: Wilhelm Fink, 2013, S. 20.
251 Rössler, n. p.
252 Berndt, S. 196.
253 Ebd., S. 245.
254 Livewire, „Manowar – interview + Revelation at Livewire 1983 (USA TV)", 1983, https://www.youtube.com/watch?time_continue=165&v=-snelbZDe-k. Letzter Zugriff am 9.9.2019.
255 Dawes, S. 35.
256 Zaddach, S. 27.
257 Jacques Rancière, *Die Aufteilung des Sinnlichen. Die Politik der Kunst und ihre Paradoxien*, Berlin: b_books, 2008, S. 28.
258 Martin Büsser, *If the kids are united … Von Punk zu Hardcore und zurück*, Mainz: Ventil Verlag, 2006, S. 50.
259 Jack Gould, „Elvis Presley Rises to Fame as Vocalist Who Is Virtuoso of Hootchy-Kootchy", in: *New York Times*, 6.6.1956, online abgerufen auf: https://archive.nytimes.com/www.nytimes.com/partners/aol/special/elvis/early-elvis1.html. Letzter Zugriff am 9.9.2019.
260 Zitiert nach: Michael T. Bertrand, *Race, Rock, and Elvis*, Urbana/Chicago: University of Illinois Press, 2000, S. 125.
261 Cope, S. 87.
262 https://twitter.com/a_gossweiler/status/1154701693071908864. Letzter Zugriff am 9.9.2019.

263 Lady Oscura, 2012, „Metal Studies – Kulturelle Konstrukte – Interview mit Dr. Florian Heesch zum Thema", auf: http://www.schwermetall.ch/berichte/bericht 332.php. Letzter Zugriff am 9.9.2019.
264 Eva Illouz, *Gefühle in Zeiten des Kapitalismus*, Berlin: Suhrkamp, 2013, S. 11.
265 Dawes, S. 32.
266 Ebd., S. 23: „Being able to assert my individuality within the metal scene was extremely crucial."
267 Dawes, S. 47.
268 Zitiert nach: Jeanne Fury, „Help Katherine Ludwig Annihilate Her Cancer", auf: 16.9.2014, https://www.decibelmagazine.com/2014/09/16/help-katherine-ludwig-annihilate-her-cancer/. Letzter Zugriff am 9.9.2019.
269 Siehe etwa diese Forumsdiskussion: https://forum.metal-archives.com/viewtopic.php?f=1&t=108752. Letzter Zugriff am 9.9.2019: „Perhaps we were reading different magazines but when Katherine Ludwig was the editor she refused to feature bands like Deicide (for supposed animal abuse) and Cannibal Corpse (for misogyny), along with black metal as a whole because (especially according to Borivoj Krgin) they ‚couldn't play their instruments'. Not to mention the constant agenda she had in her editorials with her veganism, extreme far-left political ideology and so on. Unless by covering a huge amount of underground bands you mean covering bands that agreed with her?"
270 Christe, n. p.
271 https://twitter.com/a_gossweiler/status/1163103716750368768. Letzter Zugriff am 18.8.2019.
272 *Livewire* 1983.
273 Brigitte.de, „Frauen im Heavy Metal: ‚Wacken ist unser Ziel. 75.000 Fans feierten am Wochenende auf dem Wacken Open Air die Stars der Metal-Szene. Die sind in der Regel langhaarig – und männlich. Eine Ausnahme ist die türkische Frauenband Kırmızı, die schon mit Ozzy Osbourne auf der Bühne rockte. Wir sprachen mit Gründerin Idil Cagatay über Vorurteile und den fatalen Effekt von Klavierunterricht'", keine Datumsangabe, auf: https://www.brigitte.de/leben/kultur/lifestyle/musik--frauen-im-heavy-metal---wacken-ist-unser-ziel--10601778.html. Letzter Zugriff am 9.9.2019.
274 Christe, n. p.
275 Aimee Armstrong, „Fire, Prayer & Curses: Lingua Ignota Interviewed", 15.1.2018, auf: https://thequietus.com/articles/23861-lingua-ignota-kristin-hayter-interviewed. Letzter Zugriff am 9.9.2019.
276 Siehe Jay S. Jacobs, *Pretty Good Years. A Biography of Tori Amos*, Milwaukee: Hal Leonard Corporation, 2006, S. 16.
277 *Create and Destroy Podcast* von Dan Donnarumma, „Episode 25: Kristin Hayter of Lingua Ignota", 9.4.2019, https://www.youtube.com/watch?v=EdqTKHc_oa8. Letzter Zugriff am 9.9.2019.
278 Lígia, „Interview: Asagraum", 28.7.2018, auf: https://thisisblackmetal.com/interview-asagraum/. Letzter Zugriff am 9.9.2019.
279 Siehe bspw. Alexandria Crahan-Conway, „Slipknot: We Are Not Your Kind review – heavy, angry and edged with earnestness", 9.8.2019, auf: https://www.the times.co.uk/article/slipknot-we-are-not-your-kind-review-heavy-angry-and-edged-with-earnestness-xqtbscsw7. Letzter Zugriff am 9.9.2019.
280 Interview mit Alissa White-Gluz 2015, hier erstmals publiziert.

281 https://www.instagram.com/soniaanubis/?hl=de. Letzter Zugriff am 9.9.2019.
282 Zitiert nach: Chirazi, S. 254.
283 Siehe David Bielmann, „Sympathie für den Teufel. Deutsche Literatur als Vorlage für Heavy-Metal-Lyrics", in: Roman Bartosch (Hg.), *Heavy Metal Studies. Band I: Lyrics und Intertextualität*, Oberhausen: Verlag Nicole Schmenk, 2011, S. 141–153, 150–151.
284 Friedrich Schlegel, „Ueber die Philosophie", in: *Athenaeum. Eine Zeitschrift von August Wilhelm Schlegel und Friedrich Schlegel. Zweiten Bandes Erstes Stück*, Berlin 1800, 1–38. Digitale Edition von Jochen A. Bär. Vechta 2014 (Quellen zur Literatur- und Kunstreflexion des 18. und 19. Jahrhunderts, Reihe A, Nr. 64), abgerufen auf: http://www.zbk-online.de/texte/A0064.htm. Letzter Zugriff am 9.9.2019.
285 Friedrich Schleiermacher, „Katechismus der Vernunft für edle Frauen", in: Günter Meckenstock (Hg.), *Friedrich Daniel Ernst Schleiermacher. Schriften aus der Berliner Zeit 1796–1799*, Berlin/New York: Walter de Gruyter, 1984, S. 153–154, 154.
286 Julie Miess, „Motörhead. Inferno", in: Schäfer, S. 228–230, 228.
287 Ebd., S. 229.
288 Ebd., S. 230.
289 Natascha Wey, „Eine Feministin rockt zu Mötley Crüe? Das geht, findet unsere Autorin", in: *Tageswoche*, 9.11.2015, online abgerufen auf: https://tageswoche.ch/kultur/eine-feministin-rockt-zu-moetley-cruee-das-geht-findet-unsere-autorin/. Letzter Zugriff am 9.9.2019.
290 Sigmund Freud, „Zeitgemäßes über Krieg und Tod", in: Hans-Martin Lohmann (Hg.), *Sigmund Freud: Warum Krieg? Zwei Schriften*, Stuttgart: Reclam, 2012 S. 7–44, 17.
291 Lemmy Kilmister mit Janiss Garza, *White Line Fever. Die Autobiographie*, München: Wilhelm Heyne Verlag, 2018, e-book, n. p.
292 Ebd.
293 Walser, n. p.
294 Ross Chambers, „Isn't there a Poem about this, Mr. de Mille? On Quotation, Camp and Colonial Distancing", in: *Australian Literary Studies* 23/4, 2008, S. 377–391, 381.
295 Siehe Patsy L'Amour LaLove (Hg.), *Beissreflexe. Kritik an queerem Aktivismus, autoritären Sehnsüchten, Sprechverboten*, Berlin: Querverlag, 2017.
296 Clifford-Napoleone, n. p.
297 Ebd., n. p.
298 Ebd., n. p.
299 Kory Grow, „Life of Agony's Mina Caputo: From Metal Alpha Male to Trans Role Model", 27.4.2017, auf: https://www.rollingstone.com/music/features/life-of-agonys-mina-caputo-on-becoming-trans-role-model-w478420. Letzter Zugriff am 4.9.2019.
300 Siehe Clifford-Napoleone, n. p., Kapitel „The Origins of Black Leather Style".
301 Ken Sharp mit Paul Stanley und Gene Simmons, *Die Geschichte von Kiss. Unsere Anfangsjahre*, Höfen: Hannibal Verlag, 2014, e-book, n. p.
302 Ebd.
303 Ebd.
304 Dawes, S. 51.
305 Zitiert nach ebd.
306 Christe, n. p.

Bildnachweise & Copyright

Abb. 1: © Joona Kotilainen / Tovari Marketing
Abb. 2: © Katja Kuhl / Century Media Records
Abb. 3: © ullstein bild – mirrorpix
Abb. 4: Scan des Albumcovers
Abb. 5: © Matthias Willi
Abb. 6: © Century Media Records
Abb. 7: © Philip Lawvere
Abb. 8: ©akg-images / Jazz Archiv Hamburg / Markus Lubitz
Abb. 9: © Ester Segarra
Abb. 10: Scan des Albumcovers
Abb. 11: Scan des Albumcovers
Abb. 12: © picture-alliance/dpa/imaginechina/Hu Wencheng
Abb. 13: © akg-images / Jazz Archiv Hamburg / IoM
Abb. 14: Screenshot E-Book / Creative Commons
Abb. 15: © Vasil Doiashvili
Abb. 16: © Band
Abb. 17: © Century Media Records
Abb. 18: © Robert Eikelpoth
Abb. 19: © Band
Abb. 20: © Century Media Records
Abb. 21: © Felipe Endrehano
Abb. 22: Courtesy of the Artist (Kristin Hayter)
Abb. 23: © Jörg Scheller

Konsum, sein Preis und die Alternativen:
von verpackungsfrei bis sharing economy

Leben ohne Einweg, Plastik & Co.

Früher oder später wird alles weggeworfen. In der Konsumgesellschaft wandern aber auch neuwertige Produkte auf den Müll. Solche Verhaltensweisen sind das Ergebnis eines langfristigen Prozesses. Vorläufer waren die USA, die Bundesrepublik Deutschland zog nach: Angefangen hat es um die Jahrhundertwende mit Hygieneartikeln, wie Toilettenpapier, Monatsbinden, Windeln und Papiertaschentüchern; nach dem Zweiten Weltkrieg kamen bald weitere Wegwerfartikel hinzu. Wolfgang König zeigt, wie die Wirtschaft und die Konsumenten gemeinsam das Wegwerfen zur Routine gemacht haben – und diskutiert Möglichkeiten, die Wegwerfgesellschaft zu überwinden.

Wolfgang König
Geschichte der Wegwerfgesellschaft
Die Kehrseite des Konsums
168 Seiten
Gebunden mit Schutzumschlag
ISBN 978-3-515-12500-0
ISBN 978-3-515-12503-1 (E-Book)

Franz Steiner Verlag

Birkenwaldstraße 44 · 70191 Stuttgart
Tel. 0711 2582 450 · Fax 0711 2582 408
service@steiner-verlag.de
www.steiner-verlag.de

»von wegen ›einfach nur Haare im Gesicht!‹«
Interview mit dem Autor Jörg Scheller in WDR5, Neugier genügt

Das Buch zum Bart-Kult

„Anything Grows" bietet eine ebenso informative wie unterhaltsame Kulturgeschichte des Bartes. Und die kommt zur rechten Zeit – denn wer hätte gedacht, dass im 21. Jahrhundert in den Metropolen der Welt Hipster Bart tragen, Barbershops eine Renaissance erleben und Frauen den Kult um den Bart ganz wunderbar finden? Eine haarige Angelegenheit – der man sich mit Freuden widmet!

Jörg Scheller,
Alexander Schwinghammer (Hrsg.)
Anything Grows
15 Essays zur Geschichte,
Ästhetik und Bedeutung des Bartes
315 Seiten, 25 s/w Abbildungen,
58 s/w Fotos
Kartoniert
ISBN 978-3-515-11410-3
ISBN 978-3-515-10944-4 (E-Book)

Franz Steiner Verlag

Birkenwaldstraße 44 · 70191 Stuttgart
Tel. 0711 2582 450 · Fax 0711 2582 408
service@steiner-verlag.de
www.steiner-verlag.de